高职高专汽车类 "十二五"规划 精品课程建设 教材

汽车发动机机械系统检修

主　编　邹龙军　彭文武

副主编　李禧旺　刘　敏　黄　鹏　樊永强

参　编　（按姓氏笔画排序）

邓交岳　王　晓　王治校　丑振江　包晨阳

刘红忠　李　兵　杨兴发　邱爱兵　张雪文

蒋瑞斌　谭颖琦

主　审　谢贤和

中南大学出版社
www.csupress.com.cn

内 容 简 介

本书为任务驱动的项目式教材，内容包括认识汽车、发动机的基本知识、曲柄连杆机构的构造与维修、配气机构的构造与维修、冷却系统的构造与维修、润滑系的构造与维修、汽油机燃料供给系统构造与维修、柴油机燃料供给系统构造与维修、发动机拆装与调试等九个项目。

本书既可作为高职高专院校汽车检测与维修、汽车运用技术、汽车运用工程等相关专业的教材，也可供本科及相关专业师生作为教辅教材，还可供汽车维修、汽车运输等工程技术人员自学或作为参考用书。

前　言

　　"十二五"规划指出了中国汽车产业的发展目标和发展战略，至2015年，中国将促进汽车产业与关联产业、城市交通基础设施和环境保护协调发展，从汽车制造大国转向汽车强国。随着汽车行业的快速发展，我国对汽车专业技能人才需求量不断增大。2010年我国汽车保有量达到8000万辆，快速增长的汽车保有量为汽车行业人才输送提供了良好的就业平台，中国汽车行业的发展前景被称为美好的"朝阳行业"。

　　为适应目前高等职业技术教育的形势，中南大学出版社召集了全国20多所院校的骨干教师于2010年10月在中南大学组织召开高职高专汽车类"十二五"规划/精品课程教材研讨会，确定了本套教材的编写指导思想和编写计划，并于2011年1月在湖南长沙召开本套教材的主编会，讨论并通过了本套教材的编写大纲。

　　本套教材紧紧围绕职业工作需求，以就业为导向，以技能训练为中心，以培养高技能应用型人才为目的。在编写过程中注重知识的前沿性和实用性，旨在探索"教、学、做"一体化教学模式。本套教材的特点为：

　　1. 本教材是目前较先进的任务驱动项目式，适用于高职、技工、成人大专、本科汽车类学生学习；以项目为引领，任务驱动为载体，按学习目标、案例引入、项目描述、项目内容、项目实施、项目考核、项目小结、思考与练习等要求进行编写。

　　2. 本教材突出实用性、新颖性、操作性，注重"项目内容"、"项目实施"、"项目考核"等内容编写，旨在引导学生在"做"中"学"。内容安排采用案例引入的方式，以激发学生的阅读兴趣，符合学生的认知规律；同时也兼顾技能抽考和技术等级考核。

　　3. 本教材编排力求图文并茂，通俗易懂，简明实用，由浅入深，深浅适度，便于读者学习把握。

　　4. 本教材凸显学生能力考核，项目考核内容单独做成手册，配合教材使用。

　　参加本书编写的人员有：衡阳技师学院邹龙军、刘敏、邓交岳，湖南科技经贸职业学院彭文武，湖北省创业技工学校李禧旺，湖南交通职业技术学院黄鹏，广东省交通运输技师学院樊永强，山东淄博职业学院王晓，湖南工业科技职业技术学院王治校，湖南现代物流职业技术学院丑振江，郴州职业技术学院包晨阳，湖南汽车技师学院刘红忠，湖南机电职业技术学院李兵，长沙学院杨兴发，湖南信息职业技术学院邱爱兵，湖南益阳职业技术学院张雪文，湖南生物机电职业技术学院蒋瑞斌，吉林大学珠海学院谭颖琦等。本书由邹龙军、彭文武担任主编，李禧旺、刘敏、黄鹏、樊永强担任副主编，谢贤和主审。

　　由于编者的水平和经验有限，教材难免存在错误和不足之处，敬请读者给予批评指正。

编　者

2011 年 3 月 18 日

目　录

项目一

认识汽车

学习目标

1. 认识汽车的总体构造。
2. 描述世界和我国汽车工业的发展概况。
3. 鉴别汽车类别及性能。
4. 掌握安全生产要点。

案例引入

小王刚刚买了一辆新车，因为自己不懂汽车，所以他特向你咨询这辆车的性能，你能给他介绍有关知识吗？

我也有身份证，你知道在哪里吗？

项目描述

随着汽车工业的迅猛发展，我国汽车年产量和汽车保有量迅速增长。汽车已经与人民的生活息息相关，普通人购买私家车已成现实。本项目主要介绍汽车的概念、总体构造、汽车的发展史及其对人类的影响；介绍汽车的类别、车辆识别代号编码及主要技术参数，维修作业时应注意的安全生产事项。

项目内容

任务一　汽车概述

一、汽车简介

1. 汽车总体组成

1)汽车(motor vehicle)：它是由动力驱动的，具有四个或四个以上车轮，属于非轨道承载车辆，主要用于载运人、货物及一些特殊用途。

2)汽车组成：发动机、底盘、车身、电气设备是汽车的主要部分，其外形如图1-1所示。

发动机：它由机体组件、曲柄连杆机构、换气系统、燃油系统、润滑系统、冷却系统、点火系统和启动系统组成。它是汽车的动力。现代汽车发动机主要采用的是往复活塞式内燃机，负责将燃料燃烧所产生的热能转化为机械能。

图1-1　汽车的总体构造

底盘：它由传动系、行驶系、转向系、制动系等组成。负责将发动机的动力进行传递和分配，并按驾驶员要求进行行驶(加速、减速、转向、制动等)。

车身：是驾驶员操作和容纳乘客及货物的场所。它由车身本体、开启件(各种门、窗、行李箱和车顶盖等)、附件(各种座椅、内外饰、仪表电器、刮水器、洗涤器、风窗除霜装置、空调等)和安全保护装置(保险杠、安全带、安全气囊等)组成。货车及专用车辆还有货箱及专用设备。

电气设备：包括电源、发动机启动系和点火系、汽车照明和信号装置等。在汽车上日益增加的电子设备、电子控制等装置也属于电气设备的范围。

2. 汽车的特点及对人类的影响

1)汽车特点：高速、机动、舒适、使用方便等优点。

2)汽车对人类的影响：方便人们的生活；提高了劳动生产率；促进了国民经济发展(2003年世界500强前10名中，汽车公司就占了30%)。

日本经济高速发展的15年间，汽车工业产值增长了57倍，并带动国民经济增长了36倍。

每年汽车行业约消耗世界钢铁总产量的24%、橡胶的18%、石油的46%。汽车产业是一个1:10的产业。

促进劳动就业：在美国，每6个就业岗位就有一个与汽车有关。有专家预测，到2030年，我国汽车相关产业从业人数将达一亿人以上。

推动科学技术的发展：汽车是集声、光、机、电、热、电子、化工、美工于一身的高科技产品，也是世界上唯一的一种零件以万计、产量以千万计、保有量以亿计、售价以万元计的商品。

安全问题：全世界每年有 40 多万人死于车祸，1200 万人受伤，造成巨大的经济损失。

排放问题：全世界 6 亿多辆汽车，每年向大气排放有害气体 7 亿多吨。

3. 汽车发展简介

1）汽车的诞生

1886 年，德国人 Banz（本茨，如图 1－2 所示）设计制造出世界上第一辆装有汽油内燃机的三轮汽车，功率为 1.103 kW，最高时速 18 km/h，并于 1886 年 1 月 26 日获得世界上第一项汽车发明专利，该天被人们定为汽车诞生日。

2）汽车之父

1886 年，德国人 Daimler（戴姆勒，如图 1－3 所示）设计制造出第一辆装有汽油内燃机的四轮汽车。本茨和戴姆勒也因此被誉为"汽车之父"。

图 1－2　汽车之父 Banz（本茨）

图 1－3　Daimler（戴姆勒）

二、世界汽车工业的发展

世界主要汽车公司（工厂）创建时间（见表 1－1）。

表 1－1　世界主要汽车公司创建时间

公司	国家	创建时间	公司	国家	创建时间
奔驰	德国	1886	戴姆勒－奔驰	德国	1926
戴姆勒	德国	1886	沃尔沃	瑞典	1927
标致	法国	1889	法拉利	意大利	1929
雷诺	法国	1899	保时捷	德国	1931
菲亚特	意大利	1899	日产	日本	1933
奥迪	德国	1899	大众	德国	1937
福特	美国	1903	丰田	日本	1937
劳斯莱斯	英国	1904	起亚	韩国	1944
通用	美国	1908	本田	日本	1946
宝马	德国	1916	一汽	中国	1953
雪铁龙	法国	1919	现代	韩国	1967
马自达	日本	1920	二汽	中国	1967
克莱斯勒	美国	1925	大宇	韩国	1972

世界汽车工业发展经历了创建、发展、全盛、稳定、兼并改组和再发展等过程，可分为以下三个阶段。

1. 汽车快速发展阶段(19 世纪末至 20 世纪 30 年代)

20 余家汽车公司相继成立，汽车生产组织形式也由家庭作坊式过渡到大规模、标准化和流水线生产。1913 年，福特公司首次采用流水线生产 T 型汽车，到 1920 年，实现了每分钟生产 1 辆汽车的速度，生产量达 1546 万辆，创下当时汽车单产世界纪录。通用公司则采用合作兼并等方法，先后兼并了凯迪拉克、别克、雪佛兰、庞蒂克等30 多个汽车公司，进行集团化生产，分工协作，到 1927 年成为世界上最大的汽车公司。1984 年公司从业人员达 81.3 万人。

汽车技术也有很大进步，高速汽油机、柴油机、艾克曼式的转向机构、等速万向节、弧锥齿轮和双曲面齿轮传动、带同步器的变速器、四轮制动、液压减震器、充气轮胎和发电机 –蓄电池 – 起动马达系统等都是这个时期发明的。

2. 汽车发展的全盛时期(20 世纪 30 年代至 70 年代初)

二战结束，欧洲各国大力发展汽车生产，西欧汽车产量由战前的 80 万辆猛增到 750 多万辆，增长了近 10 倍。德国大众的甲壳虫牌汽车风靡全球，从 1936—1973 年共生产 2150 万辆，创下了单产世界纪录。高尔夫牌轿车，款式新颖齐全，外壳镀锌板，12 年不锈，深受欢迎，已经生产 2000 多万辆，欧洲几乎每个家庭都有 1 辆。

日本也迅速崛起，在引进、消化基础上，创造出新车型，产量从 1963 年的 100 多万辆迅速增加到1970 年的 400 余万辆。1980—1993 年期间年产量超过美国，跃居世界第一。

这个时期的汽车技术主要是向高速、方便、舒适方面发展，20 世纪 50 年代轿车功率已经达到280 kW，最高车速达 200 km/h；流线型车身、前轮独立悬架、液力自动变速器、动力转向、动力制动、全轮驱动、低压轮胎、子午线轮胎都相继出现。

3. 汽车企业兼并改组，汽车产量相对稳定时期(20 世纪 70 年代以后)

世界汽车年产量稳定在 4000 ~ 5000 万辆之间。由于发达国家汽车保有量趋于饱和，汽车生产过剩，市场竞争激烈，各大公司通过参股、控股、转让、兼并，加速了汽车工业国际化和高度垄断。

1998 年 5 月 7 日，德国最大的汽车工业集团戴姆勒·奔驰公司与美国第三大汽车公司克莱斯勒公司合并。

韩国在激烈竞争中崛起，汽车工业从 20 世纪 60 年代起步，沿着 KD 装配→零部件国产化→自主开发的发展道路，成功地实现技术跨越，至 1997 年，汽车总产量、出口量的全球排名都在第 5 位。

这个时期汽车技术的主要发展方向是提高汽车的安全性和降低排气污染。各种保障安全、减少排气污染的新技术、新车型应运而生，如各种防抱死制动系统、电子控制喷油、电子控制点火、三元催化转化系统、电动汽车等。

三、汽车生产现状及发展趋势

目前世界汽车保有量 6.6 亿辆，其中轿车占近 70%。世界平均每千人汽车拥有量为 100辆，美国千人汽车拥有量达 780 辆，居首位，我国为 16 辆。

2003 年世界汽车年产量达 5500 万辆，产量前 10 名的国家见表 1 – 2。我国已经跃居世界第 4 位。

表 1-2 2003 年世界汽车产量排名

名次	国家	年产量(万辆)	名次	国家	年产量(万辆)
1	美国	1208	6	韩国	318
2	日本	1029	7	西班牙	303
3	德国	551	8	加拿大	254
4	中国	444	9	英国	184
5	法国	325	10	巴西	183

2003 年世界主要汽车生产国汽车年产量所占比例如图 1-4 所示。

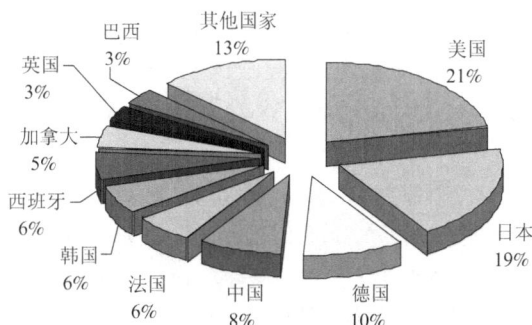

图 1-4　2003 年主要汽车生产国汽车产量比例

2003 年世界汽车制造商汽车产量排名见表 1-3。

表 1-3 2003 年世界汽车制造商汽车产量排名

名次	汽车制造商	年产量(万辆)	占全球市场/%
1	美国通用	860	15.6
2	日本丰田	678	12.3
3	福特-沃尔沃	672	12.2
4	雷诺-日产	536	9.7
5	德国大众	500	9.1
6	戴姆勒-克莱斯勒	432	7.6
7	标致-雪铁龙	329	6.0
8	本田	297	5.4
9	现代	198	3.6
10	菲亚特	190	3.5

　　由上述数据分析可见，世界汽车产业已初步形成了"6+4"的格局：通用、丰田、福特-沃尔沃、雷诺-日产、大众、戴姆勒-克莱斯勒六大集团公司+标致-雪铁龙、本田、现代、菲亚特四个独立厂商。六大集团公司 2003 年汽车产量占全球的 66.5%，垄断了全球汽车市场，竞争依然激烈，重点在亚洲。世界大汽车集团均已进入我国。

　　从汽车技术发展看，围绕轿车的安全、环保、节能和防盗等重要问题，汽车电子控制、智能化日益深化和扩大，在 20 世纪 80 年代初，电子设备只占汽车成本的 2%，而目前已经达到

15%～20%。

电控技术：电控燃油喷射(EFI)、无分电器电子点火(DLI)、防抱死制动系统(ABS)、电子驱动力调节系统(ETS)、电子差速锁(EDS)、驱动防滑装置(ASR)、电控自动变速器(AT)、安全气囊(SRS)、电子巡航系统(CCS)、智能悬架、速度感应式转向系统(SSS)、三元催化转化系统、故障自诊断系统和各种报警装置几乎都成为现代汽车常见装置，卫星导航系统(GPS)、车载蓝牙技术和多路传输系统(CAN)、可变配气正时和气门升程电子控制装置(VTEC)等新技术也被一些汽车采用。

汽车新结构：可变压缩比(SVC)、可变几何形状增压器和双级式涡轮增压器、自动/手动变速器、陶瓷制动盘等。

新材料：工程塑料、玻璃钢及新型高强度钢材、铝镁合金复合材料等。

新工艺：精密锻造、粉末冶金、无屑加工、一次成型等。

新机型：电动汽车、复合动力汽车(HEV)、可变压缩比发动机(VCR)、火花点火直喷(SIDI)汽油发动机、新一代共轨柴油发动机。

汽车的设计制造新技术：计算机辅助设计(CAD)、计算机辅助工程分析(CAE)、计算机辅助试验(CAT)、计算机辅助造型(CAS)、计算机辅助制造(CAM)、计算机辅助集成制造系统(CIMS)和计算机虚拟现实系统(VR)等。

未来世界汽车的技术发展将主要集中在汽车设计技术和控制手段电子化、汽车驱动形式多样化、汽车生产制造柔性化、汽车材料轻量化、汽车生产组织全球化等方面，开发更安全、舒适、无污染和节能型、智能化的汽车。

四、中国汽车工业发展与现状

我国汽车发展总体经历了如下3个阶段：

1. 汽车工业创建成长阶段(1953—1981年)

第一汽车厂于1953年7月在长春破土动工，1956年7月生产出第一辆解放牌载重汽车，1958年5月生产出第一辆"红旗"牌轿车。

第二汽车厂于1967年4月动工兴建，1975年7月投产，主要生产东风牌载货汽车。

"大跃进"和"文化大革命"先后形成了两次"汽车热"，全国各省、市、自治区都办起了汽车厂，全国汽车企业达2000余家，除部分基础较好的汽车厂(南汽、上汽、北汽、济汽、川汽、陕汽等)外，大多数是产品重复、"小而全"、质量差。产品类型主要是中型货车，出现"缺重少轻，轿车基本空白"的局面。至1981年，我国汽车年产量才达17.6万辆。

2. 汽车工业改革开放阶段(1982—1993年)

1982年，中国汽车工业公司再次成立。

1985年，中央在国家"七五"规划中把汽车工业列为国家支柱产业。

1987年，我国政府确定了重点发展轿车工业的战略决策。

1984年，我国汽车行业第一个合资企业——北京吉普汽车有限公司成立(与美国克莱斯勒公司合资)；其后长安机器厂与日本铃木、南京汽车公司与依维柯、上海汽车集团与德国大众汽车公司、广州汽车厂与标致、天津汽车公司与日本大发、一汽与大众、二汽与雪铁龙等进行合作和合资，先后引进先进技术100多项，其中整车项目10多项，取得了显著成效。至1993年底，我国汽车年产量达129.7万辆，跃居世界第12位。

3. 汽车工业快速增长期(1994—2003 年)

1994 年，国务院颁布《汽车工业产业政策》，提出"增强企业开发能力，提高产品质量和技术装备水平，促进产业组织的合理化，实现规模经济，到 2015 年成为国民经济的支柱产业"的奋斗目标。

这个时期，我国改革开放进一步深入，各主要汽车集团公司都与国外大汽车公司联姻（见表 1-4）。国内汽车企业进一步改组兼并，初步形成了"3+6"格局，即一汽、东风、上海三大汽车集团，加上广州本田、重庆长安、安徽奇瑞、沈阳华晨、南京菲亚特、浙江吉利六个独立骨干轿车企业。其中一汽、东风和上汽三大汽车集团的汽车产量就占全国产量的 52%，初步形成了汽车产业的组织结构优化调整。

表 1-4 国内主要汽车合资企业

企　业	合资方（合资时间）	合资项目（车型）
一汽大众汽车有限公司	一汽、德国大众(1991.2)	捷达、奥迪、宝来、高尔夫
一汽海南汽车有限公司	一汽、日本马自达(1998)	马自达、普利马、福美来
天津一汽丰田汽车有限公司	天汽、一汽、日本丰田(2003.9)	皇冠、花冠、陆地巡洋舰、霸道、夏利、威驰、雅酷
神龙汽车有限公司	东风、法国雪铁龙(1992.5)	富康、毕加索、爱丽舍、赛纳
风神汽车有限公司	东风、中国台湾裕隆(2002.3)	风神新蓝鸟、日产阳光
东风悦达起亚汽车有限公司	东风、悦达、起亚、现代(2001.11)	普莱特、千里马
上海大众汽车公司	上汽、德国大众(1985.3)	桑塔纳、帕萨特、波罗、高尔
上海通用汽车有限公司	上汽、通用(1997.3)	别克、君威、赛欧、凯越
上海通用五菱汽车有限公司	上汽、通用、柳州五菱(2002.6)	五菱之光、五铃都市清风
广州本田汽车有限公司	广汽、本田(1998.7)	本田雅阁、奥德赛、飞度
北京吉普汽车有限公司	北汽、克莱斯勒(1984.11)	切诺基、帕杰罗、欧蓝德、吉普之星、顺途、新城市猎人、挑战者、狂潮
北京现代汽车有限公司	北汽、韩国现代(2002.10)	索纳塔、北京现代伊兰特
长安铃木汽车有限公司	长安、日本铃木(1993.5)	奥拓、羚羊
长安福特汽车有限公司	长安、福特(2001.4)	嘉年华、蒙迪欧
东南(福建)汽车工业有限公司	福建、裕隆集团(1995.11)	得利卡、富利卡、菱帅
南京依维柯汽车有限公司	南京、菲亚特(1996.3)	派力奥、西耶那
江铃	江铃、福特(1995)	全顺、陆风
华晨宝马汽车公司	华晨、德国宝马(2001.10)	宝马3系、5系轿车
沈阳金杯通用	金杯、通用	雪佛兰

汽车产量快速增长：从 1950 年到 1992 年花了 40 多年的时间，汽车年产量从 0 到 100 万辆；从 100 万辆到 200 万辆花了 8 年时间；从 200 万辆到 300 万辆只花了 2 年时间；从 300 万辆到 400 万辆只花了 1 年时间，2003 年达到了 444.37 万辆，实现了跨越式发展。

存在问题：全国的产量只相当美国通用公司的一半多。汽车的品牌基本都来自国外，自主开发能力较弱，亟待改进。

五、汽车分类及代号

1. 汽车分类

1) 依据 GB/T 3730.1—2001《汽车和挂车类型的术语和定义》将汽车分为：

乘用车：主要用于载运乘客及其随身行李物品，包括驾驶员座位在内最多不超过 9 个座位；

商用车：主要用于商业用途，运送人员和货物。

每大类又分若干小类（见表 1 - 5）。

表 1 - 5　汽车分类（按用途）

分　类		说　　明					图　例
		车身	车顶	座位	车门	车窗	
乘用车	轿车 普通乘用车	封闭	硬顶	≥4	2 4		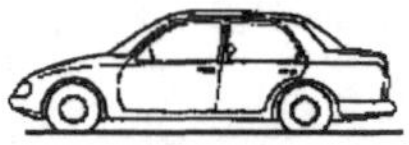
	活顶乘用车	可开启	硬顶 软顶	≥4	2 4	≥4	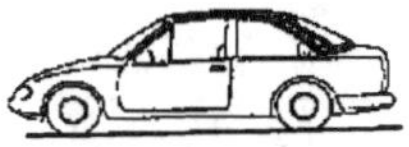
	高级乘用车	封闭	硬顶	≥4	4 6	≥6	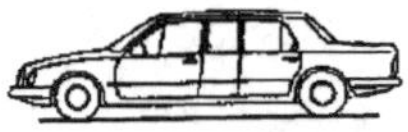
	小型乘用车	封闭	硬顶	≥2	2	≥2	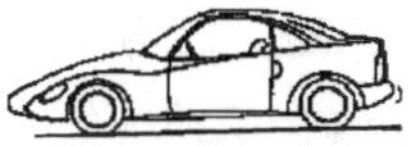
	敞篷车	可开启	软顶 硬顶	≥2	2 4	≥2	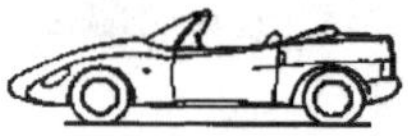
	仓背乘用车	封闭	硬顶	≥4	2 4	≥2	
	旅行车	封闭	硬顶	≥4	2 4	≥4	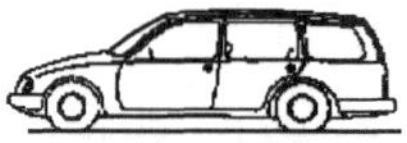
	多用途乘用车	座位数超过 7 个，多用途					
	短头乘用车	短头[①]					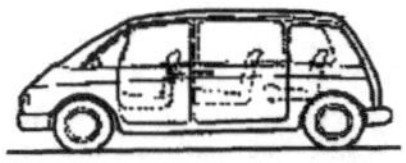
	越野乘用车	可在非道路上行驶[②]					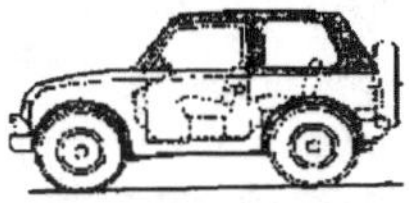
	专用乘用车	专门用途（救护车、旅居车、防弹车、殡仪车）					

分 类		说　明					图　例
		车身	车顶	座位	车门	车窗	
商用车	客车	小型客车	载客, ≥16 座(除驾驶员座)				
		城市客车	城市用公共汽车				
		长途客车	长途客车				
		旅游客车	旅游用车				
		铰接客车	由两节刚性车厢铰接组成的客车				
		无轨电车	经架线由电力驱动的客车				
		越野客车	可在非道路上行驶的客车				
		专用客车	专门用途的客车				
		半挂牵引车	牵引半挂车的商用车				
	货车	普通货车	敞开或封闭的载货车				
		多用途货车	驾驶座后可载 3 人以上的货车				
		全挂牵引车	牵引杆式挂车的货车				
		越野货车	可在非道路上行驶				
		专用作业车	特殊工作的货车(消防车、救险车、垃圾车、应急车、街道清扫车、扫雪车、清洁车等)				
		专用货车	运输特殊物品的货车(罐式车、乘用车运输车、集装箱运输车等)				

注:①短头乘用车:指一半以上的发动机长度位于车辆前风窗玻璃最前点以后,并且方向盘的中心位于车辆总长的前四分之一部分内。

②越野车:在其设计上所有车轮同时驱动(包括一个驱动轴可以脱开的车辆),或其几何特性(接近角、离去角、纵向通过角,最小离地间隙)、技术特性(驱动轴数、差速锁止机构或其他形式机构)和它的性能(爬坡度)允许在非道路上行驶的一种乘用车。

2）按发动机位置及驱动形式分：前置发动机前驱动 FF、前置发动机后驱动 FR、后置发动机后驱动 RR、中置发动机后驱动 MR 和四轮驱动 4WD 五种，如图 1-5 所示。

| 前置发动机前驱动(FF) | 前置发动机后驱动(FR) | 后置发动机后驱动(RR) |

图 1-5　发动机位置及驱动形式

四轮驱动是指汽车所有车轮都是驱动轮，一般多用于越野车。

汽车驱动情况常用 4×2、4×4 等表示，前一位数表示汽车总车轮数，后一位数表示汽车驱动轮数。

3）按用途分为七类，如图 1-6 所示。

①轿车：轿车主要用来运载人员和少量的行李。按发动机排量不同又分为 5 类（见表 1-6）。

表 1-6　轿车按排量分类

类型	发动机排量(L)	车型
微型	≤1.0	夏利、奥拓
普通型	1.0~1.6	富康、捷达
中级	1.6~2.5	桑塔纳、奥迪100
中高级	2.5~4.0	皇冠、奔驰300
高级	>4.0	CA770、凯迪拉克、林肯、奔驰500系列

②客车：客车主要用来运送人员和行李物资。按其长度的不同又分为 5 类（见表 1-7）。

表 1-7　客车的分类

类型	车辆长度/m
微型	<3.5
轻型	3.5~7
中型	7~10
大型	10~12
超大型	>12(铰接式)　10~12(双层)

③货车：货车的主要作用是运载货物。按总质量的不同又分为 4 类（见表 1-8）。

表 1-8　货车的分类

类型	总质量/t
微型	< 1.8
轻型	1.8 ~ 6
中型	6 ~ 14
重型	>14

④越野车：越野车是主要行驶在无路或路况差地区的汽车，通常采用全轮驱动，并配用越野车轮。越野车按其总质量的不同又分为轻型越野车、中型越野车和重型越野车。

⑤牵引车：牵引车是专门或主要用来牵引挂车或其他车辆的汽车。

⑥自卸车：自卸车可以利用自己的液压装置将其货箱倾斜。

⑦专业车：专业车是为了完成特定的运输任务或作业而设计的汽车。

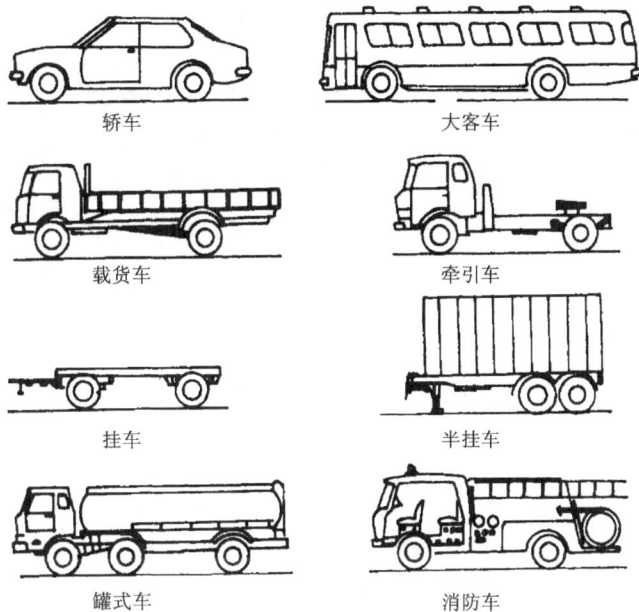

轿车　　大客车

载货车　　牵引车

挂车　　半挂车

罐式车　　消防车

图 1-6　车的类型

4）按汽车动力装置类型分。

内燃机汽车：燃料在气缸内燃烧，将所产生的热能转化为机械能的机器。如汽油车、柴油车、气体燃料汽车等。

电动汽车：以蓄电池为能源，以电动机为驱动的汽车。

燃气轮机汽车：用航空发动机或火箭发动机及特殊燃料，用喷气反作用力驱动的发动机，主要用于赛车。

任务二　汽车的主要技术参数

一、汽车代号

1. 国产汽车产品型号编制规则

GB 9417—88《汽车产品型号编制规则》规定：汽车型号由汉语拼音字母和阿拉伯字母组成，表示该产品的厂牌、型号和主要特征参数（见图 1－7、表 1－9）。

首部——企业名称代号（2~3 个拼音字母）

中部——主要特征参数（4 位数字组成）

尾部——专用汽车分类或变型车与基本型的区别

例如 1：CA1092 表示第一汽车制造厂生产的总质量为 9 t 的货车。

例如 2：EQ7228 表示二汽生产的发动机工作容积为 2.2 L 的轿车。

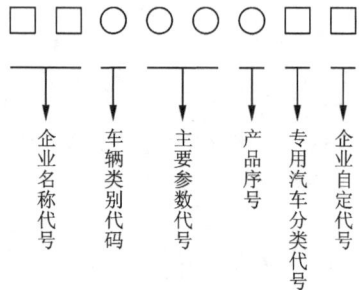

图 1－7　汽车产品型号编制规则

表 1－9　车辆类别代号及主要参数代号含义

首位数字(1~9)表示车辆类别		中间 2 位数字表示主要特征参数	末位数字表示
1	载货汽车		
2	越野汽车		
3	自卸汽车	汽车的总质量(t)[①]	企业自定序号
4	牵引汽车		
5	专用汽车		
6	客车	汽车的总长度(×0.1 m)数值[②]	
7	轿车	发动机工作容积(×0.1 L)数值	
8			
9	半挂车	汽车总质量(t)数值	

注：①汽车的总质量大于 100 t 时，允许用 3 位数字。

　　②汽车的总长度大于 10 m 时，数字×1 m。

2. 汽车身份证(VIN)(车辆识别代号编码 vehicle identifcation number)

一辆汽车就有一个代号，称"汽车身份证"，由 17 位识别代号编码。

从 VIN 中可以识别出该车的生产国家、制造厂家、汽车类型、品牌名称、车型系列、车身形式、发动机型号、车型年款、安全防护装置型号、检测数字、装配工厂名称和出厂顺序号码等等，它是汽车修理时的数据检索、配件采购和经营管理必须掌握的，以免产生误购、错装等严重后果。

我国汽车代号（GB/T 16736—1997）：与国际车辆识别代号（VIN）接轨，由3部分17位字码组成，如图1-8所示。对年产量≥500辆的制造厂，车辆识别代号的第一部分为世界制造厂识别代号（WMI）；第二部分为车辆说明部分（VDS）；第三部分为车辆指示部分（VIS）。

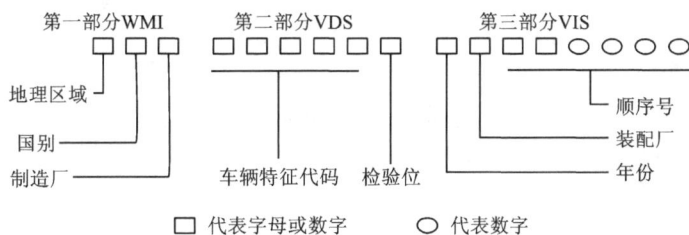

图1-8 我国车辆识别代号编码

例：

代码	L	E	4	E	J	6	8	W	A	V	5	7	0	0	3	2	1
位数	[1]	[2]	[3]	[4]	[5]	[6]	[7]	[8]	[9]	[10]	[11]	[12]	[13]	[14]	[15]	[16]	[17]

位数	意 义	位数	意 义
1	生产国别代码 L-中国	7	车身型号代码 4门金属硬顶车
2	制造厂家代码 北京吉普汽车公司	8	发动机型号代码 2.5 L 四缸化油器汽油机
3	汽车类型代码 BJ2021 系列	9	工厂检验代码
4	总质量代码 1361～1814 kg	10	车型年款代码 V-1997
5	车型种类代码 4×4驱动、左置转向盘	11	总装工厂代码 BJC 总装厂
6	装配类型代码 中高档型	12～17	出厂顺序号代码

车辆识别代号编码的位置也有规定，如我国规定9人座以下的乘用车和最大总质量≤3.5 t的货车，车辆识别代号应位于仪表上靠近风窗立柱的位置，以便于观察检查。

二、汽车主要技术参数

1. 汽车主要尺寸参数

汽车的主要尺寸参数包括轴距、轮距、总长、总宽、总高、前悬、后悬等。

1）轴距 L

轴距指车轴之间的距离。对双轴汽车，轴距就是前、后轴之间的距离；对三轴汽车，轴距是指前轴与中轴之间的距离和前轴与后轴之间的距离的平均值。

汽车轴距短，汽车总长就短，质量就小，最小转弯半径和纵向通过半径也小，机动灵活，一般普通轿车及轻型货车轴距较短。但轴距过短会导致车厢长度不足或后悬过长，汽车行驶时纵向振动过大，汽车加速、制动或上坡时轴荷转移过大而导致其制动性和操纵稳定性变坏，以及万向节传动的夹角过大等。所以一般货车、中高级轿车轴距较长。

2）前、后轮轮距 B_1、B_2

汽车轮距对总宽、总质量、横向稳定性和机动性都有较大影响。轮距愈大，则悬架的角度愈大，汽车的横向稳定性愈好。但轮距过大，会使汽车的总宽和总质量过大。

3）汽车的外廓尺寸

指总长 S、总宽 B 和总高 H。我国对公路车辆的限制尺寸是：总高不大于 4 m，总宽（不包括后视镜）不大于 2.5 m，左、右后视镜等突出部分的侧向尺寸总共不大于 250 mm；总长对于载货汽车及越野汽车不大于 12 m，牵引汽车带半挂车不大于 16 m，汽车拖带挂车不大于 20 m，挂车不大于 8 m，大客车不大于 12 m，铰接式大客车不大于 18 m。

4）汽车的前悬和后悬 L_F、L_R

汽车前悬：汽车前端至前轮中心之悬置部分。前悬处要布置发动机、弹簧前支架、车身前部、保险杠和转向器等，要有足够的纵向布置空间。前悬也不宜过长，以免使汽车的接近角过小而影响通过性。

汽车后悬：汽车后端至汽车后轮中心之悬置部分。后悬长度主要与货厢长度、轴距及轴荷分配有关。后悬也不宜过长，以免使汽车的离去角过小而引起上、下坡时刮地，同时转弯也不灵活。

2. 汽车的质量参数

汽车的质量参数主要含汽车的装载质量、总质量、整备质量利用系数和轴荷分配等。

1）汽车的装载质量

乘用车：以座位数计算，包括驾驶员座位在内最多不超过 9 个座位。

商用车中的客车：以载客量计。

商用车中的载货汽车：以其在良好的硬路面上行驶时所装载货物质量的最大限额(t)计。超载将导致车辆早期损坏，制动距离变长，甚至造成交通事故。

2）汽车的整备质量

指汽车在加满燃料、润滑油、工作液（如制动液）及发动机冷却液并装备（随车工具及备胎等）齐全后（未载人）载货时的总质量。整备质量越小的汽车，燃油消耗越少，经济性越好。

3）汽车的总质量

指已整备完好、装备齐全并按规定载满客、货时的汽车质量。

4）汽车的整备质量利用系数

指载货汽车的装载量与其整备质量之比。它表明单位汽车整备质量所承受的汽车装载质量。此系数愈大表明该车型的材料利用率及设计与工艺水平愈高。

5）汽车的轴荷分配

指汽车空载和满载时的整车质量分配到各个车轴上的百分比。它对汽车的牵引性、通过性、制动性、操纵性和稳定性等主要性能以及轮胎的寿命都有很大的影响。

3. 汽车主要性能指标

汽车主要性能指标包括汽车的动力性（最高车速、加速时间、爬坡性能）、经济性（汽车的燃料消耗量）、制动性（汽车的制动距离）、通过性（最小转弯半径、汽车的最小离地间隙、接近角、离去角、纵向通过角）、操纵稳定性和汽车有害气体排放性。

1）汽车的最高车速

指在水平良好路面（混凝土或沥青）上和规定载荷条件下汽车所能达到的最高车速（km/h），它是汽车的一个重要动力指标。目前普通轿车最高车速一般为 150～200 km/h。

2）汽车的加速时间

指汽车加速到一定车速所需要的时间，常用原地起步加速时间与超车加速时间表示。它也是汽车动力性能的重要指标。轿车常用 0～100 km/h 的换挡加速时间来评价，如普通轿车为 10～15 s。

3）汽车的爬坡性能

指汽车满载在良好路面等速行驶的最大爬坡度。一般要求在 30%（即 16.7°）左右。越野车要求更高，一般在 60%（即 31°）左右。

4）汽车的燃料消耗量

通常以百公里油耗衡量，即汽车在良好的水平硬路面以一定载荷（轿车半载、货车满载）及最高挡等速行驶时的百公里燃料消耗量，单位为 L/100 km。它是汽车燃料经济性常用的评价指标。

5）最小转弯半径

当转向盘转到极限位置、汽车以最低稳定车速转向行驶时，外侧转向轮的中心平面在支承平面上滚过的轨迹圆半径 R。它表征了汽车能够通过狭窄弯曲地面的能力。最小转弯半径越小，汽车的机动性越好。轿车的最小转弯半径一般为轴距的 2～2.5 倍。

6）汽车的制动距离

指在良好的试验跑道上在规定的车速下紧急制动（紧急制动时踏板力对货车要求不大于 700 N，轿车要求不大 500 N）时，由踩制动踏板起到完全停车时的距离。我国通常以 30 km/h 和 50 km/h 车速下的最小制动距离来评价汽车的制动效能。如普通轿车以 30 km/h 车速下的最小制动距离为 5.5～6.5 m，中型载货车为 6.5～8.0 m。

7）汽车的最小离地间隙

指汽车满载、静止时，平直地面与汽车上的中间区域最低点之间的距离 h。它反映了汽车无碰撞地通过地面凸起的能力。

8）接近角 γ_1

指汽车满载、静止时，前端突出点向前轮所引切线与地面间夹角，γ_1 越大，越不易发生汽车前端触及地面，通过性越好。

9）离去角 γ_2

指汽车满载、静止时，后端突出点向后轮所引切线与地面间的夹角，γ_2 越大，越不易发生汽车后端触及地面，通过性越好。

10)纵向通过角β

汽车满载、静止时,垂直于汽车纵向中心平面,分别与前、后车轮轮胎相切,相交并与车轮底盘刚性部件(除车轮之外)接触的两个平面形成的最小锐角,它决定了车辆所能通过的最陡坡道。β越大,汽车通过性越好。

11)汽车有害气体排放

主要有一氧化碳(CO)、碳氢化合物(HC)、氮氧化物(NO_x)、二氧化硫(SO_2)、醛类和微粒(含碳烟)等。

项目实施

(一)汽车身份证 VIN 码的含义

VIN 是英文 vehicle identification number(车辆识别码)的缩写。因为 ASE 标准规定:VIN 码由 17 位字符组成,所以俗称十七位码。它包含了车辆的生产厂家、年代、车型、车身形式及代码、发动机代码及组装地点等信息。正确解读 VIN 码,对于我们正确地识别车型,以至进行正确地诊断和维修都是十分重要的。

1. 查找 VIN 码的位置

我国轿车的 VIN 码大多可以在仪表板左侧、挡风玻璃下面找到,不同的车型位置不尽相同,东风标致 307 的 VIN 码除挡风玻璃下外,在车辆铭牌和右前减震器上部的车身上也能找到,如图 1-9 所示。

图 1-9　VIN 码的位置

2. 分析 VIN 码的含义

以 LDC913L2240000023 为例。

1)1~3 位(WMI):世界制造商识别代码,表明车辆是由谁生产的。

①第一位表示地理区域,如非洲、亚洲、欧洲、大洋洲、北美洲和南美洲或生产国别代码。

1—美国	2—加拿大	L—中国(台湾)	W—德国
3—墨西哥	6—澳大利亚	J—日本	K—韩国
V—欧洲	Z—意大利		

②第二位表示一个特定地区内的一个国家。美国汽车工程师协会(SAE)负责分配国家代码。

③第三位表示某个特定的制造厂，由各国的授权机构负责分配。如果某制造厂的年产量少于500辆，其识别代码的第三个字码就是9。

目前将第2、3位字符合并表示生产厂家。如：DC—神龙、SW—上汽、CA——一汽。

2)4~8位(VDS)：车辆特征。

轿车：种类、系列、车身类型、发动机类型及约束系统类型。

面包车(Multi-purpose Vehicle)：种类、系列、车身类型、发动机类型及车辆额定总重。

载货车：型号或种类、系列、底盘、驾驶室类型、发动机类型、制动系统及车辆额定总重。

客车：型号或种类、系列、车身类型、发动机类型及制动系统。

第4位表示车辆种类：

1—普通乘用车　　　2—活顶乘用车

3—高级乘用车　　　4—小型乘用车

5—敞篷车　　　　　6—舱背乘用车

7—旅行车　　　　　8—多用途乘用车

9—短头乘用车　　　10—越野乘用车

11—专用乘用车(旅居车、防弹车、救护车、殡仪车)

1~6一般称为轿车。

第5位表示车型系列代码与生产厂家有关。

第6位表示车身(车辆外观)类型代码：

2—二厢车　　　3—三厢车

有些公司是用字母表示车辆外观。

第7位表示发动机类型代码：

L—1.6升发动机　　2—2.0升发动机

第8位表示所装备变速箱类型

2—手动变速箱　　3—自动变速箱

3)第9位：校验位，通过一定的算法防止输入错误，也可叫检验位。

检修位一般用0~9十个数字表示。

4)第10位：车型年份，即厂家规定的型年(model year)，不一定是实际生产的年份，一般与实际生产的年份之差不超过1年。

车型年份对照表

A—1980	B—1981	C—1982	D—1983
E—1984	F—1985	G—1986	H—1987
J—1988	K—1989	L—1990	M—1991
N—1992	P—1993	R—1994	S—1995
T—1996	V—1997	W—1998	X—1999
Y—2000	1—2001	2—2002	3—2003
4—2004	5—2005	6—2006	7—2007
8—2008	9—2009		

5）第 11 位表示装配厂，0 代表原厂装配。

6）12～17 位：生产顺序号，一般情况下，汽车召回都是针对某一顺序号范围内的车辆，即某一批次的车辆。

（二）主要汽车制造企业与标志

详见《汽车文化》一书。

（三）维修作业安全生产注意事项

1. 个人安全

1）眼睛的防护

在汽车维修企业中，眼睛经常会受到各种伤害，如飞来的物体、腐蚀性化学飞溅物、有毒气体或烟雾等，但这些伤害几乎都是可以防护的。

常见的保护眼睛的装备是护目镜和面罩。护目镜可以防护各种对眼睛的伤害，如飞来物体或飞溅的液体。在下列情况下，应考虑佩戴护目镜：进行金属切削加工、用錾子或冲子铲剔、使用压缩空气、使用清洗剂等。面罩不仅能够保护眼睛，还能保护整个面部。如果进行电弧焊或气焊，要使用带有色镜片的护目镜或深色镜片的特殊面罩，以防止有害光线或过强的光线伤害眼睛。

注意：在摘下护目镜时要闭上眼睛，防止粘在护目镜外的金属颗粒掉进眼睛里。

2）听觉的保护

汽车修理厂是个噪声很大的场所，各种设备如冲击扳手、空气压缩机、砂轮机、发动机等的噪声都很大。短时的高噪声会造成暂时性听力丧失，但持续的较低噪声则更有害。

常见的听力保护装备有耳罩和耳塞，噪声极高时可同时佩戴。一般在钣金车间必须佩戴耳罩或耳塞。

3）手的保护

手是身体经常受伤的部位之一，保护手要做好两方面：一是不要把手伸到危险区域，如发动机前部转动的传动带区域、发动机排气管道附近等。二是必要时应戴上防护手套。不同的场合需用不同的防护手套，金属加工用劳保安全手套，接触化学品用橡胶手套。

4）衣服、头发及饰物

宽松的衣服、长袖子、领带都容易卷进旋转的机器中，所以在修理厂，首先一定要穿合体的工作服，最好是连体工作服，外套、工装裤也可以，这些工作服比平时衣着安全多了。如果戴领带则要把它塞到衬衫里。

工作时不要戴手表或其他饰物，特别是金属饰物，在进行电气维修时可能会导入电流而烧伤皮肤，或导致电路短路而损坏电子元件或设备。

在工厂内要穿劳保鞋，可以保护脚面不被落下的重物砸伤，且劳保鞋的鞋底是防油、防滑的。长发很容易被卷入运转的机器中，所以长发一定要扎起来，并戴上帽子。

2. 工具和设备安全使用

1）手动工具的安全使用

手动工具看起来是安全的，但使用不当也会导致事故，如用一字旋具代替撬棍，会导致旋具崩裂、损坏；飞溅物会打伤自己或他人；扳手从油腻的手中滑落，掉到旋转的元件上，再飞出来伤人，等等。

另外，使用带锐边的工具时，锐边不要对着自己和工作同事。传递工具时要将手柄朝向对方。

2）动力工具的安全使用

所有的电气设备都要使用三相插座，地线要安全接地，电缆或装配松动应及时维护；所有旋转的设备都应有安全罩，以免部件飞出伤人。

在进行电子系统维修时，应断开电路的电源，方法是断开蓄电池的负极搭铁线，这不仅可以保护人身安全，还能防止对电器的损坏。

许多维修工序需要将车辆升离地面，在升起车辆前应确保汽车已被正确支撑，并应使用安全锁以免汽车落下。用千斤顶支起汽车时应当确保千斤顶支撑在汽车底盘大梁部分或较结实的部分。

注意：升起汽车时要先看维修手册，找到正确的支撑点，错误的支撑点不仅危险，而且会破坏汽车的结构。

工具和设备都要定期检查和保养。

3）压缩空气的安全使用

使用压缩空气时应非常小心，不要玩弄它们，不要将压缩空气对着自己或别人，不要对着地面或设备、车辆乱吹。压缩空气会撕裂耳鼓膜，造成失聪；会损伤肺部或伤及皮肤；被压缩空气吹起的尘土或金属颗粒会造成皮肤、眼睛损伤。

3. 日常安全守则

（1）工具不使用时应保持干净并放到正确的位置。

（2）各种设备和工具要及时检查和保养。

（3）手上应避免油污，以免工具滑脱。

（4）启动发动机的车辆应保证驻车制动正常。

（5）不要在车间内乱转。

（6）在车间内启动发动机要保持通风良好。

（7）在车间内穿戴、着装要合适，并佩戴必要的安全防护装备，如手套、护目镜、耳塞等。

（8）不要将压缩空气对着人或设备吹。

（9）尖锐的工具不要放到口袋里，以免扎伤自己或划伤车辆。

（10）常用通道上不要放工具、设备、车辆等。

（11）用正确的方法使用正确的工具。

（12）手、衣服、工具应远离旋转设备或部件。

（13）开车进出车间时要格外小心。

（14）在极疲劳或消沉时不要工作，这种情况下会降低注意力，有可能会导致自身或他人的损伤。

（15）如果不知道车间设备如何使用，应先向明白的人请教，以得到正确、安全的使用方法。

（16）用举升器或千斤顶升起车辆时一定要按正确的规程操作。

（17）应知道车间灭火器、医疗急救包、洗眼处的位置。

项目小结

1. 汽车由发动机、底盘、车身、电气设备等四大部分组成。

2. 汽车方便人们的生活；提高了劳动生产率；促进了国民经济发展；促进劳动就业；推动科学技术的发展。

3. 1886年1月29日为汽车诞生日，本茨和戴姆勒被誉为"汽车之父"。

4. 未来世界汽车的技术发展将主要集中在汽车设计技术和控制手段电子化、汽车驱动形式多样化、汽车生产制造柔性化、汽车材料轻量化、汽车生产组织全球化等方面，开发更安全、舒适、无污染和节能型、智能化的汽车。

5. 我国汽车发展总体经历3个阶段，随着改革开放不断深入，各主要汽车集团公司都与国外大汽车公司联姻（表1-4）。国内汽车企业进一步改组兼并，初步形成了"3+6"格局。

6. 汽车依据GB/T 3730.1—2001《汽车和挂车类型的术语和定义》分为乘用车和商用车；按发动机位置及驱动形式分前置发动机前驱动FF、前置发动机后驱动FR、后置发动机后驱动RR、中置发动机后驱动MR和四轮驱动4WD五种；按用途分为七类。

7. 汽车身份证（VIN）是由17位识别代号编码组成，从VIN中可以识别出车辆的生产国家、制造厂家、汽车类型、品牌名称、车型系列、车身形式、发动机型号、车型年款、安全防护装置型号、检测数字、装配工厂名称和出厂顺序号码等。

8. 汽车主要性能指标：汽车的动力性（最高车速、加速时间、爬坡性能）、经济性（汽车的燃料消耗量）、制动性（汽车的制动距离）、通过性（最小转弯半径、汽车的最小离地间隙、接近角、离去角、纵向通过角）、操纵稳定性和汽车有害气体排放性。

思考与练习

1. 汽车的含义是什么？它是由哪几部分组成的？

2. 中国汽车发展经历了哪三个阶段？各个阶段有什么特点？

3. 解释BJ2023、CA1092、SH7246等汽车含义。

4. 汽车的主要性能指标有哪些？

项目二

发动机的基本知识

学习目标

1. 初步认识发动机各组成部分的名称以及在汽车上的位置。
2. 正确描述四行程发动机的工作原理及发动机的基本术语。
3. 熟悉汽车维护基本内容和汽车维修的类型。
4. 学会使用汽车维修常用工具、量具。

案例引入

小张从某单位买了一台二手车，该车发动机运转不稳且无维修资料，经维修技术人员初步检查判定，可能是曲柄连杆机构或其他零件故障，需对该车发动机零件进行拆装、检修。

项目描述

本项目主要介绍发动机的类型、基本结构、基本术语、编制规则、工作原理、汽车维修方法，熟悉常用工具、量具的使用与保养，并对发动机进行拆装，初步认识发动机的结构。

项目内容

任务一 发动机的类型与总体构造

一、发动机的分类

发动机是汽车的动力源。迄今为止除为数不多的电动汽车外，汽车发动机都是热能动力装置，简称热机。在热机中借助工质的状态变化将燃料燃烧产生的热能转变为机械能。

热机有内燃机和外燃机两种。直接以燃料燃烧所生成的燃烧产物为工质的热机为内燃机，反之则为外燃机。内燃机包括活塞式内燃机和燃气轮机；外燃机则包括蒸汽机、汽轮机和热气机等。内燃机与外燃机相比具有结构紧凑、体积小、质量轻和容易起动等许多优点，因此，内燃机尤其是活塞式内燃机被极其广泛地用作汽车动力。

(1)按活塞运动方式的不同分为往复活塞式和转子活塞式发动机两种，如图 2 - 1(a)所示。

(2)根据所用燃料种类的不同主要分为汽油机、柴油机、气体燃料发动机。

汽油机和柴油机：分别以汽油和柴油为燃料的活塞式内燃机，如图 2 - 1(b)所示。

 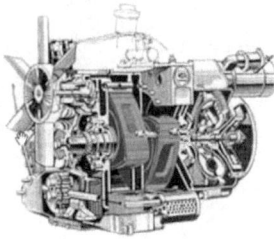

往复活塞式　　　　　　转子活塞式

(a)

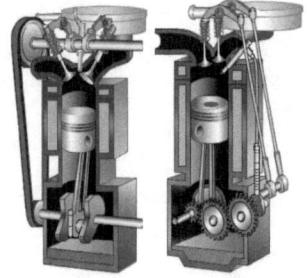

汽油机　　　柴油机

(b)

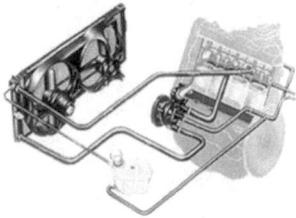 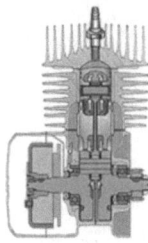

水冷发动机　　　　　风冷发动机

(c)

 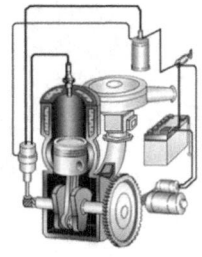

四冲程内燃机　　　二冲程内燃机

(d)

多缸发动机　　　　单缸发动机

(e)

双列式　　　　　　单列式

(f)

自然吸气(非增压)式发动机　　强制进气(增压式)发动机

(g)

图 2 - 1　发动机的类型

气体燃料发动机：以天然气、液化石油气或其他气体为燃料的活塞式内燃机。

（3）按冷却方式的不同分为水冷式和风冷式两种，如图 2-1（c）所示。

水冷式内燃机：以水或冷却液为冷却介质。

风冷式内燃机：以空气为冷却介质。

4. 按发动机工作行程的不同分为冲程和二四冲程发动机，如图 2-1（d）所示。

四冲程往复活塞式内燃机：完成一个工作循环活塞往复四个行程的内燃机。

二冲程往复活塞式内燃机：完成一个工作循环活塞往复两个行程的内燃机。

（5）按照气缸数目分为单缸发动机和多缸发动机，如图 2-1（e）所示。

单缸发动机：只有一个气缸的发动机称为单缸发动机。

多缸发动机：有两个以上气缸的发动机称为多缸发动机。如双缸、三缸、四缸、五缸、六缸、八缸、十二缸等都是多缸发动机。现代车多采用四缸、六缸、八缸发动机。

（6）按照气缸排列方式不同分为单列式和双列式，如图 2-1（f）所示。

单列式发动机：各个气缸排成一列，一般是垂直布置的，但为了降低高度，有时也把气缸布置成倾斜的甚至水平的。

双列式发动机：把气缸排成两列，两列之间的夹角 <180°（一般为90°）称为 V 形发动机，若两列之间的夹角 =180°称为对置式发动机。

（7）按进气状态不同分为增压和非增压两类，如图 2-1（g）所示。

非增压内燃机或自然吸气式内燃机：进气是在接近大气状态下进行的。

增压内燃机若利用增压器将进气压力增高，进气密度增大。增压可以提高内燃机功率。

目前，应用最广、数量最多的汽车发动机为水冷、四冲程往复活塞式内燃机，其中汽油机用于轿车和轻型客、货车上，而大客车和中、重型货车发动机多为柴油机。少数轿车和轻型客、货车发动机也有用柴油机的。以风冷或二冲程活塞式内燃机为动力的汽车为数不多。特别是从 20 世纪 80 年代起，在世界范围内，就不再有以二冲程活塞式内燃机为动力的轿车了。

二、发动机的总体构造

发动机是一台由多种机构和系统组成的复杂机器。现代汽车发动机的结构形式很多，发动机的具体构造也多种多样，但由于其基本工作原理一致，从总体功能来看，其基本结构大同小异，都是由两大机构和五大系统组成，如图 2-2 所示。

1. 曲柄连杆机构

功用：是往复活塞式发动机实现热功转换的主要装置。

组成：机体组、活塞连杆组、曲轴飞轮组等，如图 2-3 所示。

2. 配气机构

功用：使新鲜气体进入气缸，使气缸内废气排出。

基本组成：气门组和气门传动组，如图 2-4 所示。

3. 燃料供给系统

功用：向发动机提供燃料和空气、并排除缸内废气。汽油机燃料供给系统和柴油机燃料供给系统由于使用的燃料和燃烧过程不同，在结构上有很大差别，而汽油机燃料供给系统根据混合气的形成方式不同又可分为传统化油器式(已淘汰)和电控直喷式两种。

基本组成：燃料供给装置和进、排气装置，如图 2-5 所示。

图 2-2　发动机总体结构

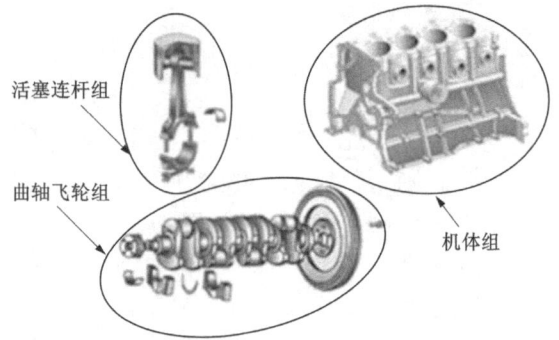

图 2-3　曲柄连杆机构的组成

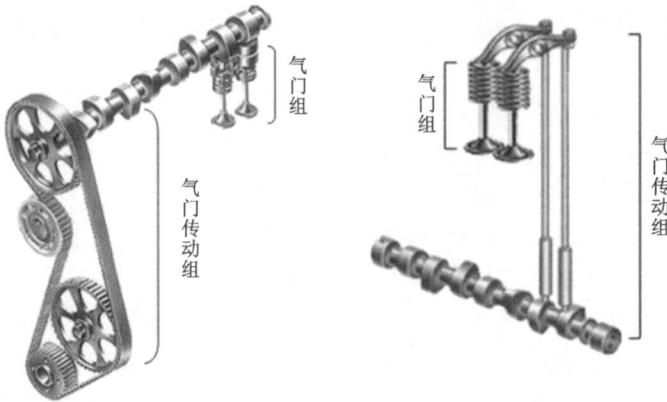

图 2-4　配气机构的组成

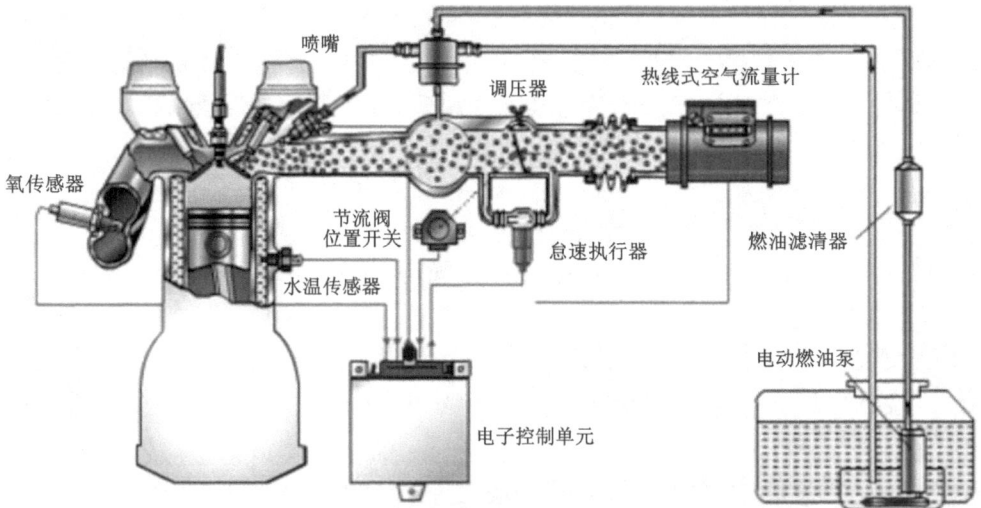

图 2-5　电控直喷式汽油供给系统

4. 润滑系

功用：向摩擦表面提供润滑，以减少摩擦和磨损。

基本组成：油底壳、机油泵、机油滤清器、润滑油道，如图2-6所示。

5. 冷却系

功用：帮助发动机散热，以保持正常工作温度。

基本组成：水套、水泵、散热片和风扇等，如图2-7所示。

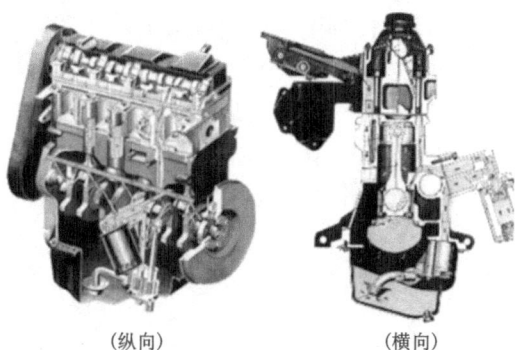

(纵向)　　　(横向)

图2-6　润滑系的组成

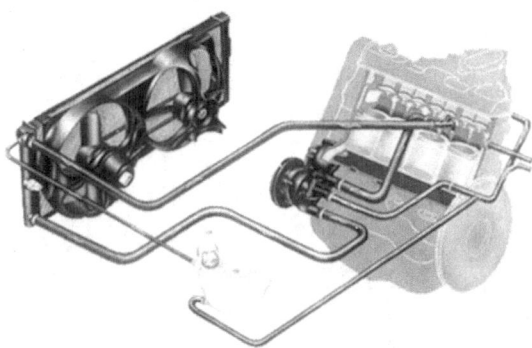

图2-7　冷却系的组成

6. 启动系统

功用：启动系统的作用是将静止的发动机启动并转入自行运转。

基本组成：启动机和其他附属装置，如图2-8所示。

7. 点火系统

功用：根据发动机的工作需要，及时点燃气缸内的混合气。点火系统是汽油发动机独有的。按控制方式不同又分为传统点火系和电子控制点火系两种。

基本组成：电源、点火线圈、分电器和火花塞等，如图2-9所示。

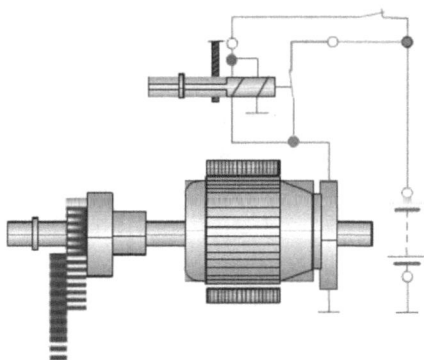

图2-8　启动系统

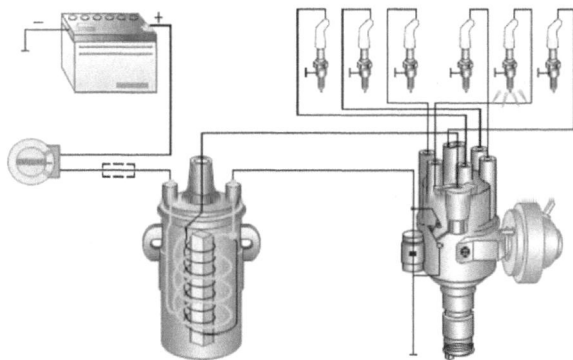

图2-9　点火系统

任务二　发动机专业术语和型号编制规则

一、基本术语

（1）发动机工作循环。

发动机工作循环是由进气、压缩、做功和排气等四个工作过程组成的封闭过程。周而复始地进行这些过程，内燃机才能持续地做功。每进行一次这样的过程就叫一个工作循环。

四冲程发动机：曲轴旋转两周，活塞往复四个行程即完成一个工作循环。

二冲程发动机：曲轴旋转一周，活塞往复两个行程即完成一个工作循环。

（2）上、下止点（见图2-10）。

上止点：活塞离曲轴回转中心最远处，一般指活塞上行到最高位置，一般用英文缩写词TDC表示。

下止点：活塞离曲轴回转中心最近处，一般指活塞下行到最低位置，一般用英文缩写词BDC表示。

上、下止点处，活塞的运动速度为零。

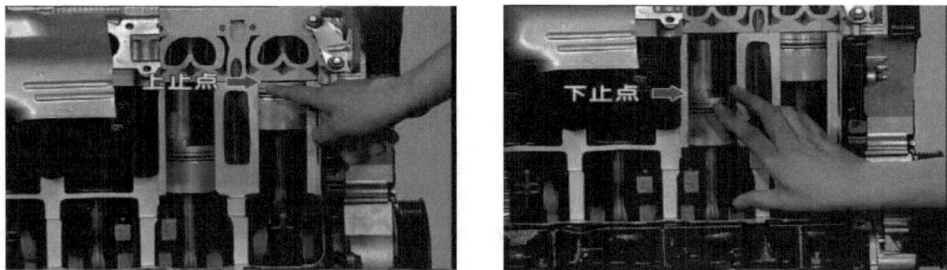

图2-10　上、下止点示意图

（3）活塞行程（S）：上、下止点间的距离，如图2-11所示。

（4）曲柄半径（R）：与连杆下端（即连杆大头）相连的曲柄销中心到曲轴回转中心的距离（如图2-12）。

显然，曲轴每回转一周，活塞移动两个活塞行程。对于气缸中心线通过曲轴回转中心的内燃机，其$S=2R$。

（5）气缸工作容积（V_h）：活塞从上止点到下止点所扫过的容积（L）（见图2-12）。

$$V_h = \frac{\pi D^2 S}{4} \times 10^{-6} (\text{L})$$

式中：D——气缸直径，mm；

S——活塞行程，mm。

（6）发动机排量（V_L）：发动机所有气缸工作容积的总和称为内燃机排量。

设发动机的气缸数为i，则$V_L = V_h \cdot i$，单位为L。

（7）燃烧室容积（V_c）：活塞位于上止点时，活塞顶面以上气缸盖底面以下所形成的空间称为燃烧室，其容积称为燃烧室容积，也叫压缩容积，单位为L（见图2-13）。

图 2－11　活塞行程示意图

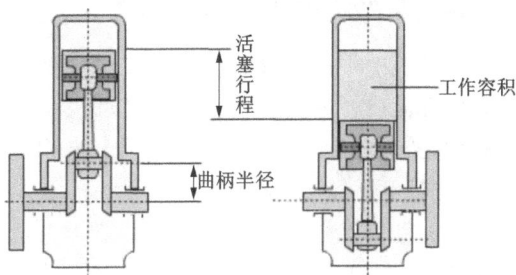

图 2－12　工作容积示意图

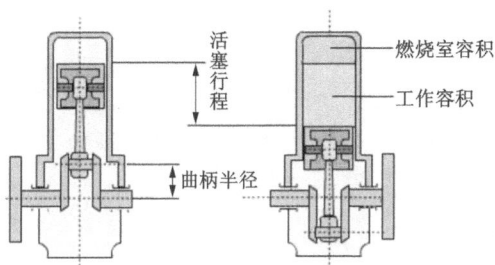

图 2－13　燃烧室容积示意图

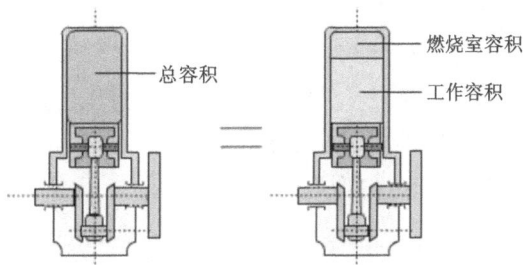

图 2－14　气缸总容积示意图

(8)气缸总容积(V_a)：气缸工作容积与燃烧室容积之和为气缸总容积，单位为 L，如图 2－14 所示。即

$$V_a = V_h + V_c$$

(9)压缩比(ε)：气缸总容积与燃烧室容积之比。

$$\varepsilon = V_a / V_c = 1 + V_h / V_c$$

它表示活塞由下止点运动到上止点时气缸内气体被压缩的程度。压缩比越大，压缩终了时气缸内的气体压力和温度就越高，抖动明显，容易出现"爆燃"和"表面点火"等不正常燃烧。

轿车的汽油发动机的压缩比为 8～11，如广州本田雅阁 2.4i－VTEC 发动机压缩比为9.7，而 3.0V6－VTEC 发动机压缩比则为 10；柴油机的压缩比为 18～23。

可变压缩比(SVC)发动机：能根据发动机工作负荷变化，自动调节压缩比。负荷减少时，使压缩比提高；全负荷时，使压缩比降低，可有效达到防止爆震燃烧、增加功率、降低油耗、减少排放的目的。当气缸、活塞等磨损，气门不密封时，将导致发动机压缩气体外泄，热效率和功率下降。

(10)工况：发动机在某一时刻的运行状况简称工况，以该时刻内燃机输出的有效功率和曲轴转速表示。曲轴转速即为内燃机转速。

(11)负荷率：发动机在某一转速下发出的有效功率与相同转速下所能发出的最大有效功率的比值称为负荷率，以百分数表示。负荷率通常简称负荷。

二、发动机的主要性能指标

发动机的性能指标表征发动机的性能特点，是评价各类发动机性能优劣的依据。同时，发动机性能指标的建立还促进了发动机结构的不断改进和创新。因此，发动机构造的变革和多样性是与发动机性能指标的不断完善和提高密切相关的。

1. 动力性指标

动力性指标是表征发动机做功能力大小的指标，一般用发动机的有效转矩、有效功率、转速和平均有效压力等作为评价发动机动力性好坏的指标。

1）有效转矩

发动机对外输出的转矩称为有效转矩，记作 T_e，单位为 N·m。有效转矩与曲轴角位移的乘积即为发动机对外输出的有效功。

2）有效功率

发动机在单位时间对外输出的有效功称为有效功率，记作 P_e，单位为 kW。它等于有效转矩与曲轴角速度的乘积。发动机的有效功率可以用台架试验方法测定，也可用测功器测定有效转矩和曲轴角速度，然后用公式计算出发动机的有效功率：

$$P_e = T_e \frac{2\pi n}{60} \times 10^{-3} = \frac{T_e n}{9550} \ (\text{kW})$$

式中：T_e——有效转矩，N·m；

$\quad\quad n$——曲轴转速，r/min。

3）发动机转速

发动机曲轴每分钟的回转数称为发动机转速，用 n 表示，单位为 r/min。发动机转速，关系到单位时间内做功次数的多少或发动机有效功率的大小，即发动机的有效功率随转速的不同而改变。因此，在说明发动机有效功率的大小时，必须同时指明其相应的转速。在发动机产品标牌上规定的有效功率及其相应的转速分别称作标定功率和标定转速。发动机在标定功率和标定转速下的工作状况称作标定工况。标定功率不是发动机所能发出的最大功率，它是根据发动机用途而制定的有效功率最大使用限度。同一种型号的发动机，当其用途不同时，其标定功率值并不相同。有效转矩也随发动机工况而变化。因此，汽车发动机以其所能输出的最大转矩及其相应的转速作为评价发动机动力性的一个指标。

4）平均有效压力

单位气缸工作容积发出的有效功称为平均有效压力，记作 p_{me}，单位为 MPa。显然，平均有效压力越大，发动机的做功能力越强。

2. 经济性指标

发动机经济性指标包括有效热效率和有效燃油消耗率等。

1）有效热效率

燃料燃烧所产生的热量转化为有效功的百分数称为有效热效率，记作 η_e。显然，为获得一定数量的有效功所消耗的热量越少，有效热效率越高，发动机的经济性越好。

2）有效燃油消耗率

发动机每输出 1 kW 的有效功所消耗的燃油量称为有效燃油消耗率，记作 b_e，单位为 g/(kW·h)。

$$b_e = \frac{B}{P_e} \times 10^3$$

式中：B——发动机在单位时间内的耗油量，kg/h；

P_e——发动机的有效功率，kW。

显然，有效燃油消耗率越低，经济性越好。

3. 强化指标

强化指标是指发动机承受热负荷和机械负荷能力的评价指标，一般包括升功率和强化系数等。

1）升功率

发动机在标定工况下，单位发动机排量输出的有效功率称为升功率。升功率大，表明每升气缸工作容积发出的有效功率大，发动机的热负荷和机械负荷都高。

2）强化系数

平均有效压力与活塞平均速度的乘积称为强化系数。活塞平均速度是指发动机在标定转速下工作时，活塞往复运动速度的平均值。

4. 紧凑性指标

紧凑性指标是用来表征发动机总体结构紧凑程度的指标，通常用比容积和比质量衡量。

1）比容积

发动机外廓体积与其标定功率的比值称为比容积。

2）比质量

发动机的干质量与其标定功率的比值称为比质量。干质量是指未加注燃油、机油和冷却液的发动机质量。比容积和比质量越小，发动机结构越紧凑。

5. 环境指标

环境指标用来评价发动机排气品质和噪声水平。由于它关系到人类的健康及其赖以生存的环境，因此各国政府都制定出严格的控制法规，以期消减发动机排气和噪声对环境的污染。

6. 可靠性指标

可靠性指标是表征发动机在规定的使用条件下正常持续工作能力的指标。可靠性有多种评价方法，如首发故障行驶里程、平均故障间隔里程、主要零件的损坏率等。

7. 耐久性指标

耐久性指标是指发动机主要零件磨损到不能继续正常工作的极限时间。通常用发动机的大修里程，即发动机从出厂到第一次大修之间汽车行驶的里程数来衡量。

8. 工艺性指标

工艺性指标是指评价发动机制造工艺性和维修工艺性好坏的指标。发动机结构工艺性好，则便于制造和维修，就可以降低生产成本和维修费用。

9. 发动机速度特性

汽车发动机的工况在很广泛的范围内变化。当发动机的工况（即功率和转速）发生变化时，其性能（包括动力性、经济性、排放性和噪声等）也随之改变。因此，在评价和选用发动机时就必须考察它在各种工况下的性能，才能全面判断其好坏及能否满足汽车的要求。

发动机特性是指发动机性能指标随调整状况及运行工况而变化的关系，利用特性曲线可以简单而又方便地评价发动机性能。

发动机的有效功率 P_e、有效转矩 T_e 和有效燃油消耗率 b_e 随发动机转速 n 的变化关系称为发动机速度特性，如图 2-15 所示。

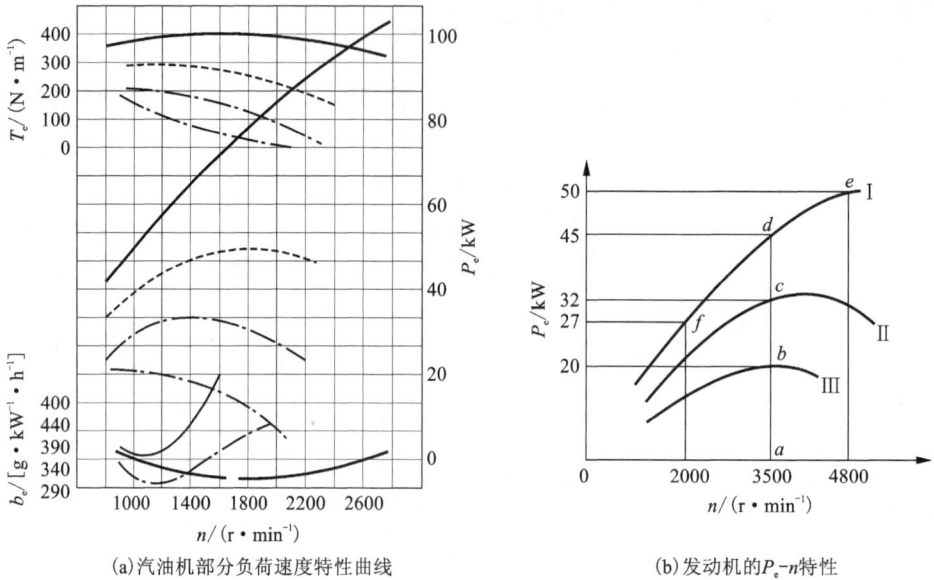

(a)汽油机部分负荷速度特性曲线   (b)发动机的 P_e-n 特性

图 2-15   发动机速度特性

发动机负荷率的定义，如果利用发动机的速度特性来说明负荷率或负荷的概念就更为清楚。曲线 I 为外特性，曲线 II、III 为部分速度特性。在 $n = 3500$ r/min 时，若节气门全开，可得到该转速下可能发出的最大功率 45 kW。但如果不全开而开到 II 和 III 的位置，则同样转速下只能发出 32 kW 和 20 kW 的功率。根据上述定义，可求出 a、b、c 和 d 四个工况下的负荷值：

工况 a 负荷为零（称为发动机空转工况）；

工况 b 负荷 $= 20/45 \times 100\% = 44.4\%$；

工况 c 负荷 $= 32/45 \times 100\% = 71.1\%$；

工况 d 负荷 $= 45/45 \times 100\% = 100\%$（即发动机全负荷）。

三、国产内燃机型号编制规则

为了便于内燃机的生产管理和使用，国家标准（GB 725—82）《内燃机产品名称和型号编制规则》中对内燃机的名称和型号作了统一规定。

1. 内燃机的名称和型号

内燃机名称均按所使用的主要燃料命名，例如汽油机、柴油机、煤气机等。

内燃机型号由阿拉伯数字和汉语拼音字母组成。

内燃机型号由以下 4 部分组成：

首部：为产品系列符号和换代标志符号，由制造厂根据需要自选相应字母表示，但需主管部门核准。

中部：由缸数符号、冲程符号、气缸排列形式符号和缸径符号等组成。

后部：结构特征和用途特征符号，以字母表示。

尾部：区分符号，同一系列产品因改进等原因需要区分时，由制造厂选用适当符号表示。

2. 内燃机型号的排列顺序及符号所代表的意义规定

如图 2-16 所示。

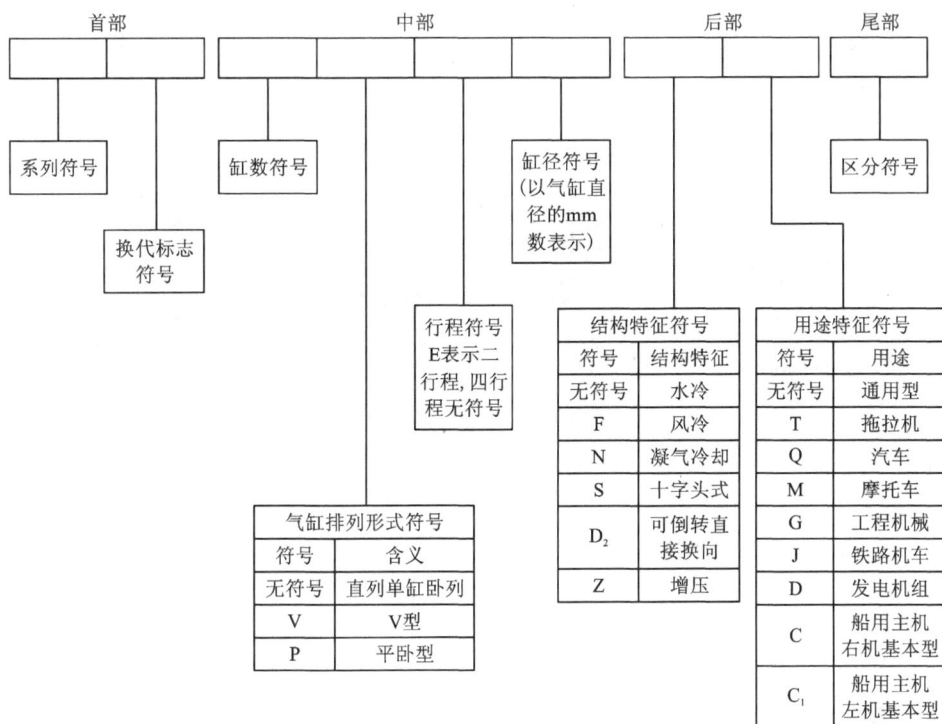

图 2-16 内燃机型号的排列顺序及符号含义

3. 型号编制举例

1）汽油机

1E65F：表示单缸，二行程，缸径 65 mm，风冷通用型。

4100Q：表示四缸，四行程，缸径 100 mm，水冷车用。

4100Q-4：表示四缸，四行程，缸径 100 mm，水冷车用，第四种变型产品。

CA6102：表示六缸，四行程，缸径 102 mm，水冷通用型，CA 表示系列符号。

8V100：表示八缸，四行程，缸径 100 mm，V 形，水冷通用型。

TJ376Q：表示三缸，四行程，缸径 76 mm，水冷车用，TJ 表示系列符号。

CA488：表示四缸，四行程，缸径 88 mm，水冷通用型，CA 表示系列符号。

2）柴油机

195：表示单缸，四行程，缸径 95 mm，水冷通用型。

165F：表示单缸，四行程，缸径 65 mm，风冷通用型。

495Q：表示四缸，四行程，缸径 95 mm，水冷车用。

6135Q：表示六缸，四行程，缸径 135 mm，水冷车用。

X4105：表示四缸，四行程，缸径 105 mm，水冷通用型，X 表示系列代号。

任务三　发动机基本工作原理

一、单缸四冲程汽油机的工作原理

四冲程汽油机的工作循环由进气、压缩、做功、排气四个过程组成。单缸四冲程汽油机工作循环如图 2-17 所示。

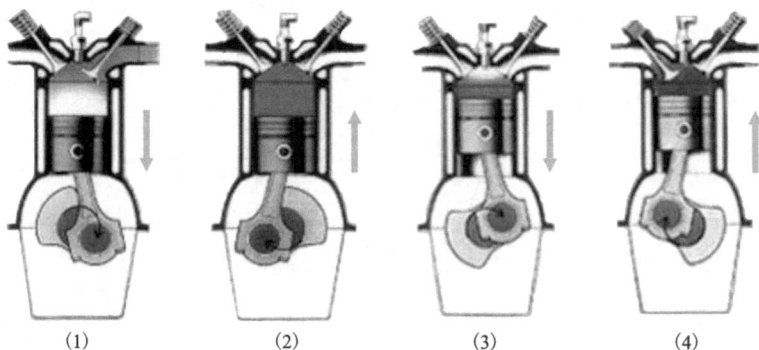

| (1) | (2) | (3) | (4) |

图 2-17　单缸四冲程汽油机的工作原理

1. 进气行程

活塞由曲轴带动从上止点向下止点运动，此时，进气门开启，排气门关闭。在活塞向下移动的过程中，气缸内容积逐渐增大，形成一定真空度，于是空气和燃油的可燃混合气通过进气门被吸入气缸，直至活塞到达下止点时，进气门关闭，停止进气。

由于进气系统存在进气阻力，进气终了时气缸内气体的压力低于大气压力，为 0.075～0.09 MPa。由于气缸壁、活塞等高温件及上一循环留下的高温残余废气的加热，气体温度升高到 370～400 K，如图 2-17(1)所示。

2. 压缩行程

为使可燃混合气迅速燃烧，达到改善发动机动力性和经济性的目的，必须在燃烧前对可燃混合气进行压缩，以提高可燃混合气的温度和压力。因此，在进气行程结束时立即进入压缩行程，活塞在曲轴的带动下，从下止点向上止点运动，由于进、排气门均关闭，气缸内容积逐渐减小，可燃混合气压力、温度逐渐升高。

压缩终了时，气缸内的压力为 0.6～1.2 MPa，温度为 600～700 K，如图 2-17(2)所示。

3. 做功行程

在压缩行程末，火花塞产生电火花点燃混合气并迅速燃烧，使气体的温度、压力迅速升高而膨胀，从而推动活塞从上止点向下止点运动，通过连杆使曲轴旋转做功，至活塞到达下止点时做功结束。

在做功行程中，开始阶段气缸内气体压力、温度急剧上升，瞬间压力可达 3～5 MPa，瞬时温度可达 2200～2800 K。随着活塞下行，气缸容积增大，气缸内压力、温度逐渐下降，做功终了时，压力为 0.3~0.5 MPa，温度为 1300~1600 K，如图 2-17(3)所示。

　　4. 排气行程

　　为使循环能够连续进行，须将燃烧产生的废气排出。在做功行程终了时，排气门打开，进气门关闭，曲轴通过连杆推动活塞从下止点向上止点运动，废气在自身剩余压力和活塞推动下被排出气缸，至活塞到达上止点时，排气门关闭，排气结束。

　　排气行程终了时，由于燃烧室容积的存在，气缸内还存有少量废气，气体压力也因排气系统存在排气阻力而略高于大气压力。此时，压力为 0.105~0.115 MPa，温度为 900~1200 K，如图 2-17(4)所示。

　　发动机工作时，需要连续不断地进行循环，在每个循环中都是依次完成进气、压缩、做功、排气四个行程。这四个行程用图形表示(见图 2-18)，称为四冲程汽油机的示功图。

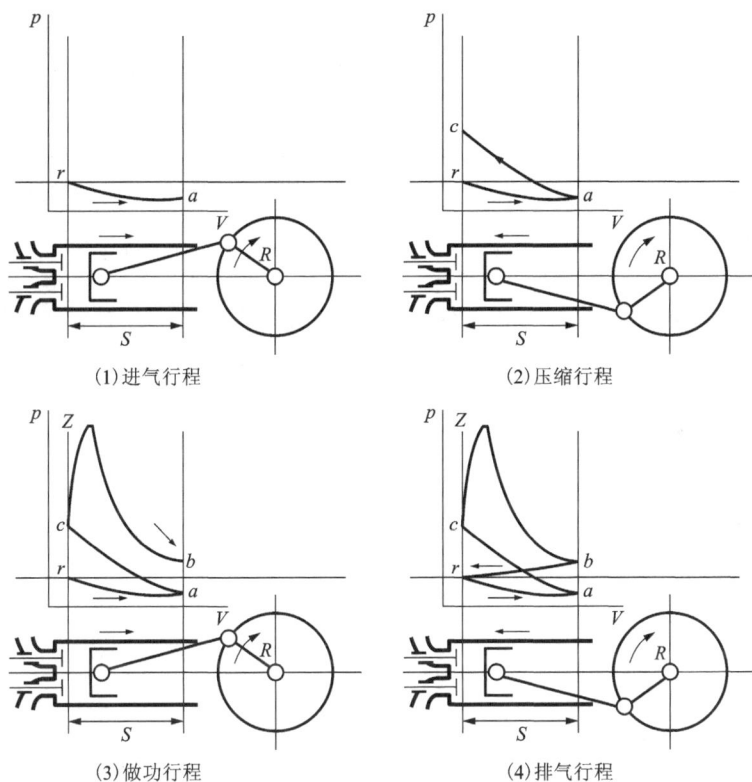

图 2-18　四冲程汽油机的示功图

二、单缸四冲程柴油机的工作原理

　　1. 单缸四冲程柴油机工作原理

　　四冲程柴油机和四冲程汽油机一样，每个工作循环也是由进气、压缩、做功和排气四个行程组成。由于所使用燃料的性质不同，在可燃混合气的形成和着火方式上与汽油机有很大区别。单缸四冲程柴油机工作循环如图 2-19 所示。

　　1)进气行程

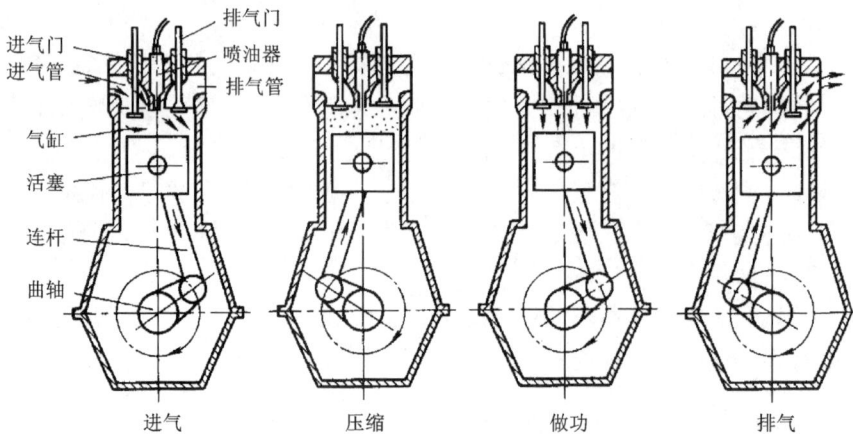

图 2 - 19　单缸四冲程柴油机工作原理

进气行程不同于汽油机的是进入气缸的不是可燃混合气,而是纯空气。由于进气阻力比汽油机小,上一行程残留的废气温度也比汽油机低,进气行程终了的压力为 0.075 ~ 0.095 MPa,温度为 320 ~ 350 K。

2)压缩行程

压缩行程不同于汽油机的是压缩纯空气,由于柴油的压缩比大,压缩终了的温度和压力都比汽油机高,压力可达 3 ~ 5 MPa,温度可达 800 ~ 1000 K。

3)做功行程

此行程与汽油机有很大差异,压缩行程末,喷油泵将高压柴油经喷油器呈雾状喷入气缸内的高温高压空气中,被迅速汽化并与空气形成混合气,由于此时气缸内的温度远高于柴油的自燃温度(为 500 K 左右),柴油混合气便立即自行着火燃烧,且此后一段时间内边喷油边燃烧,气缸内压力和温度急剧升高,推动活塞下行做功。

做功行程中,瞬时压力可达 5 ~ 10 MPa,瞬时温度可达 1800 ~ 2200 K,做功行程终了时压力为 0.2 ~ 0.4 MPa,温度为 1200 ~ 1500 K。

4)排气行程

此行程与汽油机基本相同。排气行程终了时的气缸压力为 0.105 ~ 0.125 MPa,温度为 800 ~ 1000 K。

2. 四冲程汽油机与柴油机工作原理的比较

由上述四冲程汽油机和柴油机的工作循环可知,两种发动机的工作循环既有共同点,又有差别,归纳如下:

1)两种发动机中,每完成一个工作循环,曲轴转两周(720°),每完成一个行程曲轴转半周(180°),进气行程是进气门开启,排气行程是排气门开启,其余两个行程进、排气门均关闭。

2)无论是汽油机还是柴油机,在四个行程中,只有做功行程产生动力,其余三个行程是为做功行程作准备的辅助行程,都要消耗一部分能量。

3)两种发动机运转的第一循环都必须靠外力使曲轴旋转完成进气和压缩行程,做功行程开始后,做功能量储存在飞轮内,以维持循环继续进行。

4)汽油机的混合气是在气缸外部形成的,进气行程中吸入气缸的是可燃混合气;柴油机的混合气是在气缸内部形成的,进气行程中吸入气缸的是纯空气。

5)汽油机在压缩终了时靠火花塞强制点火燃烧,而柴油机则靠混合气自燃着火燃烧。

三、多缸四冲程发动机的特点

单缸发动机问题:功率小,转速不均匀,工作振动大,现代汽车发动机都是多缸发动机,用得最多的是四缸、六缸、八缸发动机。

多缸发动机结构特点:由多个结构相同的气缸组成,它们共用一个机体,一根曲轴。曲轴的曲柄布置应该使各缸做功行程均匀分布在720°曲轴转角内。如四缸发动机曲轴相邻工作缸的曲柄夹角为180°,曲轴每转180°便有一个气缸做功。

(1)每一个气缸所有的工作过程与单缸发动机相同。

(2)曲轴每转两圈每个气缸都完成一个工作循环。

(3)各缸不同时做功,而是按一定顺序。

(4)各缸做功间隔角(曲轴转角)相等。

四、二冲程汽油机的工作原理

二冲程发动机是指曲轴转一圈(360°),活塞往复运动两次完成一个工作循环的发动机,其工作循环也包括进气、压缩、做功和排气四个过程。下面以二冲程汽油机为例介绍其简单工作原理。

1.二冲程汽油机的简单工作原理

二冲程汽油机在结构上与四冲程汽油机的不同之处在于没有了进、排气门,取而代之的是进气孔、排气孔和换气孔。图2-20所示为单缸二冲程汽油机的工作循环示意图,其工作原理如下:

1)第一行程

活塞由曲轴带动从下止点向上止点移动,当活塞上行至关闭换气孔和排气孔时,已进入气缸的新鲜混合气被压缩,直至上止点时,压缩结束;与此同时,随着活塞上行,其下方曲轴箱内形成一定真空度,当活塞上行到进气孔开启时,新鲜混合气被吸入曲轴箱。

2)第二行程

活塞接近上止点时,火花塞产生电火花,点燃被压缩的可燃混合气,燃烧形成的高温、高压气体推动活塞下行做功,当活塞下行到关闭进气孔后,曲轴箱内的混合气被预压缩,活塞继续下行至排气孔开启时,燃烧后的废气靠自身压力经排气孔排出;紧接着,换气孔开启,曲轴箱内经预压的混合气进入气缸,并排除气缸内残余废气,这一过程称为换气过程,它将一直延续到下一行程活塞再上行关闭换气孔和排气孔时为止。

由上述工作原理可知,第一行程时,活塞上方进行换气、压缩,活塞下方进行进气;第二行程时,活塞上方进行做功、换气,活塞下方预压混合气。换气过程跨越两个行程。

2.二冲程发动机的特点

1)由于进排气过程几乎是完全重叠进行的,所以在换气过程中有混合气损失和废气难以排净的缺点,经济性较差。

2) 完成一个工作循环，曲轴只转一圈，当与四冲程发动机转速相等时，其做功次数比四冲程多一倍。因此，运转平稳，与同排量四冲程发动机比较在理论上发出功率应是四冲程发动机的两倍，但由于换气时的混合气损失，实际上只有 1.5 ~ 1.6 倍。

3) 由于没有气门机构，发动机结构较为简单。

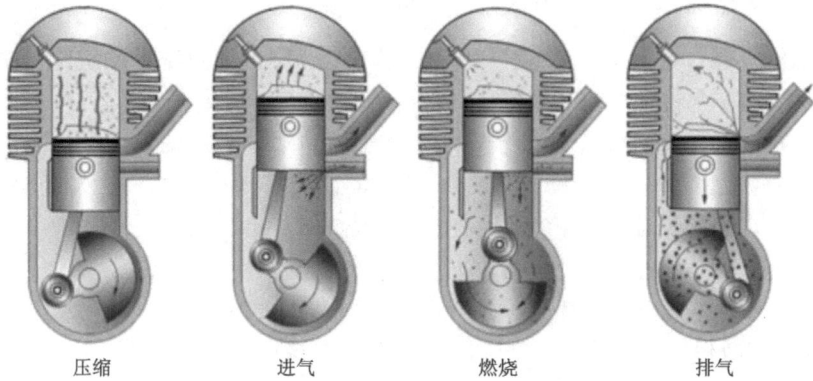

　　　压缩　　　　　　进气　　　　　　燃烧　　　　　　排气

图 2 – 20　单缸二冲程发动机工作原理

五、二冲程柴油机的工作原理

1. 第一行程活塞由下止点移至上止点

当活塞还处于下止点位置时，进气孔和排气门均已开启。扫气泵将纯净的空气增压到 0.12 ~ 0.14 MPa 后，经空气室和进气孔送入气缸，扫除其中的废气。废气经气缸顶部的排气门排出。当活塞上移将进气孔关闭的同时，排气门也关闭，进入气缸内的空气开始被压缩。活塞运动至上止点，压缩过程结束。

2. 第二行程活塞由上止点移至下止点

当压缩过程终了时，高压柴油经喷油器喷入气缸，并自行着火燃烧。高温高压的燃烧气体推动活塞做功。当活塞下移 2/3 行程时，排气门开启，废气经排气门排出。活塞继续下移，进气孔开启，来自扫气泵的空气经进气孔进入气缸进行扫气。扫气过程将持续到活塞上移时将进气孔关闭为止。

六、汽油机与柴油机、四冲程与二冲程内燃机的比较

以上叙述了各类往复活塞式内燃机的简单工作原理，从中可以看出汽油机与柴油机、四冲程与二冲程内燃机的若干异同之处。

(1) 四冲程汽油机与四冲程柴油机的共同点是：

①每个工作循环都包含进气、压缩、做功和排气等四个活塞行程，每个行程各占 180° 曲轴转角，即曲轴每旋转两周完成一个工作循环。

②四个活塞行程中，只有一个做功行程，其余三个是耗功行程。显然，在做功行程曲轴旋转的角速度要比其他三个行程时大得多，即在一个工作循环内曲轴的角速度是不均匀的。为了改善曲轴旋转的不均匀性，可在曲轴上安装转动惯量较大的飞轮或采用多缸内燃机并使

其按一定的工作顺序依次进行工作。

（2）两者不同之处是：

①汽油机的可燃混合气在气缸外部开始形成并延续到进气和压缩行程终了，时间较长。柴油机的可燃混合气在气缸内部形成，从压缩行程接近终了时开始，并占小部分做功行程，时间很短。

②汽油机的可燃混合气用电火花点燃，柴油机则是自燃，所以又称汽油机为点燃式内燃机，称柴油机为压燃式内燃机。

（3）二冲程内燃机与四冲程内燃机相比具有下列一些特点。

①曲轴每转一周完成一个工作循环，做功一次。当曲轴转速相同时，二冲程内燃机单位时间的做功次数是四冲程内燃机的两倍。由于曲轴每转一周做功一次，因此曲轴旋转的角速度比较均匀。

②二冲程内燃机的换气过程时间短，仅为四冲程内燃机的1/3左右。另外，进、排气过程几乎同时进行，利用新气扫除废气，新气可能流失，废气也不易清除干净。因此，二冲程内燃机的换气质量较差。

③曲轴箱换气式二冲程内燃机因为没有进、排气门而使结构大为简化。

任务四　汽车维修基本知识

一、汽车维修基本概念

汽车维修包括汽车维护和汽车修理，汽车维护和汽车修理是性质不同的两种技术措施。汽车维护的目的是采用相应的技术措施预防故障的发生，避免零部件的损坏，是强制执行的措施。汽车修理的目的是排除汽车已发生的故障、更换或修复已损坏的零件，恢复汽车的使用性能，是视其需要进行的措施。

二、汽车维护基础知识

1. 汽车维护的分类

汽车维护是对汽车采取的预防性技术措施，维护作业的内容和时机，按预先规定的计划执行，其目的是为了预防故障发生和维护汽车的工作能力。汽车维护如下：

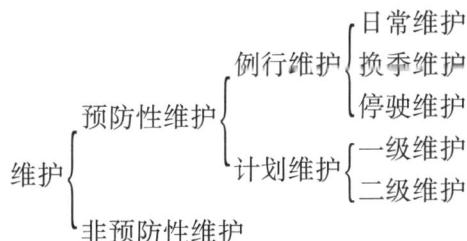

$$
\text{维护}\begin{cases} \text{预防性维护}\begin{cases} \text{例行维护}\begin{cases} \text{日常维护} \\ \text{换季维护} \\ \text{停驶维护} \end{cases} \\ \text{计划维护}\begin{cases} \text{一级维护} \\ \text{二级维护} \end{cases} \end{cases} \\ \text{非预防性维护} \end{cases}
$$

预防性维护：为预防故障发生和维持汽车工作能力而进行。

非预防性维护：发生故障后进行。

例行维护：内容和时机与汽车行驶里程无关。

计划维护：内容和时机与汽车行驶里程有关。

2．汽车维护方式

(1)概念：维护类型、维护时机和维护内容的综合体现。

(2)类型：定期、按需、事后。

定期维护：每隔一定的时间或行驶里程进行一次，内容、时机均有明确的规定，属计划维护。

按需维护：用诊断或检测设备定期进行诊断或检查，根据检查结果按需进行，属计划维护。

事后维护：故障发生后进行，属非预防维护。

3．汽车维护作业的分类

维护作业分类并非一成不变，实际中可根据企业的规模、维护设备、人员、场地的具体情况进行适当调整。

(1)清洁作业：主要是清除汽车和挂车外表的泥污，打扫、清洗和擦拭车厢驾驶室车身的内外表面和各类附件。

(2)检查与紧固作业：主要是检查汽车外露的各零部件连接或安装情况，必要时紧固已松动的部位，并更换个别丢失或损坏的螺栓、螺母等易损件。

(3)检查与调整作业：主要是检查汽车各机构、仪表和总成的技术状况，必要时按技术要求或使用条件进行调整。

(4)电器作业：主要是清洁、检查和调整电器和仪表，润滑其运动机构，配换个别已损坏或不适用的零件及导线，检查和维护蓄电池。

(5)润滑作业：主要是清洗发动机润滑系统，更换和加注润滑油。

(6)轮胎作业：主要是对轮胎气压、夹石检查，进行轮胎换位。

(7)加注作业：主要是检查各种油料的数量，按需及时加注。

三、汽车修理基础知识

1．汽车修理分类

汽车修理按作业范围可以分为汽车大修、总成大修、汽车小修和零件修理四类。

(1)汽车大修：用修理或更换汽车任何零部件(包括基础件)的方法，恢复汽车的完好技术状况或完全(或接近完全)恢复汽车寿命的恢复性修理。汽车大修是对整车进行解体，对所有零部件进行检验、修理或更换。汽车大修的期限是随着汽车产品质量、使用条件和平时维护状况的不同有很大差异的，车辆技术管理部门应对接近大修定额里程的车辆加强状态监控，结合维护进行定期检测，做好技术鉴定工作，根据汽车大修的送修条件及时送修。

(2)总成修理：是为了恢复汽车某一总成的完好技术状况、工作能力和寿命而进行的作业。也就是总成在经过一定使用期限后，其基础件和主要零部件破裂、磨损、老化等，需要拆散进行彻底修理，以恢复其技术状况。主要总成包括发动机、车架、车身、变速器、后桥、前桥等。送修前要进行技术鉴定，达到送修条件的按规定送修。

(3)汽车小修：是用修理和更换个别零件的方法，保证或恢复车辆工作能力的运行性修理，主要是为了消除车辆在运行过程中和维护作业中发生或发现的故障和隐患。

(4)零件修理：是对因磨损、变形、损伤等不能继续使用的零件进行修复，以恢复其性能和寿命。它是节约原材料、降低维修费用的一个重要措施。当然，零件修理必须考虑到是否有修复价值和符合经济的原则。

（5）视情修理：是指按技术文件规定对汽车技术状况进行诊断或检测后，决定修理的内容和实施时间的修理。也就是根据鉴定结果确定修理的级别和项目。

2. 汽车零件的清洗

在汽车修理中，经常需要清洁零件表面的泥土、油污、积炭、水垢和锈蚀物等。由于各种污物的性质不同，其清除方法也不一样。

（1）油污清洗。零件表面的油污沉积较厚时应先刮除。一般应在热的清洗液中清洗零件表面油污，常用的清洗液有碱性清洗液和合成洗涤剂。使用碱性清洗液进行热清洗时，加热到 70 ~ 90℃，将零件浸入清洗液 10 ~ 15 min，然后取出并用清水冲洗干净，再用压缩空气吹干。

注意：使用汽油清洗不安全；铝合金件不能在强碱性清洗液中清洗；非金属类橡胶零件应使用酒精或制动液清洗。

（2）积炭清除。积炭清除可以使用简单的机械清除法，即用金属刷子或刮刀等进行清除，但此方法不易将积炭清除干净，而且易损坏零件表面，最好采用化学方法清除积炭，即先使用退炭剂（化学溶液）加热至 80 ~ 90℃，将零件上的积炭膨胀软化，然后再用毛刷等进行清除。

（3）水垢的清除。水垢一般采用化学清除法。将清除水垢的化学溶液加入到冷却液中，再更换冷却液。常用清除水垢的化学溶液有苛性钠溶液、盐酸溶液、氟化钠盐酸除垢剂和磷酸除垢剂，磷酸除垢剂适合用于清除铝合金零件上的水垢。

3. 汽车零件的修复方法

汽车零件的修复方法有很多种，可根据零件缺陷的特征和修复成本核算选用相应的修复方法。常用零件修复方法有机械加工修复法、零件校正修复法、焊接修复法和粘接修复法。

（1）机械加工修复法。通过机械加工的方法使已磨损的零件恢复正确的几何形状和配合性质的修复方法。实质上就是零件使用后的再加工，加工余量小，加工比较困难。常用的机械加工修复法有修理尺寸法和镶套修复法。

修理尺寸法是在零件结构允许的范围内，对磨损的轴或孔进行机械加工，使其通过尺寸的改变（轴的直径缩小，符号用 – ；孔的直径加大，符号用 + ），恢复正确的几何形状和配合性质的修复方法。

镶套修复法是在零件的磨损部位作圆整加工，用过盈配合的方式镶上新的金属套，使零件恢复到原来的尺寸。

（2）零件校正修复法。通过对消除零件的残余应力的变形，以恢复零件正确形状的修复方法。

（3）焊接修复法。利用电弧或气体燃烧产生的热量将零件损伤部位局部或焊条熔化并融合，以填补零件磨损部位或连续断裂零件的修复方法。

（4）黏接修复法。使用黏结剂黏补或连续断裂零件的修复方法。

4. 汽车零件的拆卸原则

（1）拆装前必须熟悉被拆总成的结构。必要时可以查阅维修资料，避免不必要的损伤。

（2）掌握合适的拆卸程度。根据维修项目需要对零件合理分解，避免盲目大拆大装。

（3）采用合理的拆卸顺序。一般是先拆外部件，后拆内部件；先拆附件，后拆主件；先拆总成，后分解零部件。

（4）正确使用拆装工具。它是指使用的工具要相配，规格要相符，尽量使用专业工具，提高拆卸效率。

（5）核对和做好装配记号。对有特殊要求的拆卸对象，拆卸时观察有无装配记号，对没有记号的应做好记号，避免装配时出现安装错误。

（6）零件应归类存放。零件应按系统、大小、加工精度和不同的清洗方法归类存放，以便于分类清洗、归类，避免零件丢失。

四、常用拆装工具的使用

1. 普通扳手

普通扳手常见的有呆扳手、梅花扳手、套筒扳手、活动扳手、内六角扳手和扭力扳手等。

（1）呆扳手。呆扳手也叫开口扳手（图 2-21）。按其开口的宽度 S 大小分为 8～10、12～14、17～19（mm）等规格，通常以成套装备，有 8 件一套、10 件一套等。国外有些呆扳手采用英制单位，适用于英制螺钉拆卸。

图 2-21　呆扳手

使用时应根据螺钉或螺母的尺寸，选择相应开口尺寸的呆扳手。为了防止扳手损坏和滑脱，应使拉力作用在开口较厚的一边，如图 2-22 所示，顺时针扳动呆扳手为正确，逆时针使用为错误。

（2）梅花扳手（见图 2-23）。梅花扳手两端内孔为正六边形，按其闭口尺寸 S 大小分为 8～10、12～14、17～19（mm）等。通常是成套装备，有 8 件一套，10 件一套等。

使用时根据螺钉或螺母的尺寸，选择相应闭口尺寸的梅花扳手。与开口扳手相比，由于梅花扳手扳动 30° 后即可换位再套，适于狭窄场合下操作，而且强度高，使用时不易滑脱，应优先选用。

为方便操作，有的扳手一头是开口扳手，另外一头是梅花扳手（见图 2-24），被称为两用扳手。

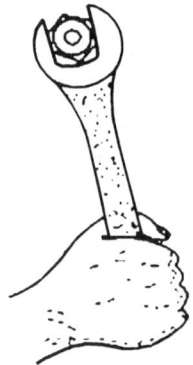

图 2-22　呆扳手使用

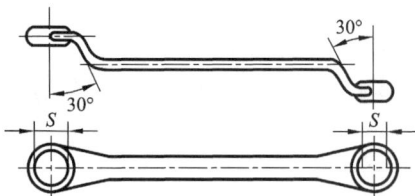

图 2-23　梅花扳手

图 2-24　两用扳手

（3）套筒扳手（见图 2-25）。套筒扳手的内孔形状与梅花扳手相同，也是正六边形，按其闭口尺寸大小分有 8、10、12、14、17、19(mm)等规格,通常也是成套装备,并且配有手柄、棘轮手柄、快速摇柄、接头和接杆等组成,以方便操作和提高效率。

套筒扳手适用于拆装位置狭窄或需要一定转矩的螺栓或螺母。比梅花扳手更具方便快捷特点,应优先考虑使用。

还有一些专用的 T 形套筒扳手(见图 2 - 26),更方便拆装,应更加优先考虑选用。

(4)活扳手(见图 2 - 27)。活扳手也称活动扳手,其开口尺寸能在一定的范围内任意调整,其规格是以最大开口宽度 × 扳手长度(mm)来表示。

图 2 - 25 套筒扳手

1—快速摇柄;2—万向节头;3—套筒头;4—滑头手柄;
5—旋具接头;6—短接杆;7—长接杆;8—棘轮手柄;9—直接管

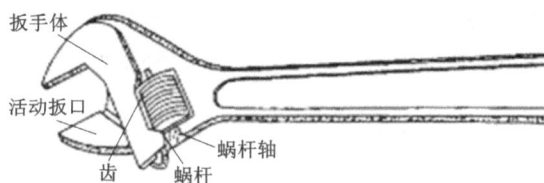

图 2 - 26 T 形套筒扳手

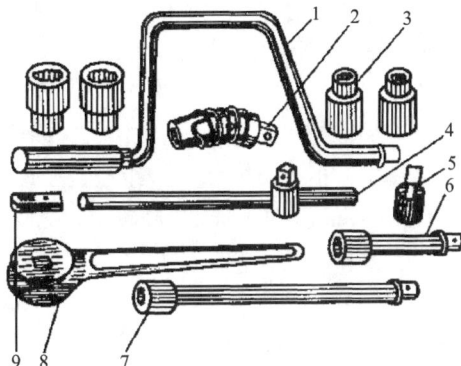

图 2 - 27 活扳手

活扳手操作起来不太方便,需旋转蜗杆才能使活动扳口张开及缩小,而且容易从螺钉上滑移,应尽量少用,仅在缺少相应其他扳手(如英制扳手)时使用。使用时也应注意使拉力作用在开口较厚的一边(见图 2 - 28)。

(5)扭力扳手(见图 2 - 29)。扭力扳手与套筒扳手中的套筒头配合使用,可以直接读出所施转矩的大小,适用于发动机连杆螺母、缸盖螺钉、曲轴主轴承紧固螺钉、飞轮螺钉等重要螺钉的紧固上。扭力扳手常用的形式有刻度盘式和预置式,其规格是以最大可测转矩来划分,如预置扭力扳手有 20、100、250、300、760、2000 (N·m)等。

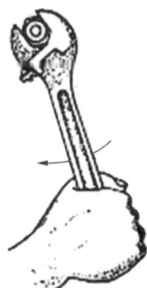

图 2 - 28 活扳手使用

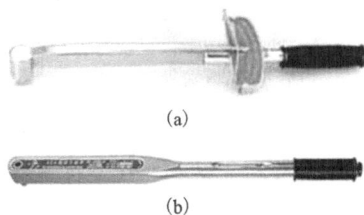

图 2 - 29 扭力扳手

(a)刻度盘式;(b)预置扭力扳手

（6）内六角扳手（见图2-30）。内六角扳手用来拆装内六角螺栓（螺塞），以六角形对边尺寸 S 表示，有3~27 mm尺寸13种。

2. 螺丝旋具

螺丝旋具又称螺丝刀、起子、改锥，用来拆装小螺钉，分一字槽和十字槽两种。

螺丝旋具由手柄、刀体和刃口组成（见图2-31），其规格以刀体部分的长度来表示。常用的规格有100 mm、150 mm、200 mm和300 mm等几种。

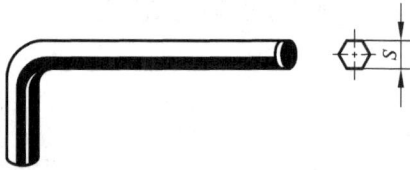

图2-30　内六角扳手

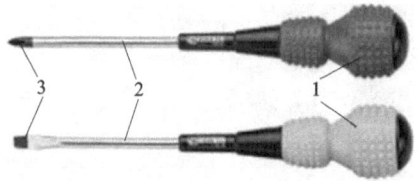

图2-31　螺丝旋具

1—手柄；2—刀体；3—刃口

使用时应根据螺钉沟槽的形状和宽度选用相应的规格。旋松螺钉时，除施加旋转力矩外，还应施加适当的轴向力，以防滑脱损坏零件。

3. 手锤

手锤有多种形式（见图2-32），一端平面略有弧形的是基本工作面，另一端是球面，用来敲击凹凸形状的工件。规格以锤头质量来表示，以0.5~0.75 kg最为常用。

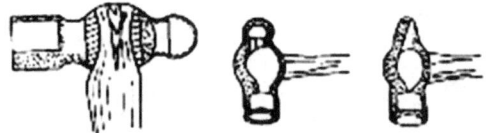

图2-32　手锤

使用手锤时，首先要仔细检查锤头和锤把是否楔塞牢固，以防止手锤脱出伤人。握锤应是握住锤把后部（见图2-33）；挥锤的方法有手腕挥、小臂挥和大臂挥三种。手腕挥锤只有手腕动，锤击力小，但准、快、省力，大臂挥锤是大臂和小臂一起运动，锤击力最大。

不正确　　　正确　　　手挥（手腕挥）　　　肘挥（小臂挥）　　　臂挥（大臂挥）

图2-33　手锤正确使用

4. 手钳

常见的手钳有钢丝钳、尖嘴钳、鲤鱼钳和卡簧钳等。

1）钢丝钳（见图2-34）。按其钳长分150 mm、175 mm、200 mm三种。

钢丝钳主要用于夹持圆柱形零件，也可以代替扳手旋小螺栓、小螺母，钳口后部的刃口可剪切金属丝。

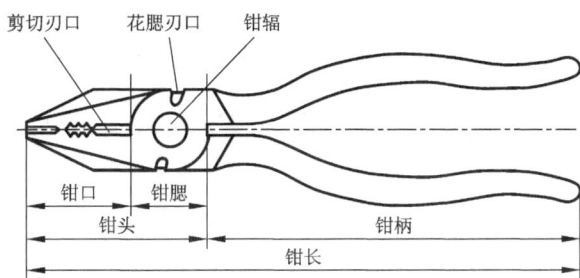

图 2 - 34　钢丝钳

2）鲤鱼钳（见图 2 - 35）。鲤鱼钳的作用与钢丝钳相同，其中部凹口粗长，便于夹持圆柱形零件，由于一片钳体上有两个互相贯通的孔，可以方便地改变钳口大小，以适应夹持不同大小的零件，是汽车维修中使用较多的手钳。规格以钳长来表示，一般有 165 mm、200 mm 两种。

图 2 - 35　鲤鱼钳

3）尖嘴钳（见图 2 - 36）。尖嘴钳因其头部细长而得名，能在较小的空间使用，其刃口也能剪切细小金属丝，使用时不能用力太大，否则钳口头部会变形或断裂，规格以钳长来表示，汽车拆装常用的是 160 mm。

注意：使用上述手钳时，应注意不要用手钳代替扳手松紧 M5 以上螺纹连接件，以免损坏螺母或螺栓。

4）挡圈钳。挡圈钳也称卡簧钳，有多种结构形式（见图 2 - 37），用于拆装发动机中的各种卡簧（挡圈）。使用时根据卡簧（挡圈）结构形式选择相应的挡圈钳。

5. 顶拔器

顶拔器也叫拉器，用来拆卸配合较紧的轴承、齿轮等零部件，它由拉爪、座架、丝杆和手柄等组成（见图 2 - 38）。

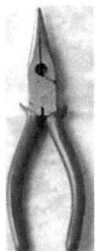

图 2 - 36　尖嘴钳

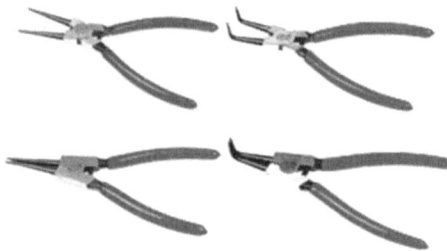

图 2 - 37　挡圈钳

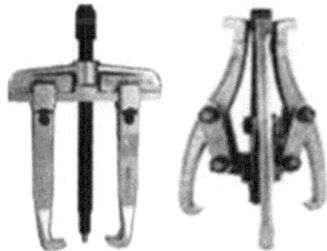

图 2 - 38　顶拔器

顶拔器使用时，根据轴端与被拉工件的距离转动顶拔器的丝杆，至丝杆顶端顶住轴端，拉爪钩住工件的边缘，然后慢慢转动丝杆将工件拉出。顶拔工件时，其中心线应与被拉工件轴线保持同轴，以免损坏顶拔。

五、常用量具的使用

1. 简单量具

（1）钢板尺。是一种最简单的测量长度直接读数量具，用薄钢板制成，常用它粗测工件长度、宽度和厚度，常见钢直尺的规格有 150 mm、300 mm、500 mm、1000 mm 等。

（2）卡钳。分外卡钳和内卡钳，它是一种间接读数量具，不能直接读出尺寸，必须与钢板尺或其他刻线量具配合测量（见图 2–39）。

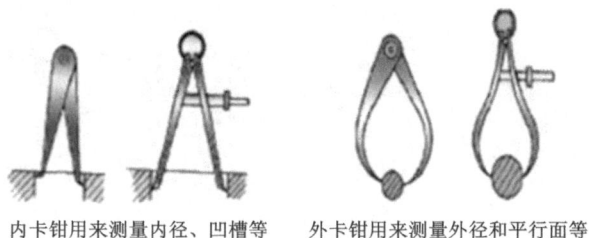

内卡钳用来测量内径、凹槽等　　外卡钳用来测量外径和平行面等

图 2–39　卡钳

2. 游标量具

（1）游标卡尺。其种类和外形结构较多，其规格常用测量范围和游标读数值来表示（见图 2–40）。

（2）刻线原理和读数方法（见图 2–41）。

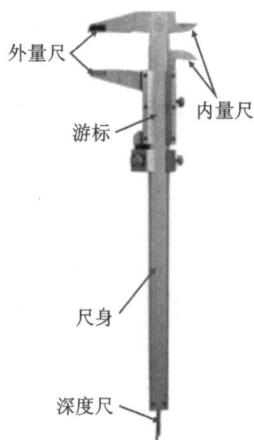

图 2–40　游标卡尺

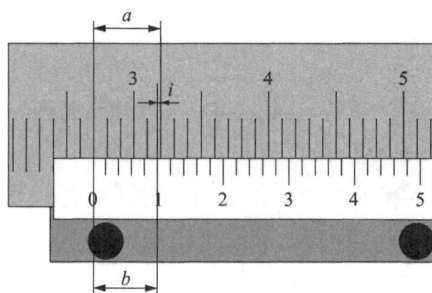

图 2–41　刻线原理

3. 千分尺

（1）分类和结构。千分尺又称螺旋测微器，是一种精密量具，其测量精度比游标卡尺高，且比较灵敏。一般分为外径千分尺、内径千分尺、杠杆千分尺、深度千分尺、壁厚千分尺、公法线千分尺等。本节主要以外径千分尺为例介绍（见图 2–42）。

（2）刻度原理和读数方法，如图 2–43 所示。

在千分尺的固定套管轴向刻有一条基线，基线的上、下方都刻有间距为 1 mm 的刻线，上、下刻线错开 0.5 mm。微分筒的圆锥面上刻有 50 等分格。当微分筒旋转一圈时，测微螺杆就移动 0.5 mm，同时，微分筒就遮住或露出固定套管上的一条刻线，当微分筒转动一格时，测微螺杆就移动 0.5/50＝0.01 mm，即千分尺的测量精度为 0.01 mm。读数时，先从固定套管上读出毫米数与半毫米数，即多少个 0.01 mm，把两次读数相加就是测量的完整数值。

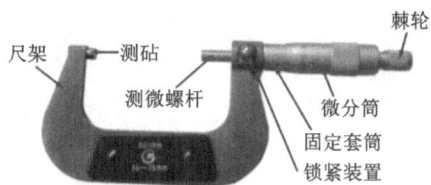

图 2 -42 千分尺

1.509 mm读数

图 2 -43 刻度原理

4.其他常用量具

(1)厚薄规:又名塞尺,如图 2 -44 所示。主要用来测量两平面之间的间隙,长度常见的有 100 mm、150 mm、200 mm、300 mm 四种,每组片数有 11 ~17 等多种。

(2)弹簧秤:如图 2 -45 所示,它是用来测量拉力或弹力的,其外壳的正面刻有量度单位,单位为 N·m 或 kgf。

图 2 -44 厚薄规

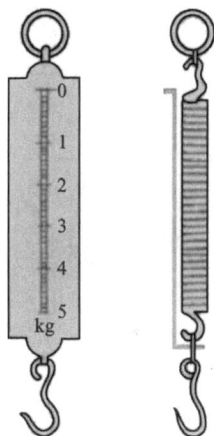

图 2 -45 弹簧秤

六、常用检测仪表

在汽车维修作业中,常用到的检测仪表是压力表。

压力表结构和工作原理:压力表是用来测量管路、容器及设备内液体或气体压力的。压力表按外壳公称直径分为 6 种,即 40 mm、60 mm、100 mm、150 mm、200 mm 及 250 mm,汽车测试仪表常用 60 mm、100 mm 和 150 mm 三种。

按检测功能压力表分为以下几种:气缸压力表、真空表、百分表、燃油压力表等检测仪表。其结构如图 2 -46 所示。

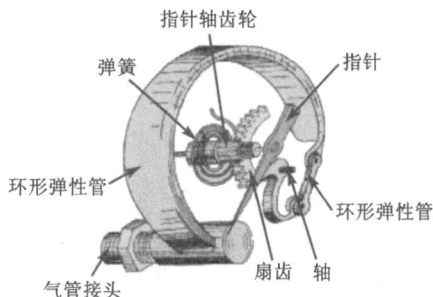

图 2 -46 压力表

(1)气缸压力表:是用来测量气缸内压缩终了时的气体压力的,其主要组成部件是压力表，按结构和用途分为汽油机压力表和柴油机压力表两种，是诊断发动机是否需要大、中修的仪表之一。汽油机压力表的外部结构如图2－47所示。

（2）真空表：真空表用以检查发动机进气歧管内的真空度变化情况（见图2－48），诊断发动机故障。

（3）百分表：

①百分表的结构与原理：百分表又称量缸表，其外观和结构如图2－49所示。

②百分表正确的使用及注意事项：使用方法与读取数值如图2－50所示。

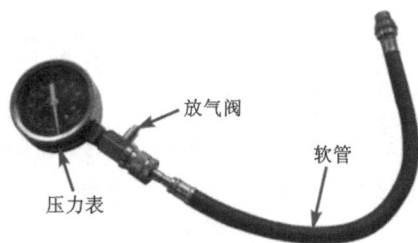

图2－47　气缸压力表

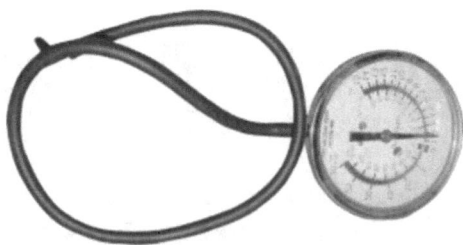

图2－48　真空表

图2－49　百分表

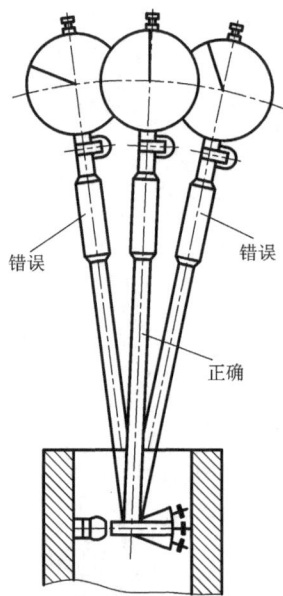

图2－50　百分表正确的使用

注意事项：

①测量缸径时，量杆必须与气缸轴线垂直，读数才能准确。

②当指针指示到最小数值（图中中间位置）时，即表明量杆已垂直于气缸轴线，记下该处数值（注意：大指针和小指针都要记），然后用外径千分尺测量此位置的读数值即为缸径值。

项目实施

发动机总体结构认识

（一）项目实施目的及要求

（1）认识往复活塞式发动机的总体结构。

（2）认识两大机构和五大系统的组成、主要部件的名称、安装位置。

（3）熟悉曲柄连杆机构和配气机构主要机件的装配关系和运动情况。

(二)项目实施设备及工量具

(1)设备。完整的汽车发动机若干台。

(2)工量具。常用工具若干套。

(三)项目实施内容

(1)在汽车上确认两大机构五大系统的具体位置。

(2)对发动机进行总体拆装。

(四)项目实施步骤

以轿车发动机为例：

(1)观察发动机外表，认识各部件名称及安装位置，它们属于哪个机构或系统(见图2-51)。

(2)拆下气门室罩盖。

(3)拆下凸轮轴驱动同步齿形带防护罩。

(4)转动曲轴，观察配气机构工作情况。

(5)拆下凸轮轴同步齿形带(见图2-52)。

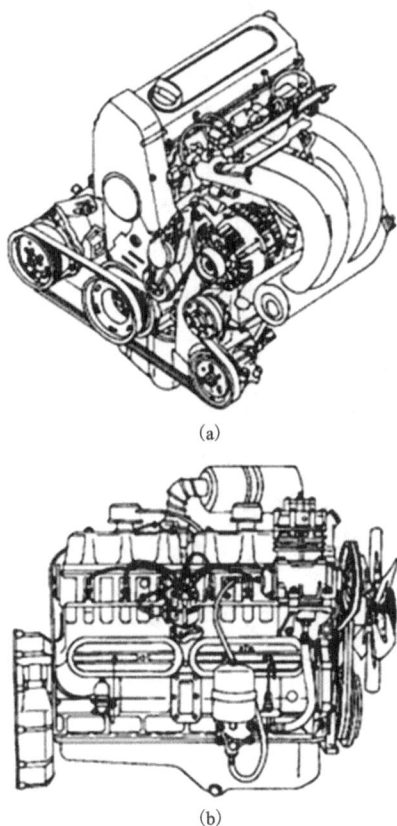

(a)

(b)

图2-51　汽车发动机外形

(a)轿车发动机；(b)货车发动机

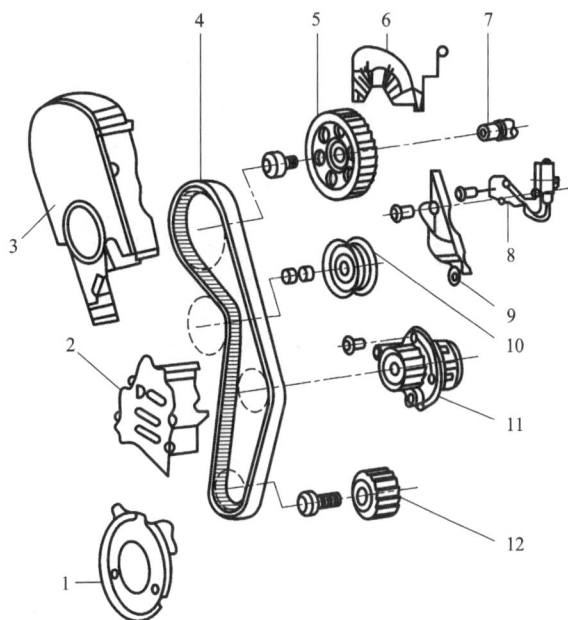

图2-52　同步带的分解

1—下防护罩；2—中间防护罩；

3—上防护罩；4—同步带；

5—凸轮轴同步带轮；6—后上防护罩；

7—半圆键；8—霍尔传感器；

9—后防护罩；10—传动带张紧轮；

11—水泵；12—曲轴同步带轮

(6)拆下进排气歧管(见图2-53)。

(7)拆下气缸盖。

(8)观察气门组件、火花塞或喷油器。

(9)拆下凸轮轴(见图2-54)。

(10)拆下气门组件。

(11)拆下油底壳。

(12)拆下机油泵驱动链轮和机油泵(见图2-55)。

(13)拆下水泵部总成(见图2-56)。

(14)转动曲轴与飞轮,观察分析曲柄连杆机构的运动。

(15)拆下一组活塞连杆组;认识活塞、活塞环、活塞销、连杆、连杆轴承的名称、作用及各零件的连接关系、安装位置。

(16)按相反顺序装回发动机。

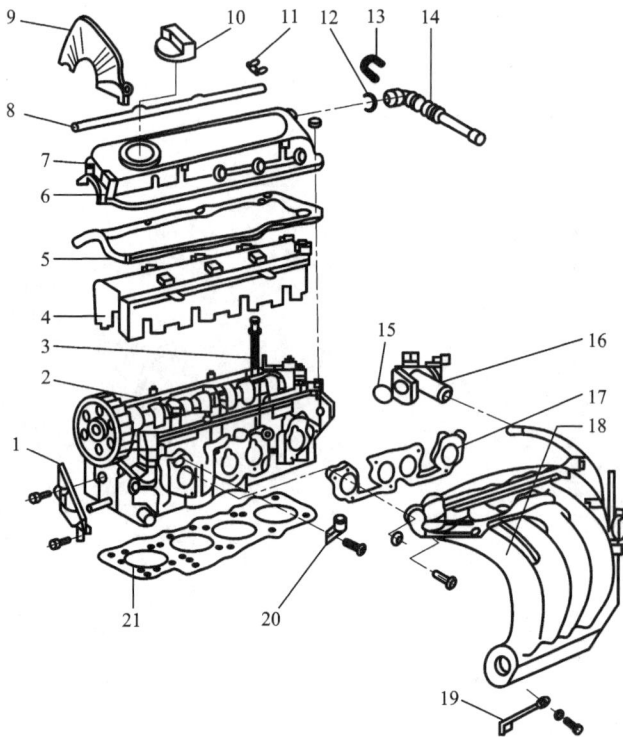

图2-53　进气歧管及气缸盖分解

1—同步带后防护罩;2—气缸盖总成;3—气缸盖螺栓;

4—机油反射罩;5—气门室罩盖衬垫;6—紧固压条;

7—气门室罩盖;8—压条;9—同步带后上防护罩;

10—加机油口;11—支架;12—密封圈;13—抱箍;

14—曲轴箱通风软管;15—密封圈;16—凸缘;

17—进气歧管衬垫;18—进气歧管;19—进气歧管支架;

20—吊耳;21—气缸盖衬垫

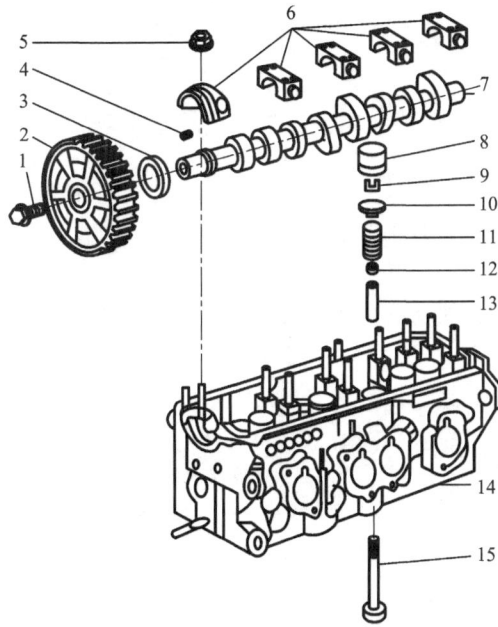

图 2 - 54　凸轮轴及气门、液力挺杆的分解

1—同步带轮螺栓；2—凸轮轴同步带轮；

3—油封；4—半圆键；5—螺母；6—轴承盖；

7—凸轮轴；8—液力挺杆；9—气门锁片；

10—气门弹簧座；11—气门弹簧；12—气门油封；

13—气门导管；14—气缸盖；15—气门

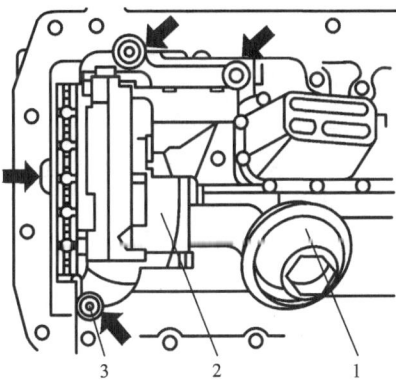

图 2 - 55　拆下链轮和机油泵

1—集滤器；2—机油泵；3—键轮

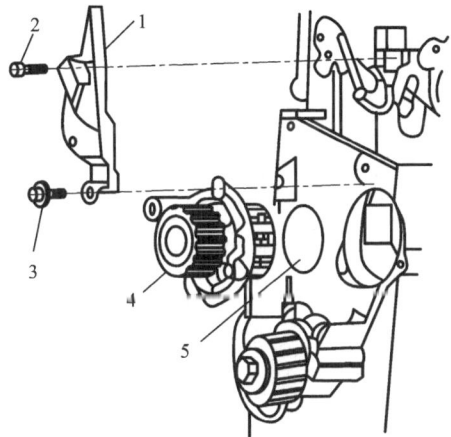

图 2 - 56　水泵总成的拆卸

1—同步带后防护罩；2、3—螺栓；4—水泵；5—密封圈

项目小结

1. 发动机是汽车的动力源，目前，应用最广、数量最多的汽车发动机为水冷、四冲程往复活塞式内燃机，其中汽油机用于轿车和轻型客、货车上，而大客车和中、重型货车发动机多为柴油机。

2. 发动机基本结构大同小异，都是由两大机构和五大系统组成。

3. 发动机的基本术语主要有上、下止点，活塞行程，曲柄半径，气缸容积及压缩比等。发动机的性能指标用来表征发动机的性能特点，并作为评价各类发动机性能优劣的依据。

4. 发动机的生产管理和使用，国家标准（GB 725—82）《内燃机产品名称和型号编制规则》中对内燃机的名称和型号作了统一规定。

5. 四冲程发动机的工作循环由进气、压缩、做功、排气四个过程组成。

6. 汽车维修包括汽车维护和汽车修理，汽车维护和汽车修理是性质不同的两种技术措施。汽车维护的目的是采用相应的技术措施预防故障的发生，避免零部件的损坏，是强制执行的措施。汽车修理的目的是排除汽车已发生的故障，更换或修复已损坏的零件，恢复汽车的使用性能，是视其需要进行的措施。

7. 常用工具、量具的正确使用及维护保养。

8. 对发动机进行拆装，初步认识发动机的结构。

思考与练习

1. 发动机各主要组成部分的作用及基本结构如何？

2. CA488 型四冲程汽油机有 4 个气缸，气缸直径 87.5 mm，活塞行程 92 mm，压缩比为 8.1，试计算其气缸工作容积、燃烧室容积和发动机排量。

3. BJ376Q、TJ6135T、SH8V125 内燃机表示的含义是什么？

4. 简述单缸四冲程汽油机的工作原理。

5. 汽车维护的分类包括哪些内容？

曲柄连杆机构的构造与维修

项目三

学习目标

1. 熟悉曲柄连杆机构的功用、工作条件及受力分析。
2. 熟悉曲柄连杆机构各组成零件的结构特点及装配连接关系。
3. 能够对曲柄连杆机构各组成零件进行正确的检验与维修。
4. 学会曲柄连杆机构的装配与调整。

案例引入

一辆桑塔纳 2000GSi 轿车进厂维修，客户反映该车发动机运转不稳，经维修业务接待员初步确诊，可能是机体与曲柄连杆机构的故障，现需要对机体与曲柄连杆机构进行检修。

项目描述

本项目主要介绍汽车发动机曲柄连杆机构各组成零件的功用、结构特点、检测项目和检修方法，熟悉专业工具、量具的使用，并对发动机曲柄连杆机构各组成零件进行拆装与检修。

项目内容

任务一 曲柄连杆机构的组成与工作环境

一、曲柄连杆机构的功用和组成

1. 功用

曲柄连杆机构是往复活塞式发动机实现能量转换的主要机构。其功用是将燃气作用在活塞顶上的压力转变为曲轴的转矩，使曲轴产生旋转运动而对外输出动力。

2. 组成

曲柄连杆机构由机体组、活塞连杆组和曲轴飞轮组三部分组成，如图 3 - 1 所示。

1）机体组：主要包括气缸体、曲轴箱、气缸盖、气缸套、气缸垫等不动件。
2）活塞连杆组：主要包括活塞、活塞环、活塞销、连杆等运动件。
3）曲轴飞轮组：主要包括曲轴、曲轴主轴承和飞轮。

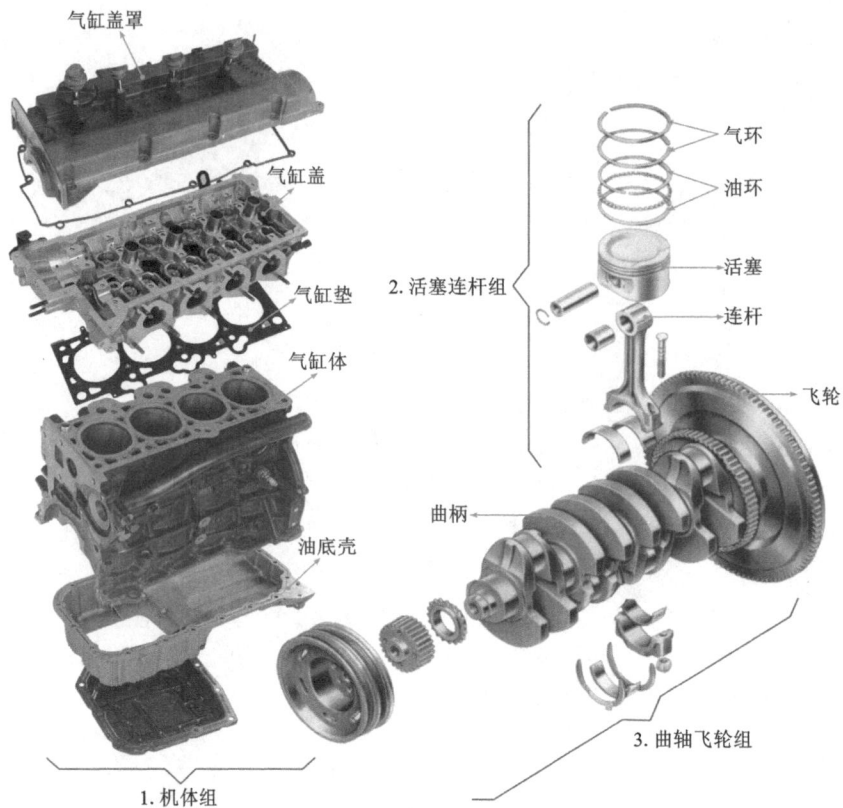

图 3-1   曲柄连杆机构的组成

二、曲柄连杆机构的工作条件和受力分析

1. 工作条件

发动机工作时，曲柄连杆机构直接与高温高压气体接触，曲轴的旋转速度又很高，活塞往复运动的线速度相当大，同时与可燃混合气和燃烧废气接触，曲柄连杆机构还受到化学腐蚀作用，并且润滑困难。可见，曲柄连杆机构的工作条件相当恶劣，它要承受高温、高压、高速和化学腐蚀作用。

2. 曲柄连杆机构的运动

以中心曲柄连杆机构(即曲轴中心线位于气缸中心线上的曲柄连杆机构，如图 3-2 所示为例，设中心曲柄半径为 R，连杆长度为 L，根据力学推导，活塞的位移 x、速度 v、加速度 a 随曲轴转角 α 的变化关系是

$$x = R\left(1 + \frac{\lambda}{2}\sin^2\alpha - \cos\alpha\right)$$

$$v = R\omega\left(\sin\alpha + \frac{\lambda}{2}\sin2\alpha\right)$$

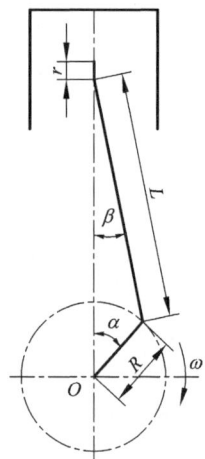

图 3-2   曲柄连杆机构简图

$$a = R\omega^2(\cos\alpha + \lambda\cos 2\alpha)$$

式中：λ——连杆比，$\lambda = R/L$，一般在 $1/3 \sim 1/4$；

ω——曲轴角速度，匀速运动时，它等于 $\dfrac{\pi n}{30}$；

n——曲轴转速，r/min。

活塞位移、速度和加速度曲线如图 3-3 所示。曲柄连杆机构的运动特点：

（1）曲轴虽然作匀速运动，而活塞的速度却是不均匀的。在上、下止点处速度等于零，在 $\alpha = 90°$ 稍前处和 $\alpha = 270°$ 稍后处达到最大值，即活塞从上止点向下止点运动和从下止点向上止点运动的约前半个行程是加速，后半个行程是减速。

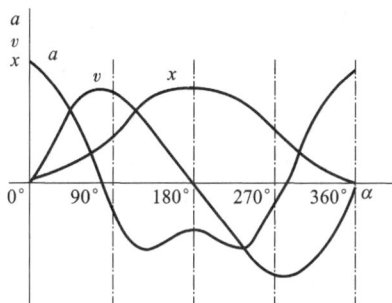

图 3-3 活塞位移、速度和加速度曲线

（2）由于活塞运动速度的变化导致其加速度的变化，在速度为零处的加速度最大，而速度最大处的加速度等于零。加速度的变化，导致了惯性力的产生，使发动机产生冲击、振动和磨损，需要采取相应平衡措施。

3. 曲柄连杆机构受力分析

1）气体作用力

在发动机工作循环的每个行程中，气体作用力始终存在且不断变化。做功行程最高，压缩行程次之，进气和排气行程较小，对机件影响不大，故这里主要分析做功和压缩两行程中的气体作用力。在做功行程中，气体压力是推动活塞向下运动的力，燃烧气体产生的高压直接作用在活塞顶部，如图 3-4（a）所示。活塞所受总压力为 F_P，它传到活塞销上可分解为 F_{P1} 和 F_{P2}。分力 F_{P1} 通过活塞传给连杆，并沿连杆方向作用在连杆轴颈上。F_{P1} 还可分解为两个分力 R 和 S。沿曲柄方向的分力 R 使曲轴主轴颈与主轴承间产生压紧力；与曲柄垂直的分力 S 除了使主轴颈与主轴承间产生压紧力外，还对曲轴形成转矩 T，推动曲轴旋转。F_{P2} 把活塞压向气缸壁，形成活塞与缸壁间的侧压力，有使机体翻倒的趋势，故机体下部的两侧应支撑在车架上。

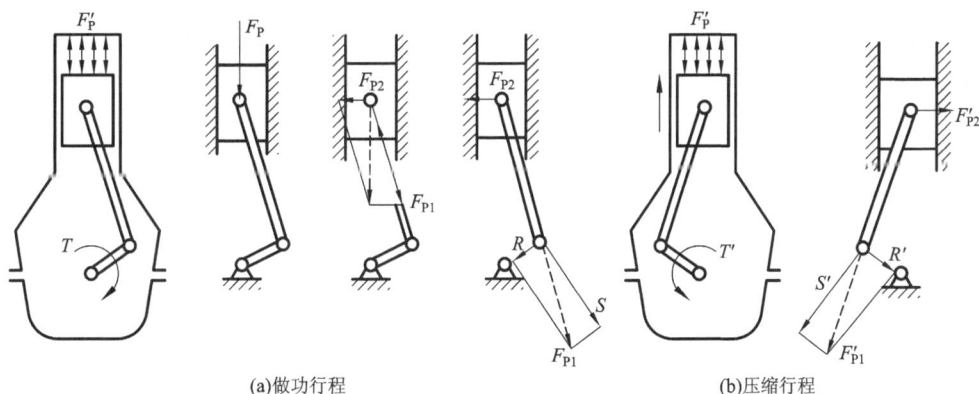

(a)做功行程　　　　(b)压缩行程

图 3-4 气体压力示意图

在压缩行程中，气体压力是阻碍活塞向上运动的阻力。这时作用在活塞顶部的气体压力 F_p' 也可分解为两个分力 F_{p1}' 和 F_{p2}'，如图 3-4(b) 所示。而 F_{p1}' 又分解为 R' 和 S' 两个分力。R' 使曲轴主轴颈与主轴承间产生压紧力；S' 对曲轴造成一个旋转阻力矩 T'，企图阻止曲轴旋转。而 F_{p2}' 则将活塞压向气缸的另一侧壁。

在发动机工作循环的任何工作行程中，气体作用力的大小都是随着活塞的位移而变化的，再加上连杆的左右摇摆，因而作用在活塞销和曲轴轴颈的表面以及二者的支撑表面上的压力和作用点不断变化，造成各处磨损不均匀。

2）往复惯性力与离心力

（1）往复惯性力。活塞向下运动时，约前半个行程是加速运动，惯性力 F_j 向上；约后个半程是减速运动，惯性力 F_j' 向下，如图 3-5(a) 所示。活塞向上运动时，惯性力与上相反，如图 3-5(b) 所示。活塞、活塞销和连杆小头的质量越大，曲轴转速越高，则往复惯性力也越大。它使曲柄连杆机构的各零件和所有轴颈受周期性的附加载荷，加快轴承的磨损；未被平衡的变化着的惯性力传到气缸体后，还会引起发动机的振动。

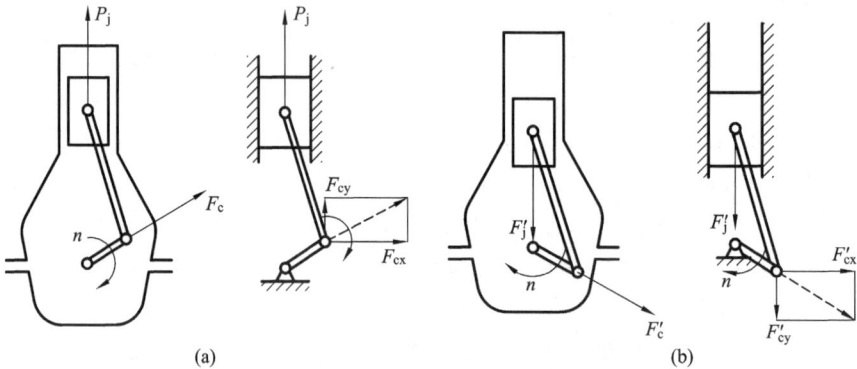

图 3-5　往复惯性力和离心力

（a）活塞在上半行程时的惯性力；（b）活塞在下半行程时的惯性力

（2）离心力。曲柄半径长，旋转部分质量大，曲轴转速高，则离心力大。离心力 F_c 在垂直方向的分力 F_{cy} 与往复惯性力 F_j 方向总是一致的，因而加剧了发动机的上下振动。离心力使连杆大头的轴瓦和曲柄销、曲轴主轴颈及其轴承受到另一附加载荷，增加了它们的变形和磨损。

3）摩擦力

任何一对互相压紧并作相对运动的零件表面之间都存在摩擦力。在曲柄连杆机构中，活塞、活塞环、气缸壁之间，曲柄、连杆轴承与轴颈之间都存在摩擦力，它是造成零件配合表面磨损的根源。

上述各种力作用在曲柄连杆机构和机体的各有关零件上，使它们受到压缩、拉伸、弯曲和扭转等不同形式的载荷。为保证发动机工作可靠，减少磨损，在结构上应采取相应措施。

任务二　机体组的构造与维修

一、机体组的功用及组成

1．组成

现代汽车发动机机体组主要由机体、气缸盖、气缸盖罩、气缸衬垫、主轴承盖以及油底壳等组成(如图3-6所示)。镶气缸套的发动机,机体组还包括干式或湿式气缸套。

2．功用

机体组是发动机的支架,是曲柄连杆机构、配气机构和发动机各系统主要零部件的装配基体。气缸盖用来封闭气缸顶部,并与活塞顶和气缸壁一起形成燃烧室。另外,气缸盖和机体内的水套和油道以及油底壳又分别是冷却系统和润滑系统的组成部分。

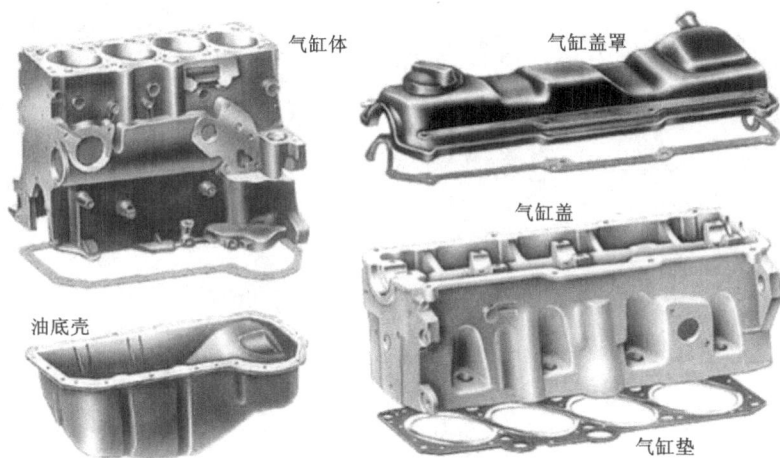

气缸体　　气缸盖罩　　气缸盖　　油底壳　　气缸垫

图3-6　机体组的组成

二、气缸体与曲轴箱的构造与维修

1．气缸体与曲轴箱的构造

1)构造

气缸体是发动机各个机构和系统的装配基体,并由它来保持发动机各运动件相互之间的准确位置关系。水冷式发动机通常将气缸体与上曲轴箱铸成一体,简称气缸体,如图3-7所示。

气缸体上半部有若干个为活塞在其中运动导向的圆柱形空腔,称为气缸。下半部为支承曲轴的上曲轴箱,其内腔为曲轴运动的空间。在上曲轴箱上钻有主轴承座孔。为了这些轴承的润滑,在侧壁上钻有主油道,

图3-7　气缸体

前后壁和中间隔板上钻有分油道。

气缸体的上、下平面用以安装气缸盖和下曲轴箱，是气缸修理的加工基准。

下曲轴箱也称油底壳，如图 3 – 8 所示。主要用于贮存机油并密封曲轴箱，同时也可起到机油散热作用。油底壳一般采用薄钢板冲压而成，其形状取决于发动机总体结构和机油容量。为保证发动机纵向倾斜时机油泵仍能吸到机油，油底壳中部做得较深，并在最深处装有放油螺塞，有的放油螺塞是磁性的，能吸附机油中的金属屑，以减少发动机运动件的磨损。油底壳内还设有挡油板，防止汽车振动时油面波动过大。为防止漏油，一般都有密封垫，也有的采用密封胶密封。

2）气缸体的结构形式

气缸体有三种结构形式，即平分式、龙门式和隧道式，如图 3 – 9 所示。

平分式气缸体其发动机的曲轴轴线与气缸体下平面在同一平面上。

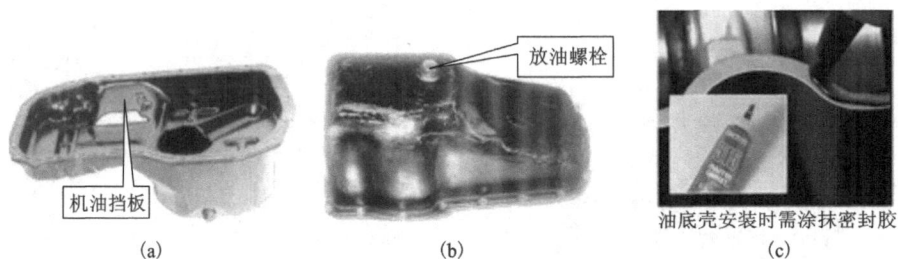

（a）　　　　　　　　　　（b）　　　　　　　　　　（c）

图 3 – 8　油底壳

（a）机油挡板；（b）放油螺栓；（c）油底壳的安装

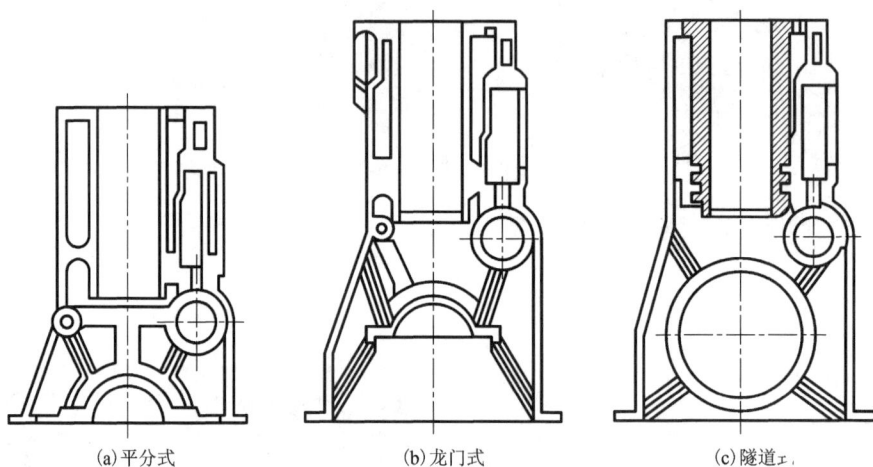

（a）平分式　　　　　　　（b）龙门式　　　　　　　（c）隧道工

图 3 – 9　气缸体的结构

其特点是便于机械加工，但刚度较差，曲轴前后端的密封性较差，多用于中小型发动机。

龙门式气缸体其发动机的曲轴轴线高于气缸体下平面。其特点是结构刚度和强度较好，密封简单可靠，维修方便，但工艺性较差，多用于大中型发动机。

隧道式气缸体主轴承孔不分开，其特点是结构刚度最大，其质量也最大，主轴承的同轴度易保证，但拆装比较麻烦，多用于主轴承采用滚动轴承的组合式曲轴。

3）气缸的排列方式

发动机气缸排列方式基本上有三种：直列式、V形式和对置式，如图3-10所示。

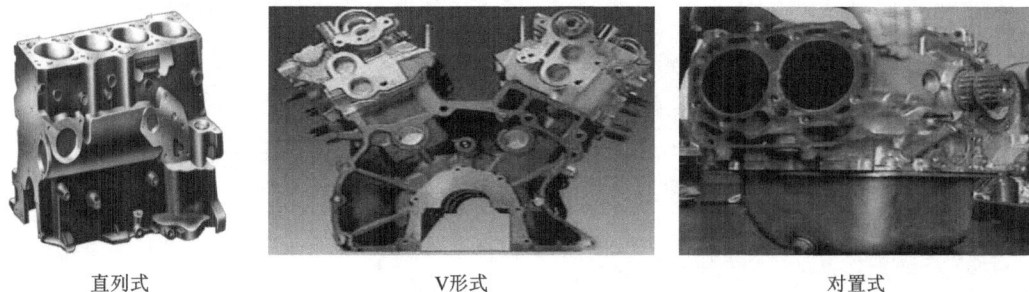

直列式　　　　　　　V形式　　　　　　　对置式

图3-10　气缸的排列方式

直列式发动机的各个气缸排成一列，所有气缸共用一根曲轴和一个缸盖，气缸一般垂直布置。直列式结构简单，易于制造，从而在一定程度上降低了成本，但长度和高度较大，故有些发动机为了降低高度，有时也把气缸布置成倾斜的。一般六缸以下发动机多采用直列式。

V形发动机将气缸排成两列，其气缸中心线的夹角 $\gamma < 180°$，最常见的是 $60° \sim 90°$。这种设计采用一根曲轴驱动两列气缸中的活塞运动，曲轴上每个连杆轴颈上连接两个连杆，发动机必须有两个缸盖。V形结构缩短了发动机的长度，降低了发动机的高度，改善了车辆外部空气动力学特性，且增加了气缸体的刚度；但发动机宽度增大，形状复杂，加工困难，一般多用于气缸数多的大功率发动机上。

一些制造厂也设计了一种特殊类型的V形结构，称作W形发动机。它看上去与V形结构很相像，但与V形结构相比，每一侧的活塞数增加了一倍。这种发动机结构非常紧凑，较小的尺寸却有较大的动力。W形结构用在负荷较重的车辆，这些车辆需要10缸或12缸的动力，但却要求尺寸较小。

对置式发动机两列气缸之间的夹角为180°，一根曲轴、两个缸盖，曲轴的每个轴颈上连接两个连杆。这种发动机高度最小，用在发动机垂直空间很小的车辆上。

4）气缸与气缸套

气缸套有两种结构，即干式和湿式。

干式气缸套如图3-11所示，如不直接与冷却水接触，干式缸套是被压入缸体孔中的，由于缸套自上而下都支撑在缸体上，所以可以加工得很薄，壁厚一般为1~3 mm，如图3-12所示。

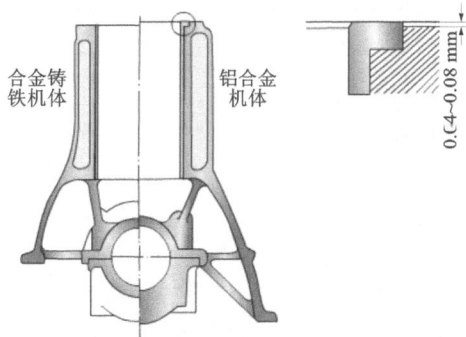

图3-11　干式气缸套

湿式气缸套（如图3-13所示）与冷却水直接接触，也是被压入缸体的。冷却水接触到缸套的中部，由于它只在上部和下部有支撑，所以必须比干式缸套厚一点，一般壁厚为 5~9 mm。

为了保证径向定位气缸套外表面有两个凸出的圆环带，即上支承定位带和下支承密封带，轴向定位利用上端凸缘实现。湿式缸套的顶部和底部必须采用密封件，以防止水从冷却系统中渗出。湿式缸套铸造方便，容易拆卸更换，冷却效果好，但气缸体刚度差，易出现漏气漏水。

大多数湿式缸套压入缸体后，其顶面高出气缸体上平面 0.05 ~ 0.15 mm。这样当紧固气缸盖螺栓时，可将气缸盖

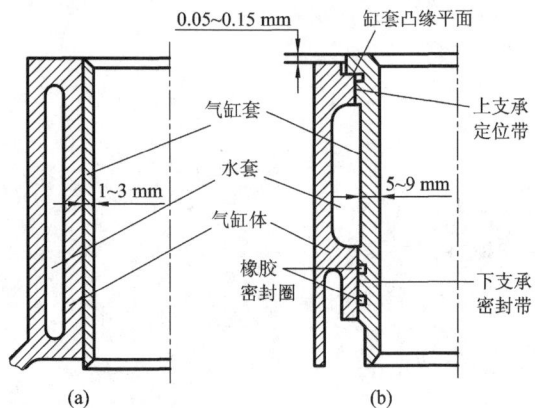

图 3 - 12　气缸套结构
(a)干式；(b)湿式

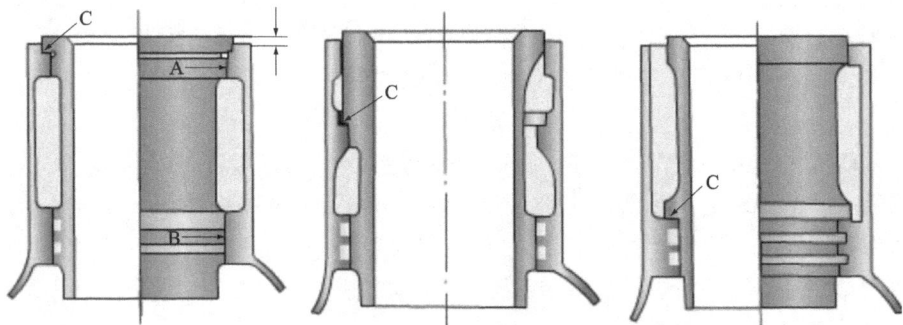

图 3 - 13　湿式气缸套
A—上支承定位带；B—下支承定位带；C—定位凸缘

衬垫压得更紧，以保证气缸更好地密封和气缸套更好地定位。

水冷式气缸周围和气缸盖中均有用以充水的空腔，称为水套。气缸体和气缸盖上的水套是相互连通的，利用水套中的冷却水流过高温零件的周围而将热量带走。

2. 气缸体的维修

1)气缸体变形的检修

(1)气缸体变形的检验。气缸体的翘曲变形可用平板作接触检验，也可用刀形样板尺(或直尺)和厚薄规(塞尺)检测。用刀形样板尺和厚薄规检测气缸体平面翘曲的方法如图 3 - 14 所示。将等于或大于被测平面全长的刀形样板尺放到气缸体平面上，沿气缸体平面的纵向、横向和对角线方向多处用厚薄规进行测量，求得其平面度误差。

(2)气缸体变形的修理。气缸体变形后，可

图 3 - 14　气缸体变形的检验

根据变形程度采取不同的修理方法。平面度误差在整个平面上不大于 0.05 mm 或仅有局部不平时，可用刮刀刮平；平面度误差较大时可采用平面磨床进行磨削加工修复，但加工量不能过大，为 0.24 ～ 0.50 mm，否则会影响压缩比。

2）气缸体裂纹的检修

(1)气缸体裂纹的检验。气缸体外部明显的裂纹，可直接观察。而对于细微裂纹和内部裂纹，一般采用和气缸盖装合后进行水压试验，如图 3 - 15 所示。将气缸盖和气缸衬垫装在气缸体上，将水压机出水管接头与气缸前端水泵入水口处连接好，并封闭所有水道口，然后将水压入水

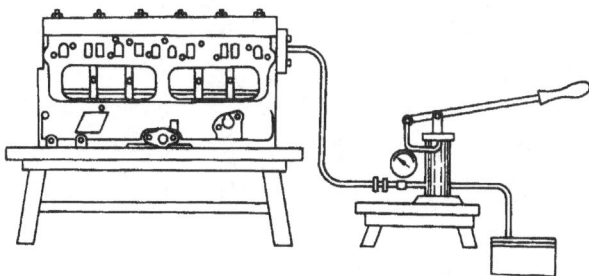

图 3 - 15　水压试验

套，要求在 0.3 ～ 0.4 MPa 的压力下，保持约 5 min，应没有任何渗漏现象。如有水珠渗出，则表明该处有裂纹。

(2)气缸体裂纹的修理。在对气缸体裂纹进行修理时，凡涉及漏气、漏水、漏油等问题，一般予以更换。对未影响到燃烧室、水道、油道的裂纹，则根据裂纹的大小、部位、损伤程度等情况选择黏接、焊接等修理方法进行修补。

3）气缸磨损的检修

(1)气缸的磨损规律，如图 3 - 16 所示。

气缸正常磨损的特征是不均匀磨损。气缸孔沿高度方向磨损成上大下小的倒锥形，最大磨损部位是活塞处于上止点时第一道活塞环对应的气缸壁位置，而该位置以上几乎无磨损形成明显的"缸肩"。气缸沿圆周方向的磨损形成不规则的椭圆形，其最大磨损部位一般是前后或左右方向。

造成上述不均匀磨损的原因是：活塞在上止点附近时各道环的背压最大，其中又以第一道环为最大，以下逐道减小；加之气缸上部温度高，润滑条件差，进气中的灰尘附着量多，废气中的酸性物质引起的腐蚀等，造成了气缸上部磨损较大。而圆周方向的最大磨损部位主要是侧向力、曲轴的轴向窜动等造成的。

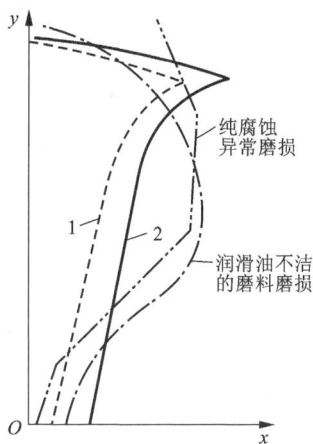

图 3 - 16　气缸的磨损规律
1—纵向；2—横向

(2)气缸磨损程度的衡量指标。气缸的磨损程度一般用圆度和圆柱度表示，也有以标准尺寸和气缸磨损后的最大尺寸之差值来衡量，如桑塔纳、捷达等轿车。

圆度误差是指同一截面上磨损的不均匀性，用同一横截面上不同方向测得的最大直径与最小直径差值之半作为圆度误差。

圆柱度误差是指沿气缸轴线的轴向截面上磨损的不均匀性，用被测气缸表面任意方向所测得的最大直径与最小直径差值之半作为圆柱度误差。

(3)气缸磨损的检验。在进行测量时，测量部位的选择很重要，气缸的测量位置如

图 3 - 17 所示，在气缸体上部距气缸上平面 10 mm 处，气缸中部和气缸下部距缸套下口 10 mm 处的三个截面，按 A、B 两个方向分别测量气缸的直径。

测量时，通常使用量缸表，其方法如下。

①气缸圆度的测量：

A. 根据气缸直径的尺寸，选择合适的接杆，装入量缸表的下端，并使伸缩杆有 1 ~ 2 mm 的压缩量。

B. 将量缸表的测杆伸入到气缸中的相应部位，微微摆动表杆，使测杆与气缸中心线垂直，量缸表指示的最小读数即为正确的气缸直径。用量缸表在上部 A 向测量，旋转表盘使"0"刻度对准大表针，然后将测杆在此截面上旋转 90°，此时表针所指刻度与"0"位刻度之差的 1/2 即为该截面的圆度误差。

②气缸圆柱度的测量：用量缸表在上部 A 向测量并找出正确的直径位置，旋转表盘使"0"刻度对准大表针，然后依次测出其他 5 个数值，取 6 个数值中最大差值的 1/2 作为该气缸的圆柱度误差。

图 3 - 17 气缸的测量位置

③气缸磨损尺寸的测量：一般发动机最大磨损尺寸在前后两缸的上部。测量时，用量缸表在上部 A 向测量并找出正确气缸直径位置，旋转表盘使"0"刻度对准大表针，并记住小表针所指位置。取出量缸表，将测杆放置于外径千分尺的两测头之间，旋转外径千分尺的活动测头，使量缸表的大指针指向"0"，且小指针指向原来的位置（在气缸中所指示的位置）。此时，外径千分尺的尺寸即为气缸的磨损尺寸。

4）气缸的修理

当发动机中磨损量最大的气缸，其磨损程度衡量指标超过规定标准时，则应进行修理。如桑塔纳 2000GSi 轿车 AJR 发动机，规定其磨损最大的气缸直径与标准直径的最大偏差为 0.08 mm。

气缸的修理通常采用机械加工的方法，即修理尺寸法和镶套修复法。

修理尺寸法是指在零件结构、强度和强化层允许的条件下，将配合副中主要件的磨损部位经过机械加工至规定尺寸，恢复其正确的几何形状和精度，然后更换相应的配合件，得到尺寸改变而配合性质不变的修理方法。

修复后的尺寸称为修理尺寸,对于孔件是扩大了的,对于轴件是缩小了的。

镶套修复法是对于经多次修理,直径超过最大修理尺寸,或气缸壁上有特殊损伤时,可对气缸套承孔进行加工,用过盈配合的方式镶上新的气缸套,使气缸恢复到原来的尺寸的修理方法。

①气缸的镗磨加工:

A. 确定气缸的修理尺寸:

$$气缸的修理尺寸 = 气缸最大直径 + 镗磨余量$$

镗磨余量一般取 0.10 ~ 0.20 mm。

计算出的修理尺寸应与修理级别对照。如与修理级别不相符,应圆整到下一个修理级别。同一台发动机的各气缸应采用同一级修理尺寸。

B. 确定镗削量:

$$镗削量 = 活塞裙部最大直径 - 气缸最小直径 + 配合间隙 - 磨缸余量$$

磨缸余量一般取 0.01 ~ 0.05 mm。

C. 镗缸。

D. 气缸的珩磨。

②镶装气缸套。

干式气缸套的镶配工艺:

A. 选择气缸套。第一次镶套选用标准尺寸的气缸套;若气缸体上已镶有缸套,拆除旧套后,应选用大一级修理尺寸的气缸套。

B. 检修气缸套承孔。根据气缸套的外径尺寸,将气缸套承孔镗至所需尺寸,按要求留有过盈量。

C. 镶配。将气缸套外壁涂以机油,放正气缸套,用压床以 20 ~ 50 kN 的力缓慢压入。为防止缸体变形,应采用隔缸压入法。压入后的缸套应与气缸体上平面平齐。压入缸套前后应对气缸体进行水压试验。

湿式气缸套镶配工艺:

A. 拆除旧气缸套,并清除气缸体承孔接合面上的沉积物。

B. 将镗磨好的气缸套在装水封圈的部位涂以密封胶,装妥水封圈并压紧在气缸体承孔内。装好后应进行水压试验。

三、气缸盖的构造与维修

气缸盖的作用是封闭气缸上部,并与活塞顶部和气缸壁一起构成燃烧室。

1. 气缸盖的构造

气缸盖是发动机上最复杂的零件之一。气缸盖内部有与气缸体相通的冷却水套;有进、排气门座及气门导管孔和进、排气通道;有燃烧室、火花塞座孔或喷油器座孔;上置凸轮轴式发动机的气缸盖上还有用以安装凸轮轴的轴承座,如图 3 - 18 所示。

气缸盖材料一般采用优质灰铸铁、合金铸铁或铝合金铸造。

1)气缸盖的结构形式

汽车发动机气缸盖的结构形式有两种:整体式和分开式,如图 3 - 19 所示,整体式气缸盖是指多缸发动机的多个气缸共用一个缸盖。整体式缸盖结构紧凑，零件数少，可缩短气缸中心距和发动机总长度，制造成本低。当气缸数不超过 6 个，气缸直径小于 105 mm 时，均采用整体式气缸盖。

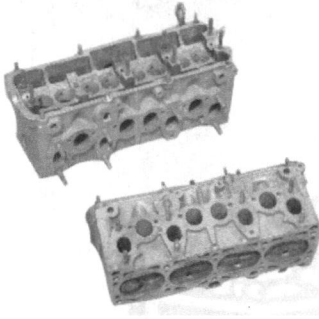

图 3 - 18　气缸盖

单体式气缸盖　　　　整体式气缸盖

图 3 - 19　气缸盖的结构形式

分开式气缸盖是指一个、两个或三个气缸共用一个缸盖。这种结构刚度较高，变形小，易于实现对高温高压燃气的有效密封，同时易于实现发动机产品的系列化。但气缸盖零件数增多会使气缸中心距增大，一般用在缸径较大的发动机上。

2）燃烧室

汽油机的燃烧室是由活塞顶部及缸盖上相应的凹部空间组成。对燃烧室有如下基本要求：一是结构尽可能紧凑，冷却面积要小，以减少热量损失和缩短火焰行程；二是使混合气在压缩终了时具有一定的涡流运动，以提高混合气混合质量和燃烧速度，保证混合气得到及时和充分燃烧；三是表面要光滑，不易积炭。汽油机常用燃烧室形状有以下三种，即楔形、盆形和半球形，如图 3 - 20 所示。

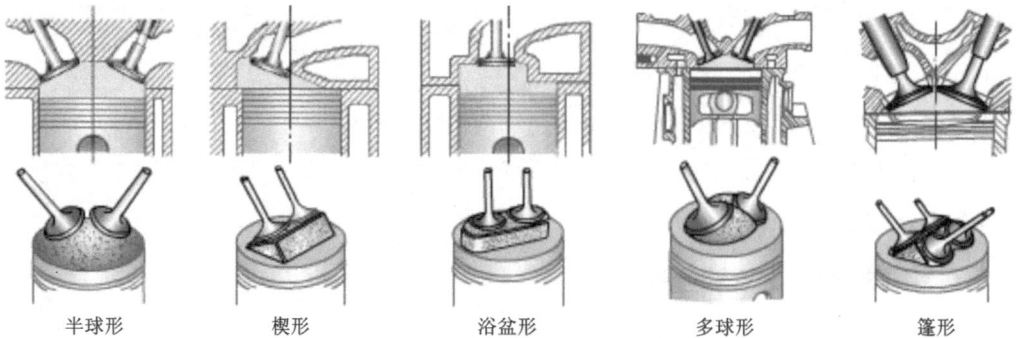

半球形　　　　楔形　　　　浴盆形　　　　多球形　　　　篷形

图 3 - 20　汽油机的燃烧室

3）气道

现代汽车发动机采用顶置气门，进、排气道都布置在气缸盖上。如果每个气门都有一个气道是最理想的，但由于空间的问题，有时只能将气道合并。这些气道被称为叉形气道，如图 3 - 21 所示。

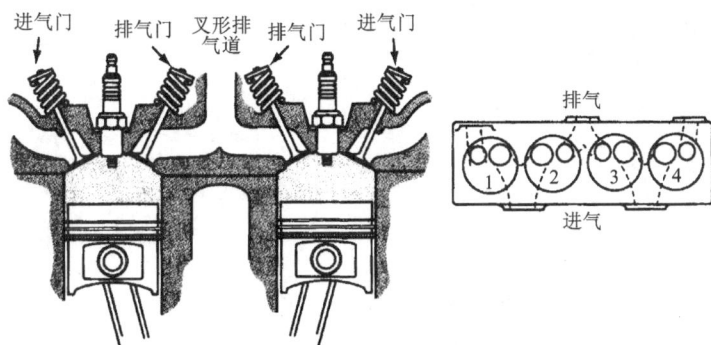

图 3 - 21　气道图

4）气缸盖罩

气缸盖罩密封配气机构等零部件，防止灰尘污染润滑油或灰尘进入加快气门传动机构的磨损。有的罩盖上有加机油口和曲轴箱通风管接口。

气缸盖罩用铝合金铸造或薄钢板冲压制成，与气缸盖结合面加上橡胶衬垫。

2. 气缸盖的维修

1）气缸盖变形的检修

气缸盖变形主要指与气缸体结合的下平面的平面度误差超限。

（1）气缸盖变形的检验。将气缸盖翻过来（如图 3 - 22 所示），把刀形样板尺放到气缸盖下表面，用厚薄规检查气缸盖的平面度。

（2）气缸盖变形的修理。气缸盖平面度超出限值，应予以修理或更换。如桑塔纳 2000GSi 轿车 AJR

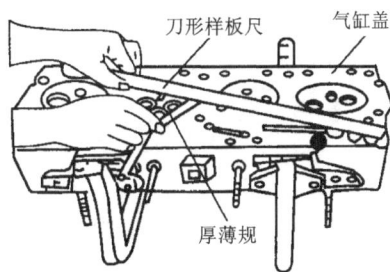

图 3 - 22　气缸盖变形的检修

发动机气缸盖的平面度最大不得超过 0.1 mm。其修理方法和气缸体平面度的修复方法相同。

经过修理后的气缸盖，其缸盖高度不得低于规定值，如桑塔纳 2000GSi 轿车 AJR 发动机气缸盖的高度不得低于 133 mm。同时还应检查燃烧室容积，燃烧室容积一般不得小于标定容积的 95%，同一缸盖各缸燃烧室容积差不大于平均容积的 1%～2%，否则更换缸盖。

燃烧室容积的简易测量方法为：彻底清除燃烧室内的积炭和污垢，将修平的气缸盖放置在工作台上，用水平仪找好水平；将火花塞和进、排气门按规定装配好，并保证不泄漏；用量杯加入 80% 的煤油和 20% 的机油的混合油至燃烧室，记下量杯中液面变化的差值，总注入量即为燃烧室容积。如果活塞顶部有凹坑，还应测量凹坑的容积。若燃烧室容积减少，应采用铣削方法，去掉燃烧室内金属较厚的部分，调整合适为止。

2）气缸盖裂纹的检修

气缸盖的裂纹常出现在气门座及火花塞螺孔之间。气缸盖出现裂纹一般应予以更换。

3）气缸盖的拆装

为保证高温高压燃气的密封，气缸盖用多个缸盖螺栓以一定力矩紧固到缸体上。气缸盖螺栓的拆装顺序一般采用对称法：装配时，由中间向两端逐个对称拧紧；拆卸时，则由两端向中间逐个对称拧松，如图 3 - 23 所示。几乎所有发动机都明确规定了气缸盖螺栓的拧紧力矩并要求分几次拧紧至规定值，如桑塔纳 2000GSi 轿车 AJR 发动机要求以 40 N·m 的力矩拧紧气缸盖螺栓，然后再用扳手拧紧 180°。

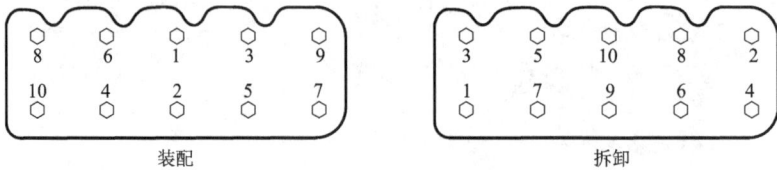

图 3-23 气缸盖螺栓的拧紧法

四、气缸垫的构造与维修

气缸垫用来保证气缸体与气缸盖结合面间的密封，防止漏气、漏水。

1. 气缸垫的构造

目前应用较多的有以下几种气缸垫。

(1) 金属——石棉气缸垫。石棉中间夹有金属丝或金属屑，且外覆铜皮或钢皮，在缸口、水孔和油道口周围采用卷边加固，以防被高温燃气烧坏。这种气缸垫有很好的弹性和耐热性，能重复使用，但强度较差。

(2) 金属骨架——石棉垫。用编织的钢丝网或冲孔钢片为骨架，外覆石棉及橡胶黏结剂压成垫片，只在缸口、油道口及水孔处用金属包边。这种缸垫弹性更好，但易黏结，只能一次性使用，如图 3-24 所示。

图 3-24 气缸垫

(3) 金属片式气缸垫。这种气缸垫多用在强化发动机上，轿车和赛车上采用较多。它需要在密封的气缸孔、水孔、油道口周围冲压出一定高度的凸纹，利用凸纹的弹性变形实现密封。

2. 气缸垫的维修

气缸垫常见损伤是烧蚀。部位一般在水道孔、油道孔与气缸孔之间，导致油、水、气相互渗透，致使发动机不能正常工作。气缸垫损坏后只能更换。

3. 气缸垫的安装

气缸垫安装时，应注意将卷边朝向易修整的接触面或硬平面。如气缸盖和气缸体同为铸铁时，卷边应朝向气缸盖(易修整)；当气缸盖为铝合金，气缸体为铸铁时，卷边应朝向气缸体(硬平面)。

换用新的气缸垫时，有标记("OPEN"、"TOP"——顶部的意思)的一面朝向气缸盖，如图 3-25 所示。

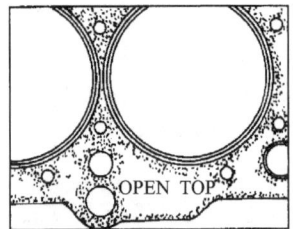

图 3-25 气缸垫的安装

五、发动机的安装和支撑

一般来说，发动机有三种安装位置。在绝大多数车上，发动机安装在车辆前部，乘客室前面。相对于车辆来说，前置发动机可以横向布置，也可以纵向布置。

发动机的第二种安装位置是安装在车辆中部，乘客室和后悬架之间。中置发动机通常是横向布置的。

发动机的第三种安装位置是安装在车辆后部，在这种情况下一般使用水平对置式发动机。对于这几种安装位置来说，每种安装位置既有优点又有缺点。

发动机通过气缸体和飞轮壳或变速器壳支承在车架上。一般支承方法有三点支承和四点支承两种，如图3-26所示。所谓三点支承即前端两点通过曲轴箱支承在车架上，后端一点通过变速器壳支承在车架上。四点支承则为前端两点通过曲轴箱支承在车架上，后端两点通过飞轮壳支承在车架上。

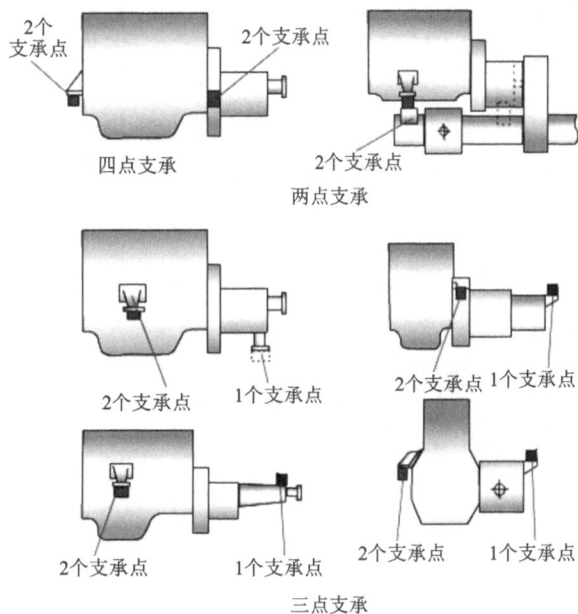

图3-26 发动机支承方式

为了消除汽车在行驶中车架的变形对发动机的影响，以及减少传给底盘和乘员的振动和噪声，发动机在车架上的支承采用弹性支承。

任务三 活塞连杆组的构造与维修

活塞连杆组由活塞、活塞环、活塞销、连杆组等机件组成，如图3-27所示

一、活塞的构造与维修

1. 活塞的构造

1）活塞的功用及工作条件

活塞的主要功用是承受燃烧气体压力，并将此力通过活塞销传给连杆以推动曲轴旋转。此外活塞顶部与气缸盖、气缸壁共同组成燃烧室。

活塞是发动机中工作条件最严酷的零件。作用在活塞上的有气体力和往复惯性力。活塞顶与高温燃气直接接触，使活塞顶

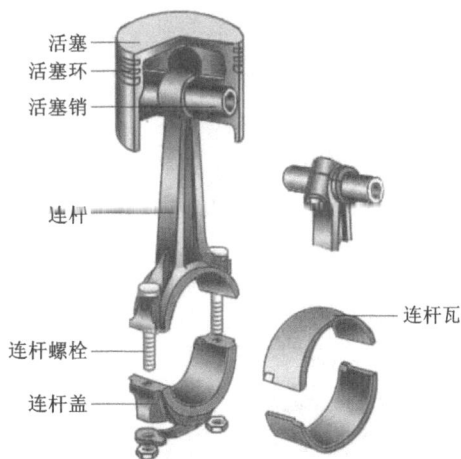

图3-27 活塞连杆组的组成

的温度很高。活塞在侧压力的作用下沿气缸壁面高速滑动，由于润滑条件差，因此摩擦损失大，磨损严重。

2）活塞材料

现代汽车发动机不论是汽油机还是柴油机，都采用铝合金活塞，只在极少数汽车发动机上采用铸铁或耐热钢活塞。

3）活塞构造

活塞可视为由顶部、头部和裙部等3部分构成，如图3-28所示

（1）活塞顶部。汽油机活塞顶部的形状与燃烧室形状和压缩比大小有关，如图3-29所示。大多数汽油机采用平顶活塞，其优点是受热面积小，加工简单。采用凹顶活塞，可以通过改变活塞顶上凹坑的尺寸来调节发动机的压缩比。

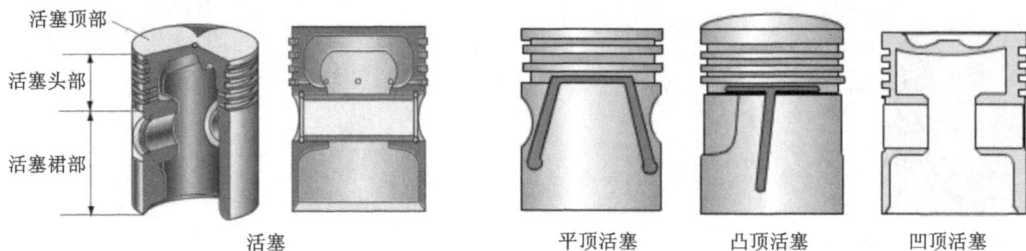

图3-28 活塞的组成

图3-29 活塞顶部的形状

柴油机活塞顶部形状取决于混合气形成方式和燃烧室形状。在分隔式燃烧室柴油机的活塞顶部设有形状不同的浅凹坑，以便在主燃烧室内形成二次涡流，增进混合气形成与燃烧。

柴油机还有另一类燃烧室，称为直喷式燃烧室。其全部容积都集中在气缸内，且在活塞顶部设有深浅不一、形状各异的燃烧室凹坑。在直喷式燃烧室的柴油机中，喷油器将燃油直接喷入燃烧室凹坑内，使其与运动气流相混合，形成可燃混合气并燃烧，如图3-30所示。

有些活塞顶打有各种记号，如图3-31所示，用以显示活塞及活塞销的安装和选配要求，应严格按要求进行。

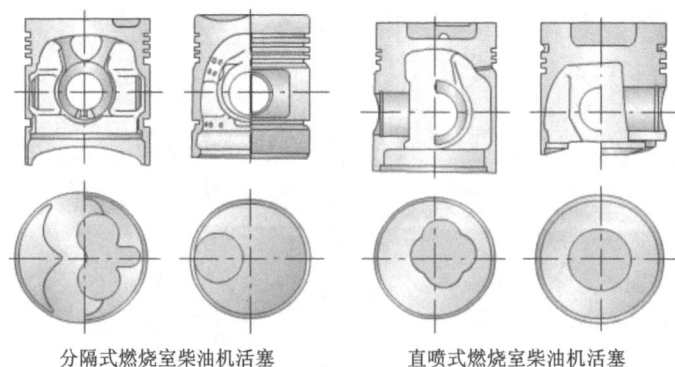

分隔式燃烧室柴油机活塞　　直喷式燃烧室柴油机活塞

图3-30 柴油机活塞顶部形状

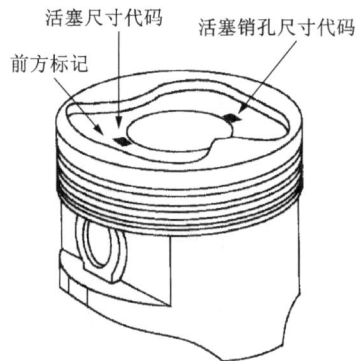

图3-31 活塞顶部记号

（2）活塞头部。由活塞顶至油环槽下端面之间的部分称为活塞头部。在活塞头部加工有用来安装气环和油环的气环槽和油环槽。在油环槽底部还加工有回油孔或横向切槽，油环从气缸壁上刮下来的多余机油，经回油孔或横向切槽流回油底壳。头部应该足够厚，从活塞顶到环槽区的断面变化要尽可能圆滑，过渡圆角 R 应足够大，以减小热流阻力，便于热量从活塞顶经活塞环传给气缸壁，使活塞顶部的温度不致过高。

在第一道气环槽上方设置一道较窄的隔热槽的作用是隔断由活塞顶传向第一道活塞环的热流，使部分热量由第二、三道活塞环传出，从而可以减轻第一道活塞环的热负荷，改善其工作条件，防止活塞环黏结，如图 3-32 所示。

活塞环槽的磨损是影响活塞使用寿命的重要因素。在强化程度较高的发动机中，第一道环槽温度较高，磨损严重。为了增强环槽的耐磨性，通常在第一环槽或第一、二环槽处镶嵌耐热护圈。在高强化直喷式燃烧室柴油机中，在第一环槽和燃烧室喉口处均镶嵌耐热护圈，如图 3-33 所示，以保护喉口不致因为过热而开裂。

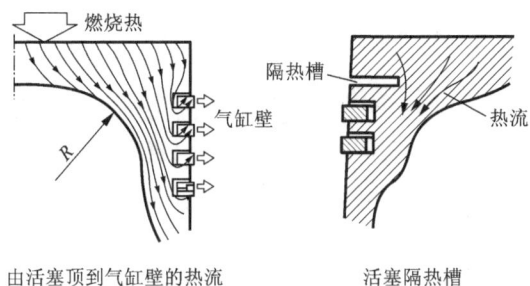

图 3-32 活塞隔热槽

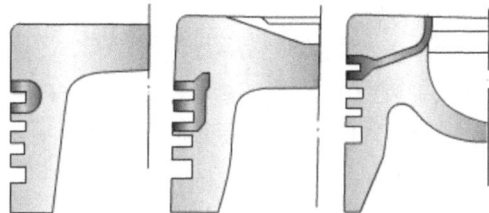

图 3-33 活塞环槽护圈

（3）活塞裙部。活塞头部以下的部分为活塞裙部。裙部的形状应该保证活塞在气缸内得到良好的导向，气缸与活塞之间在任何工况下都应保持均匀的、适宜的间隙。间隙过大，活塞敲缸；间隙过小，活塞可能被气缸卡住。此外，裙部应有足够的实际承压面积，以承受侧向力。活塞裙部承受膨胀侧向力的一面称主推力面，承受压缩侧向力的一面称次推力面。

为了使活塞在正常工作温度下与气缸壁保持比较均匀的间隙，以免在气缸内卡死或加大局部磨损，必须在冷态下预先把活塞裙部加工成不同的形状，如图 3-34 所示。

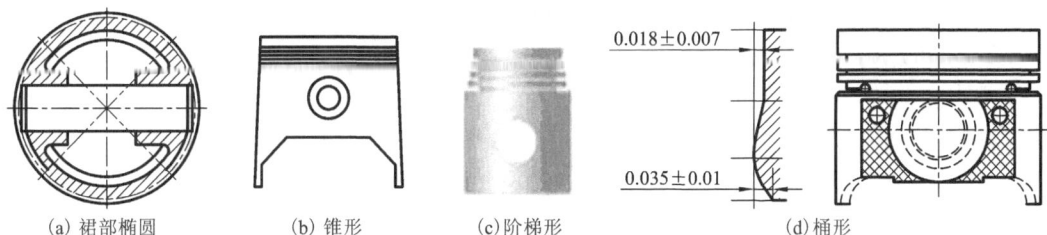

(a) 裙部椭圆　　　　(b) 锥形　　　　(c) 阶梯形　　　　(d) 桶形

图 3-34 活塞裙部结构之一

①预先将活塞裙部加工成椭圆形,椭圆的长轴方向与销座垂直。

②预先将活塞裙部做成锥形、阶梯形或桶形。

③预先在活塞裙部开槽,如图3-35(a)所示。

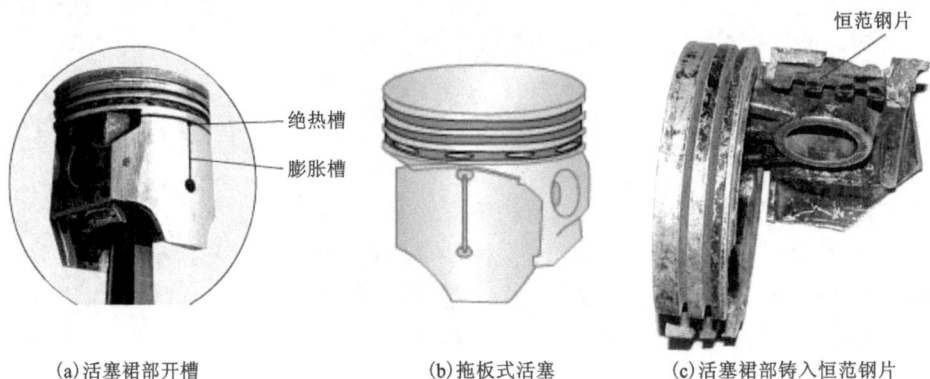

(a)活塞裙部开槽   (b)拖板式活塞   (c)活塞裙部铸入恒范钢片

图3-35 活塞裙部结构之二

在裙部开横向的隔热槽,可以减小活塞裙部的受热量;在裙部开纵向膨胀槽,可以补偿裙部受热后的变形量。槽的形状有"T"形或"Π"形。裙部开竖槽后,会使其开槽的一侧刚度变小,在装配时应使其位于做功行程中承受侧压力较小的一侧。通常柴油机活塞受力大,裙部一般不开槽。

④拖板式活塞,如图3-35(b)所示。在许多高速汽油机上,为了减轻活塞重量,把裙部不受侧压力的两边切去一部分或开孔,以减小惯性力,减小销座附近的热变形量,称拖板式活塞。该结构裙部弹性好,质量小,活塞与气缸的配合间隙较小。

⑤裙部铸入恒范钢片,如图3-35(c)所示。为了减小铝合金活塞裙部的热膨胀量,有些汽油机活塞在活塞裙部或销座内铸入热膨胀系数低的恒范钢片。恒范钢为低碳铁镍合金,其膨胀系数仅为铝合金的1/10,而销座通过恒范钢片与裙部相连,牵制了裙部的热膨胀变形量。

⑥活塞销孔偏置结构,如图3-36所示。有些高速汽油机的活塞销孔中心线偏离活塞中心线平面,向做功行程中受侧压力的一方偏移了1~2 mm。这种结构可使活塞在压缩行程到做功行程中较为柔和地从压向气缸的一面过渡到压向气缸的另一面,以减小敲缸的声音。在安装时要注意,活塞销偏置的方向不能装反,否则换向敲击力会增大,使裙部受损。

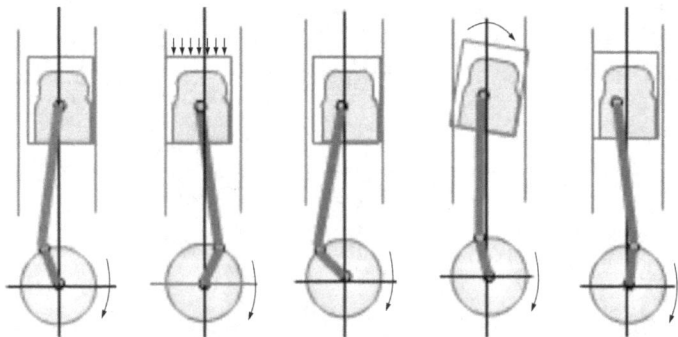

图3-36 活塞销孔偏置结构

4)活塞的冷却

高强度发动机尤其是活塞顶上有燃烧室凹坑的柴油机,为了减轻活塞顶部和头部的热负荷而采用油冷活塞。用机油冷却活塞的方法如图 3-37 所示。

（1）自由喷射冷却法。从连杆小头上的喷油孔或从安装在机体上的喷油嘴向活塞顶内壁喷射机油。

（2）振荡冷却法。从连杆小头上的喷油孔将机油喷入活塞内壁的环形油槽中，由于活塞的运动使机油在槽中产生振荡而冷却活塞。

（3）强制冷却法。在活塞头部铸出冷却油道或铸入冷却油管，使机油在其中强制流动以冷却活塞。强制冷却法广为增压发动机所采用。

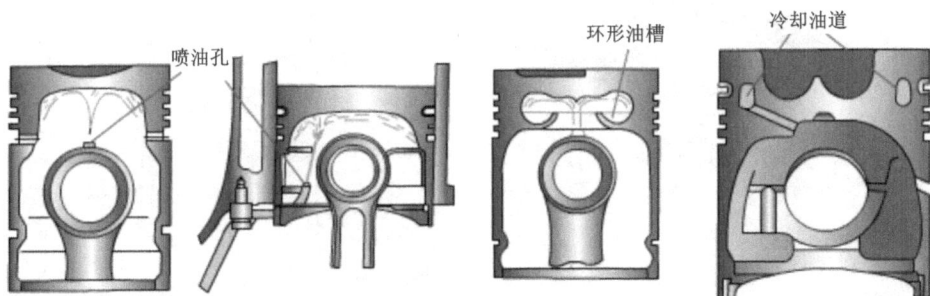

图 3-37 活塞的冷却

5）活塞的表面处理。

根据不同的目的和要求进行不同的活塞表面处理，其方法有：

（1）活塞顶进行硬模阳极氧化处理，形成高硬度的耐热层，增大热阻，减少活塞顶部的吸热量。

（2）活塞裙部镀锡或镀锌，可以避免在润滑不良的情况下运转时出现拉缸现象，也可以起到加速活塞与气缸的磨合作用。

（3）在活塞裙部涂覆石墨，石墨涂层可以加速磨合过程，可使裙部磨损均匀，在润滑不良的情况下可以避免拉缸。

2. 活塞的维修

活塞的损伤主要是磨损。包括活塞环槽的磨损、活塞裙部的磨损、活塞销座孔的磨损。其次活塞刮伤、顶部烧蚀和脱顶属于非正常的损伤形式。

1）活塞的选配。

当气缸的磨损超过规定值及活塞发生异常损坏时，必须对气缸进行修复，并且要根据气缸的修理尺寸选配活塞，以恢复正常的配合间隙。

选配活塞时要注意以下几点：

（1）选用同一修理尺寸和同一分组尺寸的活塞。活塞裙部的尺寸是镗磨气缸的依据，即气缸的修理尺寸是哪一级，也要选用哪一级修理尺寸的活塞。由于活塞的分组，只有在选用同一分组活塞后才能按选定活塞的裙部尺寸进行镗磨气缸。

（2）同一发动机必须选用同一厂牌的活塞。活塞应成套选配，以保证其材料和性能的一致性。

（3）在选配的成套活塞中，尺寸差和质量差应符合要求。成套活塞中，其尺寸差一般为 0.02~0.025 mm，质量差一般为 4~8 g，销座孔的涂色标记应相同。

2）活塞的检测。

（1）活塞裙部尺寸的检测。在活塞下部离裙部底边约 15 mm、与活塞销垂直方向处用千分尺测量活塞裙部直径。

（2）配缸间隙的检测。活塞与气缸壁之间的间隙称为配缸间隙，此间隙应符合标准。检测时可用量缸表测量气缸的直径，用外径千分尺测量活塞的直径，两者之差即为配缸间隙。也可如图 3 - 38 所示，将活塞（不装活塞环）放入气缸中，用塞尺测量其间隙值。

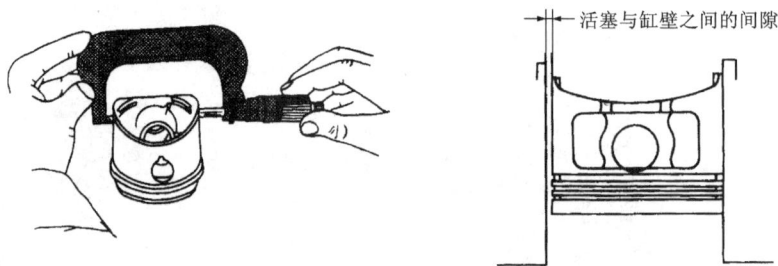

图 3 - 38　配缸间隙的检测

二、活塞环的构造与维修

1. 活塞环的构造

活塞环是具有弹性的开口环，有气环和油环之分。

油环用来刮除气缸壁上多余的润滑油，并在气缸壁上布上一层均匀的油膜。通常发动机上有 1 ~ 2 道油环。

油环有两种结构形式：整体式和组合式。

整体式油环其外圆面的中间切有一道凹槽，在凹槽底部加工出很多穿通的排油小孔或缝隙。

组合油环由上、下刮片和产生径向、轴向弹力的衬簧组成。这种环环片很薄，对气缸壁的比压大，刮油作用强；质量小；回油通道大。在高速发动机上得到广泛应用。

无论活塞上行或下行，油环都能将气缸

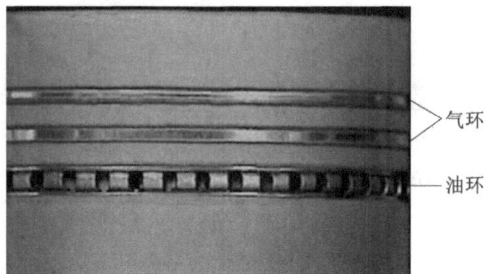

图 3 - 39　活塞环的类型

壁上多余的机油刮下来经活塞上的回油孔流回油底壳。油环的刮油作用如图 3 - 39 所示。

1）活塞环的间隙

发动机工作时，活塞、活塞环都会发生热膨胀，并且，活塞环随着活塞在气缸内作往复运动时，有径向胀缩变形现象。为防止环卡死在缸内或胀死在环槽中，安装时，活塞环应留有端隙、侧隙和背隙，如图 3 - 40 所示。

端隙 Δ_1 又称为开口间隙，是活塞环在冷态下装入气缸后，该环在上止点时环的两端头的间隙，一般为 0.25 ~ 0.50 mm 之间。

侧隙 Δ_2 又称边隙，是指活塞环装入活塞后，其侧面与活塞环槽之间的间隙。第一环因工作温度高，间隙较大，一般为 0.04 ~ 0.10 mm，其他环一般为 0.03 ~ 0.07 mm。油环侧隙较气环小。

背隙 Δ_3 是活塞及活塞环装入气缸后，活塞环内圆柱面与活塞环槽底部间的间隙，一般为 0.50～1.00 mm。油环背隙较气环大，以增大存油间隙，利于减压泄油。

2）气环的密封原理

活塞环在自由状态下不是圆环形，其外形尺寸比气缸内径大，因此，它随活塞一起装入气缸后，便产生弹力 F_1 而紧贴在气缸壁上，形成第一密封面，使燃气不能通过环与气缸接触面的间隙。活塞环在燃气压力作用下，压紧在环槽的下端面上，形成第二密封面，于是燃气绕流到环的背面，并发生膨胀，其压力降低。同时，燃气压力对环背的作用力 F_2 使环更紧地贴在气缸壁上，形成对第一密封面的第二次密封，如图 3-41 所示。

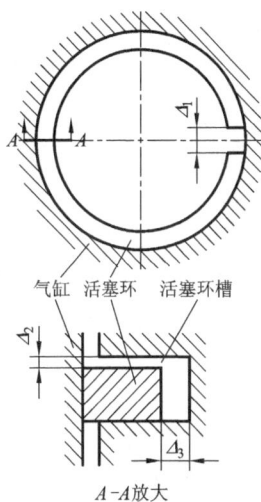

图 3-40　活塞环的三隙

燃气从第一道气环的切口漏到第二道气环的上平面时压力已有所降低，又把这道气环压贴在第二环槽的下端面上，于是，燃气又绕流到这个环的背面，再发生膨胀，其压力又进一步降低。如此下去，从最后一道气环漏出来的燃气，其压力和流速已大大减小，因而漏气量也就很少了。

为减少气体泄漏，将活塞环装入气缸时，各道环的开口应相互错开。如有三道环，则各道环开口应沿圆周成120°夹角；如有四道环，则第一、二道互错180°，第二、三道互错90°，第三、四道互错180°，形成迷宫式的路线，增大漏气阻力，减少漏气量。

3）气环的泵油现象

由于侧隙和背隙的存在，当发动机工作时，活塞环便产生了泵油现象，如图 3-42 所示。活塞下行时，环靠在环槽上方，环从缸壁上刮下来的润滑油充入环槽下方；当活塞上行时，环又靠在环槽的下方，同时将机油挤压到环槽上方。如此反复，就将缸壁上的机油泵入燃烧室。泵油现象会使燃烧室内形成积炭，同时增加机油消耗，并且可能在环槽中形成积炭，修理环卡死，失去密封作用，甚至折断活塞环。

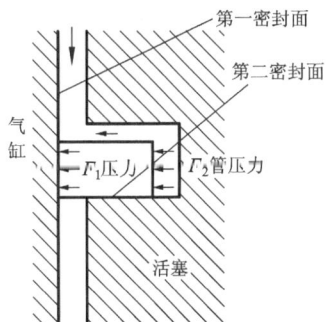

图 3-41　气环的密封原理图

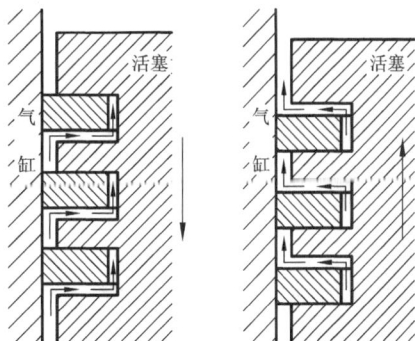

图 3-42　气环的泵油原理图

4）气环的断面形状：气环的断面形状多种多样，根据发动机的结构特点和强化程度，选择不同断面形状的气环组合，可以得到最好的密封效果和使用性能。常见的气环断面形状如

图 3 – 43 所示。

矩形环：断面为矩形。形状简单，加工方便，与气缸壁接触面积大，有利于活塞散热。但磨合性差，而且在与活塞一起作往复运动时，在环槽内上下窜动，把气缸壁上的机油不断地挤入燃烧室中，产生"泵油作用"，使机油消耗量增加，活塞顶及燃烧室壁面积炭。

锥面环：环的外圆面为锥角很小的锥面。理论上锥面环与气缸壁为线接触，磨合性好，增大了接触压力和对气缸壁形状的适应能力。当活塞下行时，锥面环能起到向下刮油的作用。当活塞上行时，由于锥面的油楔作用，锥面环能滑越过气缸壁上的油膜而不致将机油带入燃烧室。锥面环传热性差，所以不用作第一道气环。由于锥角很小，一般不易识别，为避免装错，在环的上侧面标有向上的记号。

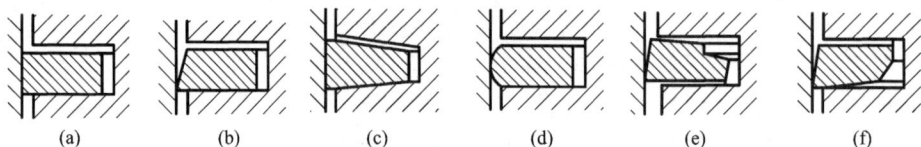

图 3 – 43　气环的断面形状

(a)矩形环；(b)锥面环；(c)梯形环；(d)桶面环；(e)扭曲环；(f)反扭曲锥形环

扭曲环：断面不对称的气环装入气缸后，由于弹性内力的作用使断面发生扭转，故称扭曲环。扭曲环断面扭转原理为：活塞环装入气缸之后，其断面中性层以外产生拉应力，断面中性层以内产生压应力。拉应力的合力 F_1 指向活塞环中心，压应力合力 F_2 的方向背离活塞环中心。由于扭曲环中性层内外断面不对称，使 F_1 与 F_2 不作用在同一平面内而形成力矩 M。在力矩 M 的作用下，使环的断面发生扭转(如图 3 – 44 所示)。

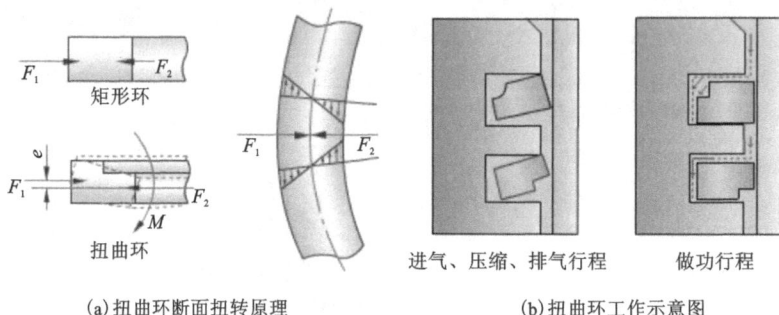

(a)扭曲环断面扭转原理　　　　　(b)扭曲环工作示意图

图 3 – 44　扭曲环断面工作原理

若将内圆面的上边缘或外圆面的下边缘切掉一部分，整个气环将扭曲成碟子形，则称这种环为正扭曲环；若将内圆面的下边缘切掉一部分，气环将扭曲成盖子形，则称其为反扭曲环。在环面上切去部分金属称为切台。当发动机工作时，在进气、压缩和排气行程中，扭曲环发生扭曲，其工作特点一方面与锥面环类似，另一方面由于扭曲环的上下侧面与环槽的上下侧面相接触，从而防止了环在环槽内上下窜动，消除了泵油现象，减轻了环对环槽的冲击而引起的磨损。在做功行程中，巨大的燃气压力作用于环的上侧面和内圆面，足以克服环的弹性内力使环不再扭曲，整个外圆面与气缸壁接触，这时扭曲环的工作特点与矩形环相同。

梯形环，断面为梯形。其主要优点是抗黏结性好。当活塞头部温度很高时，窜入第一道环槽中的机油容易结焦并将气环黏住。在侧向力换向活塞左右摆动时，梯形环的侧隙、径向间隙都发生变化将环槽中的胶质挤出。楔形环的工作特点与梯形环相似，且由于断面不对称，装入气缸后也会发生扭曲。梯形环多用作柴油机的第一道气环。

桶面环：环的外圆面为外凸圆弧形。其密封性、磨合性及对气缸壁表面形状的适应性都比较好。桶面环在气缸内不论上行或下行均能形成楔形油膜，将环浮起，从而减轻环与气缸壁的磨损。

开槽环：在外圆面上加工出环形槽，在槽内填充能吸附机油的多孔性氧化铁，有利于润滑、磨合和密封。

顶岸环：断面为"L"形。因为顶岸环距活塞顶面近，做功行程时，燃气压力能迅速作用于环的上侧面和内圆面，使环的下侧面与环槽的下侧面、外圆面与气缸壁面贴紧，有利于密封；由于同样的原因，顶岸环可以减少汽车尾气 HC 的排放量。

5）油环类型

油环有槽孔式、槽孔撑簧式和钢带组合式 3 种类型，如图 3-45 所示。

（1）槽孔式油环[如图 3-45(a)所示]。因为油环的内圆面基本上没有气体力的作用，所以槽孔式油环的刮油能力主要靠油环自身的弹力。

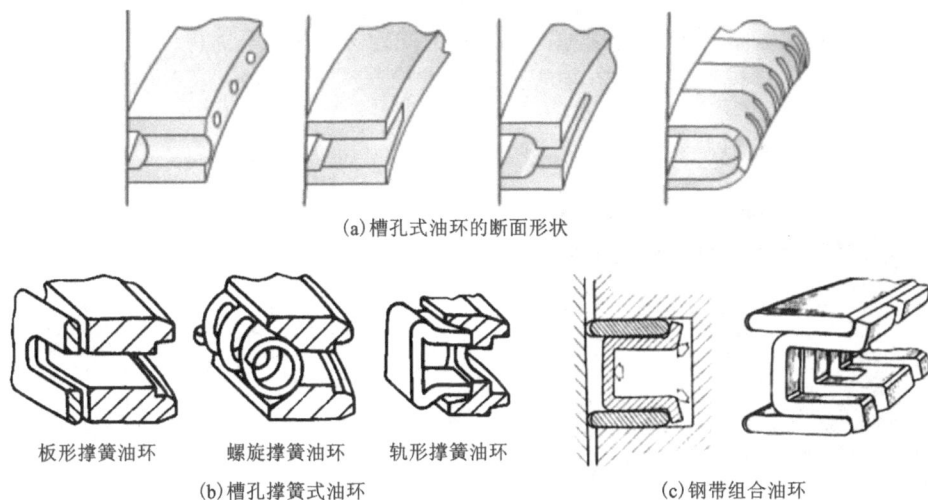

(a)槽孔式油环的断面形状

板形撑簧油环　螺旋撑簧油环　轨形撑簧油环

(b)槽孔撑簧式油环　　　　(c)钢带组合油环

图 3-45　油环的形状

为了减小环与气缸壁的接触面积，增大接触压力，在环的外圆面上加工出环形集油槽，形成上下两道刮油唇，在集油槽底加工有回油孔。由上下刮油唇刮下来的机油经回油孔和活塞上的回油孔流回油底壳。这种油环结构简单，加工容易，成本低。

（2）槽孔撑簧式油环[如图 3-45(b)所示]。在槽孔式油环的内圆面加装撑簧即为槽孔撑簧式油环。一般作为油环撑簧的有螺旋弹簧、板形弹簧和轨形弹簧三种。这种油环由于增大了环与气缸壁的接触压力，而使环的刮油能力和耐久性有所提高。

（3）钢带组合油环[如图 3-45(c)所示]。其结构形式很多，钢带组合油环由上、下刮片和轨形撑簧组合而成。撑簧不仅使刮片与气缸壁贴紧，而且还使刮片与环槽侧面贴紧。这种组合油环的优点是接触压力大，既可增强刮油能力，又能防止上窜机油。另外，上下刮片能单独动作，因此对气缸失圆和活塞变形的适应能力强。但钢带组合油环需用优质钢制造，成本高。

2. 活塞环的维修

活塞环的损伤主要是磨损。随着磨损的加剧，活塞环的弹力逐渐减弱，端隙、侧隙、背隙增大。此外，活塞环还可能折断。

1）活塞环的选配

除有标准尺寸的活塞环以外，还有与各级修理尺寸气缸、活塞相对应的加大尺寸的活塞环。发动机修理时，应按照气缸的标准尺寸或修理尺寸，选用与气缸、活塞同级别的活塞环。

在大修时，优先使用活塞、活塞销及活塞环成套供应配件。

2）活塞环的检验

为了保证活塞环与活塞环槽及气缸的良好配合，在选配活塞环时，还应对活塞环弹力、环的漏光度、端隙、侧隙、背隙等进行检测，当其中任何一项不符合要求时，均应重新选配活塞环。

(1) 活塞环端隙的检验。将活塞环平正地放入气缸内，用活塞顶部把它推平，然后用塞尺测量开口处的间隙，如图 3 - 46 所示。

(2) 活塞环侧隙的检验。将活塞环放入环槽内，围绕环槽滚动一周，应能自由滚动，既不松动，又无阻滞现象。用厚薄规按图 3 - 47 所示的方法测量，其值符合要求。

如侧隙过小，可将活塞环放在有平板的砂布上研磨，不允许加工活塞；如侧隙过大，则应另选活塞环。

图 3 - 46　活塞环端隙的检验

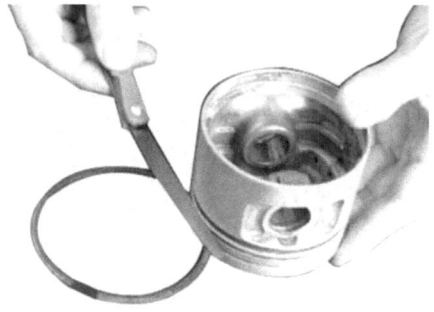

图 3 - 47　活塞环侧隙的检验

(3) 活塞环背隙的检验。在实际测量中，活塞环背隙通常以槽深和环厚之差来表示。检验活塞环背隙的经验方法是：将活塞环置入环槽内，如活塞环低于环槽岸，能转动自如，且无松旷感觉，则间隙合适。

(4) 活塞环弹力的检验。活塞环的弹力是指活塞环端隙达到规定值时作用在活塞环上的径向力。活塞环的弹力是保证气缸密封的必要条件。弹力过弱，气缸密封性变差，燃料消耗增加，燃烧室积炭严重，发动机动力性、经济性降低。弹力过大使环的磨损加剧。

活塞环的弹力可用活塞环弹力检验仪检验，其值应符合规定的要求，如图 3 - 48 所示。

（5）活塞环漏光度的检验。活塞环漏光度用于检查活塞环的外圆与缸壁贴合的良好程度。漏光度的检查方法（如图3-49所示）是，将活塞环平正地放入气缸内，用活塞顶部把它推平，在气缸下部放置一发亮的灯泡，在活塞环上放一直径略小于气缸内径，能盖住活塞环内圆的盖板，然后从气缸上部观察漏光处及其对应的圆心角。

一般要求活塞环局部漏光每处不大于25°；最大漏光缝隙不大于0.03 mm；每环漏光处不超过2个，每环总漏光度不大于45°；在活塞环开口处30°范围内不允许有漏光现象。

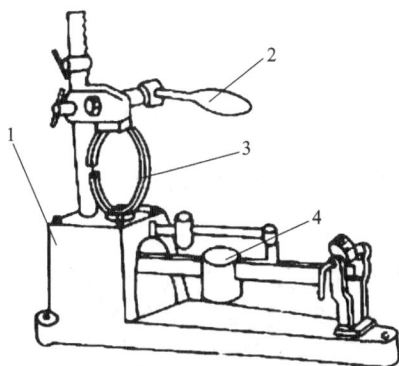

图3-48　活塞环弹力的检验

1—弹力检验仪；2—施压手柄；3—活塞环；4—量块

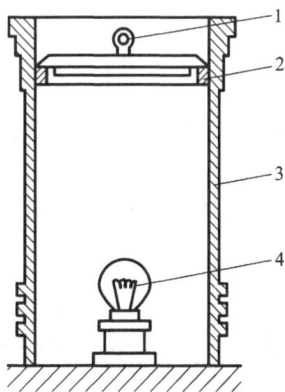

图3-49　活塞环漏光度的检验

1—遮光板；2—活塞环；3—气缸；4—灯泡

3）活塞环的安装

（1）使用专用工具卡钳，如图3-50所示，平时也用手工方法（端部包布，两端上下要平，否则易断）。

（2）第一道为镀铬环，注意各道环的顺序（"0"、"00"或"T1"、"T2"等字样分别为第一道、第二道或镀铬）。

（3）活塞环上下面安装，有标记一面应向上，或有内倒角朝活塞顶部。

（4）活塞环开口方向的安装。各道环不要布置在与活塞销轴线呈±45°圆心夹角范围内；第一道环

图3-50　活塞环拆卸

的开口应布置在做功侧压力较小的右侧；各道环开口必须错口，形成迷宫式。比如四道环：1道与2道错开180°，2道与3道错开90°，3道与4道错开180°；组合油环：2道刮油片错开180°，3道刮油片错开120°。

三、活塞销的构造与维修

1. 活塞销的构造

活塞销的作用是连接活塞和连杆小头，将活塞承受的气体作用力传给连杆。

为了减轻质量，活塞销一般做成空心圆柱，空心柱可以是组合形或两段截锥形，如

图 3 - 51 所示。

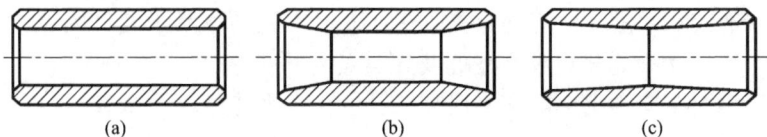

图 3 - 51　活塞销形式
(a)圆柱形；(b)组合形；(c)两段截锥形

活塞销的连接方式有两种：全浮式和半浮式，如图 3 - 52 所示。

全浮式连接是指在发动机工作温度时，活塞销与销座、活塞销与连杆小头之间都是间隙配合，可以相互转动。这种连接方式增大了实际接触面积，减小了磨损且使磨损均匀，被广泛采用。为防止工作时活塞销从孔中滑出，必须用卡环将其固定在销座孔内。

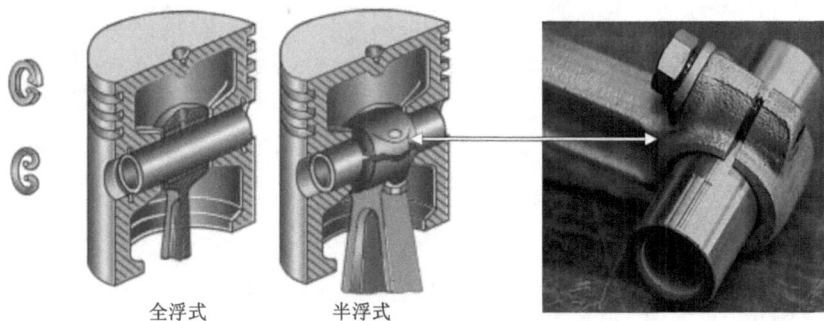

全浮式　　半浮式

图 3 - 52　活塞销连接方式

半浮式连接是指销与座孔或销与连杆小头两处，一处固定，一处浮动。其中大多数采用销与连杆小头固定的方式。可以将活塞销压配在连杆小头孔内，也可将活塞销中部与连杆小头用紧固螺栓连接。这种方式不需要卡环，也不需要连杆衬套。

2. 活塞销的维修

1)活塞销的选配

发动机大修时，一般应更换活塞销。

活塞销的选配原则是：同一台发动机应选用同一厂牌、同一修理尺寸的成组活塞销；活塞销表面应无任何锈蚀和斑点，表面粗糙度 Ra 不大于 0.20 μm，圆柱度误差不大于 0.0025 mm，质量差在 10 g 范围内。

2)全浮式活塞销的装配

活塞销与活塞销孔的配合为过渡配合(0.0025 ~ 0.0075 mm)，应将活塞加热 70 ~ 80℃(如图 3 - 53 所示)，活塞销表面涂机油，将销、孔、连杆小头按要求对准，用手掌力将销推入孔内，卡环要入销座。

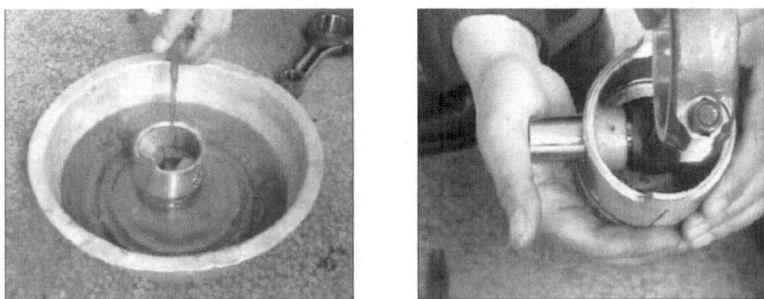

图 3 - 53　活塞销装配

四、连杆组的构造与维修

连杆组件包括连杆、连杆轴承盖、连杆轴承、连杆螺栓等,如图 3 - 54 所示。连杆和连杆盖统称为连杆。

1. 连杆组的构造

1)连杆组的功用及工作条件

连杆组的功用是将活塞承受的力传给曲轴,并将活塞的往复运动转变为曲轴的旋转运动。连杆小头与活塞销连接,同活塞一起作往复运动;连杆大头与曲柄销连接,同曲轴一起作旋转运动,因此在发动机工作时连杆作复杂的平

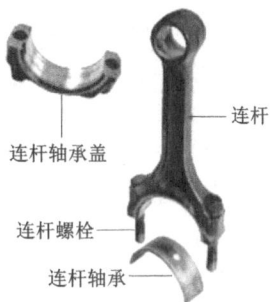

图 3 - 54　连杆组的组成

面运动。连杆组主要受压缩、拉伸和弯曲等交变负荷。最大压缩载荷出现在做功行程上止点附近,最大拉伸载荷出现在进气行程上止点附近。在压缩载荷和连杆组作平面运动时产生的横向惯性力的共同作用下,连杆体可能发生弯曲变形。

2)连杆组材料

连杆体和连杆盖由优质中碳钢或中碳合金钢,如 45、40Cr、42CrMo 或 40 MnB 等模锻或辊锻而成。连杆螺栓通常用优质合金钢 40Cr 或 35CrMo 制造。一般均经喷丸处理以提高连杆组零件的强度。纤维增强铝合金连杆以其质量轻、综合性能好而备受注目。在相同强度和刚度的情况下,纤维增强铝合金连杆比用传统材料制造的连杆要轻 30% 。

图 3 - 55　连杆的构造

3)连杆构造

连杆由小头、杆身和大头构成,如图 3 - 55 所示。

(1)连杆小头。小头的结构形状取决于活塞销的尺寸及其与连杆小头的连接方式,如图 3 - 56 所示。

在汽车发动机中连杆小头与活塞销的连接方式有两种,即全浮式和半浮式。全浮式活塞销工作时,在连杆小头孔和活塞销孔中转动,可以保证活塞销沿圆周磨损均匀。为防止活塞

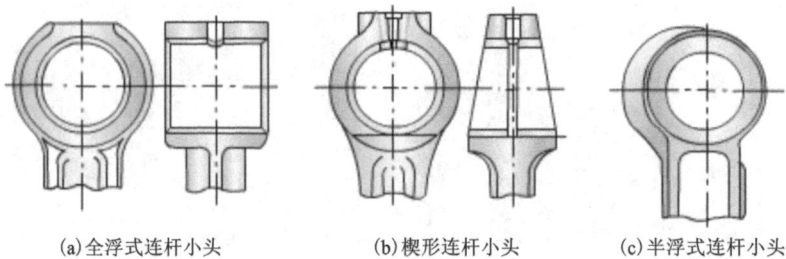

(a)全浮式连杆小头　　　　(b)楔形连杆小头　　　　(c)半浮式连杆小头

图 3 - 56　连杆小头结构形状

销两端刮伤气缸壁，在活塞销孔外侧装置活塞销挡圈。半浮式活塞销是用螺栓将活塞销夹紧在连杆小头孔内，这时活塞销只在活塞销孔内转动，在小头孔内不转动。小头孔不装衬套，销孔中也不装活塞销挡圈，如图 3 - 57 所示。

（2）连杆杆身。杆身断面为工字形，刚度大、质量轻，适于模锻。工字形断面的 Y - Y 轴在连杆运动平面内。有的连杆在杆身内加工有油道，用来润滑小头衬套或冷却活塞。如果是后者，须在小头顶部加工出喷油孔，如图 3 - 58 所示。

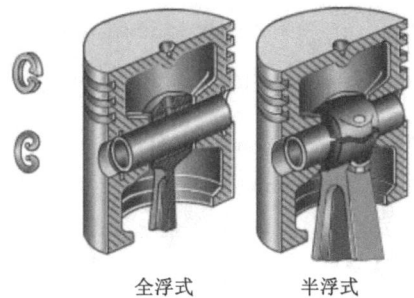

全浮式　　　　半浮式

图 3 - 57　连杆小头连接方式

（3）连杆大头。连杆大头除应具有足够的刚度外，还应外形尺寸小，质量轻，拆卸发动机时能从气缸上端取出。连杆大头是剖分的，连杆盖用螺栓或螺柱紧固，为使结合面在任何转速下都能紧密结合，连杆螺栓的拧紧力矩必须足够大，如图 3 - 59 所示。

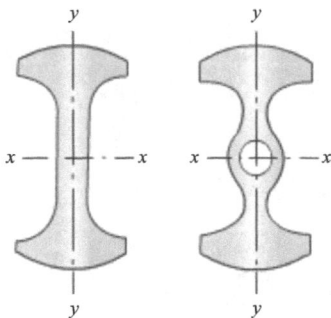

图 3 - 58　连杆杆身工字形断面连接方式

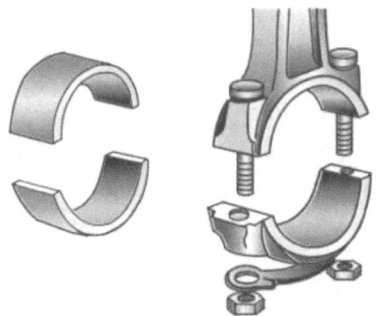

图 3 - 59　连杆大头结构图

连杆大头结合面（见图 3 - 60）与连杆轴线垂直的为平切口连杆，而结合面与连杆轴线成 30°～60°夹角的为斜切口连杆。平切口连杆体大端的刚度较大，因此大头孔受力变形较小，而且平切口连杆制造费用较低。汽油机均采用平切口连杆。柴油机连杆既有平切口的也有斜切口的。一般柴油机由于曲柄销直径较大，因此连杆大头的外形尺寸相应较大，欲在拆卸时能从气缸上端取出连杆体，必须采用斜切口连杆。连杆盖装合到连杆体上时须严格定位，以防止连杆盖横向位移。平切口连杆利用连杆螺栓上一段精密加工的圆柱面与精密加工的螺栓孔来实现连杆盖的定位。斜切口连杆的连杆螺栓由于承受较大的剪切力而容易发生疲劳破坏。为此,应该采用能够承受横向力的定位方法。

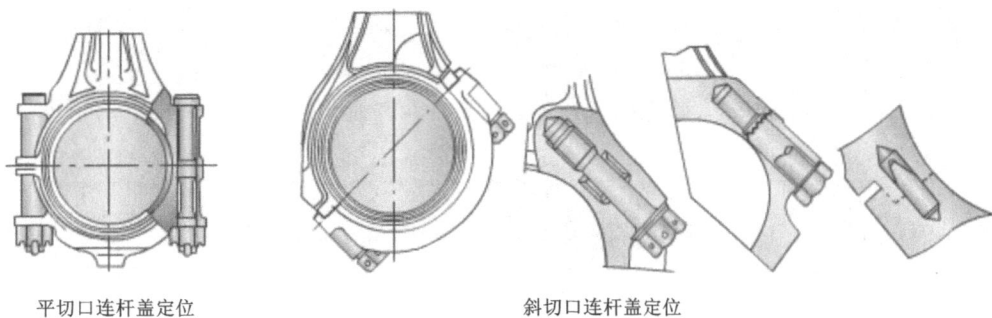

平切口连杆盖定位　　　　　斜切口连杆盖定位

图 3-60　连杆盖定位

(4)连杆螺栓(如图 3-61 所示)。工作时连杆螺栓承受交变载荷,因此在结构上应尽量增大连杆螺栓的弹性,而在加工方面要精细加工过渡圆角,消除应力集中,以提高其抗疲劳强度。连杆螺栓用优质合金钢制造,如 40Cr、35CrMo 等。经调质后滚压螺纹,表面进行防锈处理。

4)V 形发动机连杆(见图 3-62)

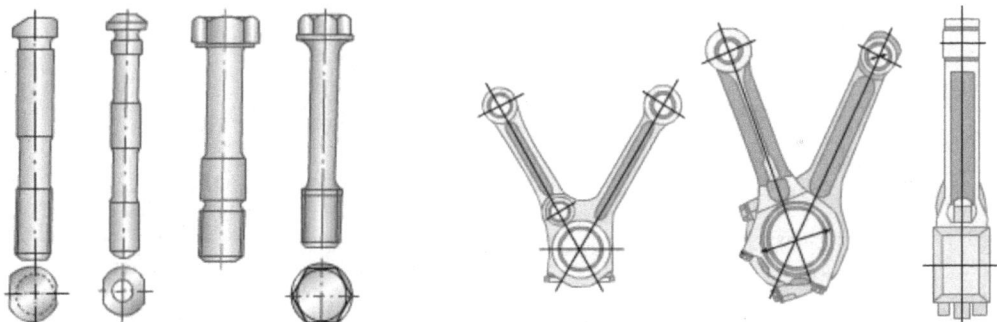

图 3-61　连杆螺栓　　　　　图 3-62　连杆盖的定位方式

V 形发动机左右两个气缸的连杆安装在同一个曲柄销上,其结构随安装形式的不同而不同。

(1)并列连杆。两个完全相同的连杆一前一后并列地安装在同一个曲柄销上。连杆结构与上述直列式发动机的连杆基本相同,只是大头宽度稍小一些。并列连杆的优点是前后连杆可以通用,左右两列气缸的活塞运动规律相同。缺点是两列气缸沿曲轴纵向须相互错开一段距离,从而增加了曲轴和发动机的长度。

(2)主副连杆。主副连杆是一个主连杆和一个副连杆组成主副连杆,副连杆通过销轴铰接在主连杆体或主连杆盖上。一列气缸装主连杆,另一列气缸装副连杆,主连杆大头安装在曲轴的曲柄销上。主副连杆不能互换,且副连杆对主连杆作用以附加弯矩。两列气缸中活塞的运动规律和上止点位置均不相同。采用主副连杆的 V 形发动机,其两列气缸不需要相互错开,因而也就不会增加发动机的长度。

(3)叉形连杆。叉形连杆是指一列气缸中的连杆大头为叉形;另一列气缸中的连杆与普通连杆类似，只是大头的宽度较小，一般称其为内连杆。叉形连杆的优点是两列气缸中活塞的运动规律相同，两列气缸无须错开。缺点是叉形连杆大头结构复杂，制造比较困难，维修也不方便，且大头刚度较差。

5）连杆轴承

连杆轴承也称连杆轴瓦（俗称小瓦）（见图3 – 63），装在连杆大头内，保护连杆轴颈和连杆大头孔。由于其工作时承受较大的交变载荷，且润滑困难，要求它具有足够的强度、良好的减磨性和耐腐蚀性。

连杆轴承由钢背和减磨层组成，为两半分开形式。钢背由厚1 ~ 3 mm的低碳钢制成，是轴承的基体，减磨层是由浇铸在钢背内圆上厚为0.3 ~ 0.7 mm的薄层减磨合金制成，减磨合金具有保持油膜，减少摩擦阻力和易于磨合的作用。

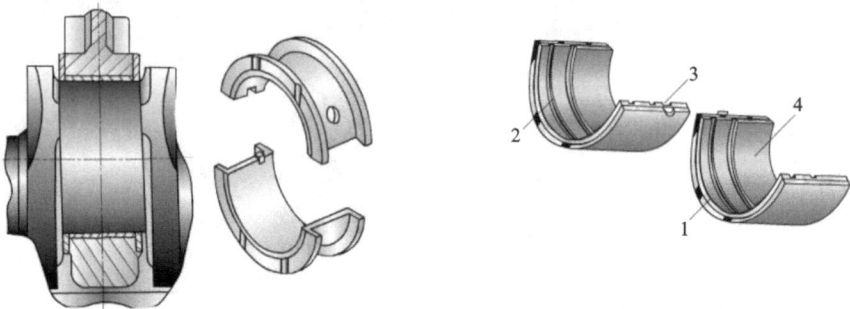

图3 – 63   连杆轴承

1—钢背；2—油槽；3—定位凸键；4—减磨合金

2. 连杆组的维修

1）连杆的检修

连杆的损伤有杆身的弯曲、扭转变形；小头孔和大头侧面的磨损。其中变形最为常见。

（1）连杆变形的检验。连杆变形的检验在连杆检验仪上进行，如图3 – 64所示。检验仪上的菱形支撑轴能保证连杆大端承孔轴向与检验平板垂直。测量工具是一个带V形槽的"三点规"，三点规上的三点构成的平面与V形槽的对称平面垂直，两下测点的距离为100 mm，上测点与两下测点连线的距离也是100 mm。

检验方法如下：

①将连杆大头的轴承盖装好（不装轴承），按规定力矩把螺栓拧紧，检查连杆大头孔的圆度和圆柱度应符合要求；装上已修配好的活塞销。

②把连杆大头装在检验仪的支撑轴上，拧紧调整螺钉使定心块向外扩张，把连杆固定在检验仪上。

③将V形检验块两端的V形定位面靠在活塞销上，

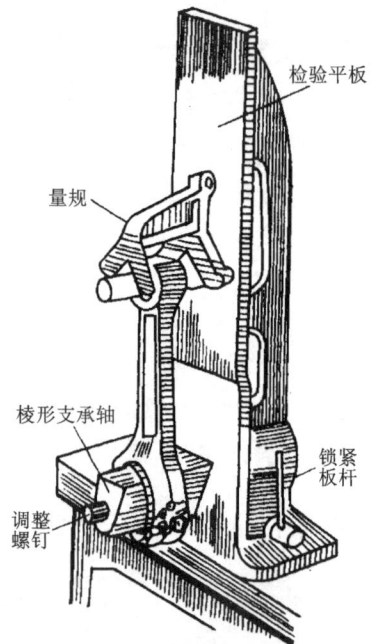

检验平板

量规

棱形支承轴

调整螺钉

锁紧板杆

图3 – 64   连杆检验仪

观察 V 形三点规的三个接触点与检验平板的接触情况，即可检查出连杆的变形方向和变形量。

A. 三点规的三个测点都与平板接触，说明连杆没有变形。

B. 若上测点与平板接触，两下测点不接触且与平板距离一致；或两下测点与平板接触而上测点不接触，表明连杆弯曲。用厚薄规测出测点与平板的间隙，即为连杆在 100 mm 长度上的弯曲度，如图 3 – 65(a) 所示。

C. 若只有一个下测点与平板接触，另一个下测点与平板不接触，且间隙为上测点与平板间隙的两倍，这时下测点与平板的间隙即为连杆在 100 mm 长度上的扭曲度，如图 3 – 65(b) 所示。

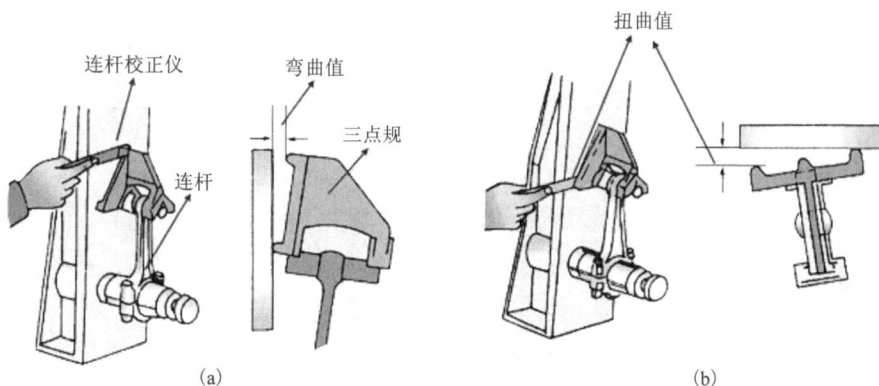

图 3 – 65　连杆弯扭检验
(a)连杆弯曲的检验；(b)连杆扭曲的检验

D. 如果一个下测点与平板接触，但另一个下测点与平板的间隙不等于上测点间隙的两倍，这时连杆弯扭并存。下测点与平板的间隙为连杆的扭曲度，上测点间隙与下测点间隙一半的差值为连杆的弯曲度。

E. 测出连杆小头端面与平板的距离，然后将连杆翻转 180° 后再测此距离，若数值不相等，即说明连杆有双重弯曲，两次测量数值之差为连杆双重弯曲度。

(2)连杆变形的校正。经检验，如果弯、扭超过规定值，应记住弯、扭方向和数值，进行校正。

连杆弯曲的校正可在压床或弯曲校正器上进行，用压床校正连杆弯曲的方法如图 3 – 66(b) 所示。

连杆扭曲的校正可将连杆夹在虎钳上，用扭曲校正器、长柄扳钳或管子钳进行校正，用虎钳校正连杆扭曲的方法如图 3 – 66(a) 所示。

校正时注意：先校扭，再校弯；避免反复校正。校正后要进行时效处理，消除弹性后效作用。

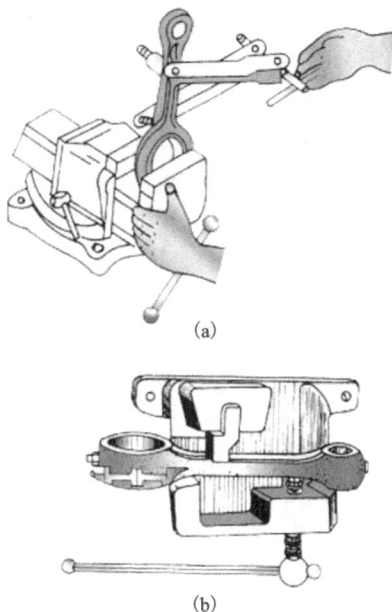

图 3 – 66　连杆校正
(a)校扭；(b)校弯

2)连杆衬套的检修

(1)连杆衬套的选配。对于全浮式安装的活塞销，连杆小头内压装有连杆衬套。发动机在大修时，在更换活塞、活塞销的同时，必须更换连杆衬套，以恢复其正常配合。

连杆衬套与连杆小头应有一定量的过盈，如桑塔纳2000GSi 轿车 AJR 发动机的过盈量为 0.06 ~ 0.10 mm，以保证衬套在工作时不走外圆。可通过分别测量连杆小头内径和新衬套外径的方法求得过盈量。

新衬套的压入可在台虎钳上进行。压入前，应检查连杆小头有无毛刺，以免擦伤衬套外圆。压入时，衬套油孔和连杆小头油孔对准，确保润滑油畅通。

(2)连杆衬套的修配。活塞销与连杆衬套的配合，在常温下应有 0.005 ~ 0.010 mm 的间隙，接触面积应在75%以上。配合间隙过小，可将连杆夹到内圆磨床上进行磨削，并留有研磨余量。再将活塞销插入连杆衬套内配对研磨，研磨时可加少量机油，将活塞销夹在台虎钳上，沿活塞销轴线方向扳动连杆，应有无间隙感觉[如图 3 - 67(a)所示]。加入机油扳动时无"气泡"产生，把连杆置于与水平面成 75°角时应能停住，轻拍连杆徐徐下降，此时配合间隙为合适。

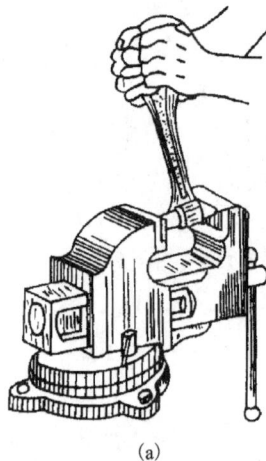

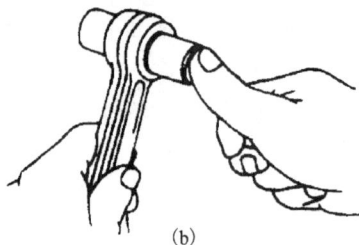

图 3 - 67　连杆衬套的试配

经过加工的衬套，应能用大拇指把活塞销推入连杆衬套内，并有无间隙感觉，如图 3 - 67(b)所示。

任务四　曲轴飞轮组的构造与维修

曲轴飞轮组由曲轴、飞轮、扭转减振器、曲轴主轴承、曲轴皮带轮、正时链轮(或齿轮)等组成，如图 3 - 68 所示为发动机曲轴飞轮组的组成。

一、曲轴的构造与维修

1. 曲轴的构造

1)曲轴的功用及工作条件

曲轴的功用是把活塞、连杆传来的气体压力转变为转矩，用以驱动汽车的传动系统和发动机的配气机构以及其他辅助装置。曲轴在周期性变化的气体压

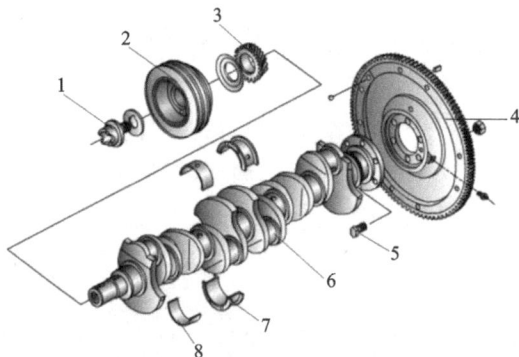

图 3 - 68　曲轴飞轮组的组成

1—起动爪；2—扭转减振器及皮带轮；3—正时齿轮；4—飞轮；
5—螺栓；6—曲轴；7—止推轴承；8—主轴承

力、惯性力及其力矩的共同作用下工作，承受弯曲和扭转交变载荷。因此，曲轴应有足够的

抗弯曲、抗扭转的疲劳强度和刚度；轴颈应有足够大的承压表面和耐磨性；曲轴的质量应尽量小；对各轴颈的润滑应该充分。

2）曲轴材料

曲轴一般由 45、40Cr、35 Mn2 等中碳钢和中碳合金钢模锻而成，轴颈表面经高频淬火或氮化处理，最后进行精加工。现代汽车发动机广泛采用球墨铸铁曲轴。球墨铸铁价格便宜，耐磨性能好，轴颈不需硬化处理，同时金属消耗量少，机械加工量也少。为提高曲轴的疲劳强度，消除应力集中，轴颈表面应进行喷丸处理，圆角处要经滚压处理。

3）曲轴的构造

曲轴的基本结构包括前端轴、主轴颈、连杆轴颈、曲柄、平衡重、后端凸缘等，如图 3-69 所示。

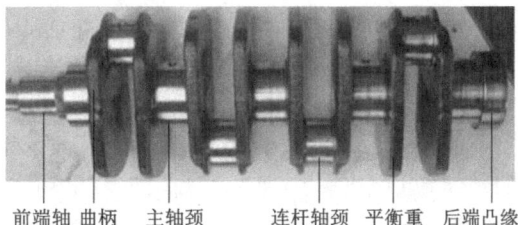

图 3-69 曲轴组成

前端轴指曲轴第一道主轴颈之前的部分，用以安装正时齿轮（或正时齿形带轮、或链轮）、皮带轮等。为防止机油外漏，在曲轴前端有油封装置；为减小扭转振动，曲轴前端还装有扭转减振器。

主轴颈是曲轴的支承部分。按曲轴主轴颈的数目，可以把曲轴分为全支承曲轴和非全支承曲轴两种，如图 3-70 所示。在每个连杆轴颈两边都有一个主轴颈者，称为全支承曲轴，否则为非全支承。显然全支承曲轴的主轴颈数比连杆轴颈数多一个，这种支承方式曲轴刚度好，但长度较长，见表 3-1 所示。由此可见，直列发动机全支承曲轴的主轴颈数比气缸数多一个；V 形发动机全支承曲轴的主轴颈数是气缸数的一半加一个。连杆轴颈是曲轴和连杆相连的部分，连杆大头安装在曲轴的连杆轴颈上。

图 3-70 曲轴的支承形式

曲柄是连接曲轴主轴颈和连杆轴颈的部分。在曲轴的主轴颈、曲柄、连杆轴颈上钻有贯通的油道，以使主轴颈内的润滑油经此油道流至连杆轴颈进行润滑。

平衡重用来平衡连杆大头、连杆轴颈和曲柄等产生的离心力及其力矩，有时还平衡部分往复惯性力，使发动机运转平稳。

曲轴后端是最后一道主轴颈之后的部分。有安装飞轮用的凸缘，为防止机油从后端泄漏，后端也安装有油封装置。

表 3 – 1　曲轴支承方式的比较

曲轴支承方式	优　点	缺　点	应　用
全支承曲轴	提高曲轴的刚度和弯曲强度，减轻主轴承的载荷	曲轴的加工表面增多，主轴承数增多，使机体加长	柴油机多采用此种支撑方式
非全支承曲轴	缩短了曲轴的长度，使发动机总体长度有所减小	主轴承载荷较大	承受载荷较小的汽油机可以采用此种方式

4）曲轴的轴向定位

曲轴作为转动件，必须与其固定件之间有一定的轴向间隙。而在发动机工作时，曲轴经常受到离合器施加于飞轮的轴向力以及在上、下坡行驶或突然加、减速出现的轴向力作用而有轴向窜动的趋势。曲轴的轴向窜动将破坏曲柄连杆机构各零件的正确相对位置，因此曲轴必须有轴向定位措施。而在曲轴受热膨胀时，又应允许它能自由伸长，故曲轴上只能有一处

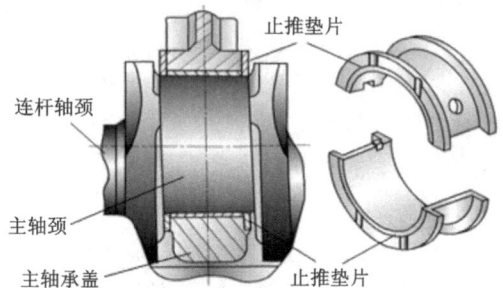

图 3 – 71　曲轴轴向定位

设置轴向定位装置，该装置可设在曲轴的前端、中间或后端。

曲轴的轴向定位（如图 3 – 71 所示）是通过止推装置实现的。止推装置有翻边轴瓦、止推片、止推环等多种形式。

5）曲拐的布置

一个连杆轴颈和它两端的曲柄及相邻两个主轴颈构成一个曲拐，如图 3 – 72 所示。

曲轴的曲拐数取决于发动机气缸的数目和排列方式。直列式发动机曲拐数等于气缸数；V 形发动机曲拐数等于气缸数的一半。

曲拐的布置（即曲拐的相对位置）除了与气缸数、气缸排列方式有关外，还与发动机工作顺序有关。在安排发动机工作顺序时，应注意使连续做功的两缸相距尽可能远些，以减轻主轴承的载荷，同时避免进气干涉而影响充气量；做功间隔力求均匀，在发动机完成一个工作循环的曲轴转角内，每个气缸应做功一次，以保证发动机运转平稳；曲拐布置尽可能对称、均匀。如多缸发动机气缸数为 i，则发动机做功间隔角为 $720°/i$。

常见几种多缸发动机曲拐的布置和工作顺序如下：

（1）直列四缸四冲程发动机曲拐布置。曲拐对称布置在同一平面内，如图 3 – 73 所示。做功间隔角为 $720°/4 = 180°$，各缸工作顺序有 1 – 3 – 4 – 2 和 1 – 2 – 4 – 3 两种。工作循环如表 3 – 2 和表 3 – 3 所示。

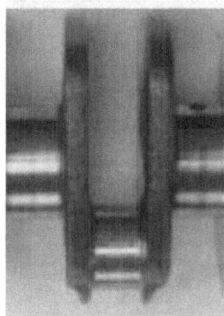

图 3 - 72　一个曲拐实物图

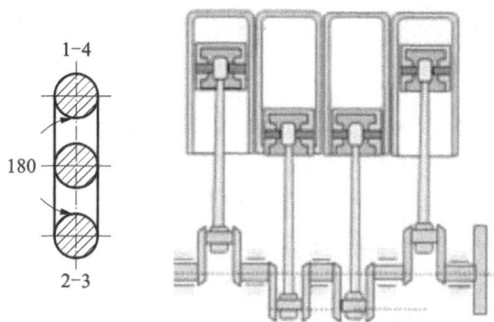

图 3 - 73　四缸发动机曲拐布置

表 3 - 2　点火顺序 1 - 3 - 4 - 2

曲轴转角(°)	第一缸	第二缸	第三缸	第四缸
0 ~ 180	做功	排气	压缩	进气
180 ~ 360	排气	进气	做功	压缩
360 ~ 540	进气	压缩	排气	做功
540 ~ 720	压缩	做功	进气	排气

表 3 - 3　点火顺序 1 - 2 - 4 - 3

曲轴转角(°)	第一缸	第二缸	第三缸	第四缸
0 ~ 180	做功	压缩	排气	进气
180 ~ 360	排气	做功	进气	压缩
360 ~ 540	进气	排气	压缩	做功
540 ~ 720	压缩	进气	做功	排气

曲拐均匀布置在互成 120°的三个平面内,如图 3 - 74 所示。做功间隔角为 720°/6 = 120°,各缸发动机工作顺序为 1 - 5 - 3 - 6 - 2 - 4 和 1 - 4 - 2 - 6 - 3 - 5,以第一种应用较为普遍。工作循环如表 3 - 4 所示。

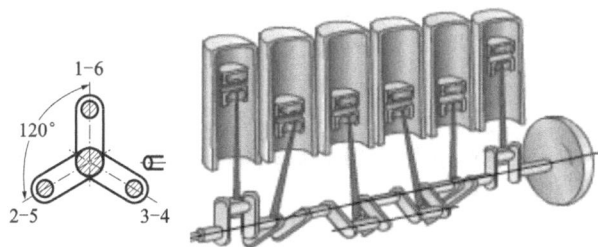

图 3 - 74　六缸发动机曲拐布置

表 3 – 4　点火顺序 1 – 5 – 3 – 6 – 2 – 4

曲轴转角(°)		第一缸	第二缸	第三缸	第四缸	第五缸	第六缸
0 ~ 180	0 ~ 60			进气	做功	压缩	
	60 ~ 120	做功	排气				进气
	120 ~ 180			压缩	排气		
180 ~ 360	180 ~ 240		进气			做功	
	240 ~ 300	排气					压缩
	300 ~ 360			做功	进气		
360 ~ 540	360 ~ 420		压缩			排气	
	420 ~ 480	进气					做功
	480 ~ 540			排气	压缩		
540 ~ 720	540 ~ 600		做功			进气	
	600 ~ 660	压缩		进气	做功		排气
	660 ~ 720		排气			压缩	

（2）四冲程 V 形六缸发动机曲拐布置。四冲程 V 形六缸发动机的发火间隔角仍为 120°，3 个曲拐互成 120°。

工作顺序：R1 – L3 – R3 – L2 – R3 – L1，如图 3 – 75 所示。面对发动机的冷却风扇，右列气缸用 R 表示，由前向后气缸号分别为 R1、R2、R3；左列气缸用 L 表示，气缸号分别为 L1、L2 和 L3，工作循环见表 3 – 5。

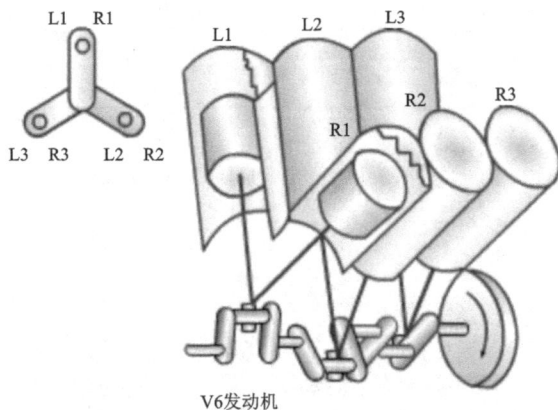

V6发动机

图 3 – 75　V 形六缸发动机曲拐布置

表 3 – 5　点火顺序 R1 – L3 – R3 – L2 – R3 – L1

曲轴转角(°)		R1	R2	R3	L1	L2	L3
0~180	0~60	【做功】	排气	进气	【做功】	进气	压缩
	60~120	做功	排气	压缩	排气	进气	压缩
	120~180	做功	进气	压缩	排气	进气	【做功】
180~360	180~240	排气	进气	压缩	排气	压缩	【做功】
	240~300	排气	进气	做功	进气	压缩	做功
	300~360	排气	压缩	【做功】	进气	压缩	排气
360~540	360~420	进气	压缩	做功	进气	做功	排气
	420~480	进气	压缩	排气	压缩	【做功】	排气
	480~540	进气	做功	排气	压缩	做功	进气
540~720	540~600	压缩	【做功】	排气	压缩	排气	进气
	600~660	压缩	做功	进气	【做功】	排气	进气
	660~720	压缩	排气	进气	做功	排气	压缩

（3）四冲程 V8 缸发动机曲拐布置。四冲程 V8 缸发动机曲拐布置的发火间隔角为 720°/8 = 90°，4 个曲拐互成 90°，如图 3 – 76 所示。工作顺序基本上有两种：R1 – L1 – R4 – L4 – L2 – R3 – L3 – R2 和 L1 – R4 – L4 – L2 – R3 – R2 – L3 – R1，工作循环见表 3 – 6。

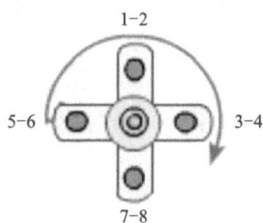

图 3 – 76　V 形八缸发动机曲拐布置

表 3 – 6　点火顺序 R1 – L1 – R4 – L4 – L2 – R3 – L3 – R2

曲轴转角(°)		R1	R2	R3	R4	L1	L2	L3	L4
0~180	0~90	【做功】	【做功】	排气	压缩	压缩	进气	排气	进气
	90~180	做功	排气	进气	压缩	【做功】	进气	排气	压缩
180~360	180~270	排气	排气	进气	【做功】	做功	压缩	进气	压缩
	270~360	排气	进气	压缩	做功	排气	压缩	进气	【做功】
360~540	360~450	进气	进气	压缩	排气	排气	【做功】	压缩	做功
	450~540	进气	压缩	【做功】	排气	进气	做功	压缩	排气
540~720	540~630	压缩	压缩	做功	进气	进气	排气	【做功】	排气
	630~720	压缩	【做功】	排气	进气	压缩	排气	做功	进气

2. 曲轴的维修

1）曲轴磨损的检修

（1）轴颈磨损的检验。曲轴轴颈磨损情况的检验，主要是用外径千分尺测量轴颈的直径、圆度误差和圆柱度误差，如图 3－77 所示。一般根据圆柱度误差确定轴颈是否需要修磨，同时也可确定修理尺寸。

（2）轴颈的修磨。发动机大修时，对轴颈磨损已超过规定的曲轴，可用修理尺寸法对曲轴主轴颈、连杆轴颈进行光磨修理，同名轴颈必须为同级修理尺寸，以便选择统一的轴承，其修理尺寸查阅相关车型的维修手册。

2）曲轴弯曲变形的检修

（1）弯曲变形的检验。检验弯曲变形应以两端主轴颈的公共轴线为基准，检查中间主轴颈的径向圆跳动误差，如图 3－78 所示。检验时，将曲轴两端主轴颈分别放置在检验平板的 V 形块上，将百分表触头垂直地抵在中间主轴颈上，慢慢转动曲轴一圈，百分表指针所指示的最大读数与最小读数之差，即为中间主轴颈的径向圆跳动误差值。

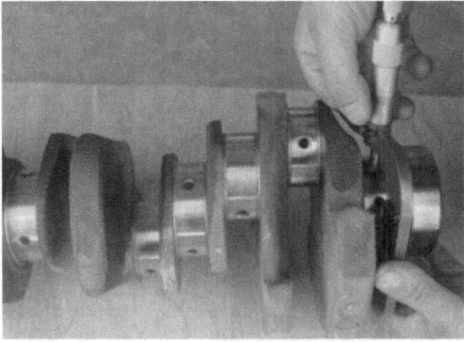

图 3－77　曲轴轴颈磨损的检测

图 3－78　曲轴弯曲度的检测

（2）弯曲变形的校正。曲轴的径向圆跳动误差不得大于 0.15 mm，否则应进行校正。曲轴弯曲变形的校正，一般采用冷压校正或敲击校正法。当变形量不大时，可采用敲击校正法，如图 3－79（b）所示，用锤子敲击曲柄边缘的非工作表面，使被敲击表面产生塑性残余变形，达到校正弯曲的目的。冷压校正是将曲轴用 V 形铁架住两端主轴颈，用油压机沿曲轴弯曲相反方向加压，如图 3－79（a）所示。由于钢质曲轴的弹性作用，压弯量应为曲轴弯曲量的 10~15 倍，并保持 2~4 min，为减小弹性后效作用，最好采用人工时效法消除。

3）曲轴扭曲变形的检修

（1）扭曲变形的检验。曲轴扭曲变形检验的支撑方法和弯曲检验一样，将曲轴两端主轴颈分别放置在检验平板的 V 形块上，保持曲轴水平，使两端同一曲柄平面内的两个连杆轴颈位于水平位置，用百分表测量两轴颈最高点至平板的高度差 ΔA，据此求得曲轴主轴线的扭曲角 θ。

（2）扭曲变形的校正。曲轴扭曲变形量一般很小，可直接在曲轴磨床上结合对连杆轴颈磨削时予以修正。

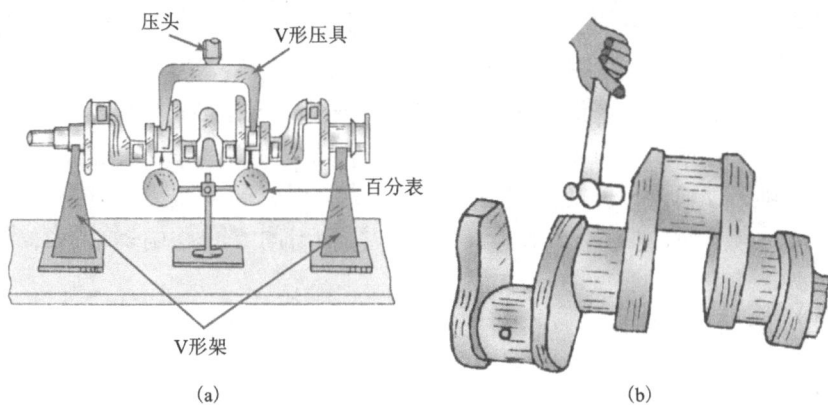

图 3－79　曲轴校正方法

(a)冷压校正法；(b)表面敲击法

4)曲轴裂纹的检修

裂纹的检验方法有磁力探伤法和浸油敲击法。

磁力探伤的原理是：当磁力线通过被检验的曲轴时，零件被磁化。如果零件表面有裂纹，在裂纹部位的磁力线就会因裂纹不导磁而被中断，使磁力线偏散而形成磁极。此时，在零件表面撒上磁性铁粉，铁粉便被磁化而吸附在裂纹处，从而显现出裂纹的部位和大小。

浸油敲击法是将曲轴置于煤油中浸一会，取出后擦净表面煤油并撒上白粉，然后分段用小锤轻轻敲击，如有明显的油迹出现，即该处有裂纹。

曲轴出现裂纹，一般应更换曲轴。

5)曲轴轴向间隙和径向间隙的检查与调整

(1)轴向间隙的检查与调整。为了适应发动机机件正常工作的需要，曲轴必须留有合适的轴向间隙，间隙过小，会使机件因受热膨胀而卡死；轴向间隙过大，曲轴工作时将产生轴向窜动，加速气缸的磨损，活塞连杆组也会不正常磨损，还会影响配气相位和离合器的正常工作。因此，曲轴装到气缸体上之后，应检查其轴向间隙。

曲轴轴向间隙的检查可采用百分表或塞尺进行。检查时，将曲轴装入缸体轴承座，将百分表触头顶在曲轴平衡重上，用撬棒前后撬动曲轴，观察表针摆动数值，指针的最大摆差即为曲轴轴向间隙，如图 3－80 所示。或者用撬棒将曲轴撬向一端，再用塞尺检查止推轴承和曲轴止推面之间的间隙，即为曲轴轴向间隙。

图 3－80　曲轴轴向间隙检测

此间隙应符合规定，桑塔纳 2000GSi 轿车 AJR 发动机曲轴的轴向间隙为 0.07 ~ 0.21 mm，轴向间隙过小或过大时，应更换不同厚度的止推垫片进行调整。

(2)径向间隙的检查与调整。曲轴的径向也必须留有适当间隙，因为轴承的适当润滑和冷却是取决于曲轴径向间隙的大小。曲轴径向间隙过小会使阻力增大，加重磨损，使轴瓦划伤。曲轴径向间隙太大，曲轴会上下敲击，并使润滑油压力降低，曲轴表面过热并与轴瓦烧熔到一起。曲轴的径向间隙可用塑料间隙塞尺（如图3-82所示）检查。曲轴的径向间隙检测方法如图3-81所示，首先清洁曲轴主轴颈、连杆轴颈、轴瓦和轴承盖，将塑料间隙塞尺（或软金属丝）放置在曲轴轴颈上（不要将油孔盖住），盖上轴承盖并按规定扭力拧紧螺栓（注意：不要转动曲轴）；然后取下轴承盖和塑料间隙塞尺，用被压扁的塑料间隙塞尺和间隙条宽度相对照，查得间隙规宽度（或测量软金属丝厚度）对应的间隙值即为曲轴的径向间隙。

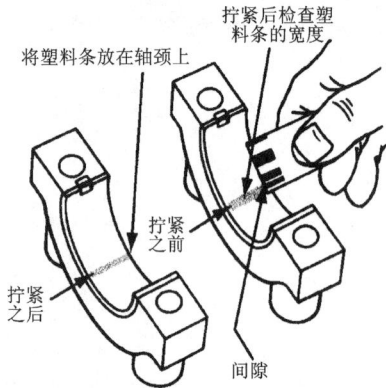

图3-81　曲轴径向间隙检测

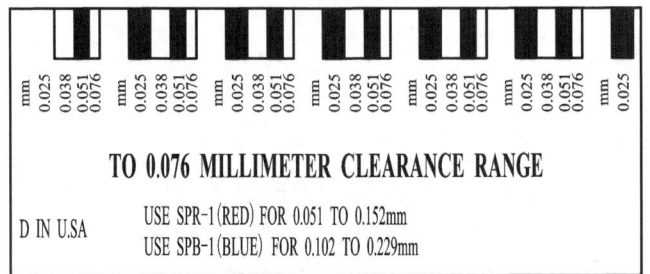

图3-82　塑料间隙塞尺

二、曲轴主轴承的构造与维修

1．曲轴主轴承构造

曲轴主轴承（俗称大瓦），装于主轴承座孔中，将曲轴支承在发动机的机体上。主轴承的结构与连杆轴承相同，如图3-83所示。为了向连杆轴承输送润滑油，在主轴承上都开有周向油槽和通油孔。有些负荷不大的发动机，为了通用化起见，上、下两半轴瓦上都制有油槽，有些发动机只在上轴瓦开油槽和通油孔，而负荷较重的下轴瓦不开油槽。在相应的主轴颈上开径向通孔，这样，主轴承便能不间断地向连杆轴承供给润滑油。注意：后一种主轴瓦上、下片不能互换，否则主轴承的来油通道将被堵塞。

2．曲轴主轴承的选配

1）选择轴承内径

根据曲轴轴承的直径和规定的径向间隙选择合适内径的轴承。现代发动机曲轴轴承制造时，根据选配的需要，其内径直径已制成一个尺寸系列。

2）检验轴承钢背质量

要求定位凸点完整，轴承钢背光整无损。

3）检验轴承自由弹开量

要求轴承在自由状态下的曲率半径大于座孔的曲率半径，保证轴承压入座孔后，可借轴承自身的弹力作用与轴承座贴合紧密。

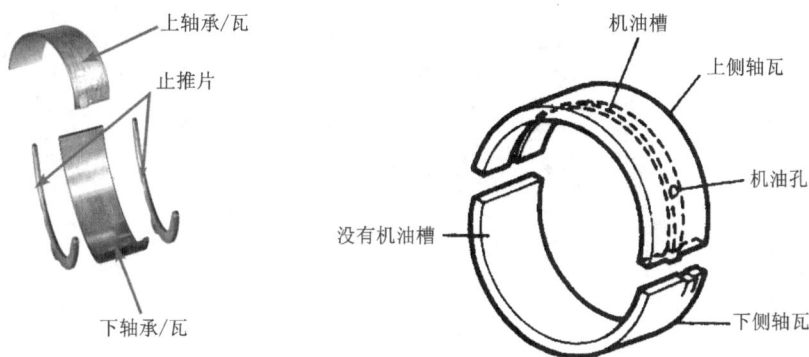

图 3 - 83　曲轴主轴承的组成

4) 检验轴承的高出量

轴承装入座孔内, 上、下两片的每端均应高出轴承座平面 $0.03 \sim 0.05$ mm, 称为高出量。轴承高出座孔, 以保证轴承与座孔紧密贴合, 提高散热效果。

三、曲轴扭转减振器的构造与维修

发动机运转时, 由于飞轮的惯性很大, 可以看作是等速转动。而各缸气体压力和往复运动件的惯性力是周期性地作用在曲轴连杆轴颈上, 给曲轴一个周期性变化的扭转外力, 使曲轴发生忽快忽慢的转动, 从而形成曲轴对于飞轮的扭转摆动, 即曲轴的扭转振动。当激力频率与曲轴的自振频率成整数倍关系时, 曲轴扭转振动便因共振而加剧。从而引起功率损失、正时齿轮或链条磨损增加, 严重时甚至会将曲轴扭断。为了消减曲轴的扭转振动, 有的发动机在曲轴前端装有扭转减振器。

常用的扭转减振器有橡胶式、摩擦式和黏液 (硅油) 式等数种, 如图 3 - 84 所示。

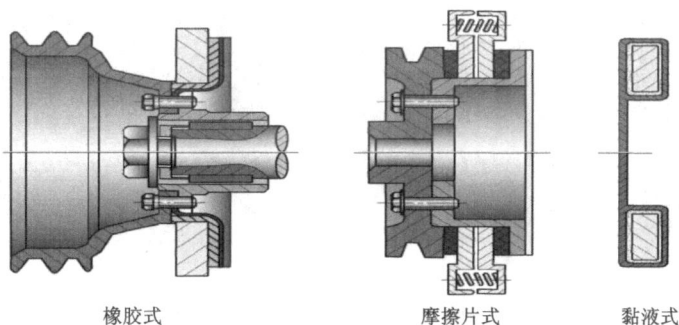

橡胶式　　　　摩擦片式　　　　黏液式

图 3 - 84　扭转减振器的类型

橡胶式扭转减振器如图 3 - 85 所示。它将减振器圆盘用螺栓与曲轴带轮及轮毂紧固在一起, 惯性盘通过硫化橡胶层与减振器黏接在一起。当曲轴发生扭转振动时, 力图保持等速转动的惯性盘便使橡胶层发生内摩擦, 从而消除了扭转振动的能量, 避免扭振。

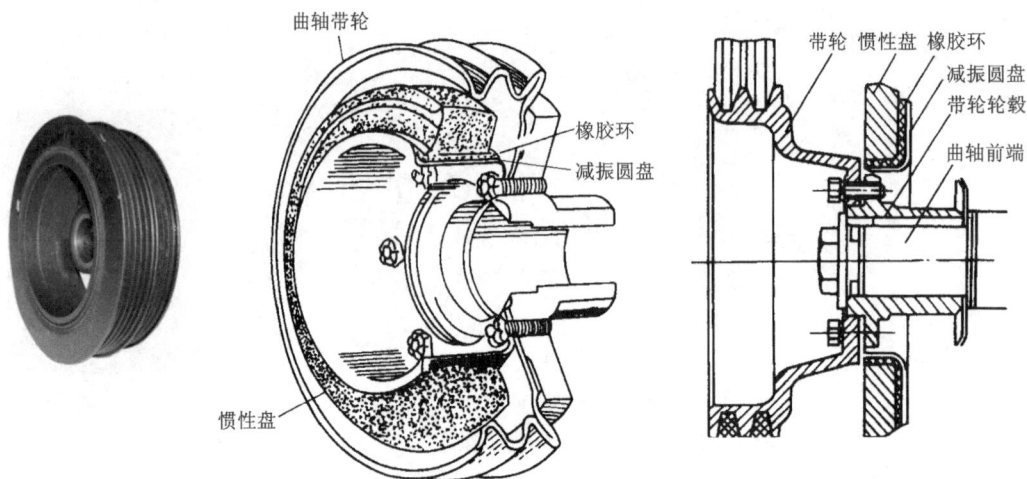

图 3 – 85　扭转减振器的结构

四、飞轮的构造与维修

飞轮的作用是通过贮存和释放能量来提高发动机运转的均匀性和改善发动机克服短时的超载能力，与此同时，又将发动机的动力传递给离合器。

1. 飞轮的构造

飞轮是一个转动惯量很大的圆盘，多用灰铸铁制造，外缘上压有一个齿圈，可与起动机的驱动齿轮啮合，供启动发动机用。有些飞轮上通常刻有第一缸点火正时记号，以便校准点火时间，如图 3 – 86 所示。

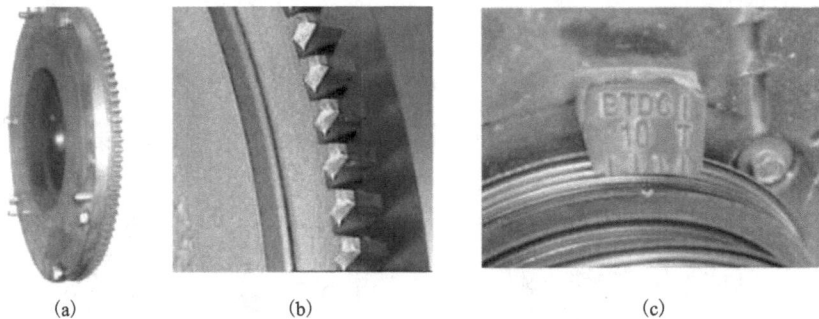

(a)　　　　　　　　(b)　　　　　　　　(c)

图 3 – 86　飞轮的构造图

(a)整体；(b)起动齿轮；(c)上止点标记

2. 飞轮的维修

飞轮常见的损伤形式主要是齿圈磨损、打坏、松动、端面打毛；飞轮与离合器摩擦片接触的工作面磨损、起槽、刮痕等。

1）更换齿圈

飞轮齿圈有断齿或齿端冲击耗损，与起动机齿轮啮合状况发生变化时，应更换齿圈或飞轮组件。齿圈与飞轮配合过盈为 0.30 ~ 0.60 mm，更换时，应先将齿圈加热至 623 ~ 673 K 再进行热压配合。

2）修整飞轮工作平面

飞轮工作平面有严重烧灼或磨损沟槽深度超过 0.50 mm 或飞轮端面圆跳动误差超过 0.50 mm 时，应进行光磨修整。

3）曲轴、飞轮、离合器总成组装后进行动平衡试验

组件动平衡量应不大于原厂规定。更换飞轮或齿圈、离合器压盘或总成之后，都应重新进行组件的动平衡试验。

五、平衡机构

现代轿车特别重视乘坐的舒适性和噪声水平，为此必须将引起汽车振动和噪声的发动机不平衡力及不平衡力矩减小到最低限度。在曲轴的曲柄臂上设置的平衡重只能平衡旋转惯性力及其力矩，而往复惯性力及其力矩的平衡则需采用专门的平衡机构，如图 3 – 87 所示为宝马发动机上所采用的平衡机构。

当发动机的结构和转速一定时，一阶往复惯性力与曲轴转角的余弦成正比，二阶往复惯性力与二倍曲轴转角的余弦成正比。发动机往复惯性力的平衡状况与气缸数、气缸排列形式及曲拐布置形式等因素有关。

现代中级和普及型轿车普遍采用四冲程直列四缸发动机。平面曲轴的四缸发动机的一阶往复惯性力、一阶往复惯性力矩和二阶往复惯性力矩都平衡，唯有二阶往复惯性力不平衡，如图 3 – 88 所示。为了平衡二阶往复惯性力，需采用双轴平衡机构，如图 3 – 89 所示，两根平衡轴与曲轴平行且与气缸中心线等距，旋转方向相反，转速相同，都为曲轴转速的两倍。两根轴上都装有质量相同的平衡重，其旋转惯性力在垂直于气缸中心线方向的分力互相抵消，在平行于气缸中心线方向的分力则合成为沿气缸中心线方向作用的力，与 F_{jII} 大小相等，方向相反，从而使 F_{jII} 得到平衡。

图 3 – 87　宝马发动机平衡机构

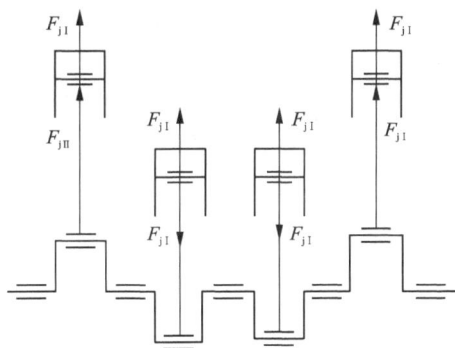

图 3 – 88　作用在曲轴上的一、二阶往复惯性力示意图

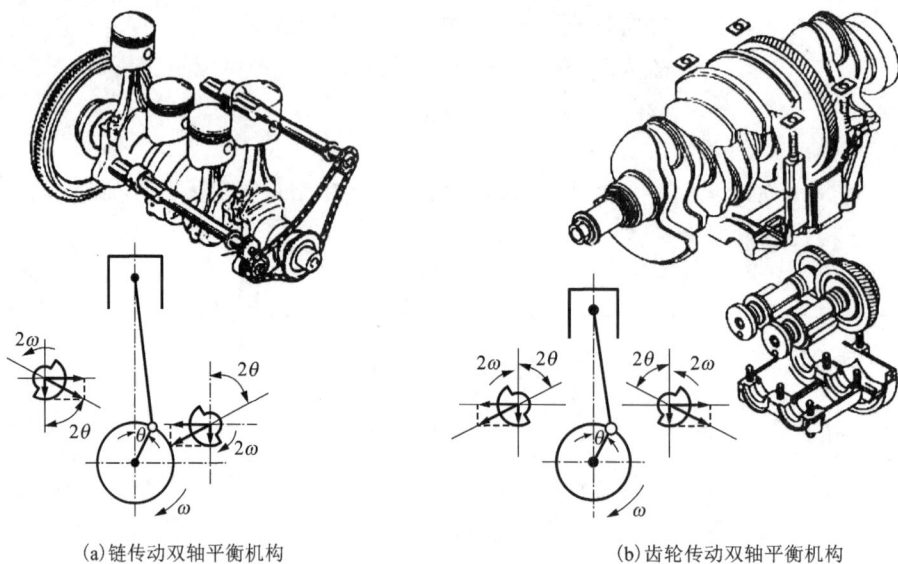

(a)链传动双轴平衡机构   (b)齿轮传动双轴平衡机构

图 3 - 89   双轴平衡机构

项目实施

项目实施一   曲柄连杆机构的拆装

(一)项目实施目的及要求

(1)学会汽车发动机曲柄连杆机构的正确拆装。

(2)理解曲柄连杆机构的结构原理。

(3)懂得曲轴轴向定位和防漏方法。

(4)了解主要零部件的装配标记。

(5)学会活塞环钳、气门拆装钳等拆装专用工具的操作与使用方法。

(二)项目实施设备及工量具

(1)设备。完整的汽车发动机若干台。

(2)工量具。常用工具和专业工具各4套;气门弹簧压缩器4套,活塞环拆装工具4套,油封安装工具4套等。

(三)项目实施内容

(1)分解发动机基体组总成。

(2)拆装活塞连杆组。

(3)拆装曲轴飞轮组。

(四)项目实施步骤

按发动机附件、气缸盖、油底壳、活塞连杆组和曲轴飞轮组的顺序进行发动机解体。仔细观察曲柄连杆机构的结构。

1. 分解发动机机体组总成

1)拆下发电机

旋松撑紧壁紧固螺栓、调整螺母紧固螺栓,拧动调整螺母,使发电机靠近发动机侧,取下 V 形皮带,从发动机前端卸下发电机与发动机的连接螺栓,取下发电机,如图 3-90 所示。

图 3-90 发电机的拆卸

2)取下进气歧管和排气歧管。

3)拆卸正时皮带

拆下水泵皮带轮和曲轴皮带轮及正时齿轮罩盖,拧松张紧器紧固螺栓,转动张紧轮,拆下正时皮带,如图 3-91 所示。

注意:要标明齿形皮带的方向。

4)拆卸分电器

拔下各缸火花塞高压线,拧下分电器固定螺栓,取下分电器,如图 3-92 所示。

图 3-91 正时皮带的拆卸

图 3-92 分电器的拆卸

5)拆卸水泵

拆下水泵固定螺栓,取下水泵,如图 3-93 所示。

6)拆卸气缸盖

先卸下气门室罩盖,按由四周向中心顺序旋松缸盖螺栓,以防缸盖变形。拆下缸盖螺栓,用橡皮锤锤松缸盖,取下缸盖,如图 3-94 所示。

7)拆卸机油泵

拧松油底壳紧固螺栓,卸下油底壳,取下集滤器、机油泵及机油扰流板,如图 3-95 所示。

8)拆卸活塞

旋松连杆大头紧固螺母，取下螺母，取下连杆头轴承座。用锤柄轻击连杆大头螺栓，顶出活塞，将连杆大头、轴承座装在一起，如图3-96所示。

注意：将连杆按顺序摆放好，以便下一次复装。

图3-93　水泵的拆卸

图3-94　气缸盖的拆卸

图3-95　油底壳和机油泵的拆卸

图3-96　活塞拆卸

9)拆卸曲轴

取下正时齿轮、曲轴前后的油封端盖，旋松并取下曲轴主轴承盖，抬出曲轴，取出上轴瓦止推轴承，如图3-97所示。

注意：不要跌落轴瓦，将轴承盖按顺序摆放好。

图 3 - 97　曲轴的拆卸

2. 活塞连杆组的拆卸

(1)用活塞环拆卸专业工具依次拆下活塞环，如图 3 - 98 所示。

(2)用尖嘴钳取出活塞销卡簧，用拇指压出活塞销，或用专用冲头将其冲出，如图 3 - 99 所示。

(3)取出连杆轴承。

(4)按相反顺序复装活塞连杆组。

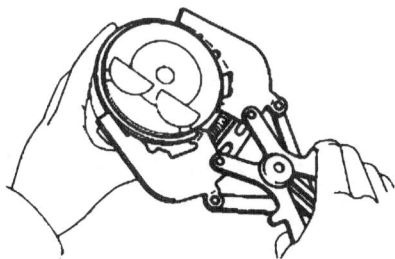

图 3 - 98　拆卸活塞环

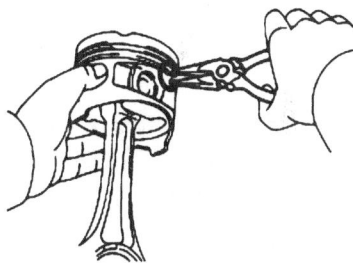

图 3 - 99　拆卸卡簧

注意：

(1)对活塞做标记时，应从发动机前端向后打上气缸号，并打上指向发动机前端的箭头。

(2)拆卸连杆和连杆轴承盖时，应打上所属气缸号。安装连杆时，浇铸的标记须朝 V 形带轮方向(发动机前方)。

(3)安装活塞环时，应使活塞环开口错开 120°，有"TOP"记号的一面须朝活塞顶部。

3. 曲轴飞轮组的拆卸

(1)按对角顺序旋松飞轮固定螺栓，取下螺栓，用手锤沿四周轻轻敲击飞轮，待松动后取下飞轮。

(2)拧松并取下曲轴油封端盖紧固螺栓，用手锤轻轻敲击油封端盖，待松动后取下油封端盖，如图 3 - 100 所示。

(3)拆卸主轴承盖及止推轴承，抬出曲轴。

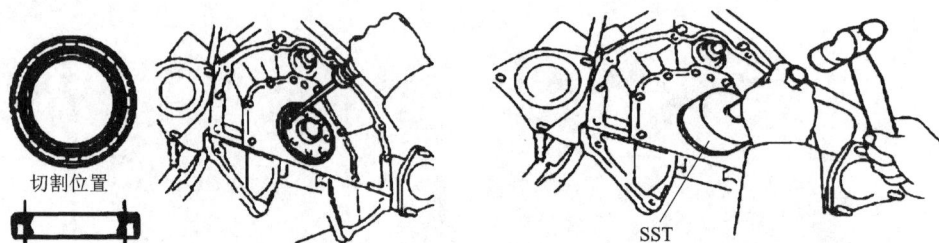

切割位置

SST

图 3 – 100　油封的拆卸和安装

(4)安装时按相反顺序逐步进行。

注意：在新油封唇部涂润滑脂，然后用专用油封安装工具和锤子敲入油封，直至其端面与油封边缘齐平。

4. 曲轴飞轮组的安装

(1)将飞轮安装于曲轴后端轴凸缘盘上，安装时注意原定位标记，然后紧固螺母。螺母紧固时应对角交叉进行，并按扭紧力矩拧紧。

(2)在曲轴主轴承座上安装并定位好轴承(轴承上油孔应与座上油道孔对准，然后在轴瓦表面涂上一层薄机油)。

(3)将曲轴安装在主轴承座内，将不带油槽的主轴承装入主轴承盖，把各道主轴承盖按原位装在各道主轴颈上，并按规定拧紧力矩，依次拧紧主轴承螺栓。螺栓不得一次拧紧，须经 2 ~ 3 次完成。拧紧顺序应按从中到外交叉进行。拧紧后转动曲轴，以便安装活塞连杆组。

(4)将曲轴前端正时齿轮、挡油片等装上。

5. 活塞连杆组的安装

(1)将活塞销和连杆小头孔内(已装好铜套)涂上一层薄机油，然后将活塞放入 90 ℃ 以上热水内加热，取出活塞，迅速用专用工具将销压入销座和连杆小头孔内，使连杆活塞连接。如果有活塞销卡环，用尖嘴钳将其装上(安装时应注意活塞与连杆的安装标记)。

(2)用活塞环装卸钳依次装上活塞油环和各道密封环，安装时注意扭曲环方向不可装反(环的内圆边缘开槽其槽口应向上，一般装第一道环；外圆边缘开槽其槽口应向下，一般装第二、三道环槽)。

(3)将各道环端隙按一定角度钳开(三道气环按 120° 钳开，第一道环的端隙应避开活塞销座及侧压力较大一侧)。用活塞环箍将活塞环箍紧，用木锤手柄轻敲活塞顶部，使其进入气缸，推至连杆大端与曲轴连杆轴颈连接。装上连杆盖，按规定扭矩拧紧连杆螺栓螺母。

6. 气缸体曲轴箱组安装

(1)放倒发动机，装上油底壳衬垫及油底壳。拧紧油底壳螺栓时应由中间向两端交叉进行。

(2)竖直发动机，安装气缸垫和气缸盖。缸盖螺栓应由中间向两端交叉均匀分 2 ~ 3 次拧至规定力矩。

(3)安装凸轮轴及摇臂机构，安装气缸盖罩等。

(4)将所拆其他非曲柄连杆机构部件安装到发动机上。

(5)检查有无遗漏未装部件，检查整理好工具。

项目实施二　曲柄连杆机构的检验和调整

(一)项目实施目的及要求

(1)会进行缸体和缸盖的检查,曲轴磨损、变形和裂纹的检验,飞轮的检验及维修方法。
(2)懂得各间隙的检查和维修方法。
(3)具备确定发动机修理级别的能力。
(4)会进行连杆的检验与校正。

(二)项目实施设备及工量具

(1)设备。完整的汽车发动机若干台。
(2)量具。常用工具和专用工具各若干套;刀形尺或直尺若干把,塞尺若干把,V形铁,百分表及表架,连杆检测仪,平台。

(三)项目实施内容

(1)缸体和缸盖的检查与维修。
(2)气缸磨损的检查。
(3)活塞环的检查。
(4)连杆扭曲量和弯曲量的检查与校正。
(5)曲轴弯曲量、磨损量、轴向间隙及径向间隙的检查。

(五)项目实施步骤

Ⅰ.按实验三中的步骤拆卸曲柄连杆机构
Ⅱ.气缸盖和缸体的检修
1.气缸盖和缸体变形的检修
1)气缸体与气缸盖裂纹的检修
气缸体裂纹的检查一般采用水压实验法。实验时,应用专用的盖板封住气缸体水道口,用水压机将水压入缸体水道中,要求在0.3～0.4 MPa的压力下保持约5 min,应没有任何渗漏现象。

当镶换气缸套(干式)时,应在镶好气缸套后再进行一次水压试验。气缸体在焊接修理后也应进行水压试验。

气缸体裂纹的修理方法有黏结法、焊接法等几种。在修理中,应根据裂纹的大小、裂纹的部位、损伤的程度以及技术能力、设备条件等情况灵活而适当地选择。气缸盖出现裂纹一般应予以更换。

2)气缸体与气缸盖变形的检修
气缸体与气缸盖平面发生变形可测量其平面度误差。测量时用等于或略大于被测平面全长的刀形样板尺或直尺,沿气缸体或气缸盖平面的纵向、横向和对角线方向多处进行测量,然后用厚薄规测量其与平面间的间隙,最大间隙即该平面的平面度误差,如图3-101所示。

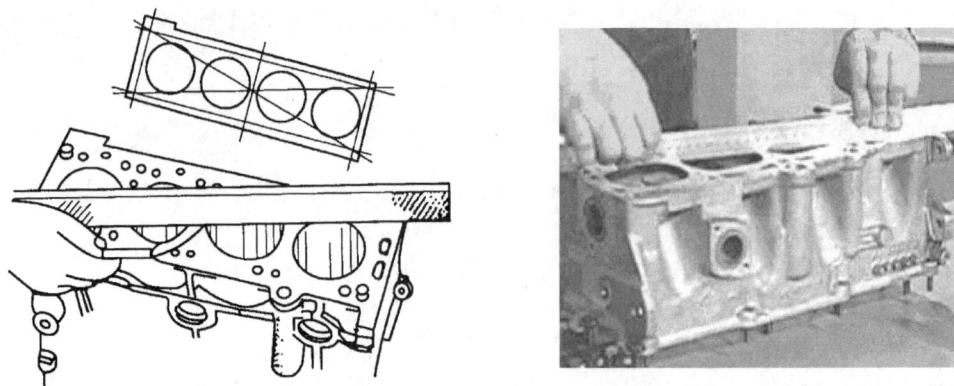

图 3 – 101   气缸体与气缸盖平面度检测

气缸体与气缸盖接合平面的平面度要求如下：铝合金气缸体一般为 0.25 mm，铸铁气缸体一般为 0.10 mm。缸盖一般不能超过 0.05 mm，否则应进行修理或更换。

对铝合金缸盖的变形多用压力校正法修理：将缸盖放置在平台上，用压力机在其凸起部分逐渐加压，同时用喷灯在变形处加热至 300 ~ 400 ℃，待缸盖平面与平台贴合后保持压力直到冷却。

对铸铁气缸盖的变形一般采用磨削或铣削方法进行修理。但切削量不能过大，一般不允许超过 0.5 mm，否则将改变发动机压缩比。

2. 燃烧室容积的测量

用煤油与机油的混合液测量燃烧室容积。测量燃烧室容积所用的液体要按规定的比例进行配制。一般是 80% 的煤油、20% 的机油，如图 3 – 102 所示。

Ⅲ. 气缸磨损（圆度、圆柱度）的检查

气缸磨损检验的工艺流程。

1. 安装量缸表

（1）根据气缸直径的尺寸，选择合适的接杆装入量

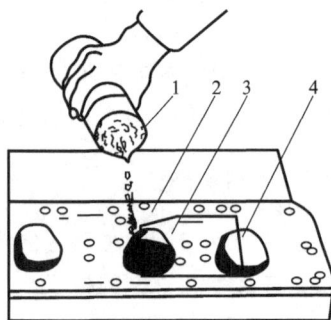

图 3 – 102   检查燃烧室容积

1—量杯；2—气缸盖；

3—玻璃板；4—燃烧室

缸表的下端。接杆装好后，与活动伸缩杆的总长度应与被测气缸尺寸相适。

（2）校正量缸表的尺寸。将外径千分尺校准到被测气缸的标准尺寸，再将量缸表校准到外径千分尺的尺寸，并使伸缩杆有 2 mm 的压缩行程，旋转表盘使表针对准零位。

2. 测量

（1）将量缸表的测杆伸到气缸的上部，根据气缸磨损规律，测量第一道活塞环在上止点位置时所对应的气缸壁厚，如图 3 – 103 所示。

（2）量缸表下移，测量气缸中部和下部的磨损。气缸中部为上、下止点中间的位置，气缸下部为距离气缸下边缘 10 ~ 20 mm 处。

3. 确定最大磨损气缸

各气缸的圆度和圆柱度进行比较，以最大的圆度或圆柱度作为最大磨损气缸，并以此缸

为确定发动机气缸修理尺寸的依据。

气缸圆度公差：汽油机为 0.05 mm，柴油机为 0.065 mm。气缸圆柱度公差：汽油机为 0.20 mm，柴油机为 0.25 mm。如超出此范围，则应进行镗缸修理。

4. 确定发动机气缸修理尺寸

以最大磨损气缸尺寸为依据来确定发动机气缸的修理尺寸。

5. 气缸的修理

当气缸磨损后，可以用修理尺寸法修复，可以对气缸进行镗削或磨削修理。

Ⅳ. 活塞环的检查

活塞环检查的项目有"三隙"，检查"漏光度"和"弹力"。

1. 活塞环"三隙"的检查

(1) 活塞环侧隙是指活塞环与环槽的间隙，用塞尺检查活塞环侧隙，如图 3-104 所示。新活塞环侧隙应为 0.02~0.05 mm，磨损极限值为 0.15 mm。

(2) 活塞环背隙是指活塞环内圆柱面与活塞环槽底部的间隙。为测量方便，通常是将活塞环装入活塞环槽内，以环槽深度与活塞环径向厚度的差值来衡量。测量时，将环落入环槽底，再用深度游标卡尺测出环外圆柱面沉入环岸的数值，该数值一般为 0.10~0.35 mm，如图 3-105 所示。

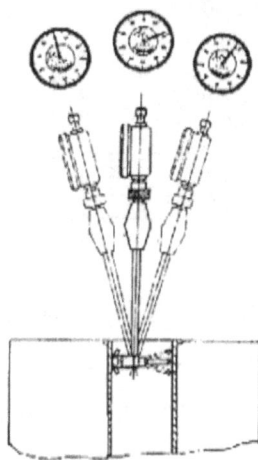

图 3-103　气缸磨损的检验

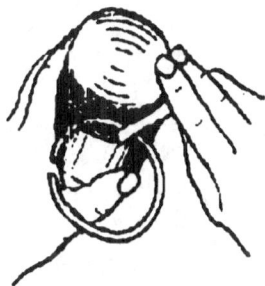

图 3-104　侧隙的检查

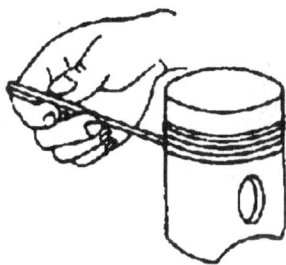

图 3-105　背隙的检查

(3) 活塞环端隙是指将活塞压入气缸后活塞开口的间隙。测量时，将活塞环垂直压进气缸约 15 mm 处，用塞尺检查活塞环端隙，如图 3-106 所示。

2. 漏光度检查

如图 3-107 所示，要求活塞环局部漏光每处不大于 25°；最大漏光缝隙不大于 0.03 mm；每环漏光处不超过 2 个，每环总漏光度不大于 45°；在活塞环开口处 30°范围内不允许有漏光现象。

3. 活塞环弹力检查

使用活塞环弹力检验仪进行检测。检测到的弹力必须与规定的弹力相符。如奥迪轿车发动机第一道气环弹力为 8.5~12.8 N，第二道气环弹力为 7.5~11.3 N，油环弹力为 35~52.5 N。

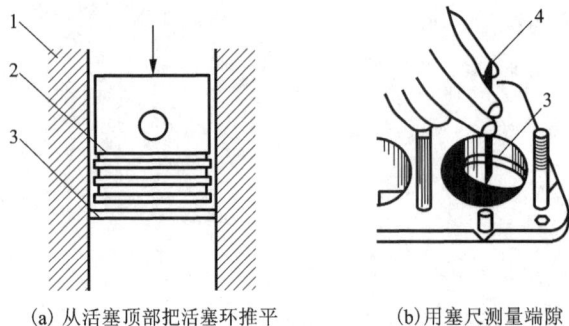

(a) 从活塞顶部把活塞环推平　　(b)用塞尺测量端隙

图 3 – 106　端隙的检查

1—气缸；2—活塞；3—活塞环；4—塞尺

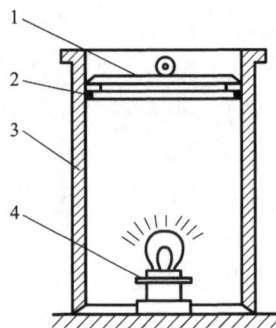

图 3 – 107　活塞环漏光度的检查

1—盖板；2—活塞环；3—气缸；4—灯光

V．曲轴的检查

曲轴主要有裂纹的检查、变形的检查和磨损的检查。

1. 裂纹的检查

曲轴清洗后，首先应检查有无裂纹。检查方法有两种：一种是磁力探伤法；另一种是浸油敲击法，即将曲轴置于煤油中浸一会儿，取出后擦净表面并撒上白粉，然后分段用小锤轻轻敲击。如有明湿的油迹出现，则该处有裂纹。

2. 变形的检查

曲轴弯曲变形的检查应以两端主轴颈的公共轴线为基准，检查中间主轴颈的径向圆跳动误差，如图 3 – 108 所示。检查时，将曲轴两端主轴颈分别放置在检验平板的 V 形块上，将百分表触头垂直地抵在中间主轴颈上，慢慢转动曲轴一圈，百分表指针所示的最大摆差即为中间主轴颈的径向圆跳动误差值。该值若大于 0.15 mm，应予以校正；低于 0.15 mm，可结合磨削主轴颈时进行修正。

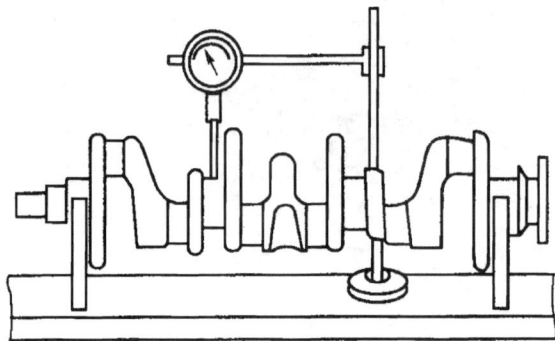

图 3 – 108　曲轴弯曲变形的检测

曲轴扭曲变形的检查可在曲轴磨床上进行，也可将曲轴两端同平面内的连杆轴颈转到水平位置，用百分表分别测量这两个连杆轴颈的高度。在同一方位上，两个连杆轴颈的高度差即为曲轴扭曲变形量。

3. 磨损的检测

首先检视轴颈有无磨痕，然后利用外径千分尺测量曲轴各轴颈的直径，从而完成圆度和圆柱度的测量。在同一轴颈的同一横截面内的圆周进行多点测量，取其最大直径与最小直径差的一半，即为该轴颈的圆度误差。在同一轴颈的全长范围内，轴向移动千分尺，测其不同截面的最大值与最小值,其差值之半,即为该轴颈的圆柱度误差。曲轴主轴颈和连杆轴颈的圆度、圆柱度误差不得大于 0.025 mm,超过该值,应按修理尺寸对轴颈进行磨削修理。

4. 曲轴轴向间隙的检测。

将曲轴撬向一端,用塞尺检查第三道主轴承的轴向间隙(配合间隙),新的轴承轴向间隙为 0.07 ~ 0.17 mm,磨损极限值为 0.25 mm。轴向间隙超过极限值时,应更换第三道主轴承两侧的半圆止推环,如图 3 - 109 所示。

5. 曲轴径向间隙的检测

已装好的发动机可用塑料间隙测量片检查径向间隙。

(1)拆下曲轴轴承盖,清洁曲轴轴承和曲轴轴颈。

(2)将塑料间隙测量片放在轴颈或轴承上,如图 3 - 110 所示。

图 3 - 109　曲轴轴向间隙的检测

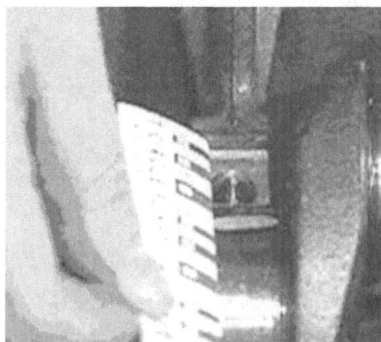

图 3 - 110　曲轴径向间隙的检测

(3)装上曲轴主轴承盖,并用 65 N·m 力矩紧固,不得使曲轴转动。

(4)拆下曲轴主轴承盖,测量挤压过的塑料间隙测量片的厚度,如图 3 - 110 所示。新轴承径向间隙应为 0.03 ~ 0.08 mm,磨损极限值为 0.17 mm。超过磨损极限时,应对相应轴承进行更换。

VI. 飞轮检验

(1)检查飞轮的齿圈的磨损情况,当磨损程度超过规定要更换齿圈。

(2)检查飞轮的离合器工作面,当平面度超过 0.2 mm 时,需要进行磨平修理,但飞轮的减薄量不能超过原厂的规定。

(3)飞轮不能有裂纹。

VII. 连杆检验

(1)用连杆校验仪检查连杆的弯、扭变形情况。

(2)当连杆的弯曲度及扭曲度在 100 mm 长度上大于 0.03 mm 时,应进行校正。

(3)校正用连杆校正仪进行,校正过程要注意弹性后效。校正之后要再次进行检验,以确认校正的效果。

项目小结

1. 曲柄连杆机构由机体组、活塞连杆组和曲轴飞轮组 3 部分组成,工作时要承受高温、高压、高速和化学腐蚀作用。

2. 现代汽车发动机机体组主要由机体、气缸盖、气缸盖罩、气缸衬垫、主轴承盖以及油底壳等组成,本项目重点学习了气缸磨损和气缸盖的检修。

3. 活塞连杆组是由活塞、活塞环、活塞销、连杆等机件组成。活塞由顶部、头部和裙部等 3 部分构成;活塞环是具有弹性的开口环,有气环和油环之分;连杆组件包括连杆、连杆轴承盖、连杆轴承、连杆螺栓等。本项目系统学习了各零件的选配、检修要求及装配要点。

4. 曲轴飞轮组由曲轴、飞轮、扭转减振器、曲轴主轴承、曲轴皮带轮、正时链轮(或齿轮)等组成,曲轴的维修主要包括轴颈磨损、弯扭曲变形、裂纹、轴向间隙和径向间隙等内容。飞轮常见的损伤形式主要是齿圈磨损、打坏、松动、端面打毛;飞轮与离合器摩擦片接触的工作面磨损、起槽、刮痕等。视其情况进行维修。

5. 通过项目考核活动,掌握曲柄连杆机构各组成零件的装配要点、操作步骤、检测和调整方法。

思考与练习

1. 曲柄连杆机构受力情况对发动机有什么影响?

2. 气缸的磨损规律是怎样? 怎样测量气缸?

3. 气缸盖螺栓拆装的原则是什么?

4. 活塞环在安装时有哪些要点?

5. 曲轴检修的内容有哪些? 如何检测?

配气机构的构造与维修

学习目标

1. 描述配气机构的功用、组成及各零件的结构特点。
2. 熟悉配气机构各零件的检验与维修。
3. 学会配气机构的正确拆装。
4. 掌握气门间隙的检查与调整。

案例引入

一辆帕萨特 B5 轿车，行驶中突然熄火，驾驶员再启动发动机，发动机有着火迹象，但不着火，再启动一会儿，发动机一点着火的迹象都没有了，经维修业务接待员初步确诊，可能是配气机构引起的故障，现需对配气机构进行检修。

项目描述

本项目主要介绍汽车发动机配气机构各组成零件的功用、结构特点、检测项目和检修方法，分析配气相位对进、排气的影响，并对配气机构各组成零件进行拆装与调整。

项目内容

任务一　配气机构的类型与工作原理

目前，四冲程汽车发动机都采用气门式配气机构。其功用是按照发动机的工作顺序和工作循环的要求，定时开启和关闭各缸的进、排气门，使新气进入气缸，废气从气缸排出。

进入气缸内的新鲜气体数量或称进气量对发动机性能的影响很大。进气量越多，发动机的有效功率和转矩越大。因此，配气机构首先要保证进气充分，进气量尽可能地多；同时，废气要排除干净，因为气缸内残留的废气越多，进气量将会越少。

充气效率 η_v：是指在进气行程中，实际进入气缸内的新鲜空气或可燃混合气的质量与在理想状态下充满气缸工作容积的新鲜空气或可燃混合气的质量之比。

$$\eta_v = M/M_0$$

式中：M——进气过程中，实际进入气缸的新气的质量；

M_0——在理想状态下，充满气缸工作容积的新气质量。

充气效率作用：衡量发动机换气质量的参数。充气效率越高，发动机的功率越大。

充气效率的决定因素：进气终了时气缸内的压力和温度。压力越高，η_v 越高；温度越低，η_v 越高。充气效率值：$0.80 \sim 0.90$。提高 η_v 的方法：要求配气机构有利于减小进气和排气的阻力，进、排气门的开启时刻和持续开启的时间要适当，使吸气充分、排气彻底。

发动机配气机构基本可分成两部分：气门组和气门传动组，如图 4-1 所示。

气门组用来封闭进、排气道，主要零件包括气门、气门座、气门弹簧、气门导管等。气门组的组成与配气机构的形式基本无关，但结构大致相同。

气门传动组是从正时齿轮开始至推动气门动作的所有零件，作用是使气门定时开启和关闭，它的组成视配气机构的形式不同而异，主要零件包括正时齿轮（正时链轮和链条或正时皮带轮和皮带）、凸轮轴、挺柱、推杆、摇臂轴和摇臂等。

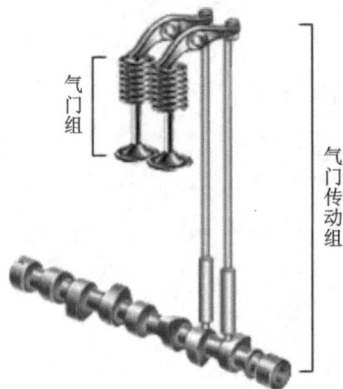

图 4-1　配气机构的组成

一、配气机构的分类和工作原理

1. 配气机构的分类

发动机配气机构形式多种多样，其主要区别是气门布置形式和数量、凸轮轴布置形式和驱动方式。

1）按气门布置形式分

可分为侧置气门［如图 4-2(a)所示］和顶置气门［如图 4-2(b)所示］，侧置气门的压缩比受到限制，进排气门阻力较大，发动机的动力性和高速性均较差，已被淘汰。目前国产汽车发动机都采用气门顶置式配气机构。以下配气机构如果不特别说明，都为顶置气门式。

2）按凸轮轴位置分

可分为下置式配气机构、中置式配气机构、上置式配气机构，如图 4-3 所示。

(a)　　　(b)

图 4-2　气门布置形式

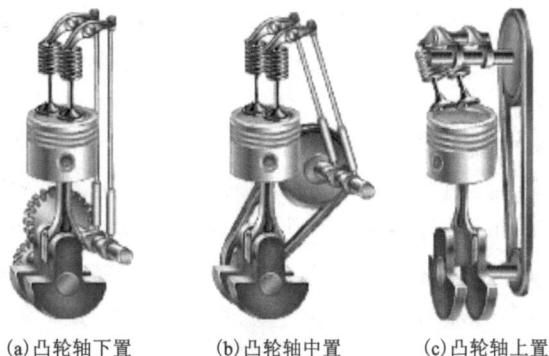

(a)凸轮轴下置　(b)凸轮轴中置　(c)凸轮轴上置

图 4-3　凸轮轴布置形式

（1）下置式配气机构。凸轮轴置于曲轴箱内的配气机构为凸轮轴下置式配气机构。其中气门组零件包括气门、气门座圈、气门导管、气门弹簧、气门弹簧座和气门锁夹等；气门传动组零件则包括凸轮轴、挺柱、推杆、摇臂、摇臂轴、摇臂轴座和气门间隙调整螺钉等。

下置凸轮轴由曲轴定时齿轮驱动。发动机工作时，曲轴通过定时齿轮驱动凸轮轴旋转。当凸轮的上升段顶起挺柱时，经推杆和气门间隙调整螺钉推动摇臂绕摇臂轴摆动，压缩气门弹簧使气门开启。当凸轮的下降段与挺柱接触时，气门在气门弹簧力的作用下逐渐关闭。

四冲程发动机每完成一个工作循环，每个气缸进、排气一次。这时曲轴转两周，而凸轮轴只旋转一周，所以曲轴与凸轮轴的转速比或传动比为2:1。

（2）凸轮轴中置式配气机构。凸轮轴置于机体上部的配气机构被称为凸轮轴中置式配气机构。它与凸轮轴下置式配气机构的组成相比减少了推杆，从而减轻了配气机构的往复运动质量，增大了机构的刚度，更适用于较高转速的发动机。

有些凸轮轴中置式配气机构的组成与凸轮轴下置式配气机构没有什么区别，只是推杆较短而已，如YC6105Q、6110A、依维柯8210.22S和福特2.5ID等发动机都是这种机构。

（3）凸轮轴上置式配气机构。凸轮轴置于气缸盖上的配气机构为凸轮轴上置式配气机构（OHC），如图4－4所示。其主要优点是运动件少，传动链短，整个机构的刚度大，适合于高速发动机。由于气门排列和气门驱动形式的不同，凸轮轴上置式配气机构有多种多样的结构形式。

3）按气门驱动形式分

可分为摇臂驱动、摆臂驱动和直接驱动三种类型。

（1）摇臂驱动、单凸轮轴上置式配气机构。凸轮轴推动液力挺柱，液力挺柱推动摇臂，摇臂再驱动气门；或凸轮轴直接驱动摇臂，摇臂驱动气门，如图4－5所示。

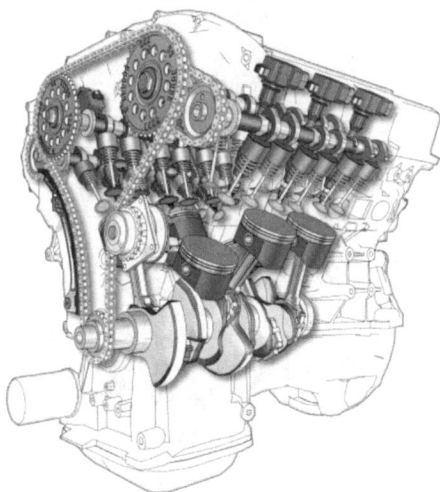

图4－4　上置式凸轮轴

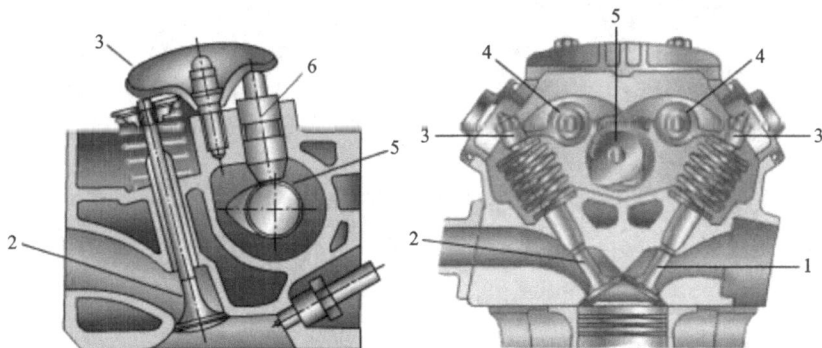

图4－5　摇臂驱动、单凸轮轴上置式配气机构

1—进气门；2—排气门；3—摇臂；4—摇臂轴；5—凸轮轴；6—液力挺柱

（2）摆臂驱动、凸轮轴上置式配气机构，如图 4 - 6 所示。

由于摆臂驱动气门的配气机构比摇臂驱动式刚度更好，更有利于高速发动机运行，因此在轿车发动机上的应用比较广泛。如 CA488 - 3、SH680Q、克莱斯勒 A452、奔驰 QM615、奔驰 M115 等发动机均为单上置凸轮轴（SOHC）摆臂驱动式配气机构；而本田 B20A、尼桑 VH45DE、三菱 3G81、富士 EJ20 等发动机都是双上置凸轮轴（DOHC）摆臂驱动式配气机构。

（3）直接驱动、凸轮轴上置式配气机构，如图 4 - 7 所示。

在这种形式的配气机构中，凸轮通过吊杯形机械挺柱驱动气门；或通过吊杯形液力挺柱驱动气门。与上述各种形式的配气机构相比，直接驱动式配气机构的刚度最大，驱动气门的能量损失最小。因此，在高度强化的轿车发动机上得到广泛的应用。如奥迪、捷达、桑塔纳、马自达 6、欧宝 V6、奔驰 320E，还有依维柯 8140.01、8140.21 等均为直接驱动式配气机构。

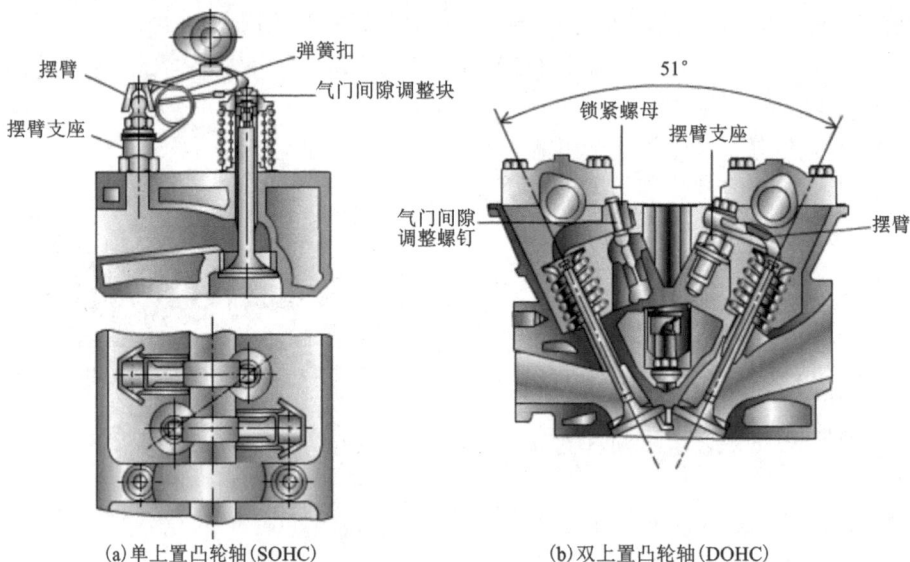

(a)单上置凸轮轴（SOHC）　　　　(b)双上置凸轮轴（DOHC）

图 4 - 6　摆臂驱动、凸轮轴上置式配气机构

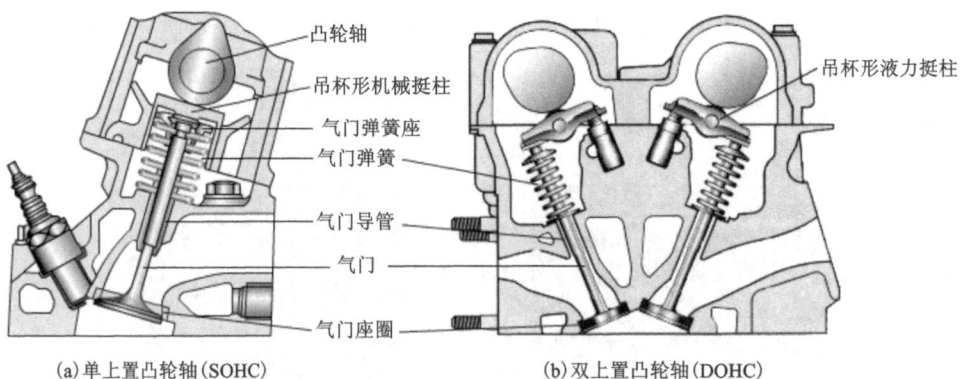

(a)单上置凸轮轴（SOHC）　　　　(b)双上置凸轮轴（DOHC）

图 4 - 7　直接驱动、凸轮轴上置式配气机构

4)按每缸气门数目分

可分为每缸两气门和每缸多气门结构配气机构。一般发动机都采用每缸两气门，即一个进气门和一个排气门的结构。为了进一步提高气缸的换气性能，许多中、高级新型轿车的发动机上普遍采用每缸多气门结构，如三气门、四气门、五气门等，其中以四气门为多见，图4-8所示为发动机每缸多气门结构。

气门数目的增加，使发动机的进、排气通道的断面面积大大增加，提高充气效率，改善了发动机的动力性能。

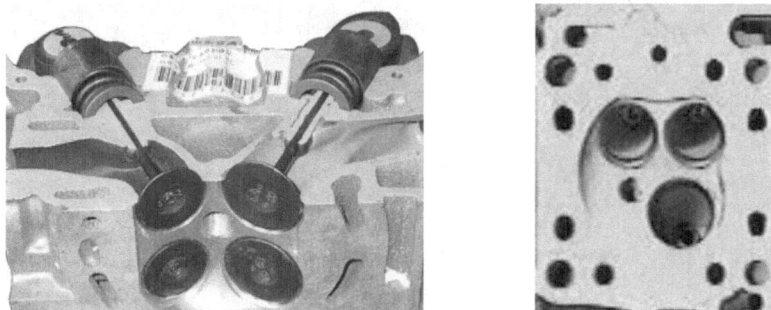

图4-8　多气门配气机构

5)按凸轮轴的传动方式分

可分为齿轮传动、链条传动、齿形带传动，如图4-9所示。

(a)齿轮传动　　　　　　(b)链条传动　　　　　　(c)齿形带传动

图4-9　多气门配气机构

(1)齿轮传动：凸轮轴下置、中置式配气机构大多数采用圆柱正时齿轮传动。

(2)配链传动：工作可靠性和耐久性不如齿轮传动。

(3)同步带传动：减小噪声、减小结构质量、降低成本。

2.配气机构工作原理

(1)气门打开。由曲轴通过正时齿轮驱动凸轮轴旋转，使凸轮轴上的凸轮凸起部分通过挺柱、推杆、调整螺钉推动摇臂摆转，摇臂的另一端便向下推开气门，同时使弹簧进一步压缩。

（2）气门关闭。当凸轮凸起部分的顶点转过挺柱以后，气门在其弹簧张力的作用下，开度逐渐减小，直至最后关闭，进气或排气过程即告结束。压缩和做功行程中，气门在弹簧张力作用下严密关闭，使气缸密闭，如图 4-10 所示。

曲轴与凸轮轴的传动比为 2:1。

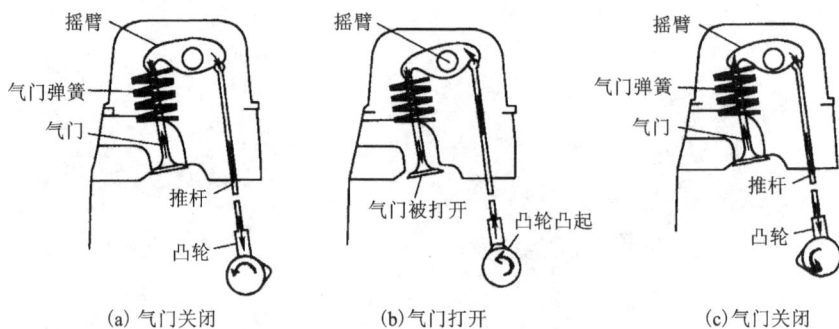

(a) 气门关闭　　　　(b) 气门打开　　　　(c) 气门关闭

图 4-10　配气机构工作过程

二、配气定时及气门间隙

配气定时（配气相位）：以曲轴转角表示的进、排气门开闭时刻及其开启的持续时间称作配气定时，如图 4-11 所示。

1. 进气门的配气相位

1）进气提前角

（1）定义。在排气冲程接近终了，活塞到达上止点之前，进气门便开始开启。从进气门开始开启到上止点所对应的曲轴转角称为进气提前角（或早开角）。进气提前角用 α 表示，α 一般为 $10°\sim30°$。

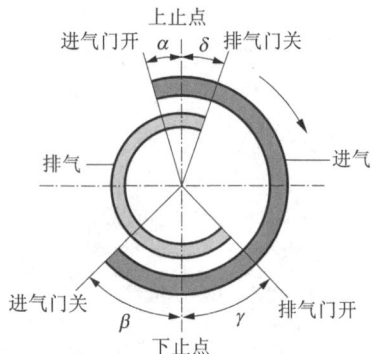

图 4-11　配气相位图

（2）目的。进气门早开，使得活塞到达上止点开始向下运动时，因进气门已有一定开度，所以可较快地获得较大的进气通道截面，减少进气阻力。

2）进气迟后角

（1）定义。在进气冲程下止点过后，活塞重又上行一段，进气门才关闭。从下止点到进气门关闭所对应的曲轴转角称为进气迟后角（或晚关角）。进气迟后角用 β 表示，β 一般为 $40°\sim80°$。

（2）目的。利用压力差继续进气；利用进气惯性继续进气。

2. 排气门的配气相位

1）排气提前角

（1）定义。在做功行程的后期，活塞到达下止点前，排气门便开始开启。从排气门开始开启到下止点所对应的曲轴转角称为排气提前角（或早开角）。排气提前角用 γ 表示，γ 一般为 40° ~ 80°。

（2）目的：

①利用气缸内的废气压力提前自由排气；

②减少排气消耗的功率；

③高温废气的早排，还可以防止发动机过热。

2）排气迟后角

（1）定义：在活塞越过上止点后排气门才关闭，从上止点到排气门关闭所对应的曲轴转角称为排气迟后角（或晚关角）。排气迟后角用 δ 表示，δ 一般为 10° ~ 30°。

（2）目的：

①利用缸内外压力差继续排气；

②利用惯性继续排气。

3. 气门叠开与气门叠开角

由于进气门早开和排气门晚关，在活塞位于排气上止点附近，出现一段进、排气门同时开启的现象，称为气门叠开。同时开启的角度，即进气门提前角 α 与排气门迟后角 δ 之和称为气门重叠角。气门叠开时气门的开度很小，且新鲜气流和废气流有各自的惯性，在短时间内不会改变流向，适当的叠开角，不会出现废气倒流进气道和新鲜气体随废气排出的现象。相反，进入气缸内部的新鲜气体可增加气缸内的气体压力，有利于废气的排出。

4. 气门间隙

（1）定义。气门在完全关闭时，气门杆尾端与气门传动组零件之间的间隙，如图 4 - 12 所示。

（2）必要性。发动机工作时，气门将因温度升高而膨胀，如果气门及其传动件之间，在冷态时无间隙或间隙过小，则在热态时，气门及其传动件的受热膨胀势必引起气门关闭不严，造成发动机在压缩和做功行程中漏气，而使功率下降，严重时甚至不易启动。

通常在发动机冷态装配时留有气门间隙，以补偿气门受热后的膨胀量。有的发动机采用液力挺柱，挺柱的长度能自动变化，随时补偿气门的热膨胀量，故不需要预留气门间隙。

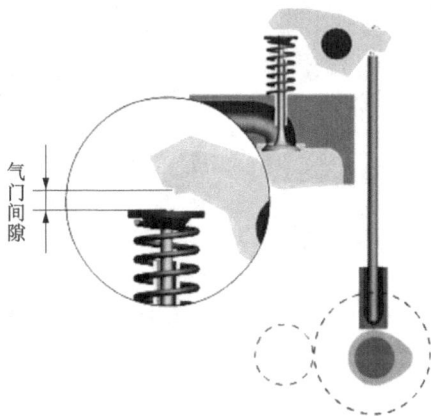

图 4 - 12 气门间隙图

（3）气门间隙过大和过小的危害。气门间隙的大小由发动机制造厂根据试验确定。一般在冷态时，进气门的间隙为 0.25 ~ 0.35 mm，排气门的间隙为 0.30 ~ 0.35 mm。

气门间隙过小：如果气门间隙过小，发动机在热态下可能因气门关闭不严而发生漏气，导致功率下降，甚至气门烧坏。

气门间隙过大：如果气门间隙过大，则使传动零件之间以及气门和气门座之间产生撞击响声，并加速磨损。同时，也会使气门开启的持续时间减少，气缸的充气以及排气情况变坏。

三、可变配气相位控制系统(VTEC)

1. 对配气相位的要求

要求配气相位随着发动机转速的变化,适当地改变进、排气门的提前或推迟开启角和迟后关闭角。

2. 可变配气相位控制系统(VTEC)机构的组成

可变配气相位控制系统 VTEC 机构的组成如图 4－13 所示。同一缸有主进气门和次进气门,主摇臂驱动主进气门,次摇臂驱动次进气门,中间摇臂在主次之间,不与任何气门直接接触。

进气摇臂总成如图 4－14 所示。与普通配气机构相比较,其主要区别是凸轮轴上的凸轮较多,且升程不等,结构复杂。

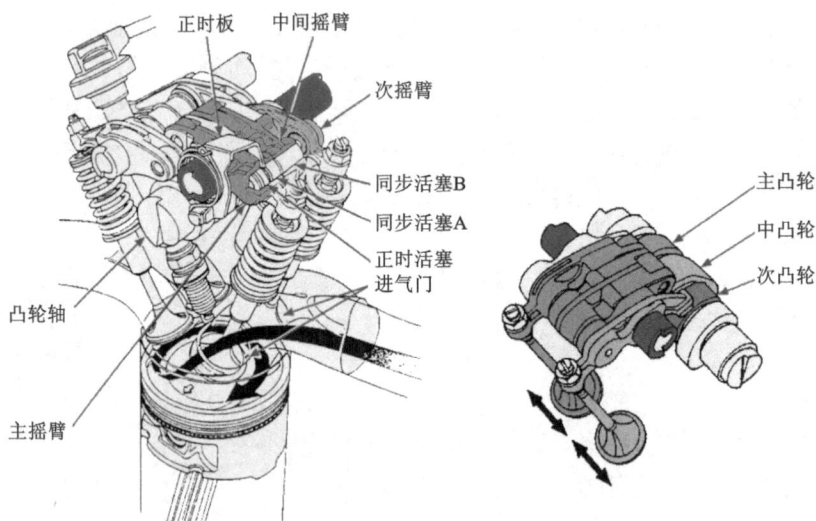

图 4－13　可变配气相位控制系统 VTEC 组成

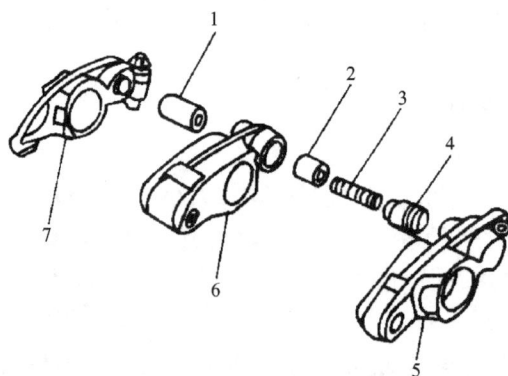

图 4－14　进气摇臂总成组成

1—同步活塞 B;2—同步活塞 A;3—弹簧;4—正时活塞;5—主摇臂;6—中间摇臂;7—次摇臂

3. 可变配气相位控制系统(VTEC)机构的工作原理

可变配气相位控制系统(VTEC)机构工作原理如图 4-15 所示，发动机低速时，电磁阀断电，油道关闭。在弹簧作用下，各活塞均回到各自孔内，三个摇臂彼此分离。此时，主凸轮通过主摇臂驱动主进气门，中间凸轮驱动中间摇臂空摆(不起作用)，次凸轮升程非常小，通过次摇臂驱动次进气门微量开闭，以防止进气门附近积聚燃油。配气机构处于单进、双排气门工作状态。发动机高速运转，且发动机转速、负荷、冷却液温度及车速均达到设定值时，电磁阀通电，油道打开。在机油作用下，同步活塞 A 和同步活塞 B 分别将主摇臂与中间摇臂、次摇臂与中间摇臂插接成一体，成为一个同步工作的组合摇臂。此时，由于中凸轮升程最大，组合摇臂由中凸轮驱动，两个进气门同步工作，进气门配气相位和升程与发动机低速时相比，气门的升程、提前开启角度和迟后关闭角度均较大。此时配气机构处于双进、双排气门工作状态。

当发动机转速下降到设定值，电脑切断电磁阀电流，正时活塞一侧油压下降，各摇臂油缸孔内的活塞在回位弹簧作用下，三个摇臂彼此分离而独立工作。

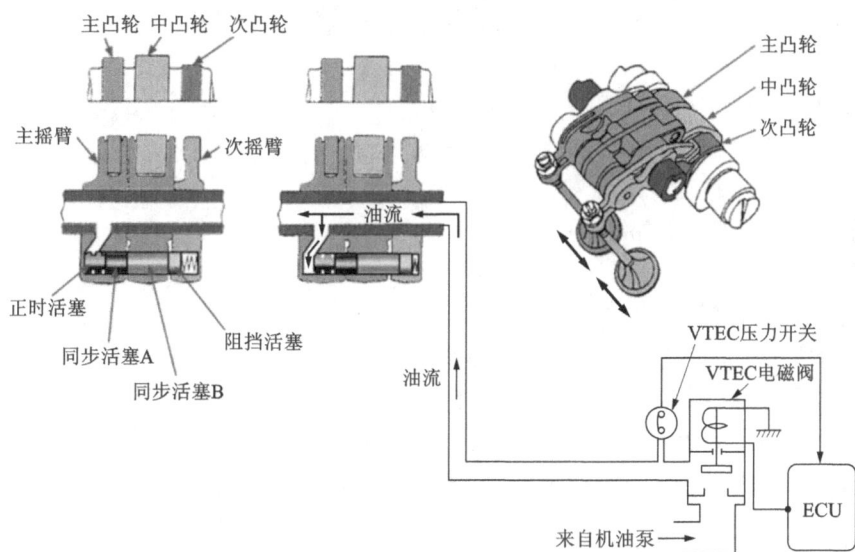

图 4-15　VTEC 工作原理

4. VTEC 系统电路

VTEC 系统电路如图 4-16 所示。发动机控制单元(ECU)根据发动机转速、负荷、冷却液温度和车速信号控制 VTEC 电磁阀。电磁阀通电后，通过压力开关给电脑提供一个反馈信号，以便监控系统工作。

5. VTEC 系统的检修

拆下 VTEC 电磁阀总成后，检查电磁阀滤清器，若滤清器有堵塞现象，应更换滤清器和发动机润滑油。电磁阀密封垫一经拆下，必须更换新件。拆开 VTEC 电磁阀，用手指检查阀的运动是否自如，若有发卡现象，应更换电磁阀。

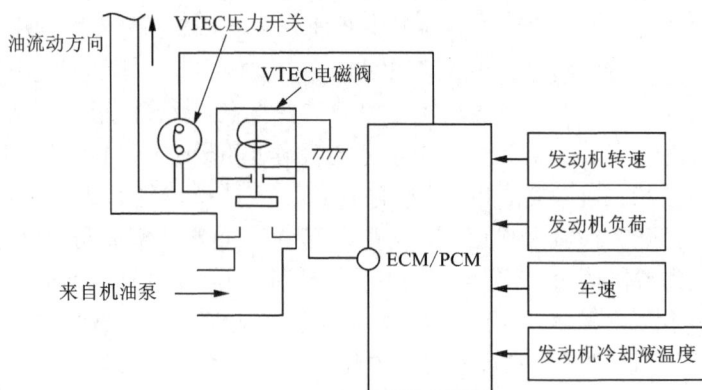

图 4 - 16　VTEC 系统电路图

任务二　气门组的构造与维修

气门组在配气机构中相当于一个阀门，作用是准时接通和切断进排气系统与气缸之间的通道。气门组一般由气门、气门导管、气门弹簧、气门弹簧座及锁片等组成，如图 4 - 17 所示。

气门组应保证气门能够实现气缸的密封，因此要求：气门头部与气门座贴合严密；气门导管与气门杆的上下运动有良好的导向；气门弹簧的两端面与气门杆的中心线相垂直，以保证气门头在气门座上不偏斜；气门弹簧的弹力足以克服气

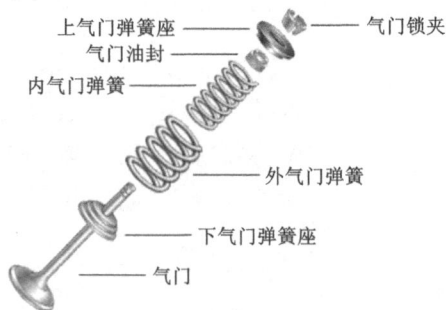

图 4 - 17　气门组的基本组成

门及其传动件的运动惯性力，使气门能迅速开闭，并保证气门紧压在气门座上。

一、气门的构造与维修

1. 气门的构造

1）气门的工作条件

气门的工作条件非常恶劣，首先，气门直接与高温燃气接触，受热严重，而散热困难，因此气门温度很高。其次，气门承受气体力和气门弹簧力的作用，以及由于配气机构运动件的惯性力使气门落座时受到冲击。第三，气门在润滑条件很差的情况下以极高的速度启闭并在气门导管内作高速往复运动。此外，气门由于与高温燃气中有腐蚀性的气体接触而受到腐蚀。

2）气门材料

进气门一般用中碳合金钢制造，如铬钢、铬钼钢和镍铬钢等。排气门则采用耐热合金钢制造，如硅铬钢、硅铬钼钢、硅铬锰钢等。

3）气门结构

汽车发动机的进、排气门均为菌形气门，由气门头部和气门杆两部分构成，如图 4 - 18

所示。气门顶面有平顶、凹顶和凸顶等形状，如图4-19所示。凸顶的刚度大，受热面积也大，用于某些排气门；平顶的结构简单、制造方便，受热面积小，应用多；凹顶也称漏斗形，其质量小、惯性小，头部与杆部有较大的过渡圆弧，使气流阻力小，以及具有较大的弹性，对气门座的适应性好(又称柔性气门)，容易获得较好的磨合，但受热面积大，易存废气，容易过热及受热易变形，所以仅用作进气门。

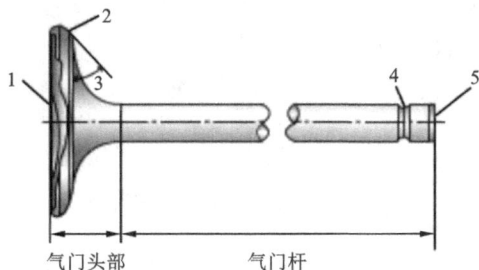

图4-18　气门结构

1—气门顶面；2—气门锥面；3—锥角；
4—气门卡簧槽；5—气门杆尾部端面

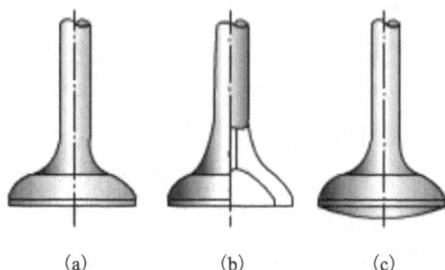

图4-19　气门顶部形状

气门密封锥面是气门头部与气门座圈接触的工作面，是与气门杆部同一中线的锥面，一般将这一锥面与气门顶部平面的夹角称为气门锥角，如图4-20所示，通常做成30°和45°。锥形工作面的作用：气门头部接受的热量一部分经气门座圈传给气缸盖；另一部分则通过气门杆和气门导管也传给气缸盖，最终都被气缸盖水套中的冷却液带走。为了增强传热，气门与气门座圈的密封锥面必须严密贴合，能提高密封性和导热性。为此，二者要配对研磨，研磨之后不能互换；气门落座时，有自定位作用；避免气流拐弯过大而降低流速；能挤掉接触面的沉淀物，起自洁作用。

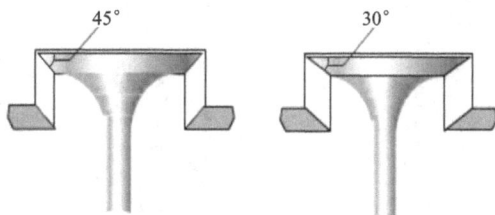

图4-20　气门锥角

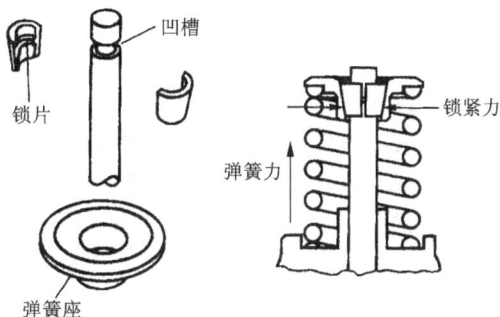

图4-21　气门弹簧座的固定方式

气门杆身与气门导管配合，为气门开启与关闭过程中的上下运动导向。气门杆身为圆柱形，发动机工作时，气门杆身在气门导管中不断上下往复运动，而且润滑条件极为恶劣。因此，要求气门杆身与气门导管有一定的配合精度和耐磨性，气门杆身表面都经过热处理和磨光，气门杆身与头部之间的过渡应尽量圆滑，不但可以减小应力集中，还可以减少气流阻力。

气门杆的尾部用以固定气门弹簧座，其结构随弹簧座的固定方式不同而异，常见的有锥形锁片式和锁销式，如图4-21所示。

在某些高度强化的发动机上采用中空气门杆的气门，旨在减轻气门质量和减小气门运动的惯性力。为了降低排气门的温度，增强排气门的散热能力，在许多汽车发动机上采用钠冷却气门，如图4-22所示。这种气门是在中空的气门杆中填入一半金属钠。因为钠的熔点是97.8℃，沸点为880℃，所以在气门工作时，钠变成液体，在气门杆内上下激烈地晃动，不断地从气门头部吸收热量并传给气门杆，再经气门导管传给气缸盖，使气门头部得到冷却。

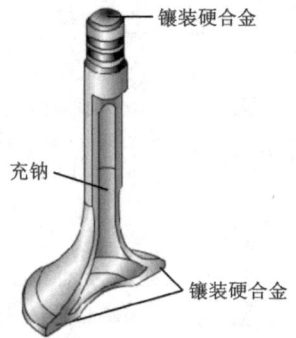

图4-22 钠冷却气门

4）每缸气门数

一般发动机每个气缸有两个气门，即一个进气门和一个排气门。进气门头部直径比排气门大15%～30%，目的是增大进气门通过断面面积，减小进气阻力，增加进气量。凡是进气门和排气门数量相同时，进气门头部直径总比排气门大。每缸两气门的发动机又称两气门发动机。现代高性能汽车发动机普遍采用每缸三、四、五个气门，其中尤以四气门发动机为数最多，如图4-23所示。

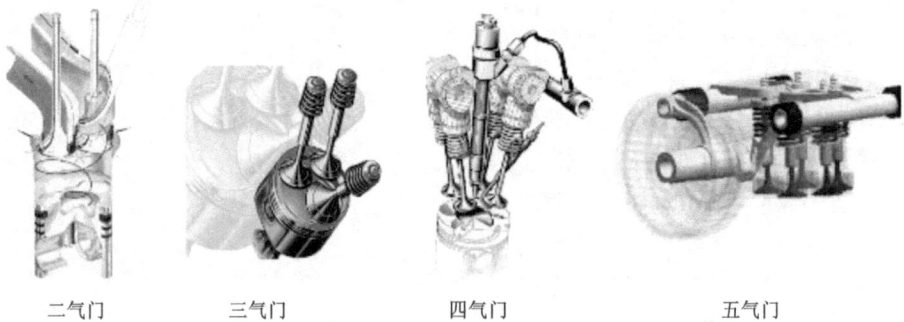

二气门　　　　　三气门　　　　　四气门　　　　　　　五气门

图4-23 气门类型

四气门发动机每缸两个进气门，两个排气门。其突出的优点是气门通过断面面积大，进、排气充分，进气量增加，发动机的转矩和功率提高。其次是每缸四个气门，每个气门的头部直径较小，每个气门的质量减轻，运动惯性力减小，有利于提高发动机转速。最后，四气门发动机多采用篷形燃烧室，火花塞布置在燃烧室中央，有利于燃烧，如图4-24所示。

5）气门油封

发动机工作时有少量机油进入气门导管与气门之间的间隙，起润滑作用。但如果机油过多，将会在气缸内造成积炭和在

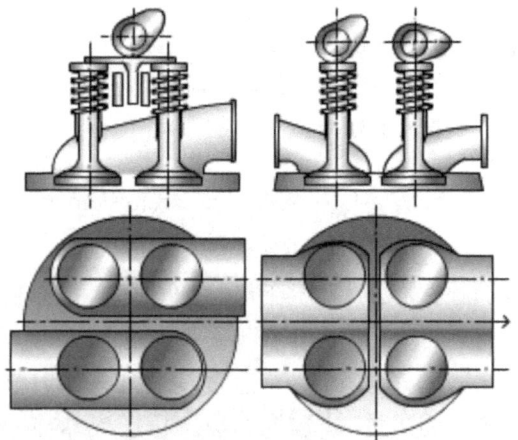

图4-24 四气门发动机

气门上产生沉积物。因此，发动机在气门杆上装有气门油封，其结构形式如图4-25所示。

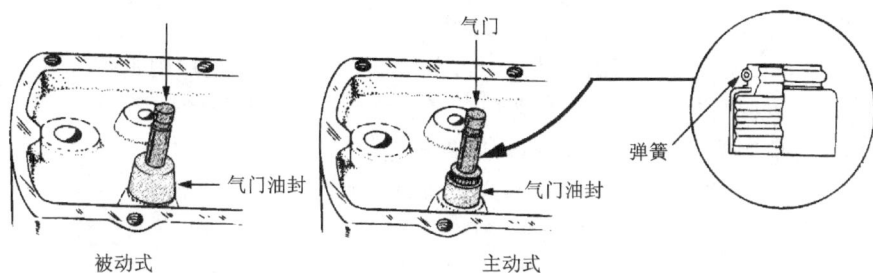

图4-25 气门油封

2. 气门的检修

气门的耗损主要有气门工作面起槽、变宽，甚至烧蚀后出现斑点和凹陷，气门杆及尾端的磨损，气门杆的弯曲变形等。

1) 气门的检测

检测气门损耗达到下列情形之一时，应予以修校或换新。

(1) 轿车气门杆磨损量 >0.05 mm，载货汽车气门杆磨损量 >0.10 mm，或有明显的台阶形磨损。

(2) 气门头圆柱面的厚度 >1.0 mm。

(3) 气门尾端的磨损量 >0.5 mm。

(4) 气门杆直线度误差大于 0.05 mm 时，应予更换或校直，校直后的直线度误差不得大于 0.02 mm，如图4-26所示。为方便气门杆直线度的检测，将气门架在检测台上，转动气门杆一圈，百分表的摆差即为直线度误差。

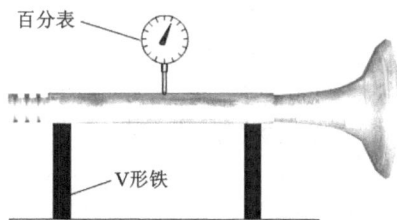

图4-26 气门直线度检测

2) 气门的修理

气门工作锥面起槽、变宽，甚至烧蚀后出现斑点和凹陷时，应在气门光磨机上进行光磨修理。气门的光磨工艺如下：

(1) 光磨前先检校气门杆使其符合要求。

(2) 将气门杆紧固在光磨机夹架上，气门头部伸出长度约 40 mm，按气门工作锥面的角度调整夹架。

(3) 查看砂轮工作面是否平整。

(4) 启动光磨机，检查确认气门夹持无偏斜时即可试磨。试磨时，先使砂轮轻轻接触气门，若磨削痕迹与工作锥面在全长接触或略偏向气门杆，则光磨机夹架的角度符合要求。

(5) 光磨进刀时，冷却液要充足，并控制好横向进给速度和纵向进刀量，直至磨损痕迹磨光为止，光磨后气门的要求如下：大端圆柱面的厚度 >1 mm，工作锥面的径向圆跳动误差 <0.01 mm，表面粗糙度 <0.25 μm，与气门杆部的同轴度误差 <0.05 mm。

二、气门座(气门座圈)的构造与维修

1. 气门座的构造

进、排气道口与气门密封锥面直接贴合的部位称为气门座。其功用是与气门头部一起对气缸起密封作用，同时接受气门头部传来的热量，起到对气门散热的作用。

气门座的温度很高，又承受频率极高的冲击载荷，容易磨损。因此，铝气缸盖和大多数铸铁气缸盖均镶嵌由合金铸铁或粉末冶金或奥氏体钢制成的气门座圈。在气缸盖上镶嵌气门座圈可以延长气缸盖的使用寿命。也有一些铸铁气缸盖不镶气门座圈，直接在气缸盖上加工出气门座，如图 4 - 27 所示。

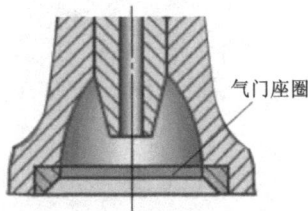

气门座圈

图 4 - 27　气门座圈

2. 气门座的检修

气门座的耗损主要是磨料磨损和由于冲击载荷造成的硬化层脱落，以及受高温气体的腐蚀，使得密封带变宽，气门与气门座关闭不严，气缸密封性降低。如果出现这些现象，一般应检修气门座。

气门座检修的技术要求是：气门座表面不得有任何损伤，气门座固定可靠；工作锥面正确，表面粗糙度 Ra 取值在 1.25 ~ 6.3 μm 之间；气门座圈工作面宽度在 1.2 ~ 2.5 mm 之间；气门下陷量符合要求。

1)气门座的镶换

如气门座有裂纹、松动、烧蚀或磨损严重；或经多次加工修理，使新气门装入后，气门头部顶平面仍低于气缸盖燃烧室平面 2 mm 以上，应镶换新的气门座，其工艺要点如下：

(1)拆卸旧气门座。注意，不要损伤气门座承孔。

(2)选择新气门座。用外径千分尺测量气门座外径，用内径量表测量气门座承孔内径，并根据气门座和缸盖承孔的材质选择合适过盈量(一般在 0.07 ~ 0.17 mm 之间)。

(3)气门座的镶换。将检查合格的新气门座进行冷却，时间不少于 10 min，同时加热气门座承孔，然后在气门座外侧涂上一层密封胶，将气门座压入承孔中。

2)气门座的铰削

其铰削工艺如下：

(1)根据气门头直径和工作锥面选择一组合适的铰刀，再根据气门直径选择刀杆。每组铰刀有 45°(或 30°)、15°和 75°三种不同角度。其中 45°(或 30°)铰刀又分为粗铰刀和精铰刀两种。

(2)检查气门导管，若未更换气门导管，应检查气门导管的磨损程度，检查方法可参见本节"气门导管的更换"。

(3)砂磨硬化层。若未更换气门座，铰削前先将砂布垫在铰刀下，磨除座口硬化层，以防止铰刀打滑和延长铰刀的使用寿命。

(4)粗铰工作面。用 45°粗铰刀绞削气门座工作面，直至消除磨损和烧蚀痕迹(对于新座圈，则要求铰削出宽度适当的工作锥面)，如图 4 - 28(a)所示。

(5)用深度游标尺检查气门下陷量。

(6)调整环带位置和宽度。密封环带应处于工作锥面中部。若偏向气门杆部，则选用 15°铰刀(斜面与刀杆中心线夹角)铰刀修整；若偏向气门头部，则选用 75°铰刀修整。若环带

过宽,用 15°和 75°两种铰刀分别铰削。

(7)用精铰刀铰削气门座工作面,降低表面粗糙度,或用细砂布包在刀刃上,将气门座工作面磨光。

3)气门与气门座的研磨

(1)将气缸盖倒置,用柴油洗净气门、气门座、气门导管,清除积炭,并在气门头端标示出顺序记号。

(2)在气门工作锥面上均匀涂抹一

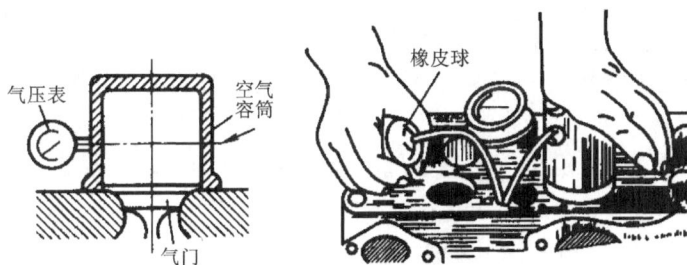

图 4 - 28 气门铰磨

(a)铰削;(b)磨削

层粗研磨膏,气门杆上涂少许机油,将气门杆插入导管内,用气门捻子吸住气门。

(3)研磨时,一边用手指搓动气门捻子的木柄,使气门单向旋转一定角度,一边将气门捻起一定高度后落下进行拍击。注意始终保持单向旋转,不断改变气门与气门座在圆周方向的相对位置。

(4)当气门磨出整齐、无斑痕和麻点的接触环带,将粗研磨膏洗去,换用细研磨膏继续研磨,直到气门工作面出现一条整齐的灰色无光的环带,洗去细研磨膏,涂上机油再研磨几分钟。也可以采用电动研磨,如图 4 - 28(b)所示。

(5)最后洗净气门、气门座、气门导管。

研磨气门时应注意:研磨时,研磨膏不宜过多,以免进入气门导管,造成气门杆与气门导管的早期磨损;在保证密封的前提下,研磨时间不宜过长,拍击力不宜过猛,以防环带过宽,出现凹陷。

4)气门密封性检验

气门和气门座经过修理后,都要进行密封性检查,其方法如图 4 - 29 所示。试验时,先将空气容筒紧密贴在气门头部周围,再压缩橡皮球,使空气容筒内具有一定压力(68.6 Pa 左右),如果在半分钟内,气压表的读数不下降,则表示气门与气门座的密封性良好。

图 4 - 29 气门密封性检查

三、气门导管的构造与维修

1. 气门导管的构造

1)气门导管的功用

对气门的运动导向,保证气门作直线往复运动,使气门与气门座或气门座圈能正确贴合。此外,还将气门杆接受的热量部分地传给气缸盖。

2)气门导管的工作条件

气门导管的工作温度较高,而且润滑条件较差,靠配气机构工作时飞溅起来的机油来润滑气门杆和气门导管孔。

3)气门导管的材料

由灰铸铁、球墨铸铁或铁基粉末冶金制造,能提高自润滑作用。在以一定的过盈将气门导管压入气缸盖上的气门导管座孔之后,再精铰气门导管孔,以保证气门导管与气门杆的正确配合间隙,气门杆与气门导管间隙一般为 0.05 ~0.12 mm。

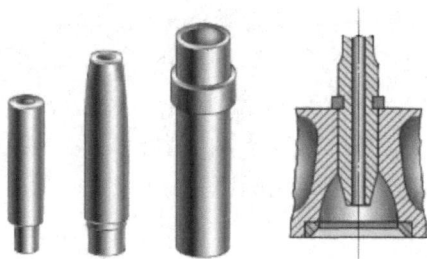

4)气门导管的结构

图 4-30 气门导管

气门导管的外形及安装位置如图 4-30 所示。它为圆柱形管,其外表面有较高的加工精度、较低的粗糙度,与缸盖(体)的配合有一定的过盈量,以保证良好地传热和防止松脱。有的发动机对气门导管用卡环定位,使气门弹簧下座将卡环压住,因此导管轴向定位可靠。

2. 气门导管的维修

1)检查气门导管与气门杆之间的配合间隙

将气缸盖倒置在工作台上,将气门顶升至高出座口约 10 mm,安装磁性百分表座,使百分表的触头触及气门头边缘,侧向推动气门头,同时观察百分表指针的摆动,其摆动量即为实测的近似间隙,如图 4-31 所示。如换上新气门,其间隙值仍超过允许值,则应更换气门导管。气门杆与气门导管的配合间隙超过限度,应予以更换。

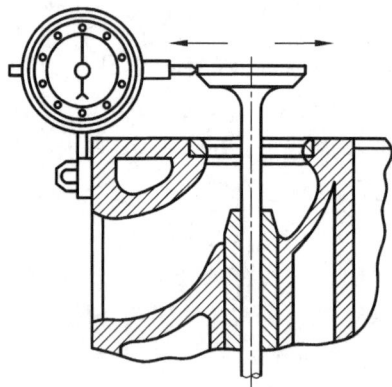

也可按经验法检查气门杆与导管的间隙,方法如下:将气门杆和气门导管擦净,在气门杆上涂一层薄机油,将气门放入气门导管中,上下拉动数次后,气门在重力作用下能徐徐下落,表示气门杆与气门导管的配合间隙适当。

图 4-31 气门导管间隙测量

2)更换气门导管

当气门导管磨损严重,会使气门杆与气门导管的配合间隙超过限度,应予以更换。其工艺要点为:

(1)用外径略小于气门导管内孔的阶梯轴铣出气门导管。

(2)选择外径尺寸符合要求的新气门导管。

(3)安装气门导管:用细砂布打磨气门导管承孔口,在承孔内壁与导管外表面上涂少许机油,并放正气门导管,按好铜质的阶梯轴,用压力机或手锤将气门导管装入承孔内。

(4)气门导管的铰削:采用成型专用气门导管铰刀铰削,进刀量不易过大,铰刀保持垂直,边铰边试,直至间隙合适为止。

四、气门弹簧的构造与维修

1. 气门弹簧的构造

1）气门弹簧的功用

保证气门关闭时能紧密地与气门座或气门座圈贴合，并克服在气门开启时配气机构产生的惯性力，使传动件始终受凸轮控制而不相互脱离，如图4－32所示。

2）气门弹簧的结构

气门弹簧一般为等螺距圆柱形螺旋弹簧。当气门弹簧的工作频率与其固有的振动频率相等或为整数倍时，气门弹簧就会发生共振。共振时将使配气定时遭到破坏，使气门发生反跳和冲击，甚至使弹簧折断。为防止共振的发生，可采取下列结构措施：

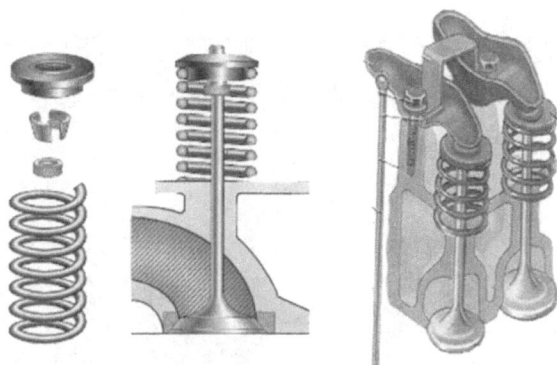

图4－32　气门弹簧

（1）采用双气门弹簧。在柴油机和高性能汽油机上广泛采用每个气门安装两个直径不同，旋向相反的内、外弹簧。由于两个弹簧的固有频率不同，当一个弹簧发生共振时，另一个弹簧能起到阻尼减振作用。采用双气门弹簧可以减小气门弹簧的高度，而且当一个弹簧折断时，另一个弹簧仍可维持气门工作。弹簧旋向相反，可以防止折断的弹簧圈卡入另一个弹簧圈内使其不能工作或损坏。

（2）采用变螺距气门弹簧。某些高性能汽油机采用变螺距单气门弹簧，如图4－33所示。变螺距弹簧的固有频率不是定值，从而可以避开共振。

（3）采用锥形气门弹簧。锥形气门弹簧的刚度和固有振动频率沿弹簧轴线方向是变化的，因此可以消除发生共振的可能性。

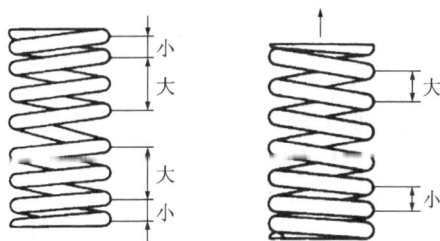

图4－33　变螺距气门弹簧

2. 气门弹簧的维修

气门弹簧出现断裂、歪斜、弹力减弱现象时应予以更换。气门弹簧的弹力在弹簧检验仪上进行。弹力小于原厂规定的10%时，应予以更换。无弹簧检验仪时，可用对比新旧弹簧的自由长度判断，自由长度差超过2 mm时应予以更换。对气门弹簧进行垂直度测量，如有歪斜，应予以更换。气门弹簧的检测如图4－34所示。

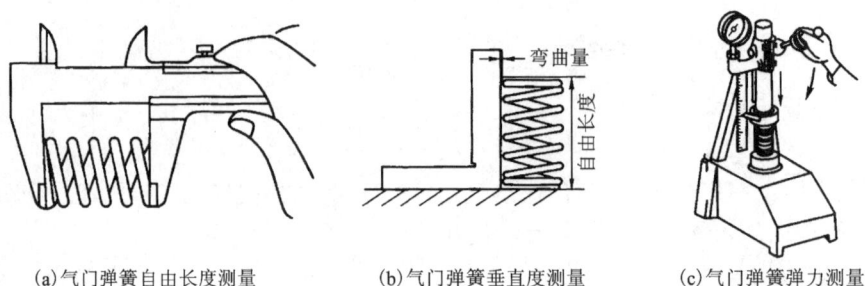

(a)气门弹簧自由长度测量　　(b)气门弹簧垂直度测量　　(c)气门弹簧弹力测量

图 4 –34　气门弹簧检测

五、气门旋转机构

当气门工作时，如能产生缓慢的旋转运动，可使气门头部周向温度分布比较均匀，从而减小气门头部的热变形。同时，气门旋转时，在密封锥面上产生轻微的摩擦力，能够清除锥面上的沉积物，如图 4 –35 所示。

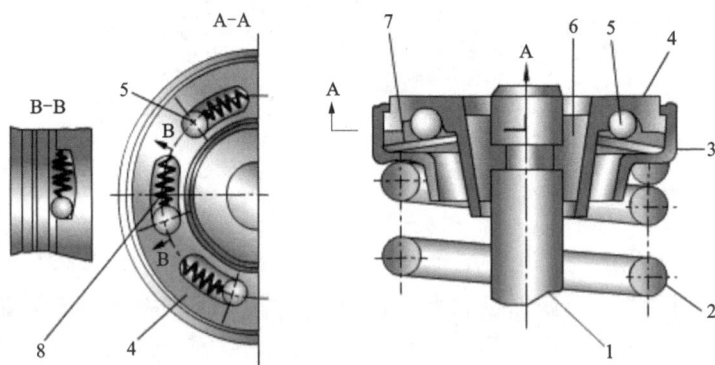

图 4 –35　气门旋转机构

1—气门；2—气门弹簧；3—气门弹簧座；4—旋转机构壳体；5—钢球；6—气门锁夹；7—碟形弹簧；8—复位弹簧

任务三　气门传动组的构造与维修

由于气门驱动形式和凸轮轴位置的不同，气门传动组的零件组成差别很大。气门传动组的作用是按规定的配气相位定时地驱动气门开闭，并保证气门有足够的开度和适当的气门间隙。气门传动组由凸轮轴和挺杆、推杆、摇臂等组成。在结构上应使进、排气门按规定的配气相位及时启闭，保证气门有足够的开度和适当的气门间隙。

一、凸轮轴的构造与维修

1. 凸轮轴的构造

1)凸轮轴的作用

驱动和控制发动机各缸气门的开启和关闭，使其符合发动机的工作顺序、配气相位及气门开度的变化规律等要求。此外，有些汽油发动机还用它来驱动汽油泵、机油泵和分电器等。它是气门驱动组件中最主要的零件。

2）凸轮轴工作条件及材料

凸轮轴承受周期性的冲击载荷。凸轮与挺柱之间的接触应力很大，相对滑动速度也很高，因此，凸轮工作表面的磨损比较严重。

3）凸轮轴构造

凸轮轴是通过凸轮轴轴颈支承在凸轮轴轴承孔内的，因此凸轮轴轴颈数目的多少是影响凸轮轴支承刚度的重要因素。如果凸轮轴刚度不足，工作时将发生弯曲变形，这会影响配气定时。下置式凸轮轴每隔 1~2 个气缸设置一个凸轮轴轴颈，如图 4-36 所示。

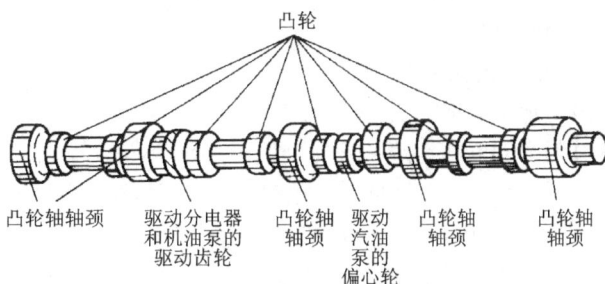

图 4-36　下置式凸轮轴

进、排气门开启和关闭的时刻、持续时间以及开闭的速度等分别由凸轮轴上的进、排气凸轮控制。转速较低的发动机，其凸轮轮廓由几段圆弧组成（如图 4-37 所示），这种凸轮称为圆弧凸轮。高转速发动机则采用函数凸轮，其轮廓由某种函数曲线构成。O 点为凸轮轴回转中心，凸轮轮廓上的 AB 段和 DE 段为缓冲段，BCD 段为工作段。挺柱在 A 点开始升起，在 E 点停止运动，凸轮转到 AB 段内某一点处，气门间隙消除，气门开始开启。此后随着凸轮继续转动，气门逐渐开大，至 C 点气门开度达到最大。然后气门逐渐关闭，在 DE 段内某一点处气门完全关闭，接着气门间隙恢复。气门最迟在 B 点开始开启，最早在 D 点完全关闭。由于气门开始开启和关闭落座时均在凸轮升程变化缓慢的缓冲段内，其运动速度较小，从而可以防止强烈的冲击。

凸轮轴上各同名凸轮（各进气凸轮或各排气凸轮）的相对角位置与凸轮轴旋转方向、发动机工作顺序及气缸数或做功间隔角有关，如

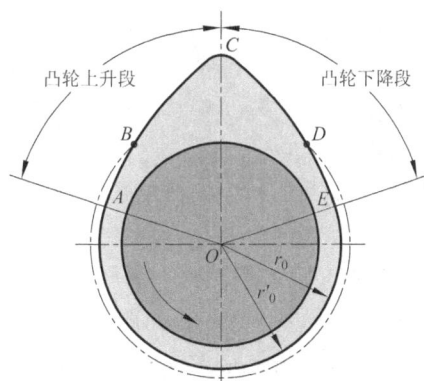

图 4-37　凸轮轴凸轮

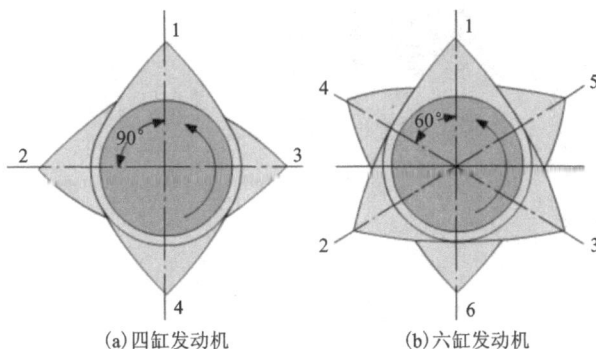

(a) 四缸发动机　　　(b) 六缸发动机

图 4-38　同名凸轮的相对角位置

图 4-38 所示。如果从发动机风扇端看凸轮轴逆时针方向旋转，则工作顺序为 1-3-4-2 的四缸发动机其做功间隔角为 720°/4=180°曲轴转角，相当于 90°凸轮轴转角，即各同名凸

轮间的夹角为90°。对于工作顺序为 1 – 5 – 3 – 6 – 2 – 4 的六缸发动机，其同名凸轮间的夹角为 60°。同一气缸的进、排气凸轮的相对角位置即异名凸轮相对角位置，决定于配气定时及凸轮轴旋转方向。

4）凸轮轴的驱动

凸轮轴由曲轴驱动，其驱动方式有正时齿轮式、链条式和齿形皮带式。

（1）正时齿轮驱动式

多用于下置式和中置式凸轮轴的驱动。汽油机一般只用一对正时齿轮，即曲轴正时齿轮和凸轮轴正时齿轮，如图 4 – 39 所示，柴油机需要同时驱动喷油泵，所以增加一个中间齿轮。曲轴正时齿轮用中碳钢制造，凸轮轴正时齿轮则多用夹布胶木。为保证配气和点火正时，齿轮上都有正时记号，装配时必须要将记号对齐。

正时记号

图 4 – 39　正时齿轮驱动式

（2）链条驱动式

用于中置式和上置式凸轮轴的传动，尤其是上置式凸轮轴的高速汽油机采用链传动机构的很多。链条一般为滚子链，工作时应保持一定的张紧度，不使其产生振动和噪声。为此在链传动机构中装有导链板并在链条的松边装置张紧器，如图 4 – 40 所示。

（3）齿形带驱动式

用于上置式凸轮轴的传动。与齿轮和链传动机构相比具有噪声小、质量轻、成本低、工作可靠和不需要润滑等优点。另外，齿形带伸长量小，适合有精确定时要求的传动，因此被越来越多的汽车发动机特别是轿车发动机所采用。齿形带由氯丁橡胶制成，中间夹有玻璃纤维，齿面黏覆尼龙编织物，如图 4 – 41 所示。在使用中不能使齿形带与水或机油接触，否则容易引起跳齿。齿形带轮由钢或铁基粉末冶金制造。为了确保传动可靠，齿形带需保持一定的张紧力，为此在齿形带传动机构中也设置由张紧轮与张紧弹簧组成的张紧器。

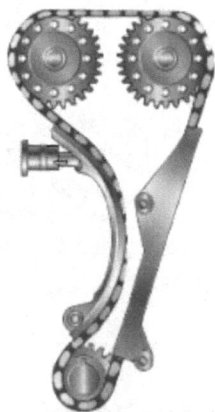

图 4 – 40　链条驱动式

图 4 – 41　齿形带驱动式

5）凸轮轴轴承

中置式和下置式凸轮轴的轴承一般制成衬套压入整体式轴承座孔内，再加工轴承内孔，使其与凸轮轴轴颈相配合。上置式凸轮轴的轴承多由上、下两片轴瓦对合而成，装入剖分式轴承座孔内。

轴承材料多与主轴承相同，在低碳钢钢背上浇敷减摩合金层；也有的凸轮轴轴承采用粉末冶金衬套或青铜衬套，如图4-42所示。

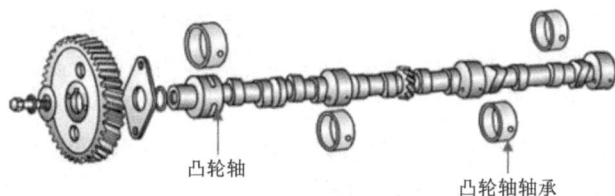

图4-42 凸轮轴与轴承

6）凸轮轴的轴向定位

为了限制凸轮轴在工作中产生的轴向移动或承受螺旋齿轮在传动时产生的轴向力，凸轮轴需要轴向定位。凸轮轴轴向移动量过大，对于由螺旋齿轮传动的凸轮轴，会影响配气定时。上置式凸轮轴通常利用凸轮轴承盖的两个端面和凸轮轴轴颈两侧的凸肩进行轴向定位。中、下置式凸轮轴的轴向定位通常采用止推板。止推板用螺栓固定在机体前端面上。第三种轴向定位的方法是止推螺钉定位，如图4-43所示。

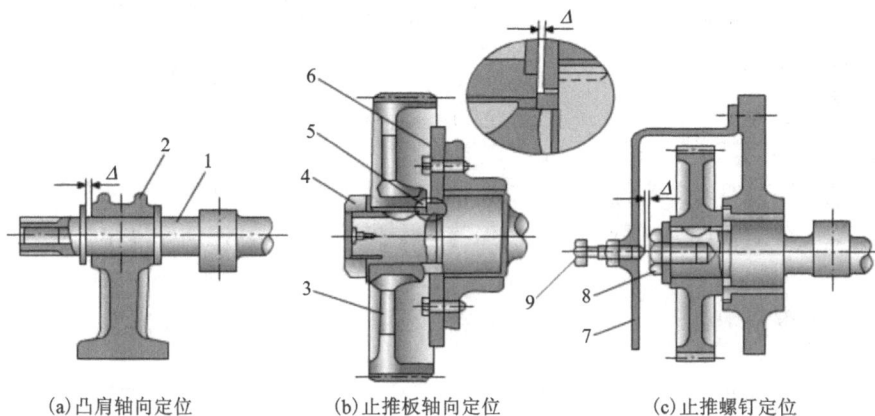

(a)凸肩轴向定位　　(b)止推板轴向定位　　(c)止推螺钉定位

图4-43 凸轮轴轴向定位方式

1—凸轮轴；2—凸轮轴轴承盖；3—凸轮轴正时齿轮；4—螺母；5—调整环；
6—止推板；7—正时传动室盖；8—螺栓；9—止推螺栓

2. 凸轮轴的检修

凸轮轴常见的损伤是凸轮轴的弯曲变形、凸轮轮廓磨损、支承轴颈表面的磨损以及正时齿轮驱动件的耗损等。这些耗损会使气门的最大开度和发动机的充气系数降低，配气相位失准，并改变气门上下运动的速度特性，从而影响发动机的动力性、经济性等。

1）凸轮表面的检修

现代发动机的配气凸轮均为组合线型，需在专用磨床上加工，凸轮修磨十分困难。当凸轮表面仅有轻微烧蚀或凹槽时，可用砂条修磨，若凸轮表面磨损严重或最大升程小于规定值时，应予以更换。

2）凸轮轴弯曲变形的检修

凸轮轴的弯曲变形是以凸轮轴中间轴颈对两端轴颈的径向圆跳动误差来衡量，检查方法如图 4-44 所示。将凸轮轴放置在 V 形铁上，V 形铁和百分表放置在平板上，使百分表触头与凸轮轴中间轴颈垂直接触。转动凸轮轴，观察百分表表针的摆差即为凸轮轴的弯曲度。

检查完毕后将检查结果与标准值比较，以确定是修理还是更换。

3）凸轮轴轴颈的检修

用千分尺测量凸轮轴轴颈的圆度误差和圆柱度误差，如图 4-45 所示。凸轮轴轴颈的圆度误差不得大于 0.015 mm，各轴颈的同轴度误差不得超过 0.05 mm，否则应按修理尺寸法进行修磨。

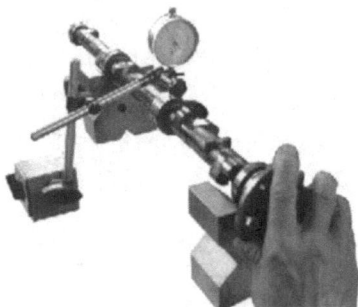

图 4-44　凸轮轴弯曲度的检查

图 4-45　凸轮轴轴颈的检修

4）凸轮轴轴向间隙的检查与调整

采用止推凸缘进行轴向定位的发动机在检查轴向间隙时，用塞尺插入凸轮轴第一道轴颈前端面与止推凸缘之间或正时齿轮轮毂端面与止推凸缘之间，塞尺的厚度值即为凸轮轴轴向间隙，如图 4-46 所示。一般为 0.10 mm，使用极限为 0.25 mm，如间隙不符合要求，可用增减止推凸缘的厚度来调整。

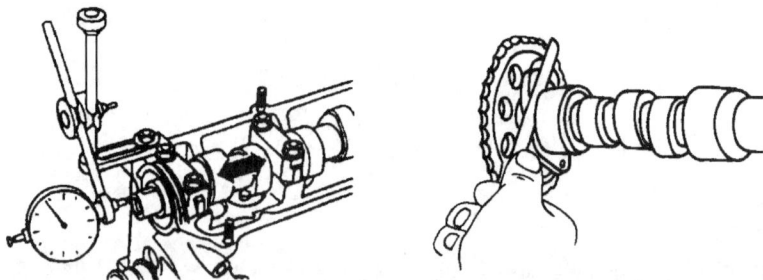

图 4-46　凸轮轴轴向间隙的检修

5)正时链轮和链条的检查

（1）正时链条长度的检查。如图 4 - 47 所示，对链条施以一定的拉力拉紧后测量其长度，超过允许值时，应予以更换。

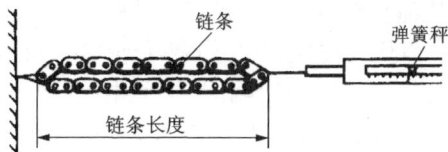

图 4 - 47　正时链条长度的检修

（2）正时链轮最小直径的检查。如图 4 - 48 所示，将链条分别包住凸轮轴正时链轮和曲轴正时齿轮，用游标卡尺测量其直径，小于允许值时，应更换链条和链轮。例如丰田 2Y、3Y 发动机正时链轮直径允许的最小值：凸轮轴正时链轮为 114 mm；曲轴正时链轮为 59 mm。若小于此值时，应更换链条和链轮。

6)正时皮带的检查安装

（1）曲轴带轮和正时带轮上都有标记，装配时都要将标记和气缸体上正时齿轮带轮室上的标记对齐，以保证配气相位的正确性。

（2）装上正时带，检查并确认齿形带无开裂，齿数、齿形不残缺，否则更换。

（3）正时齿形带张紧度的检查。检查正时齿形带的张紧度，用手指在正时齿轮和中间齿轮之间捏

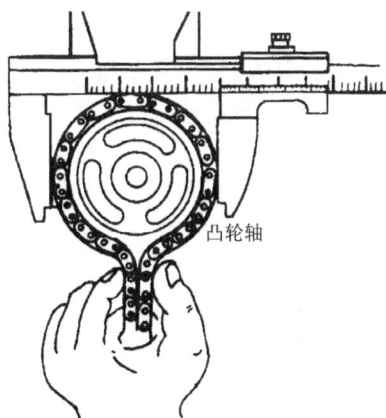

图 4 - 48　正时链轮长度的检修

住正时齿形带，以刚好能转 90° 为合适，调整张紧轮固定螺母并拧紧。将曲轴转 2 ~ 3 圈后，复查确认。

二、挺柱的构造与维修

1. 挺柱的构造

1)挺柱的功用

挺柱是凸轮的从动件，其功用是将来自凸轮的运动和作用力传给推杆或气门，同时还承受凸轮所施加的侧向力，并将其传给机体或气缸盖。

2)制造挺柱的材料

制造挺柱的材料有碳钢、合金钢、镍铬合金铸铁和冷激合金铸铁等。

3)挺柱的分类

可分为机械挺柱和液力挺柱两大类，每一类中又有平面挺柱和滚子挺柱等多种结构形式。

（1）机械挺柱。机械挺柱的结构简单，质量轻，在中、小型发动机中应用比较广泛，如图 4 - 49 所示。挺柱上的推杆球面支座的半径比推杆球头半径略大，以便在两者中间形成楔形油膜来润滑推杆球头和挺柱上的球面支座。

（2）液力挺柱。液力挺柱外形及结构如图 4 - 50(a)所示。由挺柱体、油缸、柱塞、球形阀、压力弹簧等组成。

挺柱体外圆柱面上有一环形油槽，油槽内有一进油孔

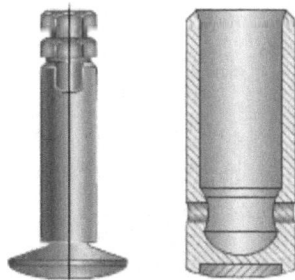

图 4 - 49　机械挺柱

与低压油腔相通，背面上有一键槽将低压油腔与柱塞上部相通。油缸外圆与挺柱体内导向孔配合，内孔则与柱塞配合，两者都有相对运动。油缸底部的压力弹簧把球形阀压靠在柱塞底部的阀座上，当球阀关闭柱塞的中间孔时可将挺柱分成上部的低压油腔和下部的高压油腔；当球形阀开启后则成为一个通腔。当凸轮基圆与挺柱接触时，压力弹簧使挺柱顶面和凸轮轮廓线保持紧密接触，油缸下端面与气门杆尾部紧密接触，因此没有气门间隙。且挺柱体上的环形油槽与缸盖上的斜油孔对齐，来自气缸盖油道的润滑油经量油孔、斜油孔和环形油槽流入挺柱体内的低压油腔，并经挺柱背面上的键形槽进入柱塞上方的低压油腔。

当凸轮按图示方向转过基圆使凸起部分与挺柱接触时，挺柱体和柱塞向下移动，高压油腔中的润滑油被压缩，油压升高，加上压力弹簧的作用，使球阀紧压在柱塞下端的阀座上，这时高压油腔与低压油腔被分隔开。由于液体的不可压缩性，整个挺柱如同一个刚体一样下移打开气门。此时，挺柱体环形油槽已离开了进油的位置，停止进油，如图4－50(a)所示。

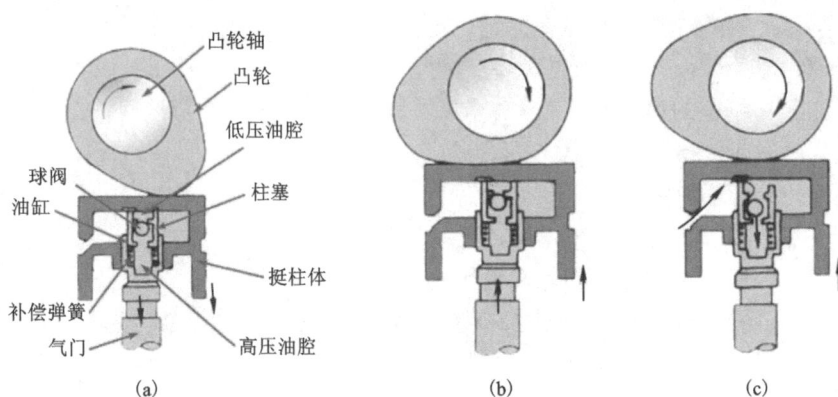

图4－50　液力挺柱工作原理示意图

当挺柱到达下止点后开始上行时，由于仍受到气门弹簧和凸轮两方面的顶压，高压油腔继续封闭，球阀也不会打开，液压挺柱仍可认为是一个刚体，直至气门完全关闭时为止。此时凸轮重新转到基圆与挺柱接触位置，如图4－50(b)所示，气缸盖油道中的压力油又重新进入挺柱的低压油腔。同时，挺柱无凸轮的压力，高压油腔内的压力油和压力弹簧一起推动柱塞上行，高压油腔油压下降。从低压油腔来的压力油推开球阀进入高压油腔，使两腔连通充满润滑油。这时挺柱顶面仍和凸轮紧贴，气门间隙得到补偿。在气门受热膨胀时，柱塞和油缸作轴向相对运动，高压油腔中的油液可经过油缸与柱塞间的缝隙挤入低压油腔，使挺柱自动"缩短"，保证气门关闭紧密，如图4－50(c)所示。当气门冷却收缩时，压力弹簧将液压缸向下推动，而使柱塞与挺柱体向上移动，高压油腔内压力下降，球阀打开，低压油腔油液进入高压油腔，挺柱自动"伸长"，保证配气机构无间隙。故使用液压挺柱时，可以不预留气门间隙，也不需调整气门间隙。

采用液力挺柱，既消除了配气机构中的间隙，减小了各零件的冲击载荷和噪声，同时凸轮轮廓可设计得比较陡一些，使气门开启和关闭速度更快，以减小进气、排气阻力，改善发动机的换气特性，提高发动机的性能。

2. 挺柱的维修

1）普通挺柱的维修

检修普通挺柱时，如果出现以下情况应更换，如图4-51所示。

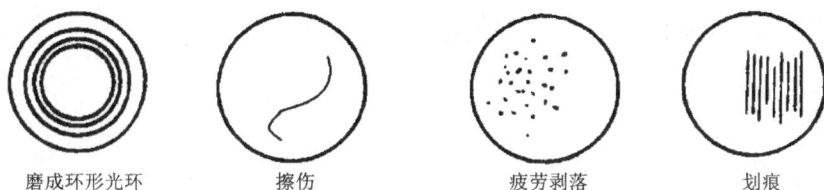

磨成环形光环　　　擦伤　　　疲劳剥落　　　划痕

图4-51　普通挺柱异常耗损形式

挺柱底部出现疲劳剥落时；底部出现环形光环；底部出现擦伤划痕时；挺柱的圆柱面部分与导孔的配合间隙一般为0.03～0.10 mm。如果超过0.12 mm时，应视情况更换挺柱或导孔支架。装有衬套的结构可更换衬套。

2）液力挺柱的检修

检修液力挺柱时，应注意：

（1）液力挺柱与承孔的配合间隙一般为0.01～0.04 mm，使用极限为0.10 mm。逾期后应更换液力挺柱。

（2）发动机总成修理时，如气门出现开启高度不足的情况，一般应更换挺柱。

更换挺柱后应检查挺柱与承孔的配合状况，检查的方法是：用食指和拇指捏住挺柱，转动挺柱时应灵活自如无阻滞，摆动挺柱应无旷量。

三、推杆的构造与维修

1. 推杆的构造（如图4-52所示）

1）推杆的功用

推杆处于挺柱和摇臂之间，其功用是将挺柱传来的运动和作用力传给摇臂。

2）推杆的性能及材料

在凸轮轴下置式的配气机构中，推杆是一个细长杆件，加上传递的力很大，所以极易弯曲。因此，要求推杆有较好的纵向稳定性和较大的刚度。推杆一般用冷拔无缝钢管制造，两端焊上球头和球座。也可以用中碳钢制成实心推杆，这时两端的球头或球座与推杆锻成一个整体。

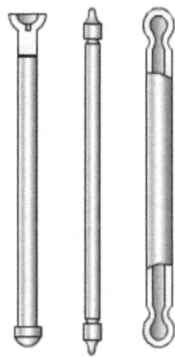

图4-52　推杆

3）推杆的结构特点

推杆一端为球形（或配以下端头），与挺杆凹螺栓碗支承相接触；另一端成凹球碗形（或配以上端头），与摇臂一端的调整螺钉的球形头相接触。采用球状连接的目的，是为了减少侧向力的影响。

2. 推杆的维修

推杆的常见损伤是端头磨损或杆身弯曲。检查推杆两端头，若磨损严重或有损伤，应更换推杆。推杆可在平台上来回滚动并用塞尺测量其弯曲变形量，也可以用百分表检测推杆的弯曲变形量，推杆弯曲超过允许极限（直线度误差大于0.03 mm/100 mm）时，应冷压校正或更换推杆。推杆上、下端凹、凸球面严重磨损时，则应更换气门推杆。

四、摇臂总成的构造与维修

1. 摇臂总成的构造

1）摇臂的功用

将推杆和凸轮传来的运动和作用力改变方向传给气门使其开启。

2）摇臂的材料

摇臂在摆动过程中承受很大的弯矩，因此应有足够的强度和刚度以及较小的质量。摇臂由锻钢、可锻铸球、球墨铸铁或铝合金制造。

3）摇臂的结构特点

如图4-53所示摇臂是一个双臂杠杆，以摇臂轴为支点，两臂不等长，长短臂长的比值是1.2~1.8。短臂端加工有螺纹孔，用来拧入气门间隙调整螺钉。长臂端加工成圆弧面，是推动气门的工作面，中部为摇臂轴承，装有青铜衬套，与摇臂轴相结合，如图4-54所示。

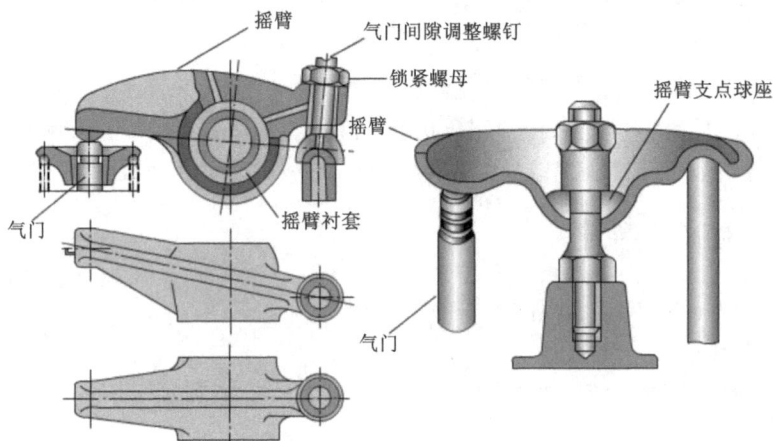

图4-53　摇臂

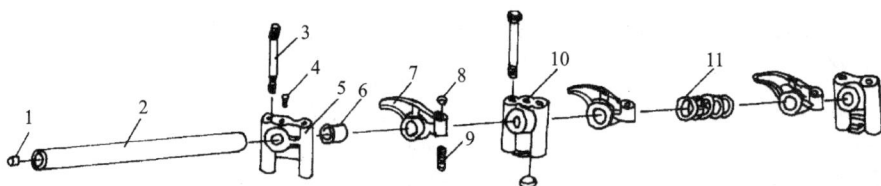

图4-54　摇臂总成

1—碗形塞；2—摇臂轴；3—螺栓；4—摇臂轴紧固螺栓；5—摇臂轴支架；
6—摇臂衬套；7—摇臂；8—锁紧螺母；9—气门间隙调整螺钉；10—定位弹簧

摇臂轴的作用是支撑摇臂之用。它是一根中空的圆轴，用几个支座架安装在气缸盖上。摇臂与支座架之间装有防止轴向移动的弹簧，轴的内孔用油管与主油道相通，以便供给润滑油。摇臂轴用碳钢制成，为了耐磨，它的工作面一般都经过表面淬火。

2. 摇臂和摇臂轴的检修

(1)摇臂头部应光洁平整，摇臂头都磨损量>0.50 mm时，可用堆焊修磨。

(2)摇臂衬套与摇臂轴的配合间隙超过规定时应更换衬套。与摇臂轴配铰，恢复配合间隙镶装衬套时，衬套油孔与摇臂油孔对准。

(3)气门调整螺钉的螺纹孔损坏时，一般应予以更换。

(4)摇臂轴弯曲时应校直，校直后其直线度误差为0.03 mm/100 mm，如图4-55所示。

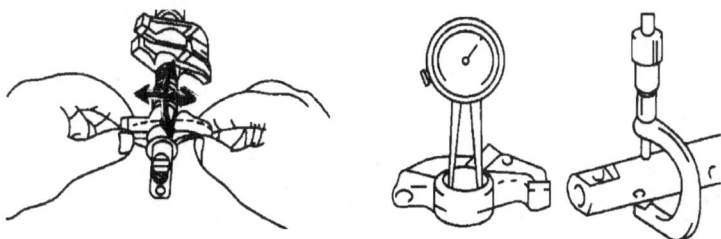

图4-55　摇臂和摇臂轴的检修

五、摆臂与气门间隙自动补偿器

摆臂的功用与摇臂相同。两者的区别只在于摆臂是单臂杠杆，其支点在摆臂的一端。在许多轿车发动机上用气门间隙自动补偿器代替摆臂支座实现零气门间隙。气门间隙自动补偿器无论是结构或是工作原理都与液力挺柱相同，之所以不称其为液力挺柱，是因为它不是凸轮的从动件，仅仅是摆臂的一个支承而已。因此，它既是摆臂的支座又是补偿气门间隙变化的装置，如图4-56所示。

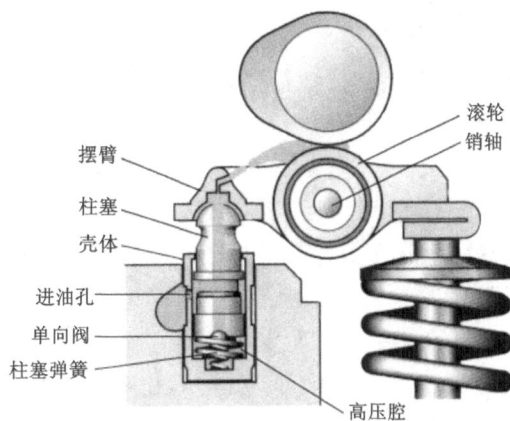

图4-56　摆臂与气门间隙自动补偿器

项目实施

项目实施一　配气机构的拆装

(以四缸直列顶置凸轮轴发动机为例。)

(一)项目实施目的及要求

(1)熟悉配气机构的组成，气门组和气门传动组各主要机件的构造、作用与装配关系。

(2)掌握配气机构正确的拆装步骤、方法、要求。

(二)项目实施设备及工量具

(1)设备。完整的汽车发动机若干台。

(2)工量具。常用工具和专业工具各若干套。

(三)项目实施内容

(1)配气机构的拆卸。

(2)配气机构的装配。

(四)项目实施步骤

1. 配气机构的拆卸

(1)拆下气门室盖、风扇、正时链条(或皮带)室盖。

(2)察看曲轴正时齿轮及凸轮轴正时齿轮上的正时记号,转动曲轴使两个正时齿轮上的正时记号都分别对正机体上的固定记号。

(3)拆松正时链条(或皮带)的张紧装置,并取下正时链条(或皮带)。

(4)拆下摇臂组。

(5)拆下凸轮轴。

(6)拆下气缸盖。

(7)用专用工具(气门弹簧拆装工具)压气门,取出气门锁片,取出气门弹簧及气门,并在每个气门上做好记号,以免错装(只拆一两个气门即可)。

(8)认真观察所拆下的配气机构的各零部件,熟悉它们的结构、装配关系。

2. 配气机构的装配

(1)用专用工具,把每个气门安装到对应的气门座上,一定不能错装。

(2)按要求装好气缸盖。

(3)按要求装好凸轮轴。

(4)安装正时链条(或皮带),并调整正时链条(或皮带)的松紧度,要求要对正正时记号,以保证配气相位的正确性。

(5)安装正时链条(或皮带)室盖。

(6)安装摇臂组。

(7)安装气门室盖。

配气机构在拆装时应注意以下几点:

(1)松开正时齿型皮带张紧轮(桑塔纳、捷达发动机型)前,应将曲轴转到 1 缸上止点位置。

(2)在取下正时齿型皮带时,应在正时齿型皮带上标上其原转动方向,以防安装时装反。否则,会加速正时齿型皮带的磨损。

(3)液压挺杆在拆下存放时应特别注意防尘,并按顺序摆放。

(4)安装油封时,一定要压到位,防止油封变形或损坏。

(5)安装凸轮时,第一缸凸轮必须朝上。

项目实施二 配气机构主要零件的检修

(一)项目实施目的及要求

(1)掌握配气机构主要零件的检验方法。

(2)掌握气门座铰销和研磨的方法;气门密封性检查的方法。

(3)熟悉气门、气门座修理设备、仪具的结构和使用。

(二)项目实施设备及工量具

(1)设备。汽车发动机若干台;气门研磨膏,6B 铅笔,电动气门研磨机,手工研磨工具,气门座铰刀等。

(2)工量具。若干套工具,气门弹簧拆装工具,V 形铁,平台,百分表,卡尺。

(三)项目实施内容

(1)配气机构主要零件的检验。

(2)气门的铰销、研磨和密封检查。

(四)项目实施步骤

Ⅰ.配气机构主要零件的检验

1. 气门及气门导管的检查

(1)用千分尺测量气门杆直径,如图 4 - 57 所示。

(2)利用百分表测量气门导管内径,如图 4 - 57 所示。如间隙大于最大值,更换气门和气门导管。

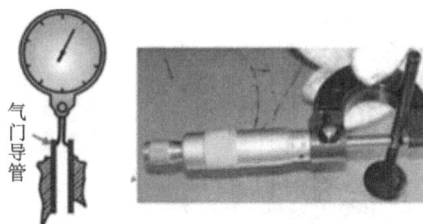

图 4 - 57 气门导管的测量

(3)测量气门总长,如果长度小于最小值,更换气门。

2. 气门座的检验

(1)在气门面上涂一层普鲁士蓝(或白铅),轻轻将气门压向气门座,不要转动气门。如果气门座在 360°范围内呈现蓝色,则导管与气门面是同心的,如果不是,重修气门座。

(2)检查气门座接触带是否在气门面的中间,若气门面上密封带过高或过低,修正气门座。

3. 气门弹簧的检查

(1)用钢角尺测量气门弹簧的垂直度,如图 4 - 58 所示。若垂直度大于最大值,更换气门弹簧。

(2)用游标卡尺测量气门弹簧自由长度。若自由长度不符合规定,更换气门弹簧。

(3)利用弹簧试验机(如图 4 - 59 所示)测量气门弹簧在规定安装长度时的弹力。如果安装力不符合规定,则更换气门弹簧。

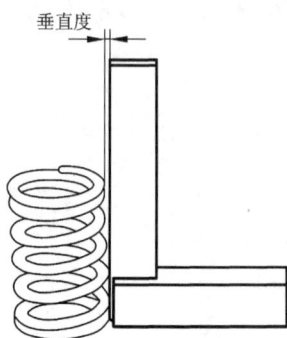

图 4 – 58   气门弹簧垂直度的检查

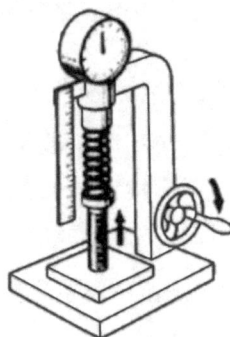

图 4 – 59   弹簧弹力的检查

4. 凸轮轴的检查

(1)将凸轮轴放到 V 形铁上,用百分表测量中间轴径的圆跳动,如图 4 – 60 所示。

(2)用千分尺测量凸轮升程高度,如图 4 – 61 所示。

(3)利用千分尺测量凸轮轴直径,如图 4 – 62 所示。

(4)安装凸轮轴,使凸轮轴向前向后移动,同时用百分表测量轴向间隙,如图 4 – 63 所示。

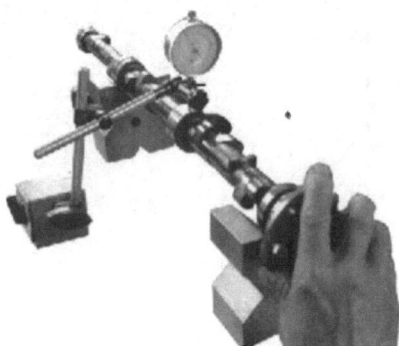

图 4 – 60   凸轮轴轴径的圆跳动测量

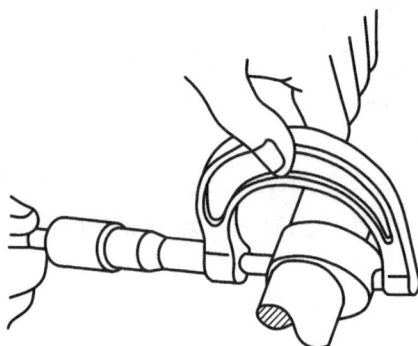

图 4 – 61   凸轮轴升程的测量

图 4 – 62   凸轮轴径测量

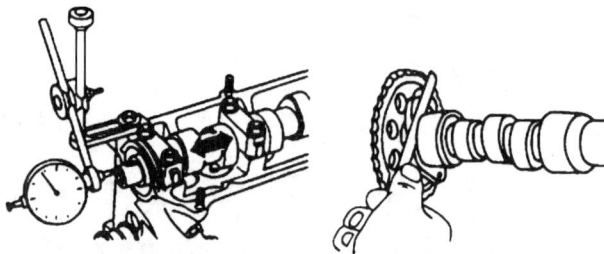

图 4 – 63   凸轮轴轴向间隙的测量

Ⅱ.气门的铰销、研磨和密封检查

1.气门铰削步骤

(1)修理气门座前,应检查气门导管,若不符合要求应先更换或修理气门导管,以便保证气门座与气门导管的中心线重合。

(2)选择刀杆。铰削气门座时,利用气门导管作为定位基准。根据气门导管的内径选择相适应的定心杆直径,导杆以轻易插入气门导管内,无旷动量为宜;调整定心杆,使它与导管内孔密切接触不活动,保证铰削的气门座与气门导管中心线重合。

(3)粗铰(如图 4－64 所示)。选用与气门工作面锥角相同的粗铰刀,置于导杆上,把砂布垫在铰刀下,要磨除座口硬化层,以防止铰刀打滑和延长铰刀使用寿命;直到凹陷、斑点全部去除并形成2.5 mm 以上的完整锥面为止。铰削时两手用力要均衡并保持顺时针方向转动。一般先用 45°的粗铰刀加工气门座工作锥面,直到工作面全部露出金属光泽。

注意:铰削时,两手握住手柄垂直向下用力,并只作顺时针方向转动,不允许倒转或只在小范围内转动。

图 4－64　气门的铰削

(4)试配。然后用修理好的气门或新气门进行试配,根据气门密封锥面接触环带的位置和宽度进行调整铰削。接触环带偏向气门杆部,应用 75°的铰刀铰削;接触环带偏向气门顶部,应用 15°的铰刀修正。铰削好的气门座工作面宽度应符合规定,接触环带应处在气门密封锥面中部偏气门顶的位置。

(5)精铰。最后用 45°的细铰刀精铰气门座工作锥面,并在铰刀下面垫上细砂布修磨。

2.气门研磨

(1)用汽油清洗气门、气门座和气门导管,将气门按顺序排列或在气门头部打上记号,以免错乱。

(2)在气门工作锥面上涂一层薄薄的粗研磨砂,同时在气门杆上涂以稀机油,插入气门导管内,然后利用橡皮捻子将气门作往复和旋转运动,使气门与气门座进行研磨,注意旋转角度不宜过大,并不时地提起和转动气门,变换气门与气门座的相对位置,以保证研磨均匀。在研磨中不要过分用力,也不要提起气门在气门座上用力拍击。也可以采用电动研磨气门,如图 4－65 所示。

(3)当气门工作面与气门座工作面磨出一条较完整且无斑痕的接触环带时,可以将粗研磨砂洗去,换用细研磨砂继续研磨。当工作面出现一条整齐的灰色环带时,再洗去细研磨砂,涂上润滑油,继续研磨几分钟即可。

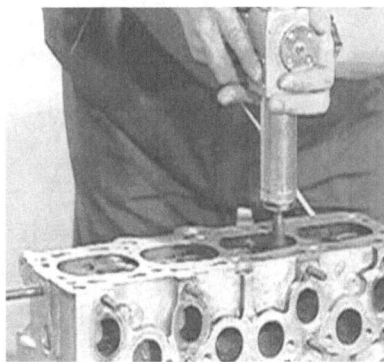

图 4－65　电动研磨气门

3. 气门密封性检查

（1）锥面铅笔画道法。用软铅笔在气门密封锥面上每隔 10 mm 画一条线，将气门装入气门导管，用手将气门与气门座压紧并往复转动 1/4 圈，然后取下气门检查，若所有画线均被切断，说明气门与气门座密封良好，否则应继续研磨。

（2）煤油试验法。将组装好气门组的气缸盖侧置，在气门内倒入煤油至接触环带上缘，在 5 min 内其封面上不得有渗漏现象发生。

注意：检测方法较多，在此只介绍两种。

项目实施三　气门间隙的检查与调整及气缸压缩压力的测量

（一）项目实施目的及要求

（1）会进行气门间隙的检查、调整方法。
（2）能对发动机气缸压力正确测量和具备气缸压缩压力变化原因进行分析的能力。

（二）项目实施设备及工量具

（1）设备。汽车发动机若干台。
（2）工量具。若干套工具，火花塞套筒扳手；塞尺，气缸压力表。

（三）项目实施内容

（1）气门间隙的检查与调整。
（2）气缸压缩压力的测量。

（四）项目实施步骤

Ⅰ．气门间隙的检查与调整

（以四缸直列做功顺序为 1 - 3 - 4 - 2 的发动机为例。）

1. 采用逐缸法

第一步，打开气门室盖。

第二步，摇转曲轴，直至飞轮（或曲轴皮带轮）的正时记号与缸体上固定的正时记号对正，这时，第一缸和第四缸活塞均处于上止点位置。

第三步，判断第一缸是压缩上止点还是排气上止点。用手摇一缸的气门摇臂，如果进排气门的摇臂均可摇动，则表明此时一缸处于压缩上止点（如果进排气门的摇臂均摇不动，则表明此时一缸处于排气上止点，再转动曲轴一周，使一缸处于压缩上止点）；或用其他方法使一缸处于压缩上止点。

第四步，气门间隙检查。用规定厚度的塞尺插入气门杆与摇臂之间，来回抽动塞尺，如图 4 - 66 所示，如果过紧或过松，都表明气门间隙不合适，需要进行调整。

第五步，调整气门间隙。松开锁紧螺母，旋出调整螺钉，在气门杆与摇臂之间插入厚度与气门间隙相等的塞尺，一边拧进调整螺钉，一边不停地来回抽动塞尺，直到抽动塞尺有阻力又能抽出时为止，锁紧螺母，在锁紧螺母时，不能让调整螺钉转动，最后再复查一遍。

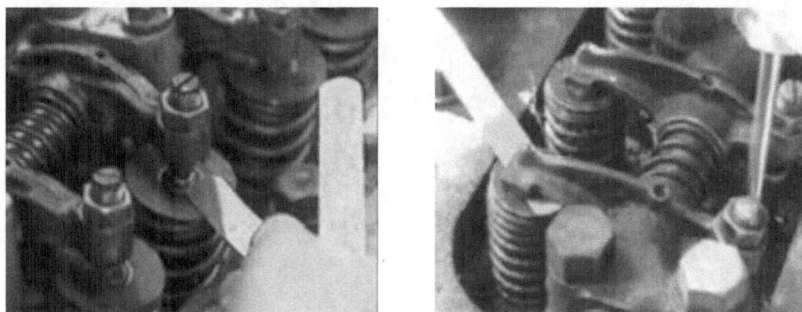

图 4-66　气门间隙的检查与调整

第六步，按做功顺序分别摇转曲轴180°，依次使下一缸处于压缩上止点，用同样的方法检查与调整各缸的气门间隙。如做功顺序为 1-3-4-2，则摇转曲轴180°，检查调整三缸的气门间隙。用同样的方法再检查调整四缸和二缸的气门间隙。

2. 两次调整法（"双排不进"法）

见表4-1。

表4-1　用两次调整法确定可调的气门

（1）六缸发动机

工作顺序	1	5	3	6	2	4
	1	4	2	6	3	5
第一遍（一缸在压缩上止点）	双	排		不	进	
第二遍（六缸在压缩上止点）	不	进		双	排	

（2）五缸发动机

1		2	4	5	3
第一遍（一缸在压缩上止点）	双	排	不		进
第二遍（一缸在排气上止点）	不	进	双		排

（3）四缸发动机

工作顺序	1	3	4	2
	1	2	4	3
第一遍（一缸在压缩上止点）	双	排	不	进
第二遍（四缸在压缩上止点）	不	进	双	排

（4）八缸发动机

工作顺序	1	5	4	2	6	3	7	8
第一遍（一缸在压缩上止点）	双	排			不	进		
第二遍（六缸在压缩上止点）	不	进			双	排		

（5）三缸发动机

工作顺序	1	2	3
第一遍（一缸在压缩上止点）	双	排	进
第二遍（一缸在排气上止点）	不	进	排

第一步，打开气门室盖。

第二步，摇转曲轴至一缸处于压缩上止点（方法可用多种）。

第三步，检查与调整第一缸两个气门的间隙、第三缸的排气门间隙、第二缸的进气门间隙，方法与逐缸法相同。

调整时如图4-66所示：先松开锁紧螺母，用螺丝刀旋动调整螺钉，将规定厚度的厚薄规插入气门杆端部与摇臂之间。当抽动厚薄规时有阻力感，拧紧锁紧螺母，再复查一次，符合规定值即可。

Ⅱ. 气缸压缩压力的测量

第一步，检查发动机各部分正常后启动发动机，怠速运转至水温到80～90℃时再熄火，随即拆下全部火花塞。

第二步，把气缸压力表（如图4-67所示）组装好，并把表内存气放净（复"0"），把气缸压力表的软管头部旋入火花塞孔（或将锥形橡皮头压紧在火花塞孔中）。

第三步，将节气门置于全开位置，关闭所有用电设备，并把油泵保险丝拔下，不让其工作，以免喷油器喷油。

第四步，用起动机带动曲轴旋转3～5 s（转速不低于150 r/min），看清并记录压力表读数，每缸测量2～3次，求出平均值，并与规定标准值比较分析。

第五步，检查结果对比分析。

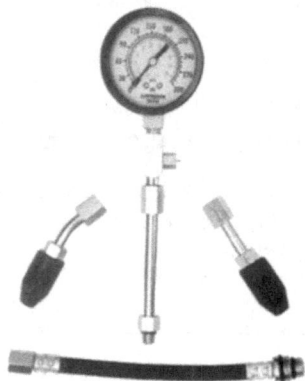

图4-67　气缸压力表

如果测量出某一缸的压力比标准压力偏低，可向该缸火花塞（或喷油器）孔内注入20～30 mL机油，然后重测一遍。

第二次测出的压力比第一次高，接近于标准压力，则表明活塞气缸组密封不良。

第二次测出的压力与第一次差不多，则表明是气门或气缸垫密封不良。

如相邻两缸两次检测的压力都很低，则表明是两缸相邻处的气缸垫烧损窜气。

如果测量出某一缸的压缩压力比标准压力偏高，可能是由于燃烧室内积炭过多或是其他原因引起压缩比增大，从而造成压缩压力增大。

项目小结

1. 配气机构的功用是按照发动机的工作顺序和工作循环的要求，定时开启和关闭各缸的进、排气门，使新气进入气缸，废气从气缸排出。它由气门组和气门传动组组成。

2. 发动机配气机构形式多种多样，其主要区别是气门布置形式和数量、凸轮轴布置形式和驱动方式。

3. 配气正时包括进气门的配气相位和排气门的配气相位，其目的是获得较大的进气通道截面，减少进气阻力，使排气更加彻底。

4. 气门组在配气机构中相当于一个阀门，作用是准时接通和切断进、排气系统与气缸之间的通道。气门组一般由气门、气门导管、气门弹簧、气门弹簧座及锁片等组成，重点学习了各零件的结构及检修。

5. 气门传动组的作用是按规定的配气相位定时地驱动气门开闭，并保证气门有足够的开度和适当的气门间隙。气门传动组由凸轮轴和挺柱、推杆、摇臂等组成。在结构上应使进、排气门按规定的配气相位及时启闭，保证气门有足够的开度和适当的气门间隙。由于气门驱动形式和凸轮轴位置的不同，气门传动组的零件组成差别很大。主要学习了凸轮轴、挺柱、推杆、摇臂总成等结构特点、检修及调整方法。

6. 通过气门组的拆装、气门间隙的检查与调整、气缸压缩压力的检测等项目的训练，掌握工、量的使用、操作要领及检测与调整方法。

思考与练习

1. 配气机构的作用是什么？它是由几部分组成的？
2. 绘出配气相位图。
3. 防止气门弹簧发生共振，可对气门弹簧采取哪些结构措施？
4. 气门座的研磨工艺流程是什么？
5. 摇臂和摇臂轴的主要检修内容是什么？

项目五 冷却系统的构造与维修

学习目标

1. 描述冷却系统的作用、分类及循环路线。
2. 熟悉冷却系统各零件的检验与维修。
3. 学会冷却系主要零件的拆装与检查。

案例引入

一辆桑塔纳 2000GSi 轿车进厂维修，客户反映该车发动机水冷却液温度过高，经维修业务接待员初步确诊，可能是冷却系统的故障，现需要对冷却系统各零件进行检修。

项目描述

本项目主要介绍汽车发动机冷却系统的作用、分类及循环路线、各零件的检验与维修，熟悉冷却液的使用与加注，并对冷却系主要零件进行拆装与检修。

项目内容

任务一 冷却系统的类型与组成

在可燃混合气的燃烧过程中，气缸内气体温度可高达 2000～2500℃，直接与高温气体接触的机件（如气缸体、气缸盖、气门等）若不及时加以冷却，则其中运动机件将可能因受热膨胀而破坏正常间隙，或因润滑油在高温下失效而卡死；各机件也可能因为高温而导致其机械强度降低甚至损坏。所以，为保证发动机正常工作，必须冷却这些在高温条件下工作的机件。

冷却系的作用就是使工作中的发动机得到适度的冷却，从而保持发动机在最适宜的温度范围内工作。在采用水冷却系统的发动机中，冷却液的工作温度一般为 80～105℃。

发动机的冷却必须适度。如果发动机冷却不足，由于气缸充气量减少和燃烧不正常，发动机功率下降，且发动机零件也会因润滑不良而加速磨损。但如果冷却过度，一方面由于热量散失过多，使转变为有用功的热量减少，而另一方面由于混合气与冷气缸壁接触，使其中原已汽化的燃油又凝结并流到曲轴箱，使磨损加剧。

一、冷却系统的分类和组成

根据冷却介质的不同，汽车发动机的冷却方式有两种，即水冷却和风冷却。现代汽车发动机普遍采用水冷却。

1. 风冷却系统

将发动机中高温零件的热量直接散发到大气，使发动机的温度降低而进行冷却的一系列装置称为风冷系。采用风冷系的发动机，为了增大散热面积，在气缸体和气缸盖上制有许多散热片，发动机利用车辆前进中的空气流或特设的风扇鼓动空气，吹过散热片，将热量带走。部分汽车发动机采用风冷系，特别是小排量发动机，但在现代汽车发动机上较少采用。图 5-1 是发动机风冷系示意图，气缸和气缸盖的表面均布了散热片，它与气缸体或气缸盖铸成一体。现代风冷发动机气缸盖都用导热性良好的铝合金铸造，而且气缸盖和气缸体上部的散热片也比气缸体下部的长一些，这样可以加强冷却。安装导流罩，是为了更有效地利用空气流，加强

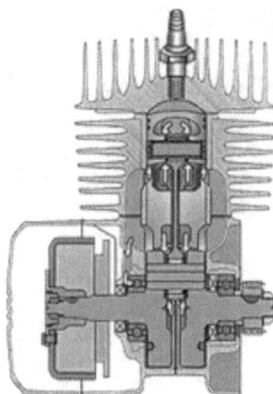

图 5-1　风冷却系统

冷却；安装分流板是为了保证各缸冷却均匀。考虑到各气缸背风面冷却的需要，在有些发动机上还装有气缸导流罩。

风冷系的优点：结构简单、使用和维修方便。

风冷系的主要缺点：冷却不够可靠、功率消耗大、噪声大和对气温变化不敏感。

2. 水冷却系统

将发动机中高温零件的热量先传给水，再散发到大气中去，使发动机的温度降低而进行冷却的一系列装置，称为水冷系。目前汽车发动机上广泛采用的是水冷系。

水冷系一般由水泵、散热器、冷却风扇、节温器、补偿水桶、发动机机体和气缸盖中的水套以及其他附加装置等组成，如图 5-2 所示。

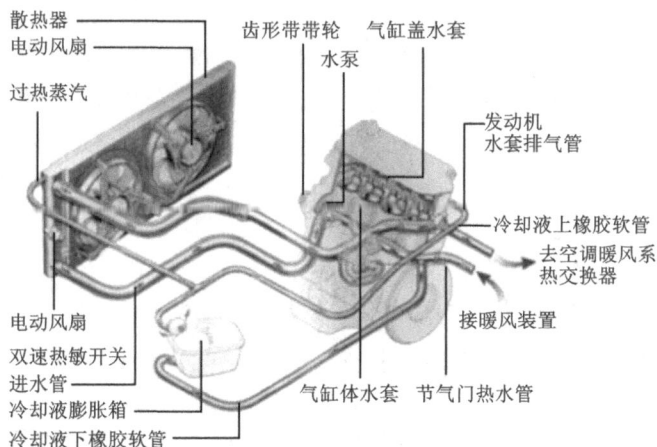

图 5-2　水冷却系统

水冷系一般都由水泵强制给水(或冷却液)在冷却系中进行循环流动,故称为强制循环式水冷系。

水冷发动机的气缸盖和气缸体中都铸造出贮水的、连通的夹层空间称为水套,如图5-3所示,其作用是让水接近受热的高温零件,并可在其中循环流动。水泵将冷却水由机外吸入并加压,使之经分水管流入发动机缸体水套。这样,冷却水从气缸壁吸收热量,温度升高;流到气缸盖水套,再次受热升温后,沿水管进入散热器内。经风扇的强力抽吸,空气流由前向后高速通过散热器,最终使受热后的冷却水在流经散热器的过程中,其热量不断地通过散热器,散发到大气中去。同时,使水本身得到冷却。冷却了的水流到散热器的底部后,又在水泵的加压下,经水管再压入水套,如此不断地循环,从而使得发动机在高温条件下工作的零件不断地得到冷却,保证了发动机的正常工作。

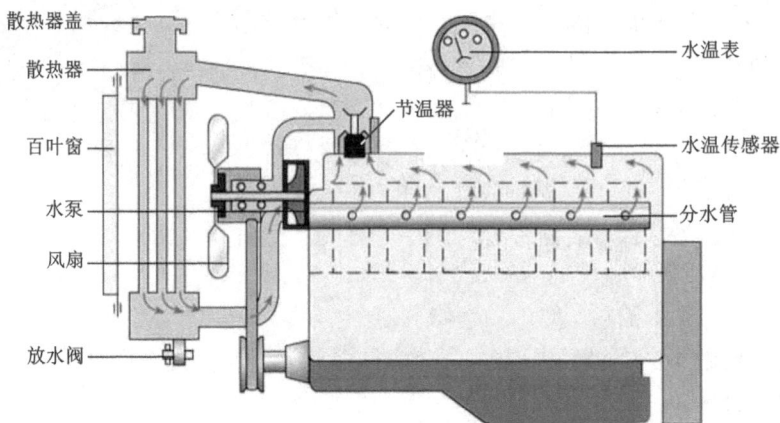

图5-3 水冷却系统组成

有些发动机的水冷系,其冷却液的循环流动方向与上述相反,可称其为逆流式水冷系。在这种水冷系中,温度较低的冷却液首先被引入气缸盖水套,然后才流过机体水套。由于它改善了燃烧室的冷却而允许发动机有较高的压缩比,从而可以提高发动机的热效率和功率。大多数汽车装有暖风系统。暖风机是一个热交换器,也可称作第二散热器。在装有暖风机的水冷系中,热的冷却液从气缸盖或机体水套经暖风机进水软管流入暖风机芯,然后经暖风机出水软管流回水泵。吹过暖风机芯的空气被冷却液加热之后,一部分送到挡风玻璃除霜器,一部分送入驾驶室或车厢。

二、冷却系统水循环路线

为了保证发动机在不同负荷、转速和气候条件下保持正常的工作温度,冷却液的循环路线是不同的。发动机冷却水循环路线图如图5-4所示,冷却液进入水泵后,经水泵叶轮径向直接流进发动机机体水套,吸收机体热量。此后,冷却液分两路循环,一路为大循环,一路为小循环。当冷却液温度高时,冷却液进行大循环,即冷却液流经散热器冷却后,进入装在机体水泵进口处的节温器,此时节温器主阀门打开,副阀门关闭,冷却液流向水泵进水口,以求迅速降低冷却液温度,增强冷却效果;当冷却液温度较低时,冷却液进行小循环,此时节温器主阀门关闭，副阀门打开，冷却液直接进入节温器后的水泵进水口，不经散热器冷却，以使发动机冷却液温度迅速升高到正常工作温度。桑塔纳2000GSi轿车AJR发动机冷却液温度低于85℃时进行小循环；当冷却液温度高于85℃时部分冷却液进行大循环；当冷却液温度达到105℃时全部冷却液参加大循环。除了节温器可通过改变流经散热器中冷却液的流量来调节冷却强度以外，冷却强度还可通过改变流经散热器的空气流量得到调节，如电动风扇、百叶窗、自动风扇离合器等。

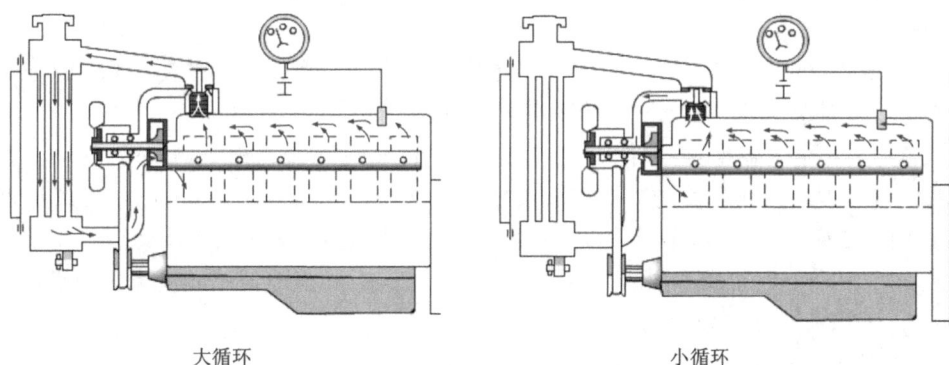

图5-4 冷却水循环路线图

冷却液是从缸体进入、从缸盖流出，传统方式是把节温器安装在温度较高的缸盖出水管中，特点是：添加冷却液时气泡易排出释放，但是节温器在热起过程中，特别是刚开启时，因温度和压力骤然变化，会产生较长时间的开闭振荡，直至全开稳定状态，这样影响节温器的寿命，也加剧了水泵负载变化。

本田车系和德国车系率先革新，将节温器布置在缸体进水管中，如图5-5所示。其特点是：大幅度降低节温器开闭振荡现象，缩短了发动机的热起时间，降低油耗，但在

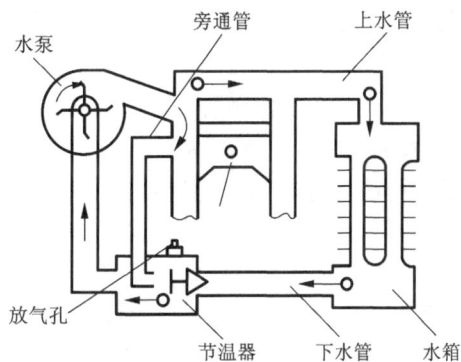

图5-5 本田车系和德国车系节温器布置

添加冷却液时不易排出气泡，因此多种车型设有排气孔，应及时拧开排气。

三、冷却液

冷却液是发动机冷却系统中最重要的工作介质，它是水与防冻剂的混合物。冷却液用水最好是软水，否则将在发动机水套中产生水垢，使传热受阻，易造成发动机过热。纯净水在0℃时结冰。如果发动机冷却系统中的水结冰，将使冷却水终止循环引起发动机过热。尤其严重的是水结冰时体积膨胀，可能将机体、气缸盖和散热器胀裂。为了适应冬季行车的需要，在水中加入防冻剂制成冷却液以防止循环冷却水的冻结。最常用的防冻剂是乙二醇，能起到冷却、防冻、防锈和防积水垢等作用，被现代轿车发动机普遍采用。冷却液中水与乙二

醇的比例不同,其冰点也不同。50%的水与50%的乙二醇混合而成的冷却液,其冰点约为
-35.5℃。在水中加入防冻剂还同时提高了冷却液的沸点。例如,含50%乙二醇的冷却液在
大气压力下的沸点是130℃。因此,防冻剂有防止冷却液过早沸腾的附加作用。防冻剂中通常
含有防锈剂和泡沫抑制剂。防锈剂可延缓或阻止发动机水套壁及散热器的锈蚀或腐蚀。冷却液
中的空气在水泵叶轮的搅动下会产生很多泡沫,这些泡沫将妨碍水套壁的散热。泡沫抑制剂能
有效地抑制泡沫的产生。在使用过程中,防锈剂和泡沫剂会逐渐消耗殆尽,因此,定期更换冷
却液是十分必要的。在防冻剂中一般还要加入着色剂,使冷却液呈蓝绿色或黄色以便识别。

1. 防冻冷却液的种类

防冻冷却液主要由冷冻剂与水按一定比例混合而成。按冷冻剂的种类不同,防冻冷却液
分为酒精型、甘油型和乙二醇型三种,前两种已淘汰。

乙二醇是一种无色黏稠液体,能与水以一定比例混合,沸点为197.4℃,冰点为
-11.5℃,与水混合后还可使防冻冷却液的冰点显著降低(最低可达-68℃)。乙二醇型防冻
冷却液是用乙二醇作为冷冻剂,与水、防腐剂和染色剂等多种添加剂配制而成。用不同比例
的乙二醇和水混合可配制成不同冰点的防冻冷却液。这类防冻冷却液的优点是沸点高、冰点
低、冷却效率高,已被广泛使用。

2. 乙二醇型防冻冷却液的牌号

乙二醇型防冻冷却液分为防冻冷却液和防冻浓缩液两大类。防冻冷却液按其冰点不同分
为-25、-30、-35、-40、-45、-50共6个牌号,可直接加入车中使用。防冻浓缩液是为
了便于储运,使用时应根据产品说明书规定的比例,用蒸馏水或去离子水稀释,如防冻浓缩
液与蒸馏水各以50%的比例混合,制成的防冻冷却液冰点不高于-37℃。

目前,我国进口量比较多的是日产TCL防冻液和美国壳牌防冻液,它们都随冷却液浓度
的增加而冰点下降,使用时必须严格按照包装上各自的浓度配比使用。

3. 乙二醇型防冻冷却液的选用

乙二醇型防冻冷却液的牌号是按冰点来划分的,选用时应根据车辆使用地区冬季的最低
气温来选择合适的牌号。一般选用的防冻冷却液的冰点应比最低气温低10℃左右。

4. 防冻液的使用与注意事项

在寒冷的季节,为了防止内燃机流过部分的冻裂,人们常选用防冻剂,这些防冻剂中由
于加添了某些抗蚀化学品,因此还具有抗腐蚀作用,此外像乙二醇基防冻剂在降低冰点的同
时还提高了沸点,乙二醇-水防冻液,由于其冰点低、沸点高、不易挥发,可冬夏通用,故应
用最广。根据防冻液的性质、特点,在使用中必须注意如下几点:

(1)配制防冻液时切忌用硬水调配,以防产生水垢或使防冻液失效。

(2)防冻液应根据当地气候条件配制,一般应以其冰点比当地最低气温低5~10℃为宜。

(3)内燃机防冻液如出现浮游物及颜色变化或发出臭味时,说明有不同程度的变质,必
须及时清洗、更换。

(4)换用防冻液,应先检查并紧固冷却系统各支管、接头等易产生渗漏的部位,并及时
修复。

(5)乙二醇防冻液的热膨胀率较大,使用时只需加到冷却系统总容量的95%即可,不能
充满。

(6)乙二醇沸点较高不易挥发,使用中蒸发的是水,发现冷却液减少时,只需加软水,由

于泄漏造成的冷却液减少者除外。

（7）使用中，应经常测量其相对密度，以检查冰点是否符合要求。

（8）防冻液一般均有毒，切勿用口吸。乙二醇基防冻液吸水性强，存放时容器要密封。

（9）乙二醇基防冻液在使用中切勿混入石油产品，否则便会产生大量泡沫。

（10）防冻液黏度较大，流动与散热性较差。内燃机温度稍高是正常的，但若过热时，就要检查并适当调整其浓度。

（11）某些发动机对冷却液的选用有特殊的要求（如桑塔纳轿车发动机必须使用 GII 防冻液），因此，使用者须严格按照发动机的使用说明书要求去做。

任务二 冷却系统主要零件构造与维修

一、水泵的构造与维修

水泵的作用是对冷却液加压，强制冷却液在冷却系中循环流动。常见的水泵安装在发动机前端，水泵一般由曲轴通过 V 带驱动。有些发动机的水泵由凸轮轴直接驱动。装有自动变速器的汽车必须装备变速器机油冷却器。变速器机油冷却器通常就是一根冷却管，置于散热器的出水室内，由冷却液对流过冷却管的变速器机油进行冷却。现代汽车发动机均采用离心式水泵，这种水泵结构简单、体积小、出水量大、维修方便，获得广泛应用。

1．水泵的构造

1）水泵的结构

离心式水泵由壳体、叶轮、水泵轴、轴承、水封等组成，如图 5－6 所示。

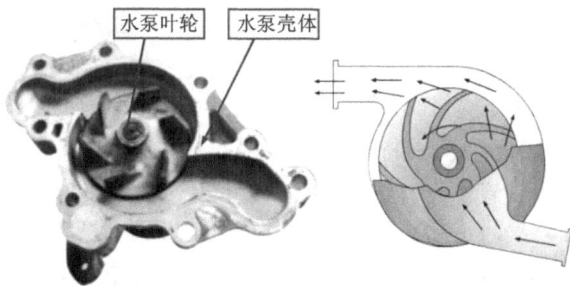

图 5－6 水泵

水泵外壳一般用螺栓固定在发动机前端。水泵轴由两个滚珠轴承支承在水泵外壳上。水泵轴的一端铣削成平面与水泵叶轮承孔相配合，并通过螺钉固紧，以防叶轮轴向窜动；水泵轴的另一端用半圆键与凸缘盘连接，并用槽形螺母锁紧。凸缘盘用来安装带轮。

叶轮的前端为水封装置，它包括：带有两凸缘的夹布胶木密封垫圈卡于水泵外壳的两槽内，以防止转动。弹簧通过水封环将水封皮碗的一端压在水封座圈上，而另一端压向夹布胶木密封垫圈上；为了防止水泵内腔的水沿水泵轴向前渗漏，夹布胶木密封垫圈又压在水泵叶轮毂的端面上。当有少量的水滴由水封处渗出时，为避免破坏轴承的润滑，渗漏的水滴可从泄水孔泄出。

2）水泵的工作原理

离心式水泵的工作原理如图 5－7 所示。当发动机工作时带动水泵叶轮旋转，水泵中的水被叶轮带动一起旋转，在离心力的作用下向叶轮边缘甩出，经与叶轮成切线方向的出水管压送到发动机水套内。与此同时，叶轮中心处形成一定负压而将水从进水管吸入，如此连续地作用，使冷却液在水路中不断地循环。

2. 水泵的检修

1) 水泵的常见损伤

水泵损伤后将出现吸水不佳、压力不足、循环不良、漏水、高温等故障，影响发动机的正常运转。常见的损伤有：水泵体破裂；水泵轴磨损或弯曲；叶轮片破裂；胶木垫圈与垫圈座的磨损，橡皮水封变形老化，水封与封座不平，密封弹簧的弹力不足；皮带轮毂与水泵轴的松旷；水泵轴承的松旷及磨损；键槽磨损，键或销被剪断等。

图 5 – 7 水泵的工作原理

1—壳体；2—叶轮；3—进水口；4—出水口

2) 水泵的检查

(1) 检查水泵体有无裂缝和破裂，螺孔、螺纹有无损坏，前后轴承孔是否磨损过限，与止推垫圈的接触面有无擦痕和磨损不平，分离平面有无挠曲变形。

水泵体破裂可以用生铁焊条氧焊修理；螺孔、螺纹损坏可以扩大孔径，再攻螺纹，也可焊补后再钻孔攻丝；轴承松旷超过规定（轴向间隙不超过 0.30 mm，径向间隙不超过 0.15 mm）时应该更换；轴承孔磨损超过 0.03 mm 时，可用镶套法修复，套和孔配合过盈量为 0.025 ~ 0.050 mm；止推垫圈接触平面有擦痕，垫圈座有麻点、沟槽或不平时，可用铰刀修整；壳体与盖连接平面如挠曲变形超过 0.05 mm 时，应予以修平。

(2) 检查水泵轴有无弯曲，轴颈磨损是否超标，轴端螺纹有无损伤。水泵轴弯曲一般应在 0.05 mm 以内，否则应予以冷压校正。轴颈磨损过限，可采用镀铬、喷涂修复，必要时更换新轴。

(3) 检查水泵叶轮上的叶片有无破裂，装水泵轴的孔径是否磨损过限。叶轮叶片破裂，可堆焊修复，孔径磨损过限可以镶套修复。

(4) 检查水封、胶木垫圈的磨损程度，如不合用则应换新件。

(5) 检查皮带轮毂与水泵轴的松旷情况，装水泵轴的孔径若磨损过限，可镶套修理。

(6) 检查水泵轴及皮带轮键槽的磨损情况，可以焊补后修整它的表面；也可以在与旧键槽相隔 90° ~ 180° 的位置上铣出新的键槽。键和销子已磨损不适用时应换新件。

3) 水泵的装合

(1) 将密封弹簧、水封皮碗、胶木垫圈装于叶轮孔内，再装上水封锁环。

(2) 用压力机或铜锤轻轻将水泵轴压入或敲入水泵叶轮，其配合为 – 0.01 ~ + 0.02 mm。

(3) 装上后轴承锁环和后滚珠轴承的配合为 – 0.01 ~ + 0.012 mm，用铜锤轻轻打入水泵壳体内，水泵壳体与轴承外圈的配合为 – 0.027 ~ + 0.031 mm。

(4) 装进轴承隔管、前滚珠轴承及前轴承锁环。将风扇皮带轮装在水泵轴上，垫上垫圈，紧固螺母。测试转水泵叶轮，叶轮转动应灵活。

(5) 装上水泵盖及衬垫，用螺栓紧固，向弯颈油嘴注入润滑脂。

4) 水泵装合后的检验

水泵装合后应该进行检验。首先用手转动皮带轮，水泵轴应无阻滞现象，叶轮与泵壳应无碰击感觉。最后在水泵试验台上进行检验。当水泵轴以 1000 r/min 的速度运转时，每分钟的排水量不应低于规定的数值，在 10 min 的试验过程中，应无任何碰击声响和漏水现象。

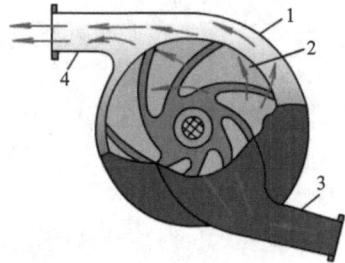

二、散热器的构造与维修

散热器也称之为水箱，其作用是将冷却液吸收的热量散发到大气中去。散热器必须有足够的散热面积，通常使用导热性能、结构刚度和防冻性能较好的铜、铝和铝锰合金等材料制造。

1. 散热器的构造

散热器主要由上、下水室，散热器芯，散热器盖等组成，如图5-8所示。散热器上水室为薄钢板制成的容器，用橡胶皮管同发动机出水管相连接，并设有加水口盖。下水室也是用薄钢板制成的容器，

用橡胶软管同发动机进水管或水泵相连接，并装有放水开关。

1）散热器芯

散热器芯常见的结构有两种——管片式和管带式，如图5-9所示。管片式散热

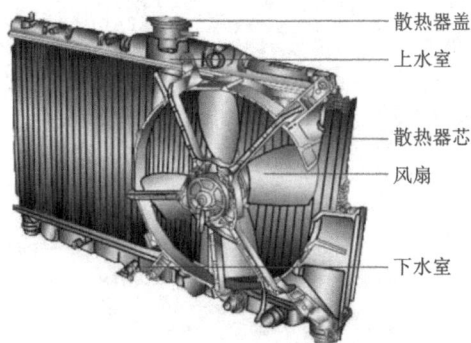

图5-8　散热器的构造

器芯由许多冷却管和散热片组成，冷却管是冷却液的通道，多采用扁圆形断面，以增大散热面积，同时当管内冷却液冻结膨胀时，扁管可借助于其横断面变形而免于破裂。为了增强散热效果，在冷却管外面横向套装了很多散热片来增加散热面积，同时增加了整个散热器的刚度和强度。

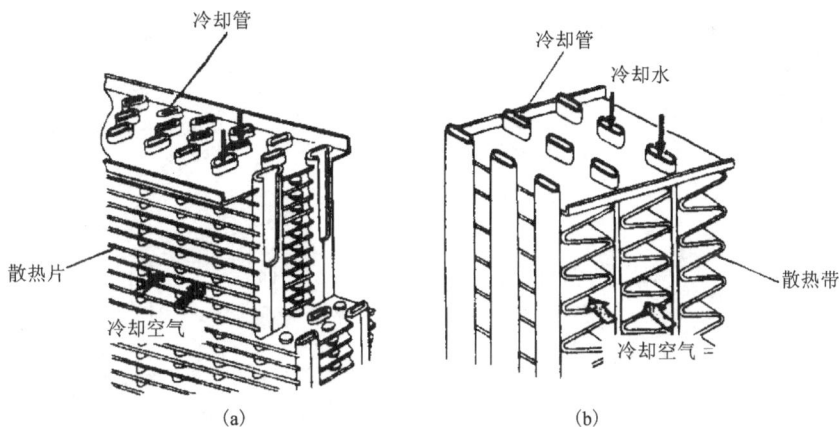

图5-9　散热器芯不同结构形式

(a)管片式；(b)管带式

管带式散热器芯采用冷却管与散热带相间排列的方式，散热带呈波纹状，其上开有形似百叶窗的缝隙，用来破坏空气流在散热带上的附面层，从而提高散热能力。这种散热器芯与管片式相比，散热能力强，制造工艺简单，质量小，成本低，在轿车上得到广泛应用，但刚度不如管片式好。

2）散热器盖

散热器盖对冷却系统起密封加压作用。现代汽车发动机采用封闭式水冷却系，其散热器盖上装有自动阀门，当发动机处于正常状态时，阀门关闭，将冷却系与大气隔开，防止水蒸气逸出，使冷却系统内压力稍高于大气压力，从而增高冷却液的沸点，保证发动机在较长时间及较高负荷下工作。在冷却系压力过高或过低时，自动阀门开启，使冷却系与大气相通。

散热器盖的结构如图 5-10 所示。盖内装有蒸汽阀和空气阀，当冷却液温度升高，散热器内部压力大于规定值时，蒸汽阀开启，使冷却液蒸汽从蒸汽排出管排出，以防压坏散热器芯管，如图 5-10(a)所示。当冷却液温度降低，体积收缩后压力降到低于大气压某定值时，空气阀开启，空气进入冷却系，避免压力差将散热器芯管压瘪，如图 5-10(b)所示。

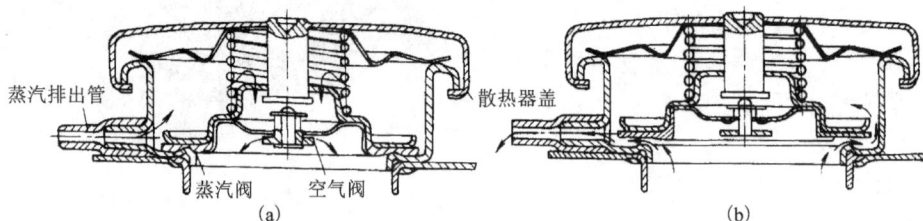

图 5-10 散热器盖的结构及工作原理
(a)空气阀开启；(b)蒸汽阀开启

桑塔纳 2000GSi 轿车 AJR 发动机散热器结构如图 5-11 所示。它主要由右水室、热敏开关、散热器芯、左水室、散热器盖、膨胀水箱等组成。蒸汽导出口与膨胀水箱连接，冷却液的进出口分别设在右水室的上下侧，与发动机出水口及水泵主进水口连接。该散热器为全铝装配式，即散热片和水管为铝质，采用圆形冷却管，机械装配式连接。

桑塔纳 2000GSi 轿车 AJR 发动机的散热器盖内蒸汽阀的开启压力为 0.12 MPa，此时冷却液沸点可达 135℃，散热能力很强。

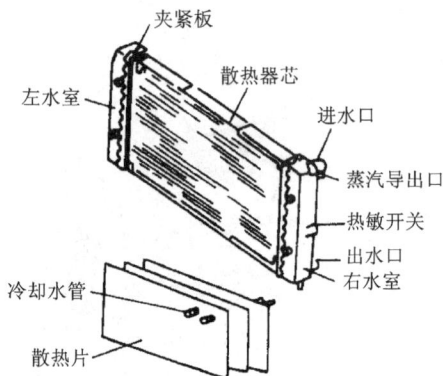

**图 5-11 桑塔纳 2000GSi 轿车
AJR 发动机散热器结构**

2. 散热器的检修

由于使用了防冻剂，能防冻、防锈、防结垢。但散热器是个薄弱环节，易损伤，发生渗漏，应及时检查修正。特别应注意清洁工作。同时应经常检查散热器软管有无龟裂、损伤、膨胀状况，一旦发现应及时更换。

1）散热器的清洗

冷却系水垢沉积后，将会使冷却液流量减小，散热器传热效果降低，促使发动机过热。清除水垢有以下两种方法：第一种方法是用 2%~3% 的苛性钠水溶液加入发动机冷却系统中，汽车使用 1~2 天后将冷却液全部放出，并用清水冲洗，然后再加入同样的苛性钠水溶液，使用 1~2 天后放出，最后用清水彻底清洗冷却系统。第二种方法是，冷却系加满清水后，从加水口向内加入 1 kg 的苏打，让汽车行驶 1 天时间，然后将冷却系统中的水放尽，再使发动机低速运转，运转时不断地从加水口加入清水（放水开关也放水），彻底将冷却系冲洗干净。

2）散热器的检查

将压力检测器装在散热器上，桑塔纳轿车发动机可使用 VW1274 专用仪器进行检查。用检查仪的手动泵使内部压力达 100 kPa，然后观察压力变化。如果出现明显下降，说明冷却系存在渗漏部位，应予以排除。如堵死散热器的进出口，在散热器内充入 50～100 kPa 的压缩空气，并将其浸泡在水中，检查有无气泡冒出。如有气泡，应做好记号，以便焊修。再用手动泵使压力上升，在 120～150 kPa 时膨胀水箱上的压力阀必须打开。

3）散热器盖的检查

对于具有空气–蒸汽阀的散热器盖用专用压力检测器检查，散热器盖的压力阀、蒸汽阀开启压力应在规定范围内。

三、补偿水桶

现代轿车发动机冷却系都采用了自动补偿封闭式散热器，它的特点是在散热器的右侧增设了一个补偿水桶（亦称储液罐或副水箱），用软管连接到散热器的蒸汽导出口，如图 5–12 所示。

补偿水桶的作用是减少冷却液的损失，当冷却液温度升高、体积膨胀时，散热器中多余的冷

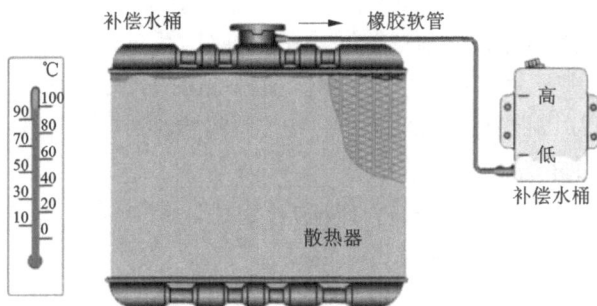

图 5–12　补偿水桶结构

却液流入补偿水桶中；而当冷却液温度降低时，体积收缩，散热器内产生一定真空，补偿水桶中的冷却液又被吸回散热器中。这样散热器可以经常保持在满水状态，以提高冷却效果。同时散热器上水箱也可以做得小些，冷却液损失很少，驾驶员也不必经常检查冷却液量。补偿水桶上印有两条液面高度标记线："DI"（低）与"GAO"（高），或者"FULL"（充满）与"ADD"（添加）。

冷却液温度在50℃以下时，液面高度不应低于"DI"（ADD）线，否则需补充冷却液，补充时冷却液可从补偿水桶口加入，高度不超过"GAO"（FULL）线。

使用中需要注意：散热器盖必须可靠密封，如密封不严，冷却系统内部真空度建立不起来时，则起不到内部循环补偿作用。自动补偿封闭系统还要避免空气进入冷却系统。当水冷系统中有空气时，会导致金属的锈蚀和腐蚀，从而损坏冷却系统部件。补偿水箱盖和密封垫上的通气不要堵塞，必须保持畅通，否则会因为压力差无法建立造成补偿水箱内的冷却液无法流回散热器内。加注普通水的冷却系，在寒冷的冬天汽车停车过夜，常需将冷却系中的冷却水放掉，以免冻结，损坏散热器和缸体、缸盖。为了克服这一缺点，现在在冷却水中加注长效防锈防冻液。为避免或减少加注防冻液的冷却水耗散，冷却系中常采用自动补偿封闭式散热器，如桑塔纳 2000 型轿车发动机等。

四、散热风扇的构造与维修

1. 散热风扇构造

散热风扇原理是提高通过散热器芯的空气流速与流量，以增强散热器的散热能力。风扇与水泵同轴安装在散热器的后面，当风扇旋转时，对前方空气形成吸力，高速空气流由前向后通过散热器芯，带走散热器芯表面的热量，加速冷却水的冷却。风扇的扇风量主要与风扇的直径、转速、叶片形状、叶片安装角及叶片数量有关。

汽车用发动机的风扇有按其结构原理分为轴流式和离心式风扇；按驱动方式则分为机械驱动式和电机驱动式两种。轴流式风扇（如图 5 – 13 所示）所产生的风的流向与风扇轴平行，具有效率高、风量大、结构简单、布置方便的特点，因而得到了广泛的应用。

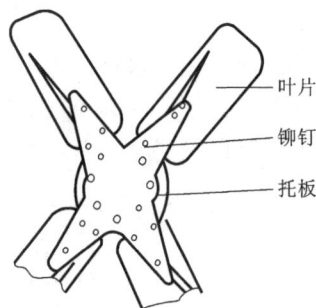

图 5 – 13　轴流式风扇

轴流式风扇由叶片、托板铆接而成，叶片则由薄钢板冲压而成形，其断面有圆弧形和翼形。圆弧形叶片风扇也称做螺旋桨式风扇。翼形叶片风扇如图 5 – 14 所示，噪声小，空气动力性好，在高速发动机上应用日趋广泛。为降低叶片旋转时的气流噪声，叶片间隔角不等，叶片数量也多为奇数。

风扇紧靠在散热器的后面。发动机在前且纵向布置的汽车，风扇与水泵共轴内曲轴前端的皮带轮驱动，如图 5 – 15 所示。

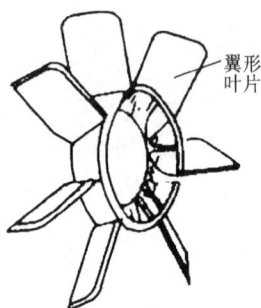

图 5 – 14　翼形风扇

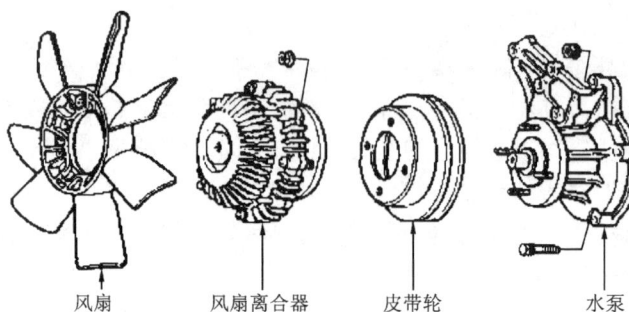

图 5 – 15　风扇的安装位置

1）曲轴皮带驱动风扇

曲轴皮带驱动（如图 5 – 16 所示）风扇由曲轴带轮通过 V 形带驱动发电机带轮作为张紧轮，特点是发动机低速大负荷时温度高，需要提高风扇转速以加强散热，但风扇转速反而随曲轴转速而降低。不能根据发动机的热状况对冷却强度进行调节。风扇皮带由帘布层、橡胶制成。为防止工作时在皮带轮上打滑，多采用三角皮带，皮带一般为两根，风扇皮带装在曲轴、发电机和水泵三个皮带轮槽中，装好后应调整其松紧度，皮带过松易打滑而磨损，影响散热效果；过紧会加重皮带和各轴承的负荷。在正常情况下，用 40 ~ 50 N 的力压下皮带时，其挠度在 15 ~ 20 mm 范围内，否则，可以改变发电机在支架上的位置进行调整。

2）电动风扇控制

现代汽车发动机风扇通常采用合成树脂材料制成，以减少噪声，且广泛采用电动风扇，其特点是风扇不与水泵同轴，而由电动机驱动，并受冷却液温度作用的温度开关控制。

（1）温控热敏电阻开关控制（如图 5－17 所示）。电动冷却风扇系统一般由电动冷却风扇温度感应器、风扇、电动机、风扇和电动机控制开关组成。根据冷却水温度变化控制风扇工作，能提高整车的经济性。风扇的外径略小于散热器的宽度和高度，位置布置得尽可能对准散热器的中部，风扇通常安排在散热器后面，并与水泵同轴。这样，当风扇转动时，对空

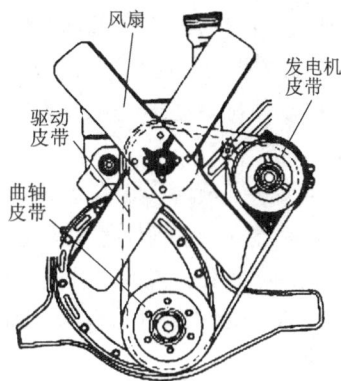

图 5－16　曲轴皮带驱动风扇

气产生轴向吸力，空气流从前到后通过散热器芯，从而使散热器芯中的冷却水加速冷却。桑塔纳系列轿车冷却风扇采用直流轴流风扇，主动风扇通过一根较细的传动带带动，从动风扇同步工作。风扇的快、慢挡转速是依靠串联电阻来实现的，其变速电阻安装于冷却风扇的电动机内。主动风扇与从动风扇固定在集风罩内，其工作电压为 12 V，最大功率为 200 W，起动方式为额定电压直接起动，高速挡功率为 150 W，低速挡功率为 95 W。

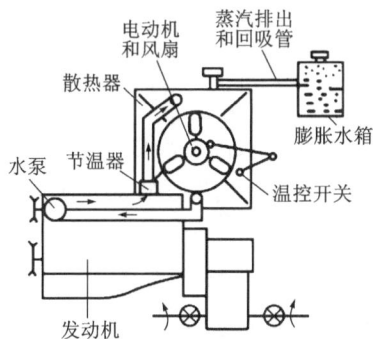

图 5－17　温控热敏电阻开关控制

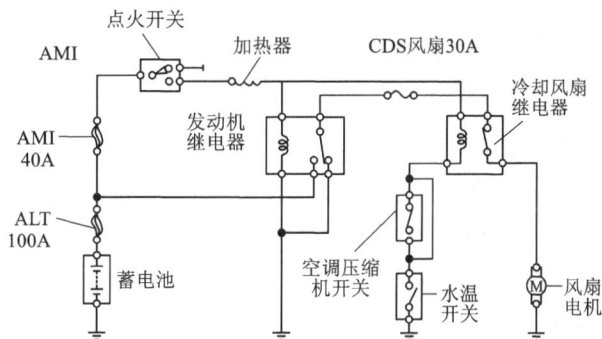

图 5－18　水温开关和风扇继电器控制

电动机的温控开关由散热器的冷却水温度控制，开关有高、低速两个挡位，低速挡在低于 100℃时使用，高速挡在高于 100℃时使用，需要冷却时自动起作用。这样，在一般行驶条件下，电动冷却风扇几乎不转，功率消耗减少，油耗率降低，而在低速、大负荷时又能得到充分的冷却。桑塔纳系列轿车的冷却风扇由利用水温变化来控制的热敏开关控制，当冷却风扇置于"1"挡时，转速为 1600 r/min，工作温度为 93～98℃，关闭温度为 88～93℃；当冷却风扇置于"2"挡（快速）时，转速为 2400r/min，工作温度为 102±3℃，关闭温度为 93～98℃。

（2）水温开关和风扇继电器控制（如图 5－18 所示）。温度 91℃以上时（或空调压缩机开关闭合），水温开关接通风扇继电器线圈电路，风扇继电器触点闭合，电动风扇工作。

2. 散热风扇维修

1）风扇叶片的检查

风扇叶片出现变形、弯曲、破损后应及时更换。由于风扇连接板强度不足或其他原因，

使风扇叶片向前弯曲或扭转变形,破坏了风扇叶片原设计的角度,使其丧失平衡性能,不但会影响通过散热器的空气流速和流量,降低散热器的冷却能力,甚至打坏散热器,加速水泵轴承、水封的损坏,还会大幅度增大风扇的噪声。

2)电动风扇热敏开关的检修

发动机热态时,即使发动机已熄火,风扇仍可能转动。如果冷却液温度很高但风扇不转,应检查熔断器。若熔断器完好,则应停机检查温控开关和风扇电动机,必要时更换有关部件。

3)检查风扇、皮带与调整风扇皮带松紧度的方法和步骤

风扇和发电机一般同时由曲轴带轮通过三角皮带驱动,一般将发电机的支架做成可移动式,以调节皮带的张紧度,如图 5 - 19 所示,用手轻轻在轴向扳动风扇叶片,水泵轴应无轴向间隙,叶片安装牢固,检查风扇皮带无表面开裂、油污等。风扇皮带若过松,将引起皮带相对带轮打滑,使风扇的扇风量减

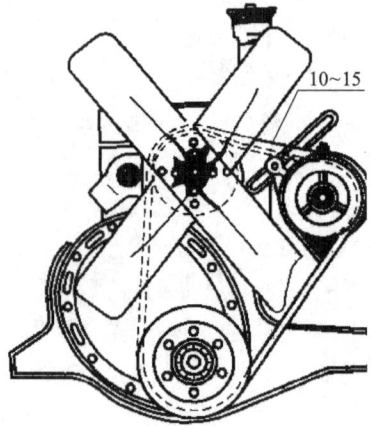

图 5 - 19　检查与调整风扇皮带松紧度

少,发动机过热及发电机的发电效率下降;风扇皮带若过紧,将增加发电机轴承的磨损。因此要求皮带必须保持合适的松紧度,一般用大拇指以 30 ~ 50N 的力,按下皮带产生 10 ~ 15 mm 的挠度为宜。

五、节温器的构造与维修

节温器安装在冷却液循环的通路中,根据发动机负荷大小及冷却液温度高低来改变冷却液的流动路线及流量,自动调节冷却系的冷却强度,使冷却液温度保持在最适宜的范围内。

1. 节温器的构造

节温器有蜡式和乙醚折叠式两种。目前汽车发动机上广泛采用的是蜡式节温器,因为它具有对水压影响不敏感、工作性能稳定、水流阻力小、结构坚固和使用寿命长等优点。

蜡式节温器的结构,如图 5 - 20 所示,长方形的阀座与下支架铆接在一起,紧固在阀座上的中心杆的锥形下端插在橡胶管内。橡胶管与感温器体之间的空腔内充满特制的石蜡。常温下石蜡呈固态,当温度升高时,逐渐熔化,体积也随之增大,感温器体上部套装在主阀门上,下端则与副阀门铆接在一起。节温器安装在水泵下端,进水口的前部,用来控制水泵的进水。

蜡式节温器的工作原理如图 5 - 20 所示。当冷却液温度低于 85℃时,节温器体内的石蜡体积膨胀量尚小,故主阀门受大弹簧作用紧压在阀座上,来自散热器的水道被关闭,而副阀门则离开来自发动机的旁通水道,所以冷却液便不经过散热器,只在水泵与发动机水套之间作小循环流动。这样,冷发动机开始工作时,冷却液快速升温,能很快暖机,在短时间内达到发动机正常工作温度。当冷却水温度高于 85℃时,石蜡体积膨胀,使橡胶管受挤压变形,但由于中心杆是固定不动的,于是橡胶管收缩则对中心杆锥形端部产生一轴向推力,迫使感温器体压缩大弹簧,使主阀门逐渐开启,副阀门逐渐关闭,因而部分来自散热器的冷却水作大循环流动。随着温度升高,主阀门开大,作大循环冷却水量增多。当水温达到 105℃时,主

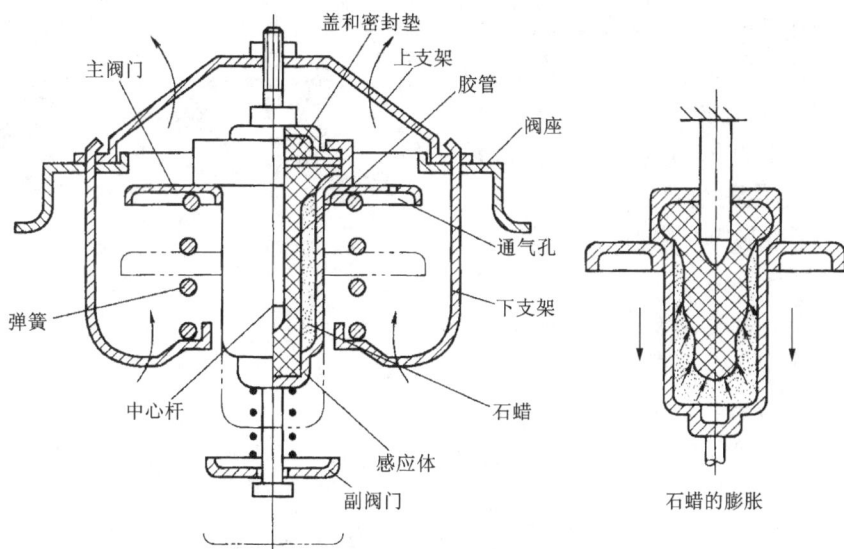

主阀门　盖和密封垫　上支架　胶管　阀座　通气孔　下支架　石蜡

弹簧　中心杆　感应体　副阀门　石蜡的膨胀

图 5 - 20　蜡式双阀型节温器

阀全开，开足升程至少 7 mm；副阀门则完全关闭，全部冷却水流经散热器作大循环流动。

　　2. 节温器的检修

　　节温器失灵时，主阀门处于关闭状态，冷却液不经散热器，致使发动机冷却系很快出现过热现象，导致开锅现象的发生；反之，若节温器失灵时，主、副阀门同处于开启状态，冷却液不能进行小循环。检查时，将节温器浸入水容器中，并逐步加热提高水温，检查阀门的

8 mm 等于或大于

图 5 - 21　蜡式节温器的检查

开启温度和阀门的提升情况。图 5 - 21 所示为蜡式节温器的检查。低温型节温器的温度在 80～84℃时，阀门开始开启，在达到 95℃时提升应大于 8 mm；高温型节温器的温度在 86～90℃时，阀门开始开启，在温度达到 100℃时阀门的升程应大于 8 mm。当阀门的升程衰减到 8 mm 以下时就不能继续使用，应予以更换。

六、冷却液温度表

　　冷却液温度表是用来指示发动机水套中冷却液的温度的，它由装在仪表板上的冷却液指示表和装在发动机气缸套上冷却液温度传感器两部分组成，两者用导线相连。按工作原理划分，冷却液温度表可分为电热式、电磁式、动磁式三种，冷却液温度传感器可分为双金属片式和热敏电阻式两种。从美国、日本等国进口的汽车，多装用电磁式水温表，它与热敏电阻式传感器配套工作，其工作原理如图 5 - 22 所示。

　　电磁式冷却液温度表内有左、右两个互成一定角度的铁芯，铁芯上分别绕有磁化线圈，两铁芯下端有软铁转子，转子上装有指针。当点火开关置 ON 时，左、右两线圈通电，各形成

一个磁场,同时作用于软铁转子,转子便在合成磁场的作用下转动,使指针在某一刻度上。当电源电压不变时,通过左线圈的电流不变,因而它所形成的磁场强度是一个定值;而通过右线圈的电流取决于与它串联的传感器热敏电阻值的变化。当冷却液温度降低时,传感器热敏电阻阻值增大,线圈中电流变小,合成磁场逆时针转动,使指针指在低温处;反之,当冷却液温度升高时,传感器热敏电阻阻值减小,线圈中电流增大,合成磁场顺时针转动,使指针指在高温处。

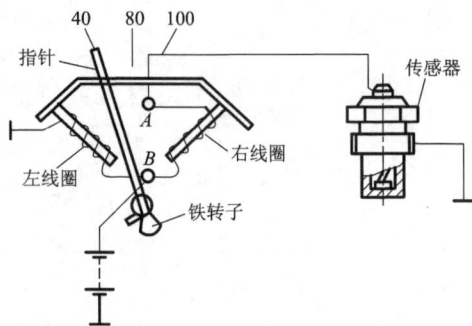

图5－22　电磁式水温表与热敏电阻式传感器

项目实施

项目实施一　冷却系统的维护

(一)项目实施目的及要求

(1)学会清洗发动机冷却系统的方法。
(2)能对发动机冷却液进行加注。

(二)项目实施设备及工量具

(1)设备。汽车发动机若干台。
(2)工量具。若干套工具,冷却液加注工具;收集容器。

(三)项目实施内容

(1)冷却液配方和清洗方法。
(2)冷却液加注步骤。

(四)项目实施步骤

1．清洗发动机水冷却系统的方法及步骤
1)维护修理过程中进行水垢的清洗
(1)拆去节温器。
(2)将水从正常水循环相反的方向压入(即从出水管处压入),到流出的水清洁时为止。当水垢严重的积聚、沉淀或有固着在金属表面上的硫酸钙、碳酸钙等物质时,可加入水垢清洗液使其溶解。
(3)用清水洗净。
2)就车清洗水垢的方法及步骤
(1)将冷却系的冷却液放净。
(2)加入配有水垢清洗液的溶液。

(3)工作一个班次后放出清洗液。

(4)再换用清水让发动机运行一个班次后放出,至清洁无混浊即可。

2. 冷却液的使用

(1)发动机冷却系使用的冷却液为冷却水或防冻液。

(2)使用散热器堵漏剂修补散热器渗漏故障时,按使用说明书规定的要求添加。

(3)完成检漏修复后,应在规定时间内放掉渗有堵漏剂的冷却液,并用清洁的水冲洗冷却系,按要求加注冷却水或防冻液。因为堵漏剂对冷却系零件可能有腐蚀作用,一般不允许冷却系中长期使用。

3. 冷却液的排放

冷却液的排放可以收集在一干净容器内,以便再次使用或处理。

(1)打开冷却液膨胀罐。热车时应注意,打开膨胀罐盖时会喷出炽热蒸汽,因此应用布包住盖子,慢慢开启,

(2)将集油器置于发动机下,

(3)拆下冷却液软管。

(4)拧下放液螺塞。

4. 冷却液加注的方法与步骤

(1)安装底部冷却软管,并紧固。更换 O 形密封圈,安装冷却液泵放液螺塞,其拧紧力矩为 30 N·m。

(2)将管接头 V. A. G1274/8 拧到膨胀罐上,如图 5-23 所示,将漏斗 V. A. G1274/10 装到管接头上。若加注时无专用工具,则应拆下膨胀罐并抬高约 100 mm。

(3)松开将防尘套固定在热交换器接头上的卡箍,向后拉防尘套,松开热交换器上的冷却液软管,向后拉软管,直到气孔(如图 5-24 所示)不再被接头封住。

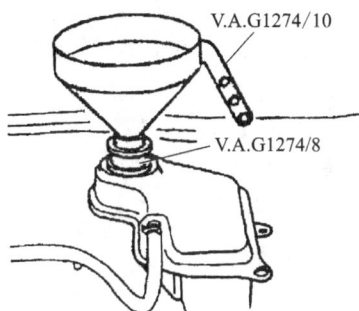

图 5-23　安装冷却液加注工具

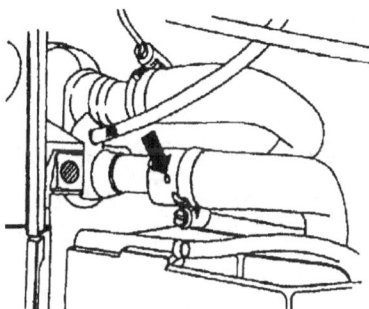

图 5-24　通气孔

(4)加注冷却液,直至冷却液软管的通气孔中流出冷却液。将软管推到接头上并紧固,盖上膨胀罐盖。

(5)启动发动机,以 2000 r/min 的转速运转约 3 min,然后让发动机以怠速运转,直至散热器上的下软管变热。

(6)检查冷却液液位,如有必要,加注冷却液。发动机以正常温度工作时,液位必须处于 max 标记处。

注意：加注冷却液时，只能使用符合标准的冷却液添加剂（添加剂为红色），不得使用非标准的添加剂，也不可多种混合在一起，否则将严重损坏发动机。若膨胀罐内的液体呈棕色，则表明冷却液内混有其他冷却液，须彻底冲洗冷却系统，加入新鲜冷却液。冲洗时加入干净水，发动机运转约 2 min，排净所有旧冷却液。

项目实施二　冷却系统的拆装与检查

（一）项目实施目的及要求

（1）熟悉冷却系的组成及各部件的装配；主要机件的构造；冷却水的循环路线及控制方式。

（2）掌握冷却系主要零件的检验方法。

（二）项目实施设备及工量具

（1）设备。汽车发动机 4 台。

（2）工量具。4 套工具，电炉 1 台，万用表 4 块，温度计 4 个。

（三）项目实施内容

（1）拆装冷却系。

（2）冷却系主要总成的检修。

（四）项目实施步骤

Ⅰ．冷却系组成、主要机件的构造、冷却水的循环路线

1）观察冷却系主要机件的安装位置、连接关系。

2）熟悉冷却水大小循环路线及控制方式。

3）熟悉冷却水温调节方式。

4）观察散热器、风扇、水泵、缸体与缸盖水套、水温表传感器、节温器等主要机件，其构造如图 5－25 所示。

5）用工具从发动机总成上拆下水泵。

（1）分解水泵：

①把水泵壳体夹紧固定在夹具中或台虎钳上。

②拧松 V 形带轮紧固螺栓，拆下 V 形带轮。

③分解前盖与泵壳，但注意分批拧松紧固螺栓。

④用拉具拆下 V 形带轮凸缘。再用拉具拆下水泵叶轮，注意防止损坏叶轮。

⑤压出水泵轴和轴承，并分解水泵轴与轴承。

⑥压出水封、油封。

⑦放松水泵壳体，换位夹紧，拆下进水口接头的紧固螺栓，取下接管。

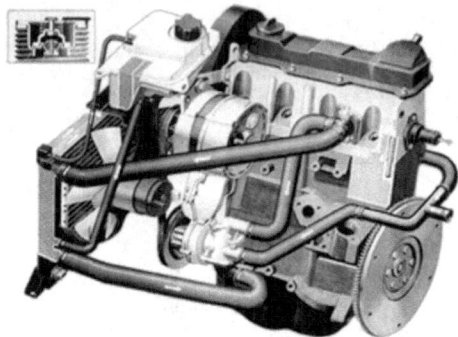

图 5－25　发动机冷却系

⑧拆下密封圈,拆下节温器。

(2)按拆卸向反顺序进行复装,但应注意以下两点:

①更换所有衬垫和密封圈。

②保证叶轮与泵壳的轴向间隙、叶轮与壳体的径向密封处的间隙,满足轴承的润滑条件。

6)用工具从发动机总成上拆下节温器。

7)用工具从散热器上拆下热敏开关。

Ⅱ.冷却系主要总成的检修

1)检测节温器

(1)按车辆制造厂提供的维修方法及检测数据检测节温器。

(2)把节温器放在规定水温中,节温器温度与水温一致后检测节温器阀门开度应与车辆制造厂提供的维修及检测数据相符(如图5-26所示)。

(3)如果节温器主阀门开启温度不符合要求,或在常温下关闭不严,应更换节温器。

图5-26 节温器的检测

2)检测硅油风扇离合器

(1)当汽车停放12 h后,发动机启动前用手拨动风扇叶片应感到有明显的转动阻力;启动发动机,运转1~2 min后熄火,此时拨动风扇叶片应感到转动阻力明显减小,可认为硅油风扇离合器正常。

(2)在发动机正常工作温度条件下,发动机中速运转,硅油风扇离合器主、从动叶轮转差率<7%,硅油风扇离合器正常。

3)热敏开关的检查

(1)将热敏开关放入水中,逐渐加热。

(2)用万用表电阻挡测量热敏开关接线端与外壳间的电阻。当水温达93~98℃时,开关应导通;当水温下降至88~93℃时,电阻应为无穷大。否则,热敏开关损坏。

4)检查皮带磨损、老化、裂纹,视情况更换皮带。

项目小结

1.发动机的冷却方式有水冷却和风冷却。现代汽车发动机普遍采用水冷却。水冷系一般由水泵、散热器、冷却风扇、节温器、补偿水桶、发动机机体和气缸盖中的水套以及其他附加装置等组成。

2.发动机冷却水循环路线分大循环和小循环。当冷却液温度高时,冷却液进行大循环,此时节温器主阀门打开,副阀门关闭,冷却液流向水泵进水口,以求迅速降低冷却液温度,增强冷却效果;当冷却液温度较低时,冷却液进行小循环,此时节温器主阀门关闭,副阀门打开,冷却液直接进入节温器后的水泵进水口,不经散热器冷却,以使发动机冷却液温度迅速升高到正常工作温度。

3.现代轿车发动机普遍采用的防冻剂是乙二醇,在使用过程中,防锈剂和泡沫剂会逐渐消耗殆尽,因此,定期更换冷却液是十分必要的。

4. 离心式水泵由壳体、叶轮、水泵轴、轴承、水封等组成。它常见的损坏形式为：水泵壳体、卡簧槽及叶轮破裂；带轮凸缘配合孔松动；水封变形、老化及损坏；泵轴磨损、轴承磨损松旷等；散热器主要由上、下水室、散热器芯、散热器盖等组成，由于使用了防冻剂，能防冻、防锈、防结垢，易损伤，发生渗漏，应及时检修；风扇的扇风量主要与风扇的直径、转速、叶片形状、叶片安装角及叶片数量有关，及时检查风扇、皮带与调整风扇皮带松紧度；汽车发动机上广泛采用的是蜡式节温器，当节温器失灵时，及时检修更换节温器。

5. 学习了怎样清洗发动机冷却系统，如何正确加注发动机冷却液及对冷却系主要总成的检修。

思考与练习

1. 发动机的冷却强度为什么要调节？应如何调节？
2. 水泵的结构如何？常见的损坏形式有哪些？
3. 节温器的功用是什么？简述蜡式节温器的工作原理。
4. 简述冷却液的排放和加注步骤。

润滑系的构造与维修

学习目标

1. 了解润滑系的组成、作用、类型。
2. 掌握润滑系统油路分析及主要零部件的工作原理。
3. 学会润滑系统主要零部件的检修。
4. 正确维护润滑系统。

案例引入

一辆桑塔纳 2000GSi 轿车进厂维修,客户反映该车机油消耗过多,经维修业务接待员初步确诊,可能是润滑系的故障,现需要对润滑系各零件进行检修。

项目描述

本项目主要介绍汽车发动机润滑系的作用、分类及润滑油路、各零件的检验与维修,熟悉专业工具、量具的使用,并对冷却系主要零件进行拆装与调整。

项目内容

任务一　认识润滑系

发动机工作时,传力零件的相对运动表面(如曲轴与主轴承、活塞与气缸壁、正时齿轮副等)之间必然产生摩擦。金属表面之间的摩擦不仅会增大发动机内部的功率消耗,使零件工作表面迅速磨损,而且由于摩擦产生的大量热可能导致零件工作表面烧损,致使发动机无法运转。因此,为保证发动机正常工作,必须对相对运动表面加以润滑,也就是在摩擦表面上覆盖一层润滑油(发动机油)使金属表面间形成一层薄的油膜,以减小摩擦阻力,降低功率损耗,减轻机件磨损,延长发动机使用寿命。

一、润滑系的作用与组成

1. 润滑系的主要作用

(1)润滑作用。润滑运动零件表面,减小摩擦阻力和磨损,减小发动机的功率消耗。

(2)清洗作用。机油在润滑系内不断循环,清洗摩擦表面,带走磨屑和其他异物。

(3)冷却作用。机油在润滑系内循环还可带走摩擦产生的热量,起冷却作用。

（4）密封作用。在运动零件之间形成油膜，提高它们的密封性，有利于防止漏气或漏油。

（5）防锈蚀作用。在零件表面形成油膜，对零件表面起保护作用，防止腐蚀生锈。

（6）液压作用。润滑油还可用作液压油，如液压挺柱，起液压作用。

（7）减震缓冲作用。在运动零件表面形成油膜，吸收冲击并减小振动，起减震缓冲作用。

2. 润滑系的组成

现代汽车发动机润滑系统的油路大致相同，如图6-1所示。一般有以下几个基本装置：

（1）油底壳、机油泵、油管、油道、限压阀等。用于储存机油，建立足够的油压使之在发动机内循环流动，并限制油路中的最高压力。

（2）滤清装置。如集滤器、机油滤清器等，用来清除机油中的杂质，保证润滑油清洁和润滑可靠。

（3）冷却装置。如机油散热器、机油冷却器等，用来冷却机油，保持油温正常，润滑可靠。有些发动机没有专门的机油冷却装置，靠空气流过油底壳冷却润滑油。

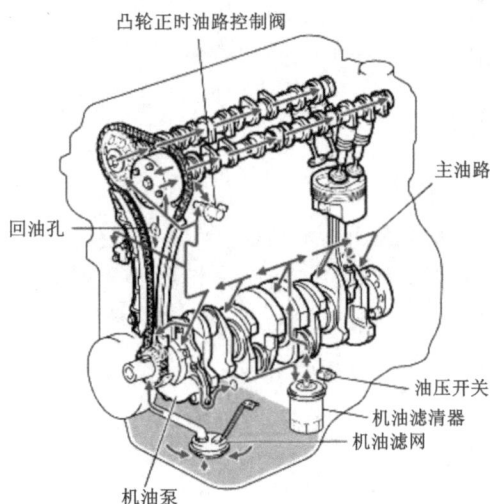

图6-1 润滑系组成

二、润滑方式与润滑剂类型

1. 润滑的方式

由于发动机传动件的工作条件不尽相同，因此，对负荷及相对运动速度不同的传动件采用不同的润滑方式，如图6-2所示。

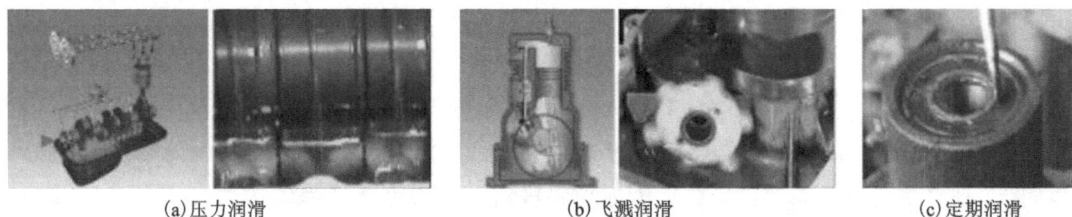

(a)压力润滑　　　(b)飞溅润滑　　　(c)定期润滑

图6-2 润滑系的方式

1）压力润滑

利用机油泵，将具有一定压力的润滑油源源不断地送往摩擦表面，例如曲轴主轴承、连杆轴承及凸轮轴轴承、摇臂等处形成油膜以保证润滑。

2）飞溅润滑

利用发动机工作时运动零件飞溅起来的油滴或油雾来润滑摩擦表面的润滑方式称为飞溅润滑。可使裸露在外面承受载荷较轻的气缸壁，相对滑动速度较小的活塞销，以及配气机构的凸轮表面、挺柱等得到润滑。

3)定期润滑

对于负荷较小的发动机辅助装置则只需定期、定量加注润滑脂进行润滑。例如水泵及发电机轴承等。它不属于润滑系的工作范畴。近年来在发动机上采用含有耐磨润滑材料(如尼龙、二硫化钼等)的轴承来代替加注润滑脂的轴承。

2. 润滑剂的类型

汽车发动机润滑剂包括机油和润滑脂两种,如图6-3所示。

1)机油的功用

(1)润滑。机油在运动零件的所有摩擦表面之间形成连续的油膜,以减小零件之间的摩擦。

(2)冷却。机油在循环过程中流过零件工作表面,可以降低零件的温度。

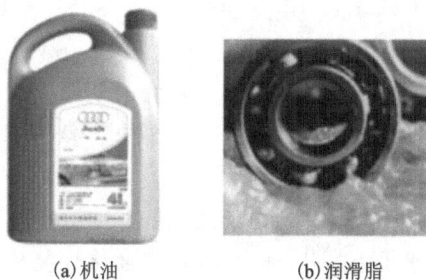

(a)机油　　　　(b)润滑脂

图6-3 润滑剂的类型
(a)机油;(b)润滑脂

(3)清洗。机油可以带走摩擦表面产生的金属碎末及冲洗掉沉积在气缸、活塞、活塞环及其他零件上的积炭。

(4)密封。附着在气缸壁、活塞及活塞环上的油膜,可起到密封防漏的作用。

(5)防锈。机油有防止零件发生锈蚀的作用。

2)机油的使用特性及机油添加剂

汽车发动机机油在润滑系统内循环流动,循环次数每小时可达100次。机油的工作条件十分恶劣,在循环过程中,机油与高温的金属壁面及空气频频接触,不断氧化变质。窜入曲轴箱内的燃油蒸气、废气以及金属磨屑和积炭等,使机油受到严重污染。另外,机油的工作温度变化范围很大:在发动机启动时为环境温度;在发动机正常运转时,曲轴箱中机油的平均温度可达95℃或更高。同时,机油还与180~300℃的高温零件接触,受到强烈的加热。

(1)适当的黏度。机油黏度对发动机的工作有很大的影响。黏度过小,在高温、高压下容易从摩擦表面流失,不能形成足够厚度的油膜;黏度过大,冷起动困难,机油不能被泵送到摩擦表面。机油的黏度随温度而变化。温度升高,黏度减小;温度降低,黏度增大。

(2)优异的氧化安定性。氧化安定性是指机油抵抗氧化作用不使其性质发生永久变化的能力。当机油在使用与储存过程中与空气中的氧气接触而发生氧化作用时,机油的颜色变暗,黏度增加,酸性增大,并产生胶状沉积物。氧化变质的机油将腐蚀发动机零件,甚至破坏发动机的工作。

(3)良好的防腐性。机油在使用过程中不可避免地被氧化而生成各种有机酸。这类酸性物质对金属零件有腐蚀作用,可能使铜铅和镉镍一类的轴承表面出现斑点、麻坑或使合金层剥落。

(4)较低的起泡性。由于机油在润滑系中快速循环和飞溅,必然会产生泡沫。如果泡沫太多,或泡沫不能迅速消除,将造成摩擦表面供油不足。控制泡沫生成的方法,是在机油中添加泡沫抑制剂。

(5)强烈的清净分散性。机油的清净分散性是指机油分散、疏松和移走附着在零件表面上的积炭和污垢的能力。为使机油具有清净分散性,必须加入清净分散添加剂。

(6)高度的极压性。在摩擦表面之间的油膜厚度小于0.3~0.4 μm的润滑状态,称边界润滑。习惯上把高温、高压下的边界润滑称为极压润滑。机油在极压条件下的抗摩性叫作极压性。

3）机油的分类

国际上广泛采用美国 SAE 黏度分类法和 API 使用分类法，而且它们已被国际标准化组织（ISO）确认。美国工程师学会（SAE）按照机油的黏度等级，把机油分为冬季用机油和非冬季用机油。冬季用机油有 6 种牌号：SAEOW、SAE5W、SAE10W、SAE15W、SAE20W 和 SAE25W。非冬季机油有 4 种牌号：SAE20、SAE30、SAE40 和 SAE50。号数较大的机油黏度较大，适于在较高的环境温度下使用。

API 使用分类法是美国石油学会（API）根据机油的性能及其最适合的使用场合，把机油分为 S 系列和 C 系列两类。S 系列为汽油机油，目前有 SA、SB、SC、SD、SE、SF、SG 和 SH 八个级别。C 系列为柴油机油，目前有 CA、CB、CC、CD 和 CE 五个级别。级号越靠后，使用性能越好，适用的机型越新或强化程度越高。其中，SA、SB、SC 和 CA 等级别的机油，除非汽车制造厂特别推荐，否则将不再使用。

我国的机油分类法参照采用 ISO 分类方法。GB/T 7631.3—1995 规定，按机油的性能和使用场合分为：

（1）汽油机油：SC、SD、SE、SF、SG、SH 等 6 个级别。

（2）柴油机油：CC、CD、CD－II、CE、CF－4 等 5 个级别。

（3）二冲程汽油机油：ERA、ERB、ERC 和 ERD 等 4 个级别。

4）机油的选用

（1）根据汽车发动机的强化程度选用合适的机油使用级别。

（2）根据地区的季节气温选用适当黏度等级的机油，如图 6－4 所示。

5）合成机油

合成机油是利用化学合成方法制成的润滑剂。其主要特点是有良好的黏度－温度特性，可以满足大温差的使用要求；有优良的热氧化安定性，可长期使用不需更换。使用合成机油，发动机的燃油经济性会稍有改善，并可降低发

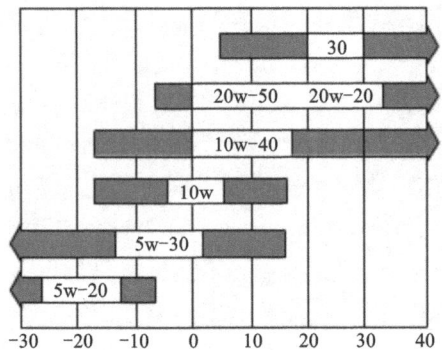

图 6－4　按当地环境温度选择机油

动机的冷起动转速。目前，合成机油的价格比从石油提炼出来的机油贵。但是，随着生产规模的扩大和制造工艺的改进，合成机油的价格将会越来越便宜。未来将是合成机油的时代。

6）润滑脂

润滑脂是将稠化剂掺入液体润滑剂中所制成的一种稳定的固体或半固体产品，其中可以加入旨在改善润滑脂某种特性的添加剂。润滑脂在常温下可附着于垂直表面而不流淌，并能在敞开或密封不良的摩擦部位工作，具有其他润滑剂所不能代替的特点。因此，在汽车的许多部位都使用润滑脂润滑。目前，进口汽车和国产新车普遍推荐使用汽车通用锂基润滑脂（GB/T 5671—1985）。这种润滑脂具有良好的高低温适应性，可在 -30 ~ 120℃ 的宽阔温度范围内使用；具有良好的抗水性和防锈性能，可用于潮湿和与水接触的摩擦部位；具有良好的安定性和润滑性，在高速运转的机械部位使用，不变质、不流失，保证润滑。它能够满足我

国从哈尔滨到海南岛广大地区汽车的使用要求，与使用钙基或复合钙基润滑脂比较，可以延长换油期2倍，使润滑和维护费下降40%以上。

三、润滑系统油路

1. 滤清方式

发动机润滑系统中有两种机油过滤方式：全流式和分流式，如图6-5所示。

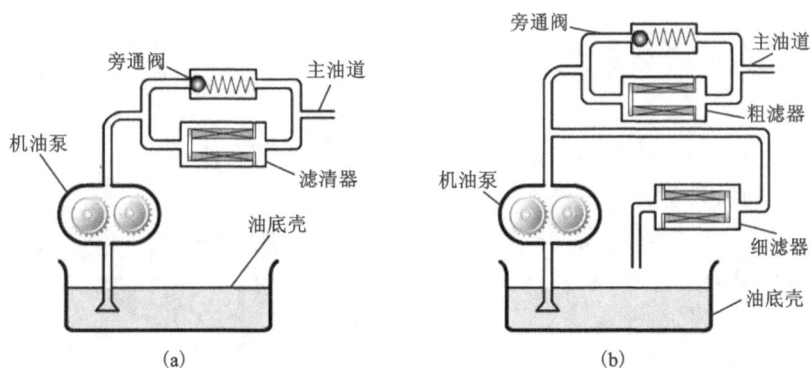

图6-5 机油过滤方式

(a)全流式过滤方式；(b)分流式过滤方式

在分流式过滤方式中，滤清器与主油道并联，只有一部分机油通过滤清器被滤清，大部分机油被直接泵入发动机主油道，多年以前的发动机上一般采用这种形式。

在全流式过滤方式中，滤清器与主油道串联，所有机油在进入发动机主油道前都必须通过机油滤清器。如果滤清器堵塞，则机油顶开滤清器上的旁通阀直接进入主油道。现在一般都采用过滤效率高的全流型。

2. 润滑系统油路

现代汽车发动机润滑系油路布置方案大致相似，只是由于润滑系的工作条件和某些具体结构的不同而稍有差别。

1）桑塔纳轿车AFE型发动机润滑系统的结构与油路

桑塔纳轿车AFE型发动机润滑系统的结构与油路如图6-6所示。

油底壳内的润滑油经集滤器过滤大的机械杂质后，被机油泵压入机油滤清器后分三路送出。第一路经主油道后分

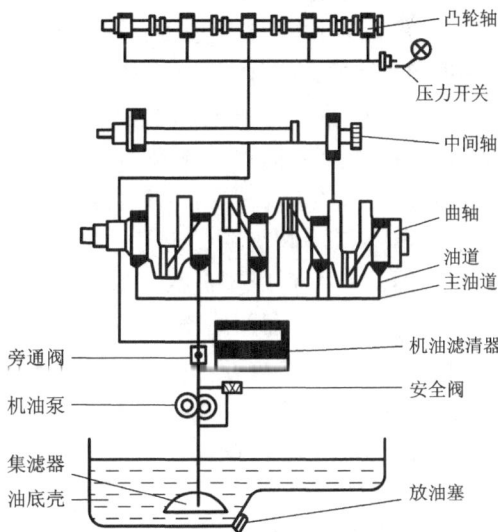

图6-6 桑塔纳轿车AFE型发动机
润滑系统的结构与油路

为两支：一支送入曲轴主轴承分油道，润滑主轴承，经曲轴内油道润滑连杆大端轴承，再经

连杆内油道润滑连杆小端轴承后回到油底壳;另一支则进入中间轴的轴承后流回油底壳。第二路从主油道进入凸轮轴的轴承后再润滑气门机构,然后流回油底壳。第三路,在主油道油压太高或流量太大的情况下,润滑油冲开安全阀,分流回油底壳。

桑塔纳轿车发动机润滑系统有两个油压开关:

一是在滤清器盖上设有一个油压开关,是高压不足报警开关。机油滤清器上设有旁通阀,起动压力为 0.18 MPa。当机油滤清器堵塞,压力开关短路,润滑油通过旁通阀直接进入主油道,防止发动机运动副因缺少润滑油而烧坏,同时报警灯闪亮,提醒驾驶员更换机油滤芯。

二是在缸盖主油道末端设有一个油压开关,是最低压力报警开关。打开发动机点火开关,由油压开关控制的油压指示灯亮,当发动机启动后油压超过 0.031 MPa 时,该灯熄灭。如果发动机油压下降至 0.031 MPa 以下时,机油压力开关触点闭合,油压指示灯亮。

2) 桑塔纳 2000GSi 轿车 AJR 型发动机润滑系统的结构与油路

AJR 型发动机无中间轴,机油泵则直接由曲轴前端的链轮通过链条驱动,其驱动形式如图 6 - 7 所示。

图 6 - 7　桑塔纳 2000GSi 轿车 AJR 型
发动机机油泵的驱动形式

AJR 型发动机机油泵的安装位置移到机体的前端底面,气缸体内通往机油滤清器支架的油道因此设计得较长,通过滤清后的润滑油在机油滤清器支架内分为三路(如图 6 - 8 所示):一路进入气缸体主油道,经主油道将润滑油分配到各曲轴主轴承,再由曲轴上的斜油孔通往各连杆轴承,由连杆体上的油孔通往连杆小头衬套;第二路通过安装在机油滤清器的一个止回阀进入气缸体上的一个通向气缸体上平面的油道,经气缸盖上的第四个气缸盖螺栓孔进入气缸盖主油道,由此将润滑油分配到各凸轮轴轴颈和液压挺杆。止回阀的作用是在发动机停机时保持气缸盖油道内的存油,防止发动机再次启动时缸盖供油不足,导致液压挺杆不能正常工作;第三路通往一个减压阀,油道内的压力过大时该阀打开,将部分润滑油旁通流回油底壳。

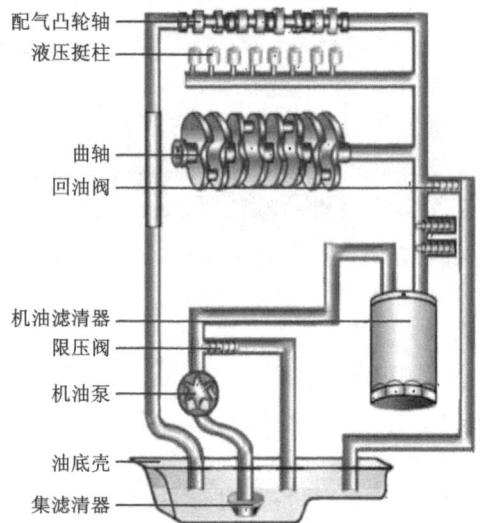

图 6 - 8　桑塔纳 2000GSi 轿车 AJR 型发动机润滑
系统的结构与油路发动机润滑系统的结构与油路

桑塔纳 2000GSi 轿车 AJR 发动机润滑系在机油滤清器支架上装有两个油压开关,用以监控润滑系的油压大小。同时,为了保证润滑系的正常工作,在润滑油路中还装有两个减压阀(开启压力为 0.35 ~ 0.45 MPa),一个为旁通阀,另一个为单向阀。减压阀一个装在机油泵上,另一个装在机油滤清器支架上。当发动机冷态或是机油黏度大时,可避免机油压力过高而造成危险。旁通阀的作用是当滤清器堵塞时,旁通阀打开,未经过滤的机油经旁通阀仍能送到各润滑点。单向阀的作用是当发动机停机时,能阻止气缸盖油道内的机油流回油底壳。

任务二　润滑系主要零件构造与维修

润滑系的主要部件有机油泵、机油滤清器、各种阀、机油散热器。

一、机油泵的构造与维修

1. 机油泵的构造

(1)机油泵的作用是把一定量的机油压力升高,强制性地将机油压送到发动机各摩擦表面,保证压力润滑的润滑油循环流动。

(2)机油泵的构造和工作原理

机油泵常见的结构形式有齿轮式机油泵和转子式机油泵,齿轮式机油泵又分为外啮合齿轮式机油泵和内啮合齿轮式机油泵。三种泵均是容积泵,工作原理都是利用泵腔容积的增大将油吸入机油泵,再利用泵腔容积的减小将油压出。

1)外啮合齿轮式机油泵

外啮合齿轮式机油泵由主动轴、主动齿轮、从动轴、从动齿轮、壳体等组成,两个齿数相同的齿轮相互啮合,装在壳体内,齿轮与壳体的径向和端面间隙很小。主动轴与主动齿轮键连接,从动齿轮空套在从动轴上,如图6-9所示。该机油泵优点:效率高,功率损失小,工作可靠;缺点是需要中间传动机构,制造成本相应较高。国产桑塔纳、捷达和奥迪等轿车采用这种机油泵。

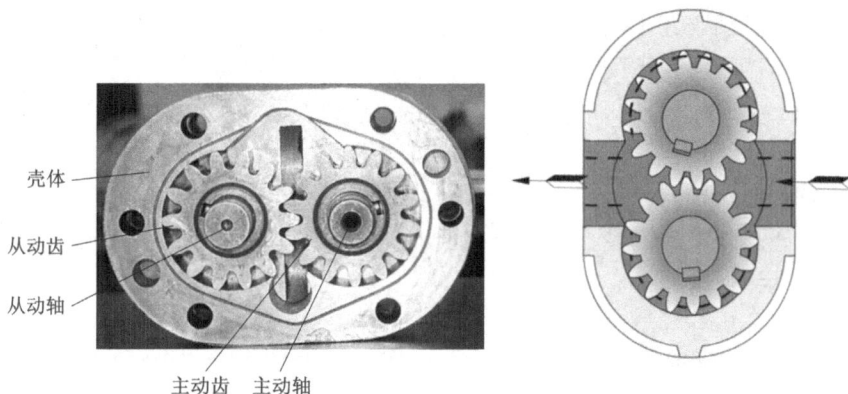

图6-9　外啮合齿轮式机油泵及工作原理图

外啮合齿轮式机油泵的工作原理如图6-9所示,发动机工作时,主动齿轮带动从动齿轮反向旋转。两齿轮旋转时,充满在齿轮齿槽间的机油沿油泵壳壁由进油腔带到出油腔,在进油腔一侧由于齿轮脱开啮合以及机油被不断带出而产生真空,使油底壳内的机油在大气压力作用下经集滤器进入进油腔,而在出油腔一侧由于齿轮进入啮合和机油被不断带入而产生挤压作用,机油以一定压力被泵出。

2）内接齿轮式机油泵

内接齿轮式机油泵主要是由内齿圈、机油泵盖、小齿轮和限压阀等组成，如图 6 - 10 所示。小齿轮是主动齿轮，套在曲轴前端，一般直接由曲轴驱动。内接齿轮是从动齿轮，装在机油泵体内，泵体固定在机体前端。内小两齿轮之间存在一定的偏心距，两齿轮之间出现一个月牙形空腔，内设一个月牙形块，把内外齿分隔开，形成两个油腔。

内接齿轮式机油泵的工作原理如图 6 - 10 所示，当发动机工作时，曲轴旋转带动小动齿轮转动，小齿轮带动内齿圈以相同的方向旋转，机油泵进油腔齿轮的内、小两齿轮脱开啮合，其容积增大，产生真空吸力，机油便经进油口被吸入进油腔。与此同时，机油泵内、小两齿轮旋转将机油带入到出油腔，出油腔内、小两齿轮进入啮合，其容积减小，油压增大，机油便经出油口被压送到发动机油道中。

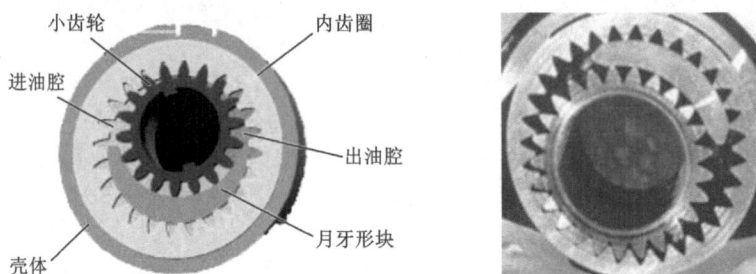

图 6 - 10 内啮合齿轮式机油泵及工作原理图

3）转子式机油泵

油泵壳体内装有内转子和外转子。内转子通过键固定在主动轴上，外转子外圆柱面与壳体配合，二者之间有一定的偏心距，外转子在内转子的带动下转动。壳体上设有进油口和出油口。工作原理如图 6 - 11 所示，在内外转子的转动过程中，转子的每个齿的齿形齿廓线上总能相互成点接触。这样内外转子间形成了四个封闭的工作腔。由于外转子总是慢于内转子，这四个工作腔容积在不断变化。每个工作腔在容积最小时与壳体上的进油孔相通，随着容积的增大，产生真空，润滑油便经进油孔吸入。转子继续旋转，当工作腔与出油孔相通时，容积逐渐减小，压力升高，润滑油被压出。

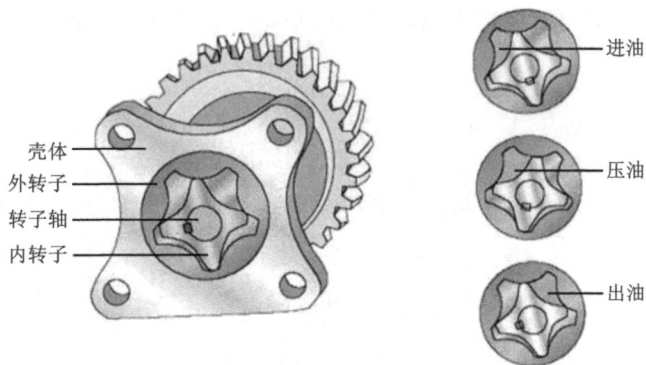

图 6 - 11 转子式机油泵及工作原理图

转子式机油泵结构紧凑，体积小，质量轻，吸油真空度高，泵油量大，供油均匀度好。安装在曲轴箱外位置较高处时也能很好的供油。

3）安全阀

机油泵必须在发动机各种转速下都能供给足够数量的机油，以维持足够的机油压力，保证发动机的润滑。机油泵的供油量与其转速有关，而机油泵的转速又与发动机转速成正比。

因此，在设计机油泵时，都是使其在低速时有足够大的供油量。但是，在高速时机油泵的供油量明显偏大，机油压力也显著偏高。另外，在发动机冷起动时，机油黏度大，流动性差，机油压力也会大幅度升高。为了防止油压过高，在润滑油路中设置安全阀或限压阀，如图6-12所示。一般安全阀装在机油泵或机体的主油道上。当安全阀安装在机油泵上时，如果油压达到规定值，

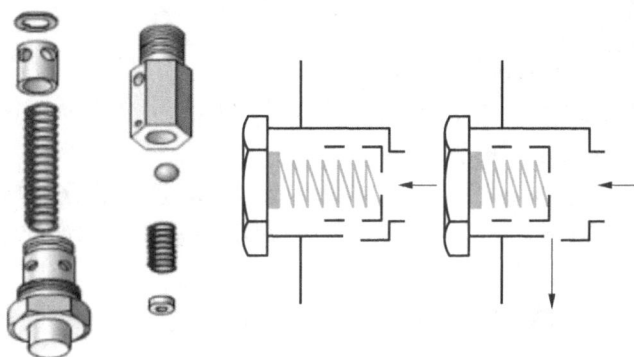

图6-12 安全阀及工作原理图

安全阀开启，多余的机油返回机油泵进口。如果安全阀安装在主油道上，则当油压达到规定值时，多余的机油经过安全阀流回油底壳。

2. 机油泵的检修

机油泵主要损伤形式是零件磨损造成的泄漏，使泵油压力降低，泵油量减小。机油泵的磨损情况可以通过检测机油泵各处的间隙获得。由于机油泵工作时润滑条件好，零件磨损速度慢，使用寿命长，因此可以根据它的工作性能确定是否需要拆检和修理。

1) 齿轮式机油泵的检修

(1) 检查机油泵主从动齿轮与机油泵盖端面的间隙。主从动齿轮与机油泵盖端面间隙的检查方法如图6-13(a)所示，正常间隙应为0.05 mm，磨损极限值为0.15 mm。

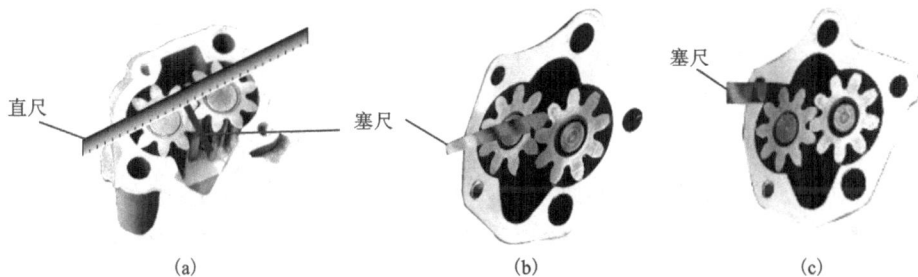

(a)   (b)   (c)

图6-13 齿轮式机油泵的检修

(a) 测量主、从动齿轮与机油泵盖端面的间隙；(b) 测量齿轮啮合间隙；(c) 测量齿轮齿顶与泵壳内壁间隙

(2) 检查齿轮啮合间隙。检查时，将机油泵盖拆下，用塞尺在互成120°角三个位置处测量机油泵主、从动齿轮的啮合间隙，如图6-13(b))所示。新机油泵齿轮啮合间隙为0.05 mm，磨损极限值为0.20 mm。

(3) 检查主动齿轮端面与机油泵壳配合间隙，如图6-13(c)所示，主动齿轮端面与机油泵壳配合间隙应为0.03~0.075 mm，磨损极限值为0.20 mm。否则应对轴孔进行修复。

(4) 检查机油泵主动轴的弯曲度。将机油泵主动轴支承在V形架上，用百分表检查弯曲度。如果弯曲度超过0.03 mm，则应对其进行校正或更换。

（5）检查机油泵盖。机油泵盖如有磨损、翘曲和凹陷超过 0.05 mm，应以车、研磨等方法进行修复。

（6）检查限压阀。检查限压阀弹簧有无损伤、弹力是否减弱，必要时予以更换。检查限压阀配合是否良好、油道是否堵塞、滑动表面有无损伤，必要时更换限压阀。

2）转子式机油泵的检修

对于转子式机油泵应检查下面各处间隙，如图 6 - 14 所示。

（1）用塞尺检查内转子齿顶与外转子内廓面间的间隙。间隙值应小于 0.15 mm，极限值为 0.2 mm。

（2）用塞尺检查外转子与泵体间的间隙。一般为 0.10 ~ 0.16 mm，极限值为 0.30 mm。

（3）用塞尺和直尺检查内转子的端面间隙。一般为 0.03 ~ 0.09 mm，极限值为 0.20 mm。

（4）检查限压阀是否有刮伤。限压阀柱塞在阀腔内有无磨损，间隙是否增大而松旷，如有，更换新件。弹簧弹力下降，应更换。

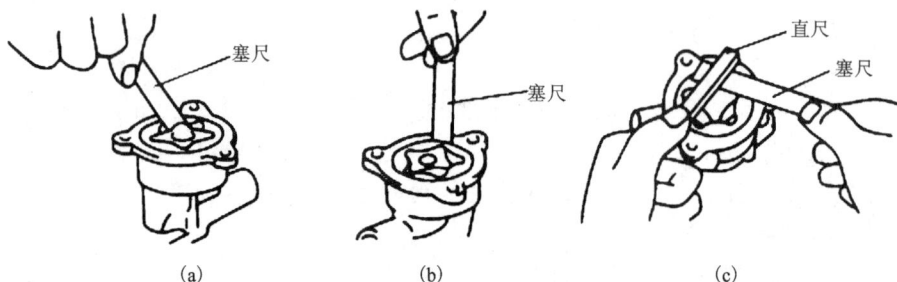

图 6 - 14　转子式机油泵的检修

（a）内转子齿顶与外转子内廓面间的间隙；（b）外转子与泵体间的间隙；（c）内转子的端面间隙

3. 机油泵性能试验

（1）简易试验法。将机油泵放入清洁的机油中，用螺丝刀转动机油泵轴，应有机油从出油孔中排出，如用拇指堵住出油孔，继续转动机油泵时，应感到有压力。

（2）试验台试验法。机油泵装复后在试验台上进行性能试验。桑塔纳轿车发动机机油泵所用油为 SAE20 号润滑油，在温度为 80℃、转速为 1000 r/min、进口压力为 0.01 MPa、出口压力为 0.6 MPa 的条件下，最小流量应为 8.3 L/min，实测可达到 10 L/min。低压压力开关报警压力为 30 kPa；发动机转速为 2150 r/min 时报警压力为 0.18 MPa。

二、机油滤清器的构造与检修

机油滤清器的功用是滤除机油中的金属磨屑、机械杂质和机油氧化物。如果这些杂质随同机油进入润滑系统，将加剧发动机零件的磨损，还可能堵塞油管或油道。

机油滤清器按滤清方式分过滤式滤清器和离心式滤清器；按滤清器的工作情况分集滤器、粗滤器和细滤器；按滤清器与主油道的连接方式分全流式滤清器和分流式滤清器。全流式滤清器：与主油道串联的滤清器，主油道的机油全部流经它，称全流式滤清器。分流式滤清器：与主油道并联的滤清器，主油道的机油不流经它，称分流式滤清器。

1. 集滤器的构造与维修

1）集滤器的构造

集滤器装在机油泵之前，用来防止粒度大的杂质进入机油泵。一般采用滤网式，有浮式和固定式两种结构形式，如图 6 – 15 所示。

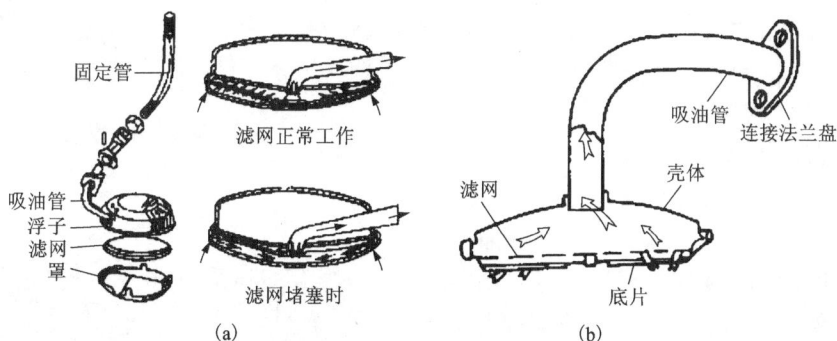

图 6 – 15　集滤器的类型

（a）浮式集滤器；（b）固定式集滤器

浮式集滤器由浮子、滤网、罩及焊在浮子上的吸油管组成，如图 6 – 15（a）所示。浮子是空心的，以便浮在油面上。固定管通往机油泵，安装后固定不动。吸油管活套在固定管中，使浮子能自由地随油面升降。

浮子下面装有金属丝制成的滤网。滤网有弹性，中央有环口，平时依靠滤网本身的弹性，使环紧压在罩上。罩的边缘有缺口，与浮子装合后形成缝隙。

当机油泵工作时，机油从罩与浮子之间的狭缝被吸入，经过滤网滤去粗大的杂质后，通过油管进入机油泵；滤网被淤塞时，滤网上方的真空度增大，克服滤网的弹力，滤网便上升而环口离开罩。此时机油不经滤网面直接从环口进入吸油管内，保证机油的供给不致中断。浮式集滤器能吸入油面上较清洁机油，但油面上泡沫易被吸入，使机油压力降低，润滑欠可靠。

固定式集滤器装在油面下面，它的滤网相对油底壳位置不变，吸入中或中下层润滑油，吸入的机油清洁度稍逊于浮式，但可防止泡沫吸入，润滑可靠，结构简单，如图 6 – 15（b）所示，故基本取代了浮式集滤器。

2）机油集滤器的检修

（1）机油滤网堵塞，应用柴油或煤油清洗后用压缩空气吹干。

（2）浮子有破损，应进行焊修。

2. 粗滤器的构造与维修

1）粗滤器的构造

粗滤器属于全流式滤清器，串联于机油泵与主油道之间，它对机油的流动阻力较小，用以滤去机油中粒度较大（直径为 0.05 ~ 0.1 mm 以上）的杂质。

粗滤器根据滤清元件（滤芯）的不同，可以有各种不同的结构形式。汽车发动机常用的有金属片缝隙式和纸质式粗滤器。金属片缝隙式粗滤器由于质量大，结构复杂，制造成本高等缺点已基本被淘汰，目前许多汽车发动机都采用纸质式粗滤器。粗滤器由纸质滤芯、安全阀

(或旁通阀)等组成，如图6-16所示。纸质滤芯用于过滤润滑油中的杂质；安全阀则在纸质滤芯堵塞时打开，是为了不妨碍润滑油正常循环工作而设置的旁通阀。

2)粗滤器的维护

越来越多的发动机为维修方便，采用旋转式滤芯结构，滤芯为纸质折叠式结构，封闭式外壳，直接旋装于滤清器盖上，定期达到规定里程后进行整体更换。

3. 细滤器的构造与维修

1)细滤器的构造

细滤器属于分流式滤清器，与主油道并联，对润滑油的流动阻力较大，用以滤除直径在0.001 m以上的细小杂质。将经粗滤器过滤的润滑油的一小部分引入细滤器，使此部分润滑油得到充分过滤。经过一段时间运转后，所有润滑油都将通过一次细滤器，从而保证了润滑油的清洁度。

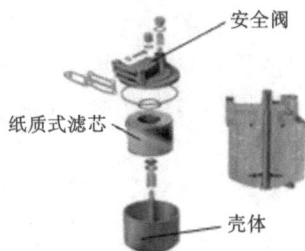

图6-16 纸质式粗滤器

细滤器分为过滤式和离心式两种类型，现代发动机一般采用离心式细滤器。图6-17所示为离心式机油细滤器结构。

滤清器壳体上固定着带中心孔的转子轴，转子体上压有三个衬套，并与转子体端套连成

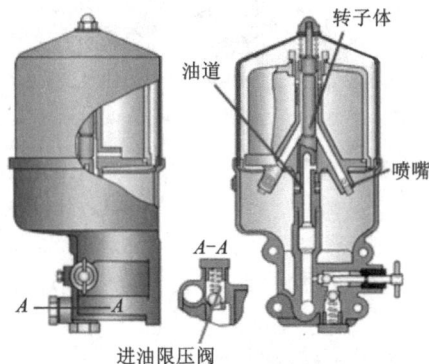

图6-17 离心式机油细滤器

一体，套在转子轴上可自由转动。压紧螺母，将转子盖与转子体紧固在一起。转子下面装有推力轴承，上面装有支承垫圈，并用弹簧压紧以限制转子轴的轴向窜动。转子下端装有两个径向水平安装的喷嘴。压紧螺套，将滤清器盖固定在壳体上，使转子密封。发动机工作中如果油温过高，可旋松调整螺钉，机油通过球阀，经管接头流向机油散热器。当油压高于0.4 MPa时，旁通阀打开，机油流回油底壳。

2)细滤器维修

在发动机的机油压力高于0.15 MPa时，运转10 s以上，然后立即熄火。在熄火后2~3 min内，若在发动机旁听不到细滤器转子转动的嗡嗡声，则说明细滤器不工作。若机油压力正常，细滤器的进油单向阀也未堵塞，则为细滤器故障。应拆检清洗细滤器，拧开压紧螺母，取下外罩，将转子转到喷嘴对准挡油板的缺口时取出转子。清除污物，清洗转子并疏通喷嘴，经调整或换件后再组装。

4. 复合式机油滤清器

复合式机油滤清器是粗滤芯装在纸质细滤芯外面，形成粗、细滤芯串联的复合式结构。与主油道串联，粗、细滤芯有各自的安全阀与旁通阀，一旦粗、细滤芯堵塞，它们就分别打开各自的安全阀与旁通阀，机油绕过滤芯，直接进入主油道。滤清器装有用吸附能力不同的棉花、毛绒、人造纤维等不同材料制成的褶纸滤芯和尼龙滤芯，两种滤芯串联连接。粗滤器能滤去直径为0.05~0.1 mm的机械杂质，细滤器能滤去直径为0.001 m以上的机械杂质。机油滤清器还装有旁通阀和止回阀，防止滤芯被堵或发动机停止工作时润滑油道内缺油。机油

滤清器为整体式，更换时应将外壳与滤芯一起更换。

三、机油散热装置

热负荷较大的发动机，为使润滑油保持在最有利的范围内工作，保持润滑油具有一定的黏度，除利用油底壳对机油进行散热外，还设有专门的机油散热装置，这些装置分为机油散热器和机油冷却器。机油散热器装置对润滑油进行强制性冷却，使机油保持在最有利的温度范围内工作。

1. 机油散热器

机油散热器和冷却液散热器结构基本相同，布置在冷却液散热器前面，利用风扇风力使机油冷却，如图 6-18 所示。机油散热器油路与主油道并联，在气温低的季节或润滑油压力低时不使用机油散热器，故在机油散热器前面常串联有手动开关和限压阀。

2. 机油冷却器

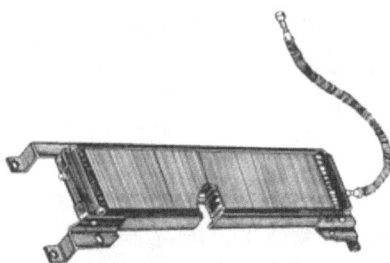

图 6-18 机油散热器

机油冷却器是利用发动机冷却液对机油进行冷却。冷却器油路与主油道串联，由于冷却液温能自动控制，所以润滑油温度也能得到一定的控制。

机油冷却器的结构如图 6-19 所示，主要由芯子和壳体组成。芯子由铜制的圆形或椭圆形管与散热片组成，与两端的进出水腔相通。冷却液在芯子管内流动，润滑油在管外流动。冷却器上装有旁通阀，当机油温度过低、黏度过大时，旁通阀打开，机油不经冷却直接进入主油道内。

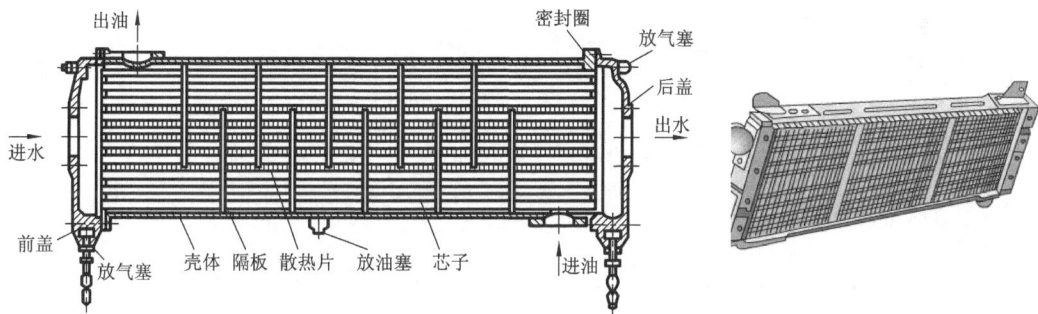

图 6-19 机油冷却器

四、曲轴箱通风

1. 曲轴箱通风原因

发动机工作时漏到曲轴箱内的汽油，一部分泄漏到曲轴箱内，汽油蒸气凝结后，将使润滑油黏度变小；废气的高温和酸性物质及水蒸气将侵蚀零件，使润滑油性能变坏。另外，由于混合气和废气进入曲轴箱，使曲轴箱内的压力增大，温度升高，易使机油从油封、衬垫等处向外渗漏。因此，曲轴箱必须设有通风装置，使漏入的气体排出并加以利用，同时使新鲜气体进入曲轴箱，形成不断地对流。

2. 曲轴箱通风方式

一种是自然通风,另一种是强制通风。从曲轴箱抽出的气体直接导入大气中的通风方式称为自然通风。柴油机多采用曲轴箱自然通风方式。在曲轴箱连通的气门室盖或润滑油加注口接出一根下垂的出气管,管口处切成斜口,切口的方向与汽车行驶的方向相反。利用汽车行驶和冷却风扇的气流,在出气口处形成一定真空度,将气体从曲轴箱抽出。从曲轴箱抽出的气体导入发动机的进气管,吸入气缸再燃烧,这种通风方式称为强制通风。汽油机一般采用曲轴箱强制通风方式,这样,可以将窜入曲轴箱内的混合气回收使用,有利于提高发动机的经济性。

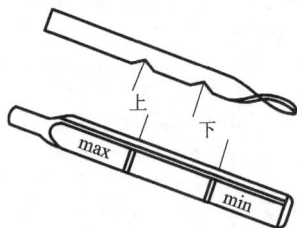

图 6 – 20　机油尺

五、机油尺

机油尺用来检查油底壳油量和油面的高低。它是一根金属杆,下端制成扁平,并有刻线。机油油面必须处于上下刻线之间,如图 6 – 20 所示。

项目实施

润滑系的拆装与检查

(一)项目实施目的及要求

(1)掌握润滑系组成及各机件的装配关系。
(2)掌握润滑系主要机件的构造与检验方法。

(二)项目实施设备及工量具

(1)设备。汽车发动机若干台。
(2)工量具。若干套工具,塞尺,机油泵、滤清器各 4 个,精密直规。

(三)项目实施内容

(1)润滑系组成主要机件的构造、润滑油路、曲轴箱通风的原理和连接关系。
(2)机油泵的拆装与检修。
(3)机油、滤清器的检查选用更换方法。

(四)项目实施步骤

I . 润滑系主要组成机件的构造、润滑油路、曲轴箱通风的原理和连接关系

(1)观察机油泵、滤清器、机油散热器、限压阀、旁通阀等安装位置及相互间连接关系。
(2)按正确顺序分别将润滑系各零部件从发动机机体上分解下来。
①放尽油底壳的机油。
②拆卸滤清器、油底壳。
③旋松分电器轴向限位卡板的紧固螺栓,拆去卡板,拔出分电器。

④拆下机油泵总成紧固螺栓,将总成一起拆卸下来。

⑤拆卸机油泵与集油器、连接管(吸油管组)。

(3)对照润滑油路示意图,仔细观察润滑油路中缸体、缸盖油道,以及主油道与各道主轴承座孔油道。

Ⅱ.机油泵的拆装与检修

1.机油泵的拆卸与分解

(1)拆卸机油泵盖组,检查泵盖上的限压阀组。

(2)分解机油泵主、从动齿轮,再分解齿轮和轴。

(3)清洗、检查、测量所有零件。

2.机油泵的检查

(1)检查齿轮啮合间隙:检查时,将机油泵盖拆下,用塞尺在互成 120°角三个位置测量机油泵主、从动齿轮的啮合间隙。新机油泵齿轮啮合间隙为 0.05 mm,磨损极限值为 0.20 mm,如图 6-21 所示。

(2)检查主、从动齿轮与泵盖接合面的间隙:主、从动齿轮与机油泵盖接合面间隙。正常间隙应为 0.05 mm,磨损极限值为 0.15 mm,如图 6-22 所示。

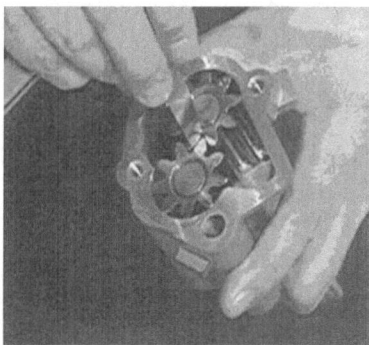

图 6-21　齿轮啮合间隙的检查

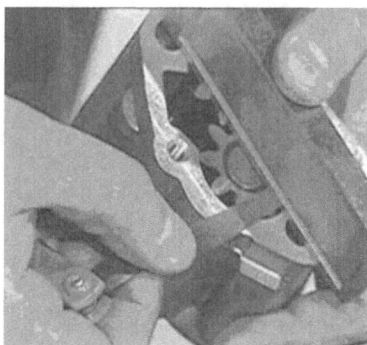

图 6-22　齿轮与泵盖接合面间隙的检查

(3)检查主动轴的弯曲度:将机油泵主动轴支承在 V 形架上,用百分表检查弯曲度。如果弯曲度超过 0.03 mm,则应对其进行校正或更换。

(4)检查主动齿轮轴与泵壳的配合间隙:主动齿轮轴与泵壳配合的间隙应为 0.03~0.075 mm,磨损极限值为 0.20 mm。否则,应对轴孔进行修复,如图 6-23 所示。

(5)检查泵盖:泵盖如有磨损、翘曲和凹陷超过 0.05 mm,应以车、研磨等方法进行修复。

(6)检查安全阀:检查安全阀弹簧有无损伤、弹力是否减弱,必要时予以更换。检查安全阀配

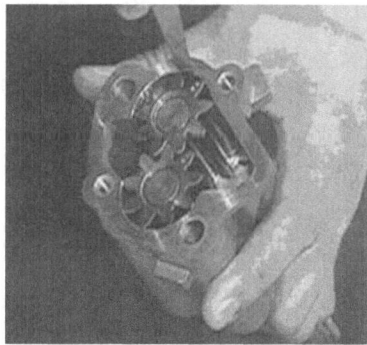

图 6-23　主动齿轮轴与泵壳配合间隙的检查

合是否良好、油道是否堵塞、滑动表面有无损伤,必要时更换安全阀。

3．机油泵的装配

机油泵的安装顺序基本上与拆卸及分解顺序相反，但应注意以下两点：

(1)更换所有的垫片。

(2)按规定力矩拧紧螺栓。

Ⅲ．机油、滤清器的检查选用更换方法

1．机油粗滤器拆装方法和步骤

机油粗滤器主要由底座、滤芯、外壳推杆总成、密封圈、旁通阀等组成。滤芯用经过树脂处理的微孔滤纸制成，两端装有环形密封圈。由弹簧和钢球组成的旁通阀装在底座上。

1)拆卸

(1)松开紧固螺母分解底座和外壳推杆总成。

(2)取出密封垫圈、滤芯压紧弹簧垫圈和弹簧。

(3)松开阀座，取出旁通阀弹簧和钢球，仔细观察旁通阀的工作情况。

(4)清洗。

2)装复

按拆卸时相反的顺序装复粗滤器。注意不要损坏各密封圈。

2．离心式机油细滤器拆装

1)拆卸

(1)松开外罩上的盖形螺母，取下密封垫圈、外罩、推力弹簧和推力片。

(2)将转子转动到喷嘴对准挡油盘缺口时，取出转子总成。

(3)松开转子罩上紧固螺母，分解转子总成，仔细观察转子的工作情况。

(4)松开进油阀座，拆卸阀座垫圈，进油阀弹簧，进油阀柱塞。

(5)清洗。

2)装复

按拆卸时相反的顺序装复细滤器。

装配注意事项：

(1)转子总成装配时必须把转子罩和转子座两箭头记号对准，否则将破坏转子总成的平衡。密封橡胶垫应装好，否则将会漏油，并会使转子不转。锁紧螺母不能旋得过紧，否则将破坏转子的正常工作。

(2)装止推弹簧下面的推力片时，应将光面对着转子，切勿装反或漏装，以免破坏转子旋转。

(3)装复外罩时，应把底座密封圈槽内的泥沙清除干净，因外罩下若有泥沙，会引起转子轴的变形。

3．观察曲轴箱通风各部件的连接关系

4．机油、滤清器的检查选用更换方法

(1)机油油面高度检查。

(2)放尽油底壳的机油。

(3)拆卸滤清器。

(4)安装放油螺塞、更换安装滤清器。

(5)选用车辆制造厂推荐的机油等级，添加新机油。

(6)检查机油油面高度应处于上限。

项目小结

本项目重点学习了发动机润滑系统主要零件的结构、工作原理、检修项目和检修方法，并对润滑系的维修和故障进行了分析。通过该项目的学习，应让学生熟悉润滑系统的功用与基本组成，熟悉润滑系统主要零件的结构与工作原理，能够对熟悉润滑系统主要零件进行正确的检测与维修，能够正确分析发现润滑系统常见故障所在的部位。

思考与练习

1. 分析桑塔纳 2000GSi 轿车 AJR 型发动机润滑系统的结构及油路。
2. 外啮合齿轮式机油泵的组成及工作原理如何？
3. 齿轮式机油泵检修内容有哪些？
4. 机油压力过高的现象及原因分别是什么？

项目七

汽油机燃料供给系统的构造与维修

学习目标

1. 描述汽油机燃油供给系统的作用、分类、组成及基本原理。
2. 熟悉汽油机电控燃油喷射系统主要元件的构造与工作原理。
3. 正确拆装和检修汽油机电控燃油喷射系统主要元件。
4. 掌握数据流、故障码、波形的读取与分析。

案例引入

一辆 3.0 L 广州本田雅阁轿车，起动机能带动发动机，但发动机启动困难，甚至不能起动。经维修业务接待员初步确诊，故障的原因是油路问题，现需要对燃油供给系统各零件进行检修。

项目描述

本项目主要介绍汽油机燃油供给系统的作用、分类、组成、基本原理、主要元件的构造与工作原理；熟悉故障码的使用；对电控燃油喷射系统主要元件进行拆装与检测。

项目内容

任务一　汽油机燃料供给系统的基本知识

一、混合气的基本概念

汽油在燃烧前必须与空气按一定比例混合形成可燃混合气。可燃混合气中燃料含量的多少称为可燃混合气浓度。

可燃混合气浓度有两种表示方法：过量空气系数 α 和空燃比 A/F。

1. 过量空气系数

过量空气系数是理论上燃烧 1 kg 燃料实际供给的空气质量与理论上完全燃烧时所需要的空气质量之比。由此可知，$\alpha=1$ 的可燃混合气称为标准混合气；$\alpha<1$ 的可燃混合气称为浓混合气；$\alpha>1$ 的可燃混合气称为稀混合气。

2. 空燃比 A/F

空燃比是燃烧时空气量与燃料量之比。理论上，1 kg 汽油完全燃烧需要 14.7 kg 空气，

故空燃比 $A/F=14.7$ 的可燃混合气称为标准混合气；$A/F<14.7$ 的可燃混合气称为浓混合气；$A/F>14.7$ 的可燃混合气称为稀混合气。

二、可燃混合气浓度对发动机性能的影响

1. 标准混合气

这只是理论上完全燃烧的混合比，实际上这种成分的混合气在气缸中不能完全燃烧，因为：

(1)气缸中混合气的浓度，由于混合时间和空间的限制，不可能是均匀分布，有可能是部分燃料来不及和空气混合就排出气缸。

(2)由于气缸中总有一小部分的废气排不出去，它阻碍了汽油分子与空气分子的结合，影响了火焰中心的形成和火焰的传播。

2. 稀混合气

为实际上可能完全燃烧的混合气，它可保证所有汽油分子获得足够的空气而完全燃烧，因而经济性最好，故称经济成分混合气，其值多在 1.05~1.15 范围内。但是空气过量后燃烧速度放慢，热量损失加大，平均有效压力和汽油机功率稍有下降。

若混合气过稀时($\alpha>1.05~1.15$)，因空气量过多，燃烧速度过慢，热量损失过大，导致汽油机过热、加速性能变坏。

3. 浓混合气($\alpha<1$)

因汽油的含量较多，汽油分子密集，火焰传播快，它可保证汽油分子迅速找到空气中的氧分子并与其相结合而燃烧。其值在 0.85~0.95 范围内时，燃烧速度最快，热量损失小，平均有效压力和汽油机功率大，因此又称功率成分混合气。

但是，浓混合气燃烧不完全，经济性降低。

过浓的混合气($\alpha<0.88$)，由于燃烧不完全，产生大量的一氧化碳，在高温高压的作用下排出自由碳，导致汽油机排气冒烟、放炮、燃烧室积炭、功率下降、耗油量显著增大，排放污染严重。

三、发动机工况对可燃混合气浓度的要求

发动机的工况通常用发动机的转速和负荷来表示。发动机的负荷是指发动机的外部载荷，发动机输出的动力随外部载荷而变化，同时发动机输出的动力又取决于节气门的开度，所以发动机的负荷的大小可用节气门的开度来代表。负荷的大小一般用百分数表示，比如节气门全关，负荷为0；节气门全开，负荷为100%。汽车发动机工况经常变化，而且变化范围大，负荷可以从0变化到100%，转速可以从最低稳定转速变到最高转速。发动机各种工况对可燃混合气浓度的要求如下：

1. 稳定工况对混合气浓度的要求

1)怠速工况

怠速是指发动机对外无功率输出，做功行程产生的动力只用以克服发动机的内部阻力，使发动机保持最低转速稳定运转。汽油机怠速转速一般为 400~800 r/mm，转速很低，空气流速也低，使得汽油雾化不良，与空气的混合也很不均匀。另一方面，节气门开度很小，吸入气缸内的可燃混合气量很少，同时又受到气缸内残余废气的冲淡作用，使混合气的燃烧速

度变慢，因而发动机动力不足、燃烧不良甚至熄火。因此要求提供较浓的混合气 $\alpha = 0.6 \sim 0.8$。

2）小负荷工况

发动机负荷在 25% 以下称为小负荷。小负荷时，节气门开度较小，进入气缸内的可燃混合气量较少，而上一循环残留在气缸中的废气在气缸内气体中所占的比例相对较多，不利于燃烧，因此必须供给较浓的可燃混合气，$\alpha = 0.7 \sim 0.9$。

3）中等负荷工况

发动机负荷在 25% ~85% 之间称为中等负荷。发动机大部分工作时间处于中等负荷工况，所以以经济性要求为主。中等负荷时，节气门开度中等，故应供给接近于相应耗油率最小的 α 值的混合气，即 $\alpha = 0.9 \sim 1.1$，这样，功率损失不多，节油效果却很显著。

4）大负荷及全负荷工况

发动机负荷在 85% ~100% 之间称为大负荷及全负荷。此时应以动力性为前提，要求发出最大功率 P_{emax}，故要求化油器供给 P_{emax} 时的混合气成分 $\alpha = 0.85 \sim 0.95$。

2. 过渡工况对混合气浓度的要求

1）冷启动工况

发动机冷启动时，混合气得不到足够地预热，汽油蒸发困难。同时，发动机曲轴转速低，雾化及气化条件不好，大部分混合物在进气管内形成油膜，不能随气流进入气缸，因而使气缸内的混合气过稀，无法引燃。因此，要求化油器供给极浓的混合气进行补偿，从而使进入气缸的混合气有足够的汽油蒸气，以保证发动机得以启动。冷启动工况要求供给的混合气成分为 $\alpha = 0.2 \sim 0.6$。

2）暖机工况

暖机是指发动机冷启动后，各气缸开始依次点火而自行继续运转，使发动机的温度逐渐升高到正常值，发动机能稳定地进行怠速运转的过程。在此期间，混合气的浓度随温度升高而减小，从启动时的极浓减小到稳定怠速运转所要求的浓度为止。

3）加速工况

发动机的加速是指负荷突然迅速增加的过程。当驾驶员猛踩踏板时，节气门开度突然加大，此时空气流量和流速随之增大，致使混合气过稀。另外，在节气门急开时，进气管内压力骤然升高，同时由于冷空气来不及预热，使进气管内温度降低，不利于汽油的蒸发，致使汽油的蒸发量减少，造成混合气过稀。结果就会导致发动机不能实现立即加速，甚至有时还会发生熄火现象。

为了改善这种情况，必须在节气门突然开大时强制多供油，额外增加供油量，及时使混合气加浓到足够的程度。

四、汽油机燃料供给系统的类型

1. 汽油机燃料供给系统的作用

汽油机燃料供给系统的作用是贮存、输送、清洁燃料，根据发动机不同工况的要求，配制一定数量和浓度的可燃混合气进入气缸，并在燃烧做功后，将燃烧产生的废气排至大气中。

2. 汽油机燃料供给系统的类型

汽油机燃料供给系统有化油器式燃料供给系统和电控喷射式燃料供给系统两大类型。化油器式燃料供给系统已逐渐退出历史舞台。目前汽车发动机广泛采用电控喷射式燃料供给系统。本章着重介绍电控喷射式燃料供给系统。

电控喷射式燃料供给系统简称为"EFI"系统，是由该系统的英文"electronic fuel injection"简化而来的。电控喷射式燃料供给系统按不同的分类方法可分成不同的类型。

1）按对进入气缸空气量的检测方式分

（1）直接检测型（简称 L 型）。直接检测型的汽油喷射系统采用空气流量计直接测量单位时间发动机吸入的空气量。然后，电控单元根据发动机的转速计算每一循环的空气量，并由此计算出循环基本喷油量。直接检测型包括体积流量方式和质量流量方式两种。

体积流量方式：如图 7-1 所示，利用翼片式空气流量计或卡门涡流式空气流量计，直接测量单位时间发动机吸入的空气体积流量。电控单元根据已测出的空气体积和发动机转速，然后计算出每一循环的进气空气体积流量，并进行大气压力和温度修正，再计算出循环基本喷油量。这种测量方式测量精度较高，有利于提高混合气空燃比的控制精度。但存在需要进行大气压力和温度修正等缺点。

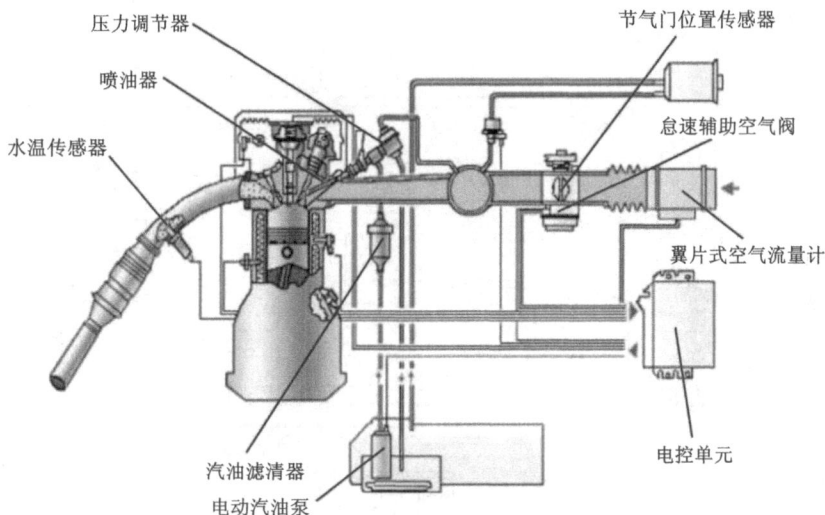

图 7-1 体积流量方式

质量流量方式：如图 7-2 所示，利用热线式空气流量计或热膜式空气流量计，直接测量单位时间发动机吸入的空气质量流量。电控单元根据已测出的空气质量和发动机转速，然后计算出每一循环的进气空气质量流量，计算出循环基本喷油量。这种测量方式除测量精度高，响应速度快，结构紧凑外，由于其测出的是空气的质量，因此，不需要进行大气压力和温度修正。

（2）间接检测型（简称 D 型）。间接检测型如图 7-3 所示，在间接检测空气流量方式的汽油喷射系统中，利用进气歧管绝对压力传感器检测进气歧管内的绝对压力，电控单元根据进气歧管绝对压力和发动机转速，计算出发动机吸入的空气量，并由此计算出循环基本喷油量。

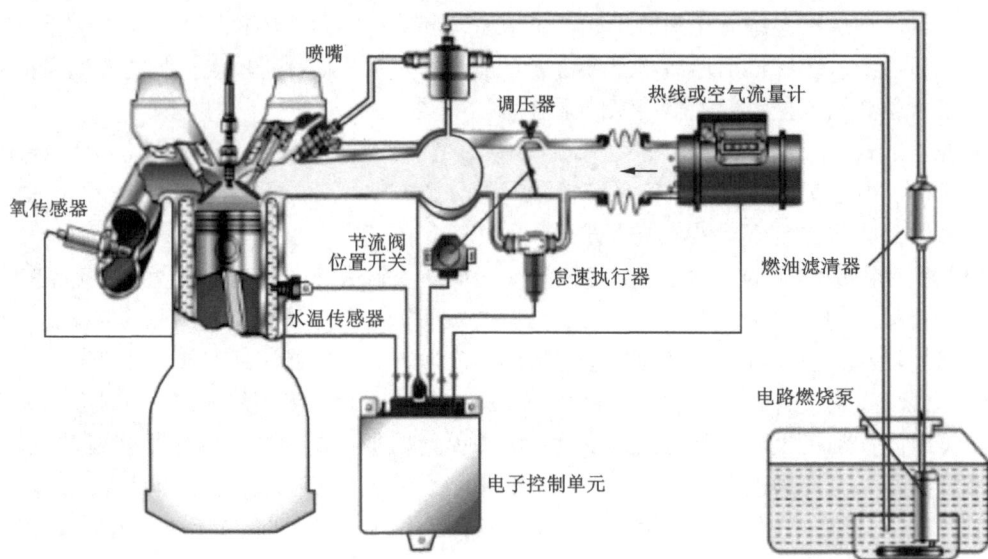

图 7-2 质量流量方式

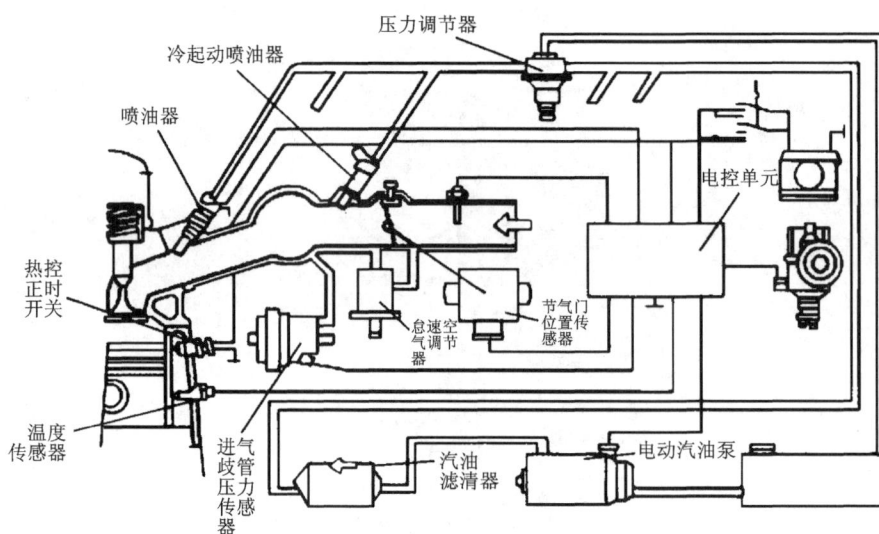

图 7-3 间接检测型

这种方式测量方法简单，喷油量调整精度容易控制。但是由于进气歧管压力和进气量之间函数关系比较复杂，在过渡工况和采用废气再循环时，由于进气歧管内压力波动较大，因此，这些工况空气量测量的精度较低，需进行流量修正，对这些工况混合气空燃比精确控制造成不利影响。

2）按喷射位置分

（1）缸内喷射（GDI）。如图 7-4 所示，将高压燃油直接喷到气缸内。这种喷射技术使用特殊的喷油器，燃油喷雾效果更好，并可在缸内产生浓度渐变的分层混合气（从火花塞往外逐渐变稀)。因此可以用超稀的混合气(急速时可达40:1)工作,油耗和排放也远远低于普通汽油发动机。此外这种喷射方式使混合气体积和温度降低,爆震燃烧的倾向减小,发动机的压缩比可比进气道喷射时大大提高。但喷油器直接安装在缸盖上,必须能够承受燃气产生的高温、高压,且受发动机结构限制,因此采用较少。比较典型的缸内喷射系统有福特PROCO缸内喷射系统,丰田D-4缸内喷射系统和三菱4G缸内喷射系统。

(2)进气管喷射(PFI):

进气管喷射系统如图7-5所示按喷油器的数量不同,又可分为单点喷射系统和多点喷射系统。

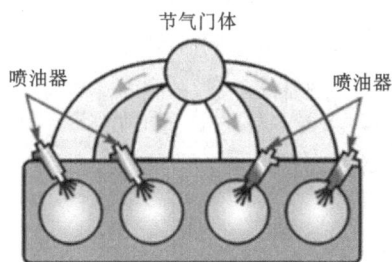

图7-4　缸内喷射

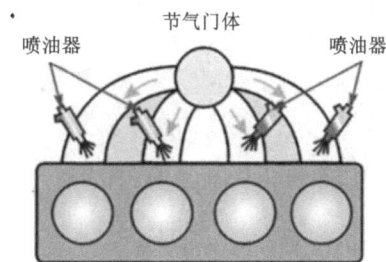

图7-5　进气管喷射

单点燃油喷射系统(SPI)是在节气门体上安装一个或两个喷油器,向进气歧管中喷射燃油形成可燃混合气,如图7-6(a)所示,这种喷射系统又被称为节气门体燃油喷射系统或集中燃油喷射系统,对混合气的控制精度比较低,各个气缸混合气的均匀性也较差,现已很少使用。

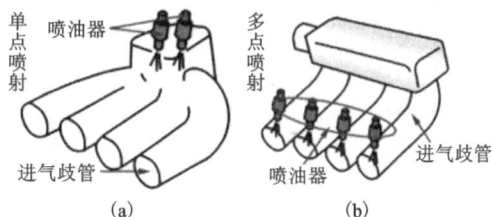

图7-6　进气管喷射类型

多点燃油喷射系统(MPI)在每一个气缸的进气门前安装一个喷油器,如图7-6(b)所示。喷油器喷射出燃油后,在进气门附近与空气混合形成可燃混合气,这种喷射系统能较好地保证各缸混合气总量和浓度的均匀性。

3)按喷油器的喷射方式分

(1)连续喷射系统。在每个气缸口均安装一个机械喷油器,只要系统给它提供一定的压力,喷油器就会持续不断地喷射出燃油,其喷油量的多少不是取决于喷油器,而是取决于燃油分配器中燃油计量槽孔的开度及计量槽孔内外两端的压差。

(2)间歇喷射系统。在发动机运转期间间歇性地向进气歧管中喷油,其喷油量多少取决于喷油器的开启时间,即发动机控制模块(ECU)发出的喷油脉冲宽度。这种燃油喷射方式广泛地应用于现代电控燃油喷射系统中。

间歇喷射系统根据喷射时序的不同又可分为同时喷射、分组喷射和顺序喷射三种,如图7-7所示。

4)按燃油喷射系统的控制方式分

(1)机械控制式燃油喷射系统。机械控制系统是利用机械机构实现燃油连续喷射的系

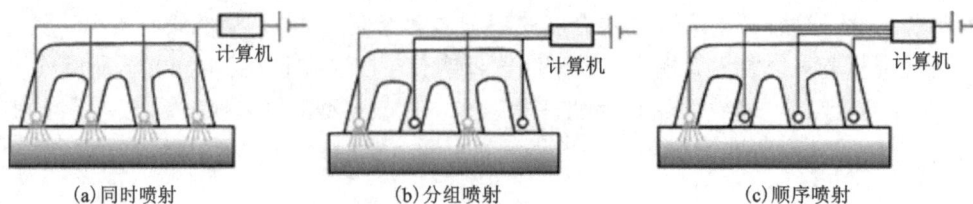

(a)同时喷射　　　　　　　(b)分组喷射　　　　　　　(c)顺序喷射

图7-7　间歇喷射类型

统,由德国博世(Bosch)公司1967年研制成功,在早期的轿车上采用。

(2)机电结合式燃油喷射系统。机电结合式燃油喷射系统是由机械机构与电子控制系统结合实现的燃油喷射系统,是在机械控制式的基础上改进而成,仍为连续喷射系统。

(3)电子控制式燃油喷射系统。电子控制式燃油喷射系统(EFI)是由电控单元直接控制燃油喷射的系统,它能对空气和燃油精确计量,控制精度高,目前在汽车发动机上被广泛应用。

5)按有无反馈信号分

(1)开环控制系统如图7-8所示:对发动机及控制系统的精度要求高,控制精度低。(无氧传感器)通过实验室确定的发动机各工况的最佳供油参数预先存入电脑,在发动机工作时,电脑根据系统中各传感器的输入信号,判断自身所处的运行工况,并计算出最佳喷油量。其精度直接依赖于所设定的基准数据和喷油器调整标定的精度。当使用工况超出预定范围时,不能实现最佳控制。

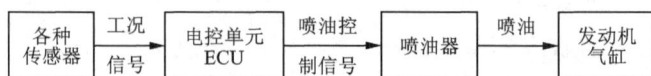

图7-8　开环控制系统

(2)闭环控制系统(如图7-9所示)装有氧传感器,可达到较高的空燃比控制精度。在系统中,发动机排气管上加装了氧传感器,根据排气中含氧量的变化,判断实际进入气缸的混合气空燃比,在通过电脑与设定的目标空燃比进行比较,并根据误差修正喷油量。空燃比控制精度较高。

目前普遍采用开环和闭环相结合的控制方案。

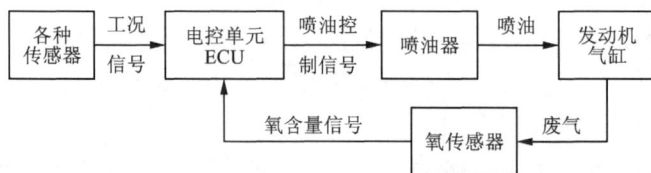

图7-9　闭环控制系统

五、汽油机电控燃油喷射系统的优点

（1）能提供发动机在各种运行工况下最佳的混合气浓度，使发动机在各种工况条件下保持最佳的动力性、经济性和排放性能。

（2）电控燃油喷射系统配用排放控制系统后，大大降低了 HC、CO 和 NO$_x$ 三种有害气体的排放。

（3）增大了燃油的喷射压力，因此雾化比较好；由于每个气缸均安装一个喷油器（多点喷射系统），所以各缸的燃油分配比较均匀，有利于提高发动机运转的稳定性。

（4）当汽车在不同地区行驶时，对大气压力或外界环境温度变化引起的空气密度的变化，发动机控制电脑（ECU）能及时准确地作出补偿。

（5）在汽车加减速行驶的过渡运转阶段，燃油控制系统能够迅速的作出反应，使汽车加速、减速性能更加良好。

（6）具有减速断油功能，既能降低排放，也能节省燃油。减速时，节气门关闭，发动机仍以高速运转，进入气缸的空气量减少，进气歧管内的真空度增大。在化油器系统中，此时会使粘附于进气歧管壁面的燃油由于进气歧管内真空度骤升而蒸发后进入气缸，使混合气变浓，燃烧不完全，排气中 HC 和 CO 的含量增加。而在电控燃油喷射发动机中，当节气门关闭而发动机转速超过预定转速时，喷油就会减少或停止，使排气中 HC 和 CO 的含量减少，降低燃油消耗。

（7）在进气系统中，由于没有像化油器那样的喉管部位，因而进气阻力减小。再加上进气管道的合理设计，就能充分利用吸入空气惯性的增压作用增大充气量，提高发动机的输出功率，增加动力性。

（8）在发动机启动时，可以用发动机控制模块（ECU）计算出启动时所需的供油量，使发动机启动容易，暖机更快，暖机性能提高。

六、汽油机电控燃油喷射系统的组成

电控汽油喷射式发动机燃料供给系统由空气供给系统、燃油供给系统和控制系统组成，如图 7 – 10 所示。

1. 空气供给系统

电控燃油喷射发动机空气供给系统基本相同，主要组成元件包括空气滤清器、节气门体和进气管，为发动机提供清洁的空气并控制发动机正常工作时的供气量。

2. 燃油供给系统

燃油供给系统由电动燃油泵、燃油滤清器、燃油压力调节器、脉动阻尼器、油管等组成。

3. 控制系统

控制系统 ECU 根据空气流量计信号和发动机转速信号确定基本喷油时间，再根据其他传感器对喷油时间进行修正，并按最后确定的总喷油时间向喷油器发出指令，使喷油器喷油或断油。

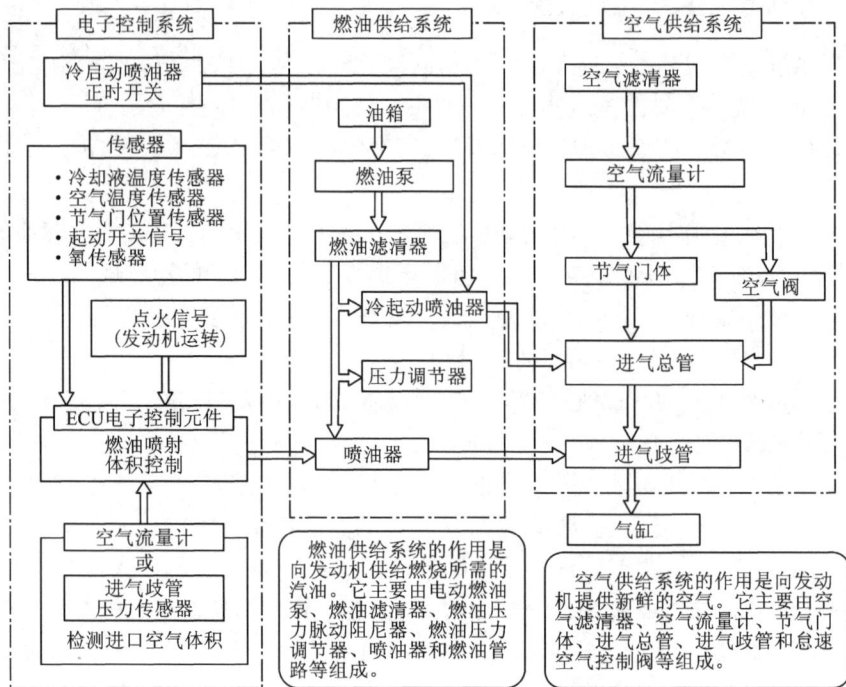

图 7-10 汽油机电控燃油喷射系统的组成

任务二 进气系统的构造与维修

一、进气系统的作用和组成

进气系统的作用是向发动机提供与负荷相适应的清洁的空气,同时测量和控制进入发动机气缸的空气量,使它们在系统中与喷油器喷出的汽油形成空燃比符合要求的可燃混合气;同时在有限的气缸容积中尽可能多和均匀地供气。

进气系统由空气滤清器、空气流量计或进气管绝对压力传感器、节气门体、怠速控制阀、进气总管、进气歧管等组成,如图 7-11 所示。

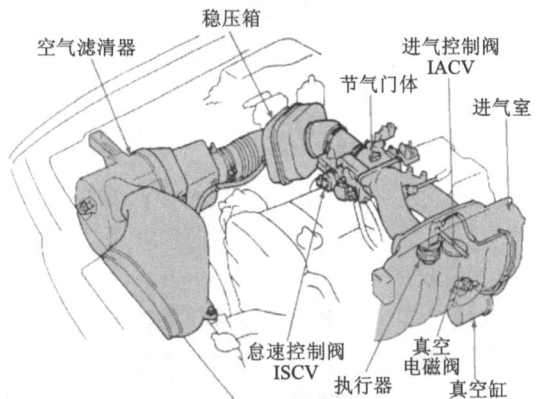

图 7-11 进气系统组成

在 L 型进气系统中,空气经空气滤清器过滤后,流经空气流量计、节气门体(或怠速控制阀)、进气总管、进气歧管,与喷油器喷出的汽油混合,形成可燃混合气吸入气缸燃烧。进入发动机的空气量由空气流量计直接测量。

在 D 型进气系统中,空气经空气滤清器过滤后,流经节气门体(或怠速控制阀)、进气总管、进气歧管，与喷油器喷出的汽油混合，形成可燃混合气吸入气缸燃烧。进入发动机的空气量由进气管绝对压力传感器间接测量。

二、进气系统的主要部件构造与维修

发动机的进气系统不仅要对空气进行过滤、计量，为了增大进气量而提高发动机的功率，还必须对进气实施各种电子控制，因此，进气系统中除了安装有空气滤清器、节气门体、进气管外，还设置了许多传感器和执行器。

1. 空气滤清器构造与维修

空气滤清器的作用是滤去空气中的尘土和沙粒，以减少气缸、活塞和活塞环的磨损，延长发动机的使用寿命。

空气滤清器按滤清方式可分为惯性式、过滤式和综合式（前两种的综合）三种。目前，汽车发动机广泛采用纸质干式空气滤清器，它属于过滤式。这种滤清器具有结构简单、质量轻、成本低、使用方便、滤清效果高的优点。纸质干式滤清器滤清效率可达99.5%以上。

1）空气滤清器的构造

纸质干式空气滤清器有许多形式和形状，如图7-12所示。其滤芯是用树脂处理的微孔滤纸制成的。滤芯呈波折状，具有较大的过滤面积。滤芯的上、下两端有塑料密封圈，以保证滤芯两端的密封。发动机工作时，空气由盖与外壳之间的空隙进入，经纸质滤芯被滤清后，通过外壳下端的进气口进入。

2）空气滤清器的维护

空气滤清器长期使用会产生堵塞，对进气产生额外阻力，使发动机充气量和动力性降低。因此必须定期进行维护。桑塔纳2000GSi轿车AJR

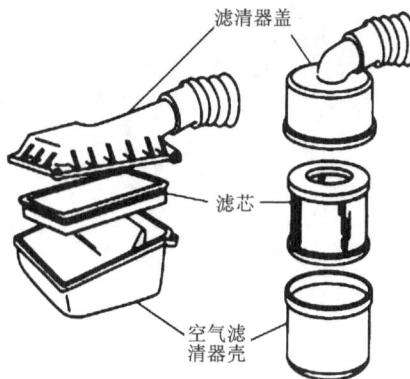

图7-12 空气滤清器

发动机每行驶15000 km进行常规维护，即将滤芯取出用手轻拍，或用压缩空气吹去积灰，切忌接触油质，以免加大滤清阻力，每行驶30000 km更换空气滤清器。

2. 空气流量计的构造与维修

空气流量计的作用是对进入气缸的空气量进行直接计量，并把空气流量的信息输送到ECU。它用在L型的发动机进气系统中，安装在空气滤清器与节气门体之间，如图7-13所示，作为电控燃油喷射系统的主控信号。

在L型电控汽油喷射发动机的发展历程中使用过翼片式、卡门旋涡式、热线式和热膜式等多种形式的空气流量计。翼片式、卡门旋涡式空气流量计检测空气的体积流量，需要对进气温度和大气压力作修正，已逐渐淘汰，目前应用较多的是热线式、热膜式空气流量计，它直接检测空气的质量流量，测量精度高。桑塔纳2000GSi轿车AJR发动机采用了热膜式空气流量计。

1）热线式空气流量计

根据热线的安装位置不同，热线式空流量计有主流测量式和旁通测量式两种结构形式（如图7-14所示）。

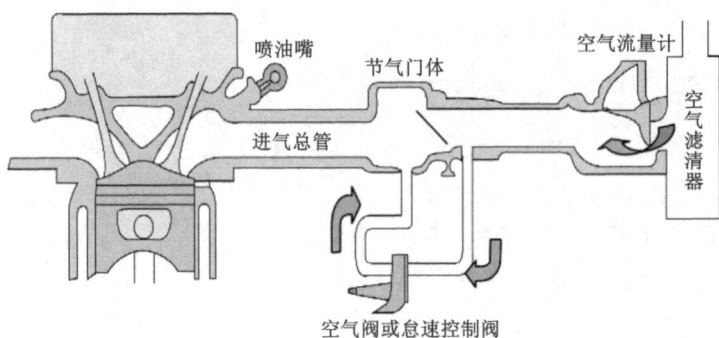

图7－13　空气流量计位置

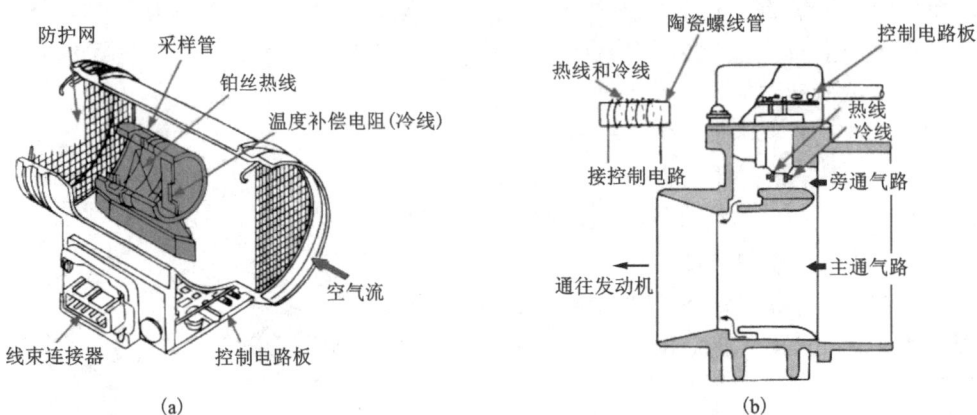

图7－14　热线式空气流量计类型

(a)主流测量式空气流量计；(b)旁通测量式空气流量计

(1)热线式空气流量计的构造。主流测量式热线式空气流量计应用较广，其结构如图7－14(a)所示。其基本结构由感知空气流量的铂金热线电阻 R_H（热丝）、根据进气温度进行修正的温度补偿电阻 R_K（冷丝）、控制热线电流并产生输出信号的控制电路板以及空气流量计壳体等组成。

取样管置于主空气通道中，两端有金属防护网防止脏物进入。取样管由两个塑料护套和一个热线支承环构成，一根直径约 $70~\mu m$ 的铂金属丝作为发热元件布置在支承环内，传感器工作时，铂金属丝被控制电路提供的电流加热到高于进气温度 $100℃$，故将它称之为热线电阻或热丝，其电阻值随温度变化，是惠斯通电桥电路的一个臂。热线支承环前端的塑料护套内安装一个薄膜电阻，其电阻值随进气温度变化，由于它靠近进气口一侧，称为冷丝或温度补偿电阻，该温度补偿电阻相当于一个温度传感器，起到温度参考基准的作用，它是惠斯通电桥电路的另一个臂。热线支承环后端的塑料护套上黏着一只精密电阻 R_A，也是惠斯通电桥电路的一个臂，该电阻上的电压降即为热线式空气流量计的输出信号。惠斯通电桥电路还有一个臂的电阻 R_B 安装在控制电路板上。控制电路板安装在热线式空气流量计的下方，通过接线插座将空气流量计的信号传给发动机电控单元ECU。

（2）热线式空气流量计的工作原理。热线式空气流量计是利用空气流过热线时的冷却效应制成的，其工作原理如图 7 - 15 所示。

铂金属热丝和其他几个电阻组成惠斯通电桥电路。在传感器工作时，热丝被控制电路提供的电流加热到高于冷丝温度 100℃，此时惠斯通电桥处于平衡状态。进气时气流带走了热丝上的热量使热丝变冷，热丝的电阻值随即也降低，桥形电路平衡被破坏；控制电路加大通过热丝的电流使热丝升温以恢复其原有的电阻值，使电桥重新平衡。进气量越大，热丝被带走的热量也就越多，控制电路的补偿电流也就越大，这样就把空气流量的变化转换为电流的变化。电流的

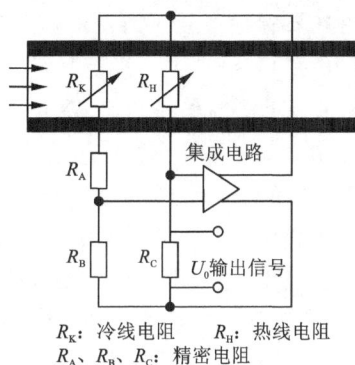

R_K：冷丝电阻　　R_H：热线电阻
R_A、R_B、R_C：精密电阻

图 7 - 15　热线式空流量计工作原理图

变化又使固定电阻 R_A 两端的电压发生变化，此变化的电压就是热线式空气流量计的输出信号。控制电路把这一根据空气质量流量变化的电压信号输入 ECU。

热丝长时间暴露在进气中，会因空气中灰尘附着在热丝上而影响测量精度，需增加自洁净功能：关闭点火开关时 ECU 向空气流量计发出一个信号，控制电路立即给热丝提供较大电流，使热丝瞬时升温至 1000℃ 左右，把附着在热丝上的杂质烧掉。自洁净功能持续时间为 1～2 s。

（3）热线式空气流量计的输出特性。由热线式空气流量计的工作原理可知，该空气流量计的输出特性为：随着发动机进气量的增大，其输出的信号电压越高，如图 7 - 16 所示。

（4）热线式空气流量计的检测。以日产 MAXIMA 车 VG30E 发动机热线式空气流量计为例介绍其检测方法。该车热线式空气流量计连接电路如图 7 - 17 所示。

①检查电路连接情况。检查空气流量计与微电脑的连接导线是否正常，以及插接器插接是否可靠。

②检查外观。检查空气流量计的热丝有无折断

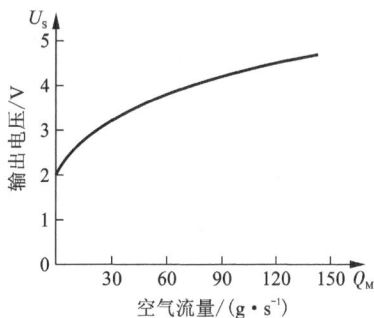

图 7 - 16　热线式空气流量计输出特性

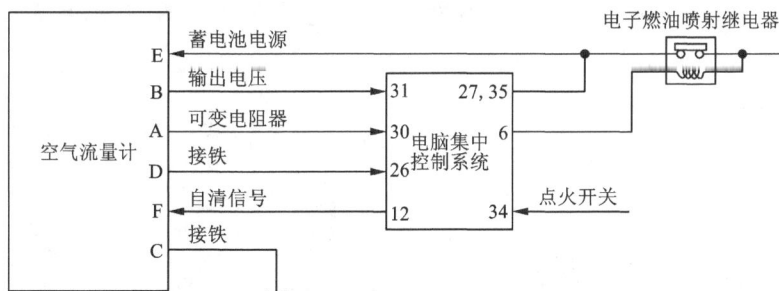

图 7 - 17　热线式空气流量计电路原理图

及脏污现象,护网有无堵塞及破损现象。若有,则应更换空气流量计。

③检查输出信号。就车检测(动态检测):打开点火开关,发动机不启动,测量端子 E、D 之间的电压应为 12 V。若无电压,再测量端子 E、C 之间的电压,其值若为 12 V,则说明 D 端子搭铁不良,应检查 D 与 ECU 之间的线路或 ECU 的搭铁电路。测量端子 B、D 之间的信号电压值,在发动机不起动时应小于 0.5 V;发动机启动,怠速时为 1.0 ~ 1.3 V;发动机转速达 3000 r/min 时为 1.8 ~ 2.0 V。若不符合要求,应拆下空气流量计作进一步检查。

车下检测:拆下空气流量计,将蓄电池电压接至空气流量计插座内的 D、E 端子,然后用万用表直流电压挡测量端子 B 和 D 之间的电压,其值应为 1.6±0.5 V,如图 7-18(a)所示。用电吹风向空气流量计吹风,同时测量 B、D 端子之间的电压,电压应上升至 2 ~ 4 V,如图 7-18(b)所示。若不符合要求,则应更换空气流量计。

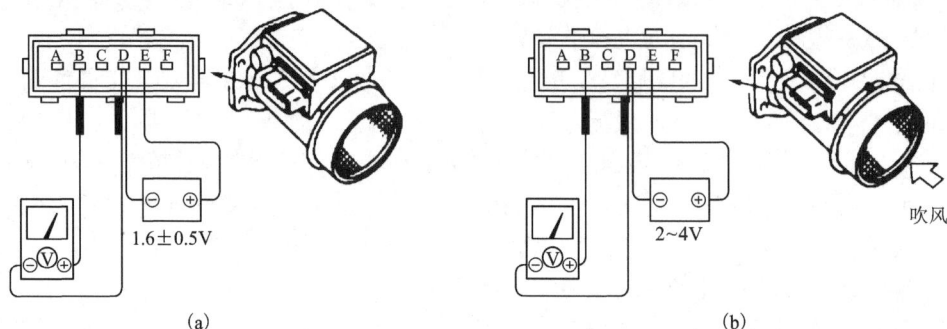

(a)   (b)

图 7-18　热线式空气流量计检测

④检查自清信号

自清信号的检查步骤如下:启动发动机,加速至 2500 r/min 以上;在发动机怠速运转条件下,拆下空气管道和空气滤清器;在点火开关断开 5 s 后,检查热线是否能加热到发出红辉光约 1 s;如果看不到红辉光,应检查插接器的 12 号接线端子与空气流量计线束插接器的接线端子 F 之间是否导通;正常情况下应导通,若不通,说明自清电路发生断路故障,应检查线束;如果线束正常,则应更换空气流量计。

2)热膜式空气流量计构造与维修

热膜式空气流量计是热线式空气流量计的改进产品,其结构及工作原理与热线式空气流量计基本相同,只是将感知元件由热线改为平面形铂金属膜电阻器(简称热膜)。

(1)热膜式空气流量计构造。上海桑塔纳 2000GSi 轿车 AJR 发动机中采用了热膜式空气流量计,结构如图 7-19 所示。

热膜的制作过程是:先在氧化铝陶瓷基片上采用蒸发工艺淀积铂金属薄膜,然后通过光刻工艺制成梳状电阻,将电阻值调节到规定的阻值后,再在铂金属薄膜表面覆盖一层保护膜,最后引

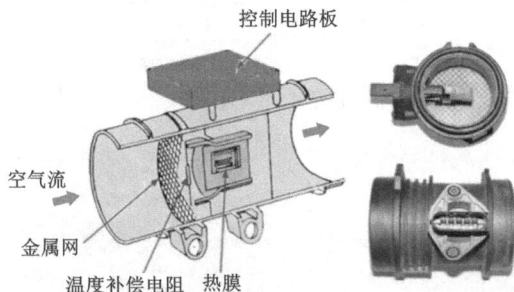

图 7-19　热膜式空气流量计

出电极引线。热膜设置在进气通道上的一个矩形护套(相当于取样管)内,在护套的空气入口一侧设有空气过滤层,以过滤空气中的污物,防止污物沉积到热膜电阻上影响测量精度。

热膜式空气流量计测量精度高、响应速度快、进气阻力小,而且可靠、耐用,不会因黏附污物而影响测量精度。

热膜式空气流量计的输出特性:与热线式一样,随着发动机的进气量增大,其输出的信号电压升高。

(2)热膜式空气流量计的检测。桑塔纳2000GSi轿车AJR发动机热膜式空气流量计插头端子与连接电路如图7-20所示。

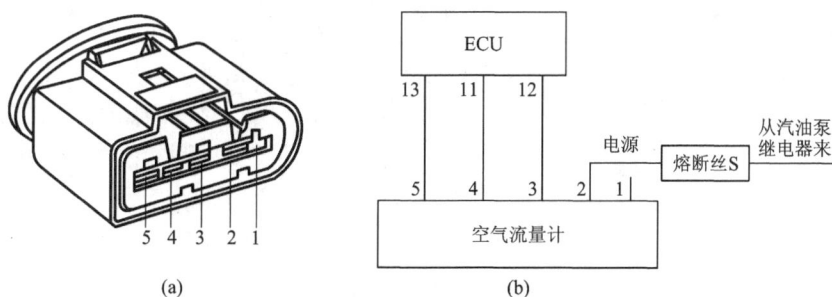

图7-20 热膜式空气流量计电路图
(a)空气流量计插头端子;(b)空气流量计与EOU连接电路

①检查电路连接情况。检查空气流量计与微电脑的连接导线是否正常,以及插接器插接是否可靠。相关端子间的线路,其电阻值应小于1 Ω。

②检查外观。检查空气流量计的防护网、热膜有无异常,若有,则应更换空气流量计。

③就车检测。拔下空气流量计上的导线连接器,启动发动机,用万用表直流电压挡测量空气流量计导线连接器端子2与搭铁线间的电压,应大于11.5 V;或者用发光二极管试灯连接空气流量计导线连接器端子2和发动机搭铁点,试灯应亮。否则应检查熔断丝、油泵继电器及其连接线路。打开点火开关,用万用表测量空气流量计导线连接器端子4与搭铁点间的电压,其值约为5 V。否则,应检查连接线路;如连接线路正常,则更换ECU。

④车下检测。拆下空气流量计,在空气流量计插座端子4与搭铁线之间加5 V直流电压,端子2与搭铁线之间加12 V直流电压,用电吹风向空气流量计内吹风,同时用万用表直流电压挡测量端子5与3之间的电压。改变吹风距离,电压表读数应能平稳缓慢地变化,距离接近时电压升高,离远时电压下降。否则应更换空气流量计。

3. 进气歧管绝对压力传感器的构造与维修

进气歧管绝对压力传感器用于D型的发动机进气系统中,它所起的作用和空气流量计相似。进气歧管绝对压力传感器根据发动机的负荷状态测出进气歧管内绝对压力的变化,并转换成电压信号,与转速信号一起输送到电控单元ECU,作为燃油喷射和点火控制的主控信号。

进气歧管绝对压力传感器的安装位置较灵活,位于节气门体的后方,有的车型通过真空软管与进气总管连接;有的车型则将进气歧管绝对压力传感器直接安装在进气总管上。

进气歧管绝对压力传感器按工作原理可分为压阻效应式、电容式和电感式三种。压阻效应式传感器具有灵敏度高、尺寸小、成本低、动态响应和抗振性好的优点,从而得到了广泛的应用。

1)压阻效应式进气歧管绝对压力传感器

单晶硅材料在受到应力作用后,其电阻率发生明显变化的现象称为压阻效应。

(1)压阻效应式进气歧管绝对压力传感器的构造。压阻效应式进气歧管绝对压力传感器的结构如图 7-21 所示,主要由真空室、硅膜片和 IC 集成放大电路组成。

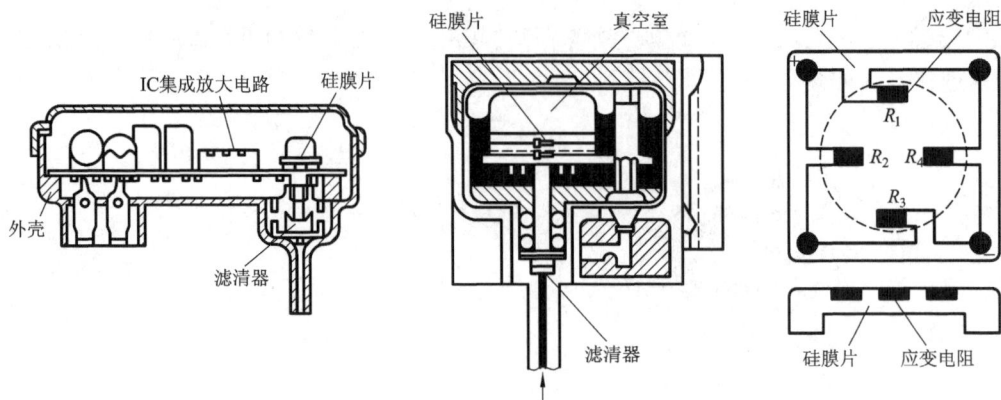

图 7-21 压阻效应式进气歧管绝对压力传感器原理图

压力转换元件是利用半导体压阻效应制成的硅膜片,硅膜片为边长 3 mm 的正方形,其中部采用光刻腐蚀的方法制成一个直径 2 mm、厚约 50 μm 的薄膜片;在薄膜片上,采用集成电路加工技术和台面扩散层技术加工出 4 个阻值相等的应变电阻片,这 4 个应变电阻片连接成惠斯通桥形电路。硅膜片的一侧是真空室,另一侧导入进气歧管压力。

(2)压阻效应式进气歧管绝对压力传感器的工作。进气歧管绝对压力传感器的等效电路如图 7-22 所示。

当接通点火开关时,惠斯通桥形电路便加上电源电压 U_{CC}。发动机不工作时,惠斯通桥形电路中的 4 个应变电阻片的电阻值相等,电桥平衡,电桥输出电压 U_0 为零。当发动机工作时,硅膜片在进气歧管压力作用下产生机械应变,进而产生应力,应变电阻片的阻值在硅膜片应力的作用下发生变化,惠斯通电桥失去平衡,在电桥的输出端即得到输出电压 U_0。通过特殊加工,可使 4 个电阻应变片处于特殊位置,即在受到硅膜片应力作用下,应变电阻 R_2、R_4 的阻值增加 ΔR,应变电阻 R_1、R_3 的阻值减小 ΔR,当惠斯通桥形电路的电源电压为 U_{CC} 时,电桥的输出电压 U_0 为:

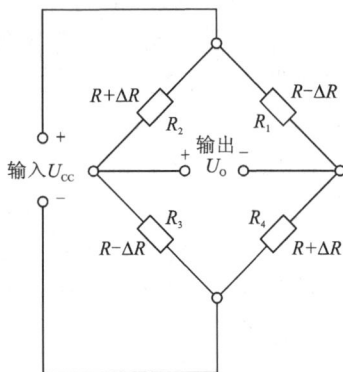

图 7-22 惠斯通桥形电路

$$U_0 = U_{R_2} - U_{R_1}$$
$$= (R + \Delta R)U_{CC}/[(R + \Delta R) + (R - \Delta R)] - (R - \Delta R)U_{CC}/[(R + \Delta R) + (R - \Delta R)]$$
$$= U_{CC}(\Delta R/R)$$

式中:R 为应变电阻的初始值;ΔR 为应变电阻的阻值变化量。

（3）压阻效应式进气歧管绝对压力传感器的输出特性。由压阻效应式进气歧管绝对压力传感器的工作原理可知，该传感器的输出特性为：发动机进气量越大，进气歧管内绝对压力越大，硅膜片变形就越大，输出的信号电压 U_0 值就越大，如图 7-23 所示。

（4）压阻效应式进气歧管绝对压力传感器的检测。以丰田皇冠 3.0 轿车 2JZ-GE 发动机用压阻效应式进气歧管绝对压力传感器为例。该传感器与 ECU 的连接电路如图 7-24 所示。

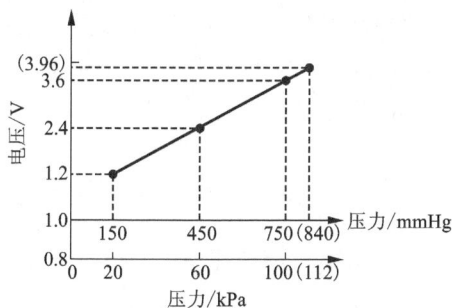

图 7-23　压阻效应式进气歧管绝对压力传感器的输出特性

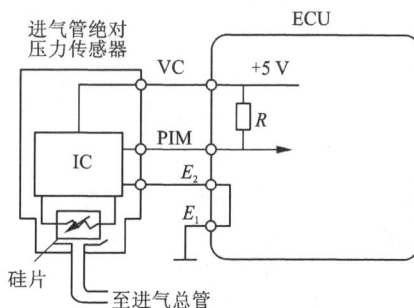

图 7-24　绝对压力传感器电路图

检测电源电压：点火开关置于"OFF"位置，拔下进气歧管绝对压力传感器的导线连接器，然后将点火开关置于"ON"位置，不启动发动机，用万用表直流电压挡测量导线连接器中电源端 VC 和接地端 E_2 之间的电压，其值应为 5 V。如有异常，应检查进气歧管绝对压力传感器与 ECU 之间的线路是否导通。若断路，应更换或修理线束。

检测输出信号电压：将点火开关置于"ON"位置，但不启动发动机，拆下连接进气歧管绝对压力传感器与进气歧管的真空软管。在 ECU 导线连接器侧用万用表电压挡测量进气歧管绝对压力传感器 PIM 端子与 E_2 端子间在大气压力状态下的输出电压，并记下这一电压值；然后用真空泵向进气歧管绝对压力传感器内施加真空，从 13.3 kPa（100 mmHg）起，每次递增 13.3 kPa（100 mmHg），一直增加到 66.7 kPa（500 mmHg）为止，然后测量在不同真空度下进气歧管压力传感器 PIM 端子与 E_2 端子间的输出电压。该电压应能随真空度的增大而不断下降。将不同真空度下的输出电压下降量与标准值相比较，如不符，应更换进气歧管压力传感器。

2）电容式进气歧管绝对压力传感器

电容式传感器由一个或几个具有可变参数的电容器组成。由电学知识可知，电容器的电容量与组成电容的两极板间的电介质及其相对有效面积成正比，与两极板间的距离成反比，即：

$$C = \varepsilon \frac{A}{d}$$

式中：C——电容量；

ε——电介质的介电常数；

A——两金属电极板相对有效面积；

d——两金属电极板间的距离。

　　当式中两个参数不变,而另一个参数作为变量时,电容量就会随此变量而发生变化。电容式传感器即利用这一原理,将被测量转换成上述变量,进而转换成电容量而达到检测目的,如图7-25所示为电容差动式进气压力传感器结构示意图。由置于空腔内的动片(弹性膜片)、两个定片(弹性膜片上下凹玻璃上的金属涂层)、输出端子、壳体等组成。其动片与两个定片之间形成两个串联的电容。当进气压力作用于弹性膜片时,弹性膜片产生位移,与一个定片距离减小,而与另一个定片的距离加大;则一个电容量增加,另一个电容量减小,从而把压力的变化转换成电容量的变化。这种由一个被测量引起两个传感元件参数等量、相反变化结构,称为差动结构。将电容量的变化接到测量电路中,与电容式压力传感器配合使用的测量电路有很多种,如电容电桥、谐振电路等,即可得到相应的电信号输出。

　　3)电感式进气歧管绝对压力传感器

　　电感式进气歧管绝对压力传感器主要由膜盒、铁芯、感应线圈以及电子电路等组成,如图7-26所示。

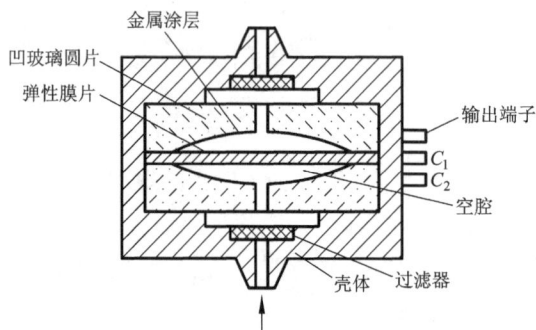

图7-25　电容差动式进气压力传感器

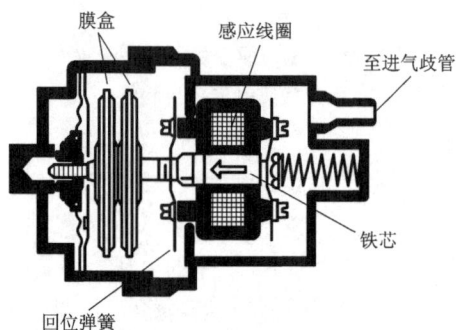

图7-26　电感式进气歧管绝对压力传感器

　　膜盒由薄金属片焊接而成,其内部被抽成真空,外部与进气歧管相通。膜盒外表压力(即进气歧管压力)的变化将引起膜盒的膨胀和收缩。膜盒与感应线圈的铁芯联动。感应线圈包括一个初级绕组和两个次级绕组,如图7-27所示。两个次级绕组的匝数相等,且连接成差动形式。当在初级绕组上加上一定频率的交变电压 e_1 (由振荡器产生)时,便在两个次级绕组中感生出次级电压 e_{21} 和 e_{22},输出端电压 e_2 等于两个次级绕组的感应电压之差,即 $e_2 = e_{21} - e_{22}$。

　　当铁芯位于中间位置时,由于两个次级绕组的匝数、互感系数相同,因此这两个次级绕组上感生出的电动势也相同,此时差动电压 e_2 等于零。当铁芯向上移动时,$e_{21} > e_{22}$,$e_2 > 0$,且向上移动的量越大,差动电压 e_2 也越大。当铁芯向下移动时,$e_{21} < e_{22}$,$e_2 < 0$,且向下移动的量越大,反差电压 e_2 也越大。

　　发动机工作时,传感器膜盒外表面受到进气歧管压力作用,进气歧管压力越大,膜盒的收缩变形量越大。由于膜盒的一端固定,因此膜盒收缩变形时带动铁芯移动,铁芯的移动又会在次级绕组上产生差动电压。这样,就将进气歧管压力的变化转换成电压信号。该信号经整形、放大后,作为传感器的输出信号送至 ECU。

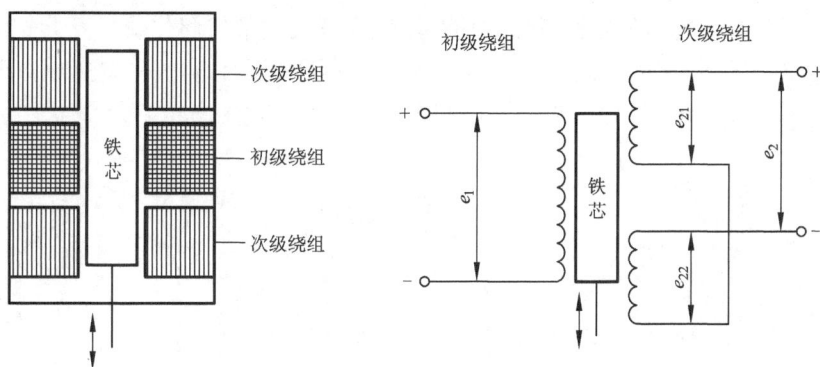

图 7 - 27　电感式进气歧管绝对压力传感器工作原理图

4. 节气门体的构造与维修

1）节气门体的构造

节气门体安装在空气流量计之后的进气管上，用以控制发动机正常运行工况下的进气量。

节气门体主要由节气门和怠速空气道组成，在节气门体上还安装有节气门位置传感器、怠速控制阀等装置。

如图 7 - 28 所示为韩国大手王子/超级沙龙轿车 D 型多点喷射系统的节气门体。节气门位置传感器安装在节气门轴上，用来检测节气门的开度。ECU 通过

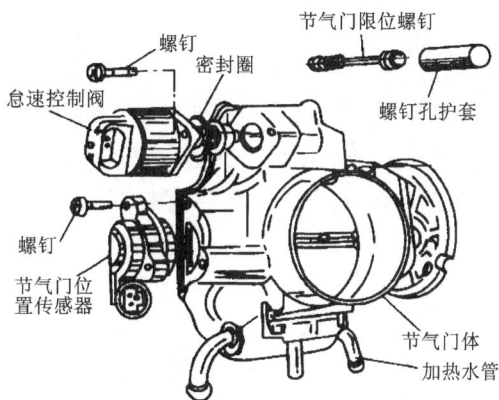

图 7 - 28　节气门体的结构

怠速控制阀来控制怠速空气道，以根据需要调节发动机怠速时的进气量。节气门限位螺钉用来调节节气门的最小开度。在发动机工作时，冷却液通过加热水管流经节气门体，以防止寒冷季节空气中的水分在节气门体上冻结，有些车型的节气门体上没有加热水管。

2）节气门体的检修

节气门体是空气供给系统的重要部件，在维修时应检查节气门体内是否有积垢或结胶，必要时用专业的清洗剂进行清洗。

注意：绝对不允许用砂纸或刮刀等清理积垢或结胶，以免损伤节气门体内腔，导致节气门关闭不严或改变怠速空气道尺寸，影响发动机正常工作。

5. 节气门位置传感器的构造与维修

节气门位置传感器的作用是把汽油机运转过程中节气门的位置及开启角度的变化转换成电信号输入发动机 ECU，用于控制燃油喷射及其他辅助控制。

节气门位置传感器安装在节气门体上节气门轴的一端，通过节气门轴带动其内部的电刷、触点转动，从而把节气门开度转化为电信号输出。常见的节气门位置传感器有触点开关式、线性电位计式和综合式三种类型。

1）触点开关式节气门位置传感器

（1）触点开关式节气门位置传感器的构造。触点开关式节气门位置传感器如图7-29所示，由一个与节气门轴联动的凸轮、一个活动触点、两个固定触点——怠速触点IDL和全负荷触点PSW等组成。凸轮控制触点的开启和闭合。

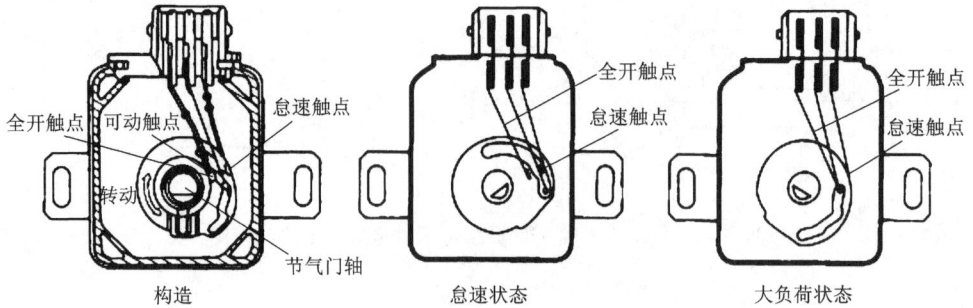

图7-29　触点开关式节气门位置传感器的构造

（2）触点开关式节气门位置传感器工作原理。节气门转动时，活动触点随节气门一起转动。当节气门处于全关闭位置时，活动触点与怠速触点接通，即怠速触点闭合，ECU判定发动机处于怠速工况，从而按怠速工况的要求控制喷油和点火；当节气门接近全开时（一般节气门开度在500以上），活动触点与全负荷触点接通，即全负荷触点闭合，ECU进行全负荷加浓控制；当节气门在中间位置时，活动触点与两固定触点均断开，ECU判定发动机处于部分负荷工况。

（3）触点开关式节气门位置传感器输出特性。触点开关式节气门位置传感器输出特性如图7-30所示，ECU根据触点的闭合情况确定发动机工况。当节气门关闭时，怠速触点IDL闭合、大负荷触点PSW断开，怠速触点IDL输出端子输出的信号为低电平"0"，功率触点PSW输出端子输出的信号为高电平"1"。ECU接收到节气门位置传感器输入的这两个信号时，如果车速传感器输入ECU的信号表示车速为

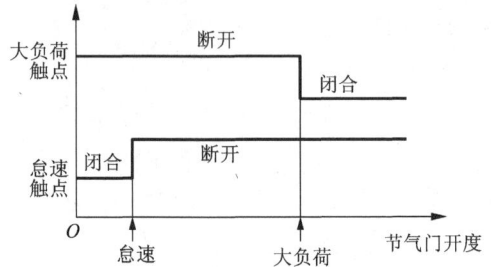

图7-30　触点开关式节气门
位置传感器输出特性

零，那么ECU判定发动机处于为怠速状态，并控制喷油器增加喷油量，保证发动机怠速转速稳定而不致熄火。如果此时车速传感器输入ECU的信号表示车速不为零，那么ECU判定发动机处于减速状态，并控制喷油器停止喷油，以降低排放和提高经济性。

（4）触点开关式节气门位置传感器的检测。触点开关式节气门位置传感器与发动机ECU的连接线路如图7-31所示，其检测步骤为：

①检查搭铁电路。断开点火开关，拆开传感器插接器，用万用表欧姆挡测量线束插接器E_1端子与车身之间的电阻，其电阻值应为零，否则应检查ECU的E_1端子与搭铁部位之间是否导通。

②检查工作电压。接通点火开关，用电压表分别检测线束插接器另外两个端子与车身之间的电压。电路正常时应有 12 V 左右的电压，若没有电压，则说明传感器的电源线路有故障。此时应检测传感器电源线、微电脑电源线、主继电器以及保险丝等。

③检查传感器。在节气门限位螺钉与限位杆之间插入规定厚度的塞尺，用万用表欧姆挡检查各端子之间的导通情况，正常时应符合要求。否则应更换节气门位置传感器。

图 7 – 31　触点开关式节气门位置传感器电路图

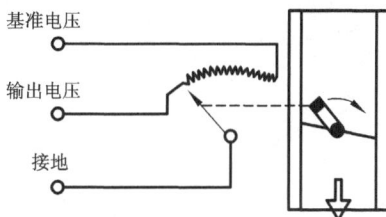

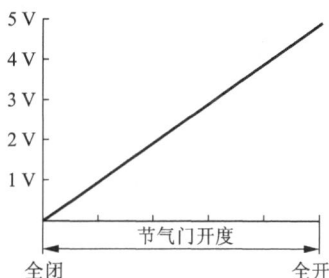

2）线性电位计式节气门位置传感器

（1）线性电位计式节气门位置传感器的构造与线性电位计式节气门位置传感器的结构如图 7 – 32 所示。传感器内部装有滑动电阻，滑动电阻的滑臂与节气门轴一同转动。

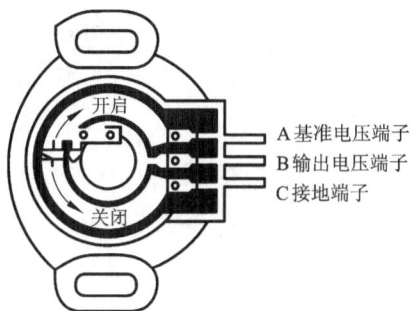

图 7 – 32　线性电位计式节气门位置传感器

当节气门打开时，滑臂随节气门轴转动的同时在滑动电阻片上滑动，将节气门开度的变化转变为电阻的变化，进而以电压方式输出，可以获得节气门从全闭到全开的连续变化的信号，从而精确地判断发动机的运行工况。

（2）线性电位计式节气门位置传感器的输出特性。由线性电位计式节气门位置传感器的工作原理可知，随节气门开度增大，输出电压升高，其输出特性如图 7 – 33 所示。

图 7 – 33　线性电位计式节气门
位置传感器的输出特性

3）综合式节气门位置传感器

（1）综合式节气门位置传感器的构造和原理。综合式节气门位置传感器是在线性电位计式节气门位置传感器的基础上加装了一个怠速触点，如图 7 – 34 所示。

怠速时，怠速触点闭合，输出怠速工况信号，其他工况随节气门开度的变化，电位计的电阻也变化，从而将节气门开度转变为电压信号输送给 ECU。

（2）综合式节气门位置传感器的输出特性。综合式节气门位置传感器输出特性如图 7 – 35

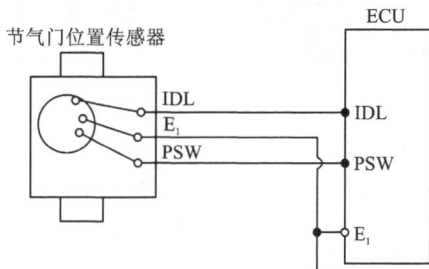

所示。当节气门关闭或开度小于 1.20 时，怠速触点闭合，其输出端"IDL"输出低电压（0 V）；当节气门开度大于 1.20 时，怠速触点断开，输出端"IDL"输出高电压（5 V 或 12 V）。

当节气门开度变化时，可变电阻的滑臂便随节气门轴转动，滑臂上的触点便在滑动电阻片上滑动，传感器输出端子"VTA"与"E_2"之间的信号电压随之发生变化，节气门开度越大，输出的信号电压越高。

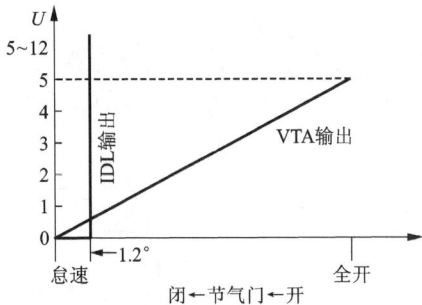

图 7 – 34　综合式节气门位置传感器

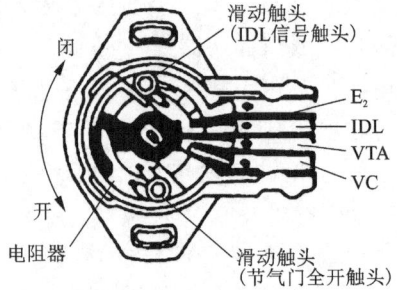

图 7 – 35　综合式节气门位置传感器输出特性

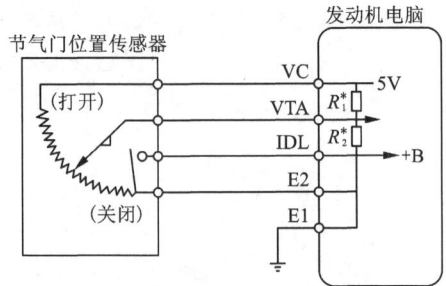

图 7 – 36　综合式节气门位置传感器电路图

（3）综合式节气门位置传感器的检测。综合式节气门位置传感器与发动机 ECU 的连接电路如图 7 – 36 所示。其检测步骤如下：

①检查搭铁电路。断开点火开关，拆下传感器导线连接器。用万用表欧姆挡检查节气门位置传感器线束插接器 E_2 端子与 ECU 的 E_2 端子之间的导线、ECU 的 E1 端子与车身搭铁部位之间的导线连接情况，应导通。

②检查电压。插好节气门位置传感器的导线连接器，点火开关置于"ON"位置但不启动发动机，转动节气门，用万用表直流电压挡分别检测线束插接器上 IDL、VC、VTA 三个端子与车身之间的电压，其值应符合要求。

③检查传感器。怠速触点导通性检查：点火开关置于"OFF"位置，拔去节气门位置传感器的导线连接器，用万用表欧姆挡在节气门位置传感器连接器上测量怠速触点 IDL 的导通情况，如图 7 – 37 所示。当节气门全闭时，IDL – E_2 端子间应导通（电阻为 0）；当节气门打开时，IDL – E_2 端子间应不导通（电阻为 ∞）。否则应更换节气门位置传感器。

检查线性电位计电阻：点火开关置于"OFF"位置，拔去节气门位置传感器的导线连接器，用万用表欧姆挡测量线性电位计的电阻（VTA – E_2 之间的电阻），该电阻应随节气门开度的增大而呈线性增大。

在节气门限位螺钉和限位杆之间插入适当厚度的厚薄规，用万用表欧姆挡测量此传感器导线连接器上各端子间的电阻，其值应符合要求。

（4）节气门位置传感器的调整。拧松节气门位置传感器的两个固定螺钉，如图 7 – 38 所示，在节气门限位杆和限位螺钉之间插入 0.50 mm 的厚薄规，同时用万用表欧姆挡测量 IDL

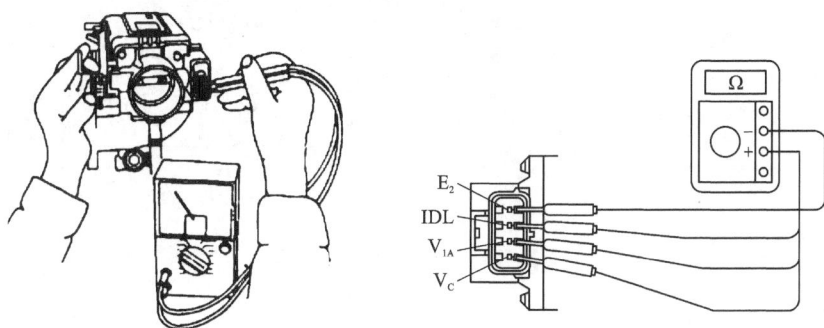

图 7 - 37 怠速触点导通性检查

与 E₂ 的导通情况。逆时针转动节气门位置传感器，使怠速触点断开，然后顺时针方向慢慢转动节气门位置传感器，直至怠速触点闭合为止(万用表有读数显示)，拧紧节气门位置传感器的两个固定螺钉。再先后用 0.45 mm 和 0.55 mm 的厚薄规插入节气门限位螺钉和限位杆之间，测量怠速触点 IDL 和 E₂ 之间的导通情况。当厚薄规为 0.45 mm 时，IDL 和 E₂ 之间应导通；当厚薄规为 0.55 mm 时，IDL 和 E₂ 之间应不导通。否则应重新调整节气门位置传感器。

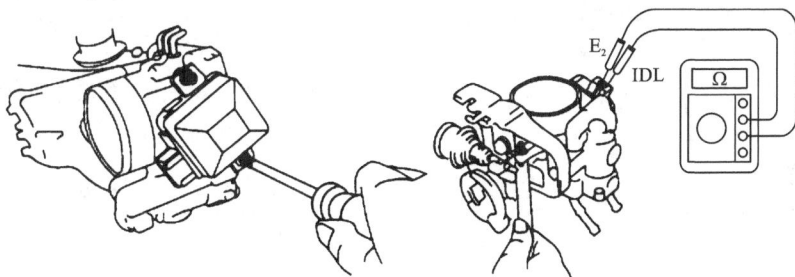

图 7 - 38 节气门位置传感器的调整

(a)拧松固定螺钉；(b)测量端子 IDL 和 E₂ 导通情况

6. 怠速控制阀的构造与维修

怠速控制阀是通过控制进入气缸的空气量来调整发动机怠速的。按照其控制方式可将怠速控制分为直接控制节气门最小开度的节气门直动式和控制节气门旁通气道截面积的旁通气道式两种类型，如图 7 - 39 所示。

1)节气门直动式怠速控制机构

节气门直动式怠速控制机构是通过控制节气门的开度调节空气流通面积来控制进气量，从而实现怠速控制的。

(1)节气门控制组件的构造。节气门控制组件的结构如图 7 - 40 所示，主要由怠速开关、节气门定位电位计(怠速节气门位置传感器)、节气门电位计(节气门位置传感器)、节气门定位计(怠速控制电动机)组成。

节气门定位电位计：节气门定位电位计(怠速节气门位置传感器)安装在节气门体内，是

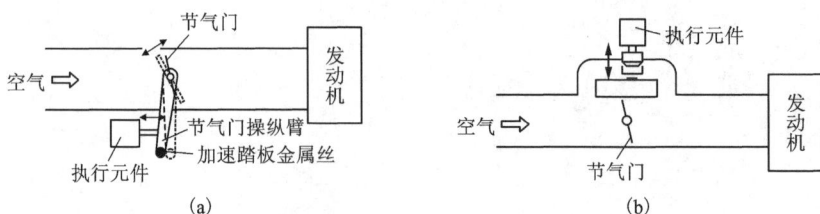

图 7 – 39 怠速控制阀的类型
(a)节气门直动式;(b)旁通气道式

可变电阻式传感器,与节气门定位计连接在一起,将怠速时节气门的开度、节气门定位计的位置信号转化为电信号输送到 ECU。

节气门电位计:节气门电位计(节气门位置传感器)也是可变电阻式传感器,直接与节气门轴相连,与加速踏板联动,将节气门开度信号输送给 ECU,作为 ECU 判断发动机运转工况和负荷的依据。

节气门定位计:节气门定位计起着控制怠速的作用,能适当开大或关小节气门,是永磁式步进电机。当电机旋转时,通过减速齿轮机构带动节气门轴转动。

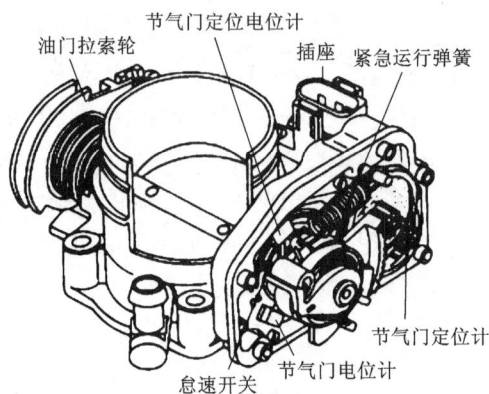

图 7 – 40 节气门控制组件的结构

怠速开关:怠速开关与节气门电位计一起装在节气门轴上,为一联动触点,用以向发动机 ECU 提供怠速位置信号。

(2)节气门控制组件的怠速控制过程。当发动机怠速工作时,节气门定位电位计将其阻值变化转化为电信号输入 ECU,ECU 根据该传感器信号确定节气门的位置,控制节气门定位器,通过电机微量调节节气门的开度来调节发动机的怠速转速。

2)旁通气道式怠速控制机构

旁通气道式怠速控制机构是通过怠速控制阀来改变旁通气道的面积,实现怠速转速的控制。怠速控制阀有多种形式,其工作原理不同,结构上也有很大差异。常见的怠速控制阀有步进电机式怠速控制阀、旋转滑阀式怠速控制阀、电磁式怠速控制阀三种。

(1)步进电机式怠速控制阀。

①步进电机式怠速控制阀的构造。步进电机式怠速控制阀由步进电机、螺旋机构(螺杆和螺母)、阀芯、阀座等组成,如图 7 – 41 所示。

步进电机的结构与其他电动机一样,由永磁转子、定子绕组等组成,其作用是产生驱动力矩。螺旋机构的作用是将步进电机的旋转运动变为往复运动,由螺杆和螺母组成。螺母和步进电动机的转子制成一体,螺杆的一端制有螺纹,另一端固定有阀芯,螺杆与步进电动机壳体之间为滑动花键连接,使螺杆不能作旋转运动,只能沿轴向作直线运动。

②步进电机式怠速控制阀的工作原理。当步进电动机转动时,螺母驱动螺杆作轴向移

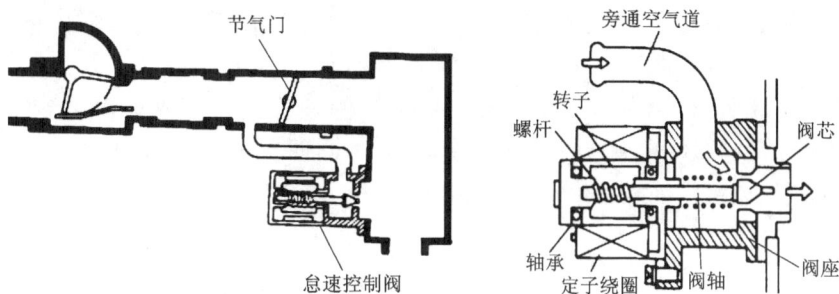

图 7 – 41　步进电机式怠速控制阀的结构

动。步进电动机转子每转动一圈，螺杆便移动一个螺距。因为阀芯与螺杆固定连接，所以螺杆向前或向后移动时，带动阀芯关小或开大旁通空气道的通过截面。ECU 通过控制步进电动机的转动方向和转角来控制螺杆的移动方向和移动距离，从而达到控制旁通空气道的通过截面、调整怠速进气量的目的。

步进电机工作原理：通用公司怠速控制阀的步进电机转子是一个具有 N 极和 S 极的永久磁铁，定子由两个相互独立的绕组组成，如图 7 – 42 所示。当从 B_1 到 B 向绕组输入一个电脉冲信号时，绕组产生一个磁场，在磁力同性相斥、异性相吸的原理作用下，使转子 S 极在右，N 极在左的位置。

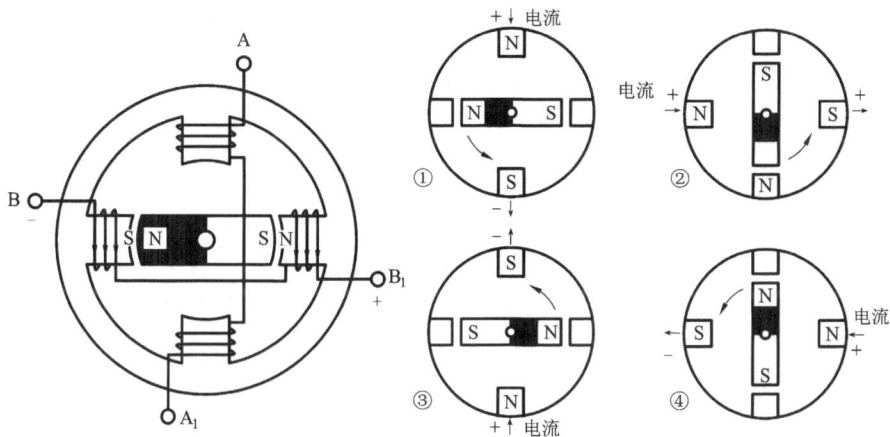

图 7 – 42　步进电机工作原理图

当从 B_1 到 B 端输入的脉冲信号消失后，再从 A 到 A_1 向绕组输入另一个脉冲信号时，绕组产生一个磁场，N 极在上、S 极在下，如图 7 – 42①所示。在同性相斥、异性相吸的原理作用下，转子会沿逆时针方向转动 90°，如图 7 – 42②所示。

当从 A 到 A_1 端输入的脉冲信号消失后，再从 B 到 B_1 向绕组输入另一个脉冲信号时，绕组产生一个磁场，N 极在左、S 极在右，如图 7 – 42②所示。在同性相斥、异性相吸的原理作用下，转子会沿逆时针方向转动 90°，如图 4 – 42③所示。

当从 B 到 B₁ 端输入的脉冲信号消失后，再从 A₁ 到 A 向绕组输入另一个脉冲信号时，绕组产生一个磁场，N 极在下、S 极在上，如图 7-42③所示。在同性相斥、异性相吸的原理作用下，转子会沿逆时针方向转动 90°，如图 7-42④所示。

如果依次按 B₁-B、A-A₁、B-B₁、A₁-A 的顺序向绕组输入 4 个脉冲信号，如图 4-43(a)所示，电机就会沿逆时针方向转动一圈；同理，如果依次按 B₁-B、A₁-A、B-B₁、A-A₁ 的顺序向绕组输入 4 个脉冲信号，如图 4-43(b)所示，电机就会沿顺时针方向转动一圈。

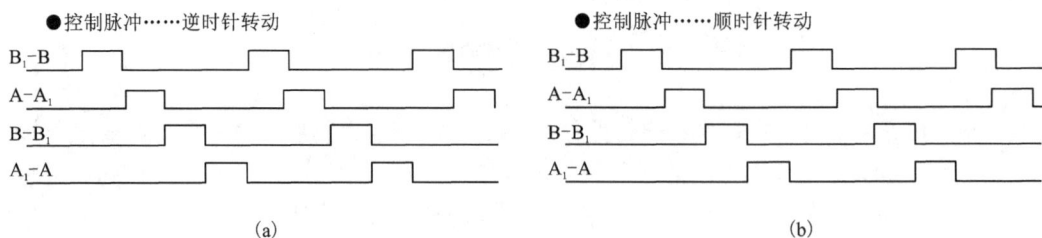

图 7-43 步进电机控制脉冲

丰田公司与通用公司不同，采用六线式步进电机。ECU 根据有关传感器信号控制怠速控制阀，使发动机在不同的怠速工况时都处在最佳转速下稳定运转。丰田公司步进电机式怠速控制阀的工作原理和电路如图 7-44 所示。

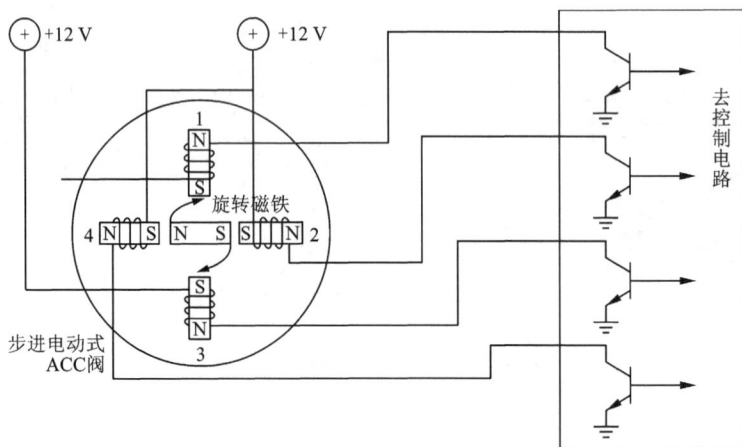

图 7-44 步进电机式怠速控制阀电路图

ECU 根据节气门开启角度和车速信号判断发动机处于怠速工况时，按一定顺序将功率管依次导通，分别向步进电机的四个线圈供电，驱动步进电机旋转，调节旁通空气道的开度，从而调节旁通空气量，使发动机转速达到所要求的目标值。

步进电机的步进角：每输入一个脉冲信号使电机转动的角度称为步进电机的步进角。增加转子磁极和定子绕组的数量，可以减小步进角。

常用步进电机的步进角有 300、150、11.250、7.50、2.50、1.80 等。

丰田皇冠3.0型轿车2JZ-GE发动机采用的永磁式步进电机的转子与定子的结构如图7-45(a)所示,其转子设有8对磁极,定子由上、下两部分组成,每一部分也设有8对磁极,组合到一起有32个爪极,转子转动一圈前进32步,每步转动一个爪极,所占角度为11.25°。

③步进电机式怠速控制阀的检测。现以丰田皇冠3.0轿车2JZ-GE发动机为例进行分析,其怠速控制阀的控制电路如图7-45所示。

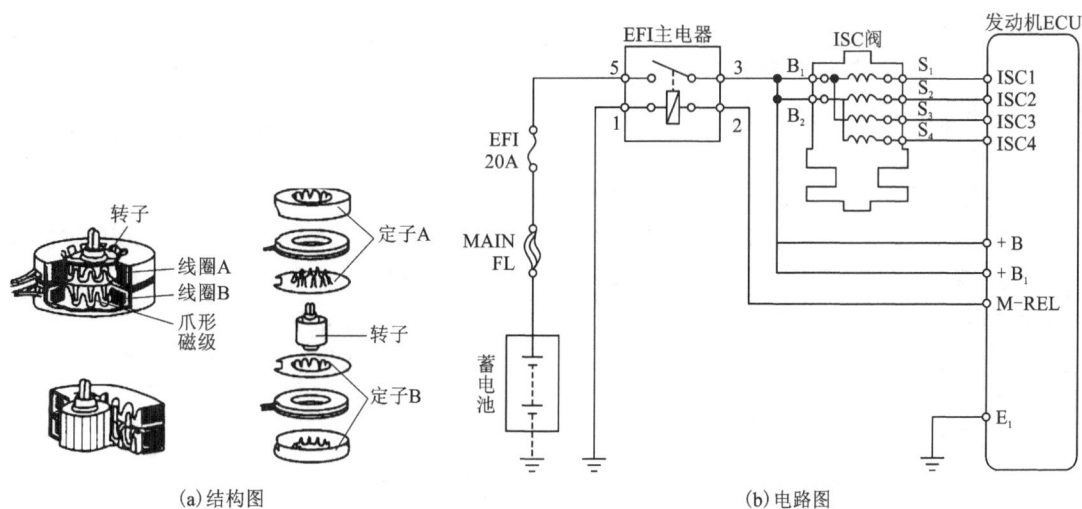

图7-45 丰田皇冠3.0轿车怠速控制阀结构及控制电路图

就车检查:

就车检查步进电机式怠速控制阀的步骤如下:

a. 在冷车状态下启动发动机后,暖机过程开始时,发动机的怠速转速应能达到规定的快怠速转速(通常为1500 r/min);在发动机达到正常工作温度后,怠速转速应能恢复正常(通常为750 r/min)。如果冷车起动后怠速不能按上述规律变化,则怠速控制系统有故障。发动机达到正常工作温度后,在打开空调开关时,发动机怠速转速应能上升到900 r/min左右。若打开空调开关后发动机转速下降,则怠速控制系统有故障。

b. 当发动机熄火时,阀会"咔嘈"响一声。如果不响,应检查步进电机式怠速控制阀和微电脑。

c. 将点火开关置于"ON"位置,然后测量ECU的端子ISC1、ISC2、ISC3、ISC4与端子E_1间的电压,其值应为9~14 V,若无电压,则ECU有故障。

d. 拔下步进电机的导线插接器,用万用表欧姆挡测量怠速控制阀4组绕组(即B_1-S_1、B_1-S_3、B_2-S_2、B_2-S_4)的电阻值。其标准值应为10~30 Ω,若电阻值不正确,则应更换怠速控制阀。

车下检查:

a. 先按正确步骤拆下节气门体(怠速控制阀和节气门为一体)。

b. 如图7-46所示,在怠速控制阀插接器的B_1和B_2端子上接蓄电池的正极,然后依次将S_1、S_2、S_3、S_4端于搭铁(接负极),此时阀门应逐渐关闭。若不能关闭,则应更换怠速控制阀。

　　c.把怠速控制阀插接器的 B_1 和 B_2 端子接蓄电池的正极，而后依次将 S_4、S_3、S_2、S_1 端子接蓄电池的负极（搭铁），此时阀门应该逐渐开启。若不能开启，则应更换怠速控制阀。

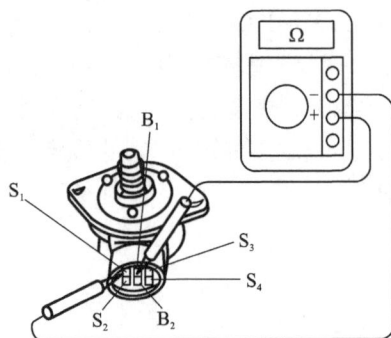

图 7－46　步进电机式怠速控制阀工作情况检查

　　（2）旋转滑阀式怠速控制阀。

　　①旋转滑阀式怠速控制阀的构造。旋转滑阀式怠速控制阀主要由永久磁铁、电枢以及旋转滑阀等组成，如图 7－47 所示。旋转滑阀固定在电枢轴上，随电枢轴一起转动，用来调节旁通气道的流通截面积。永久磁铁固定在外壳上，用以形成磁场。当通过电刷给电枢通电时，电枢便在磁场的作用下转动，由于旋转滑阀式怠速控制阀的转角范围限定在 90° 以内，所以电枢的旋转角度必须很小才能满足旁通进气量控制精度的要求，因此采用了控制占空比的方法来控制电枢的顺转或逆转。

　　占空比是指 ECU 输出的控制信号在一个周期内的通电时间与通电周期的比值，如图 7－48 所示。

　　控制信号是 ECU 根据怠速时发动机冷却水温度、转速以及外加负荷（如空调、动力转向）等因素确定的。这样，就可使发动机获得稳定的怠速转速。

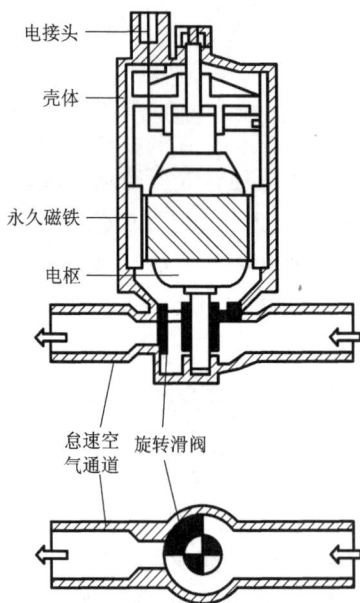

图 7－47　旋转滑阀式怠速控制阀的构造

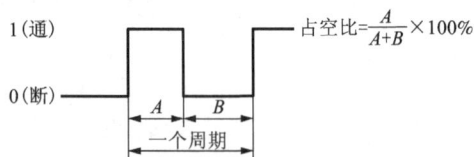

图 7－48　占空比

$$占空比 = \frac{A}{A+B} \times 100\%$$

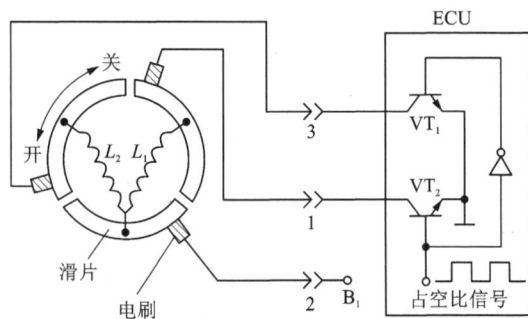

图 7－49　旋转滑阀式怠速控制阀的工作原理图

　　②旋转滑阀式怠速控制阀的工作原理。电枢上绕有两组绕向相反的线圈，其原理电路如图 7－49 所示。这两组线圈分别产生电枢的正、反向旋转力矩。两个线圈的搭铁分别受三极管 VT_1、VT_2 控制。通向三极管 VT_1 基极的控制信号经过反相器后，使三极管 VT_1、VT_2 集电

极的输出相位相反,即 VT_1、VT_2 交替导通,导通时间取决于脉冲信号的占空比。当占空比为 50% 时,两个三极管的导通时间相等,正、反向旋转力矩抵消,滑阀不转动;当占空比小于 50% 时,线圈 L_1 的通电时间大于线圈 L_2 的通电时间,滑阀顺时针旋转,旁通气道被关小;当占空比大于 50% 时,线圈 L_1 的通电时间大于线圈 L_2 的通电时间,滑阀逆时针旋转,旁通气道被打开。

③旋转滑阀式怠速控制阀的检测。丰田子弹头汽车 2TZ - FE 发动机旋转滑阀式怠速控制阀的控制电路如图 7 - 50 所示,其检测步骤如下:

a. 当点火开关置于"ON"位置时,ECU 的 ISC1、ISC2 端子对 E_1 端子的标准电压应为 9 ~ 14 V。如果电压不符合要求,则说明电源电路有故障。

b. 拔下怠速控制阀的线束插头,用万用表欧姆挡测量怠速控制阀的 +B 端子(即电源端子)与 ISC1、ISC2 端子间的电阻值,其标准值应为 $18.8 \sim 28.8\ \Omega$。如果阻值不符合要求,说明怠速控制阀有故障,应立即更换怠速控制。

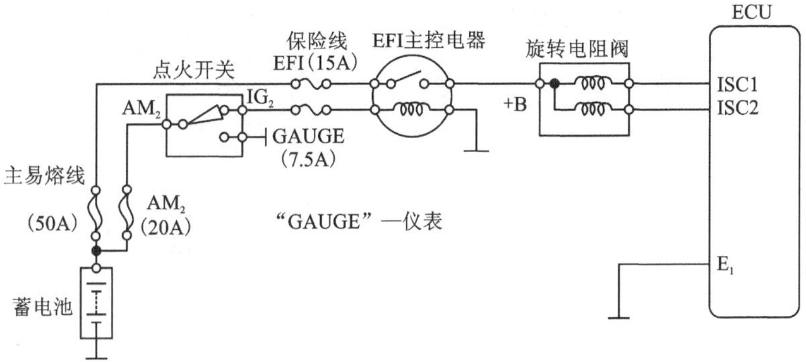

图 7 - 50 旋转滑阀式怠速控制阀的电路图

(3)电磁式怠速控制阀。

①电磁式怠速控制阀的构造与原理。电磁式怠速控制阀是利用通电线圈产生的电磁吸力来控制阀门的开度的。根据其控制信号的不同,可将电磁式怠速控制阀分为占空比型电磁式怠速控制阀和开关型电磁式怠速控制阀两类。

占空比型电磁式怠速控制阀主要由电磁线圈、衔铁以及阀芯等组成,如图 7 - 51 所示。ECU 向占空比型电磁式怠速控制阀输出的控制信号为占空比型。当 ECU 检测到发动机怠速转速低于目标转速时,自动提高控制信号的占空比,使线圈的通电时间变长,阀门开度变大,旁通气量增大,使怠速转速提高到目标值。反之,当发动机怠速转速高于目标转速时,ECU 自动降低占空比,最终使怠速转速降低到目标值。

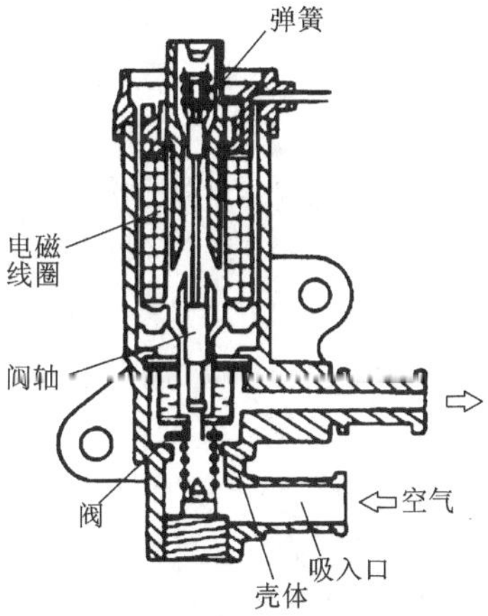

图 7 - 51 占空比型电磁式怠速控制阀

开关型电磁式怠速控制阀的结构和占空比型电磁式怠速控制阀类似,只是 ECU 控制信号为开关信号。发动机怠速运转时,若 ECU 控制电磁阀打开,则可使怠速转速升高 100 r/min 左右。这两种电磁式怠速控制阀的优点是响应速度快,但由于控制的旁通空气量较少,都需要设置附加空气阀来实现冷车快怠速。

②电磁式怠速控制阀的检测。电磁式怠速控制阀的控制电路如图7-52所示,其检测步骤如下:

a. 检查电源电压:拆开怠速控制阀线束连接器,将点火开关置"ON"但不启动发动机,在线束侧测量电源端子与搭铁之间的电压,应为蓄电池电压。

b. 检查线圈电阻:拆开怠速控制阀线束连接器,在控制阀侧分别测量两端子之间的电阻,正常应为 10~15 Ω。

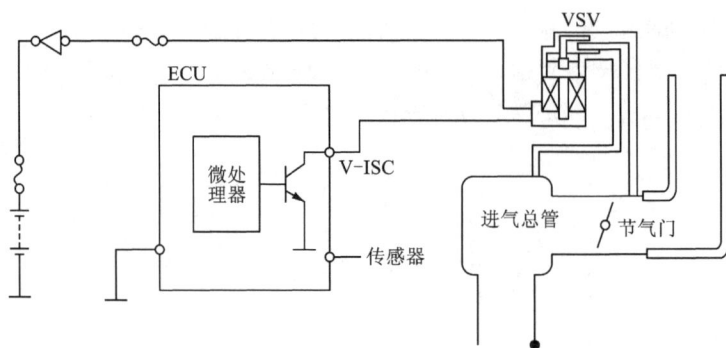

图7-52 占空比型电磁式怠速控制阀电路图

c. 工作情况检查:

从节气门体上拆下怠速控制阀,用导线将其一个端子连接蓄电池正极,另一个端子连接蓄电池负极时,阀芯应移动。当断开一根导线时,阀芯应迅速复位。否则应更换新品。

7. 温度传感器的构造与维修

电控汽油喷射系统中有两个温度传感器,即冷却液温度传感器和进气温度传感器。它们均采用负温度系数的热敏电阻作为传导元件。所谓负温度系数的热敏电阻,就是在允许的温度范围内,其电阻值随温度的升高而减小;而正温度系数的热敏电阻,其电阻值随温度的升高而增大。

1) 冷却液温度传感器的构造与维修

冷却水温度传感器安装在发动机缸体或缸盖的水套上,与冷却水接触,用来检测发动机的冷却水温度。

(1) 冷却液温度传感器结构和电路。冷却液温度传感器的内部是一个半导体热敏电阻,如图7-53(a) 所示。它具有负的温度电阻系数。水温越低,电阻越大;反之,水温越高,电阻越小,如图7-53(b) 所示。

冷却液温度传感器的两根导线都和电控单元相连接。其中一根为地线,另一根对地电压随热敏电阻阻值的变化而变化。ECU 根据这一电压的变化测得发动机冷却液的温度,和其他传感器产生的信号一起,用来确定喷油脉冲宽度、点火时刻等。

(2) 冷却液温度传感器的检测

冷却液温度传感器与 ECU 的连接电路如图7-54所示。

①检查冷却液温度传感器的电源电压。拆开冷却液温度传感器的插接器,接通点火开

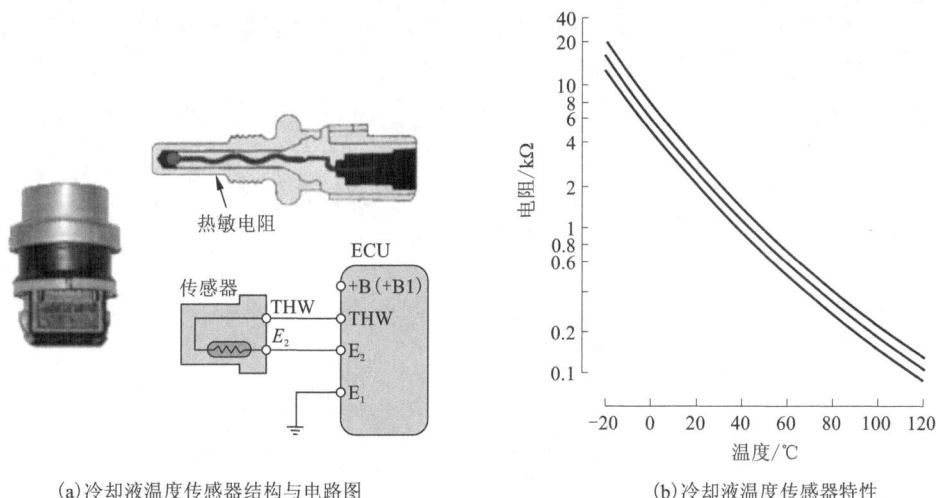

(a)冷却液温度传感器结构与电路图　　　　　　(b)冷却液温度传感器特性

图7-53　冷却液温度传感器

关,用电压表测量线束插接器上两端子之间的电压(即传感器的电源电压)。正常情况下,该电压值应为5 V。若电压值不正常,则应检查相关的线路。

②检查冷却液温度传感器的信号电压。连接好冷却液温度传感器的插接器,接通点火开关,用电压表测量线束插接器上两端子之间的电压。当水温为80℃时,该电压值应为0.2～1.0 V。

③检查冷却液温度传感器的工作特性。首先拆下冷却液温度传感器,然后按图7-55所示方法对水加热,用万用表欧姆挡测量不同水温下冷却液温度传感器的电阻值,并将其与标准值对比,即可判定冷却液温度传感器是否正常。对桑塔纳2000GSi型轿车AJR发动机冷却液温度传感器来说,其阻值应符合要求。否则应更换冷却液温度传感器。

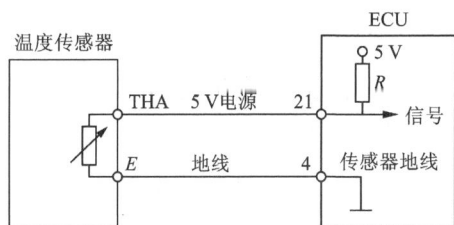

图7-54　冷却液温度传感器与ECU连接电路

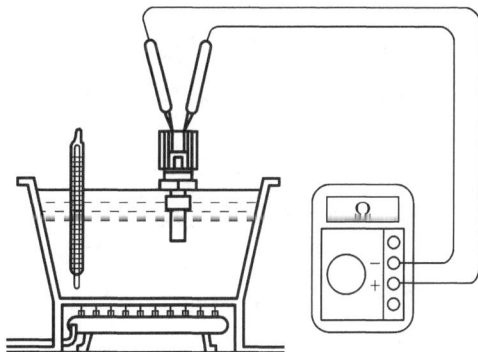

图7-55　冷却液温度传感器检测

2)进气温度传感器的构造与维修

进气温度传感器的作用是把进气温度转换为电信号并输入ECU,ECU根据此信号确定进气密度，并结合进气量传感器信号精确计算进气质量，从而控制喷油量。在采用叶片式、卡门旋涡式空气流量计和进气歧管绝对压力传感器进行进气量检测的发动机上，由于上述计量装置检测的是空气的体积流量，因而需要进气温度传感器确定进气密度，计算进气质量。

进气温度传感器通常安装在空气滤清器之后的进气软管上或空气流量计上，还有的在空气流量计和谐振腔上各装一个，以提高喷油量的控制精度。

（1）进气温度传感器的结构和电路。进气温度传感器内部也是一个具有负温度电阻系数的热敏电阻，外部用环氧树脂密封，其结构如图 7 - 56 所示。

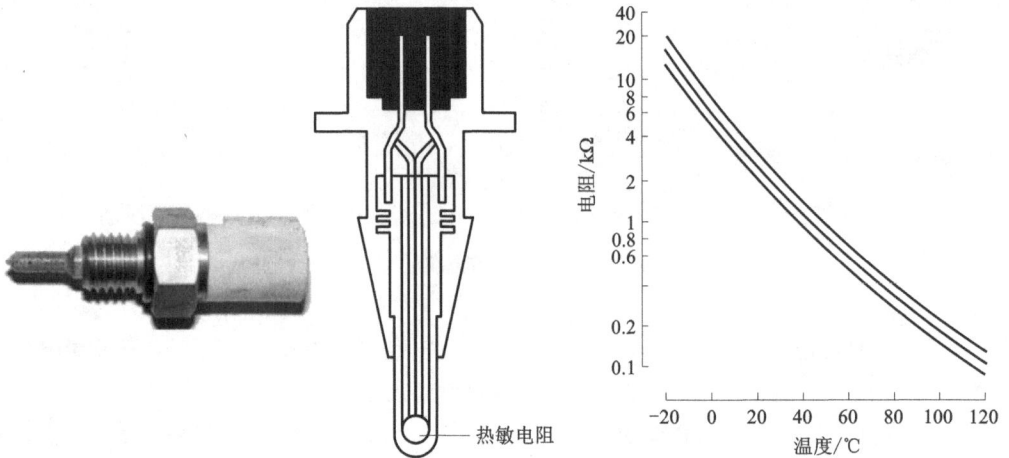

图 7 - 56　进气温度传感器实物与结构图

（2）进气温度传感器的检测。进气温度传感器和 ECU 的连接方式与冷却液温度传感器相同。图 7 - 57 所示为进气温度传感器与 ECU 的连接电路。如果进气温度传感器本身或其线路故障，将导致发动机启动困难、怠速不稳、废气污染物排放量增加，其检测方法与冷却水温度传感器基本相同。

图 7 - 57　进气温度传感器与 ECU 连接电路

8. 进气管的构造与维修

进气管的作用是较均匀地分配可燃混合气（汽油机）或空气（柴油机）到各气缸中，对汽油机来说，进气管的另一作用是使可燃混合气和油膜继续得到气化。

进气管有进气总管和进气歧管。

1）进气总管

进气总管是指空气滤清器至进气歧管之间的管道。在电控燃油喷射式发动机的进气总管上装有空气流量传感器（或进气压力传感器），以便对进入气缸的空气进行计量。

为了提高发动机的充气效率，通常按有效利用进气压力的原理设计进气管的长度、形状和结构，进气总管上常附有各种形状的气室。有些进气系统中，进气管上设有动力腔，其目的是充分利用进气管内的空气动力效应，增加各种工况下的充气量，以提高发动机的动力性。空气动力效应是一种复杂的物理现象，为便于说明，可将其视为气流惯性效应与气流压力波动效应共同作用的结果。

2）进气歧管

进气歧管是指进气总管后向各气缸分配空气的支管，如图7-58所示。

进气歧管一般由铸铁或铝合金铸造，轿车发动机多用铝合金制造。进气歧管用螺栓固定在气缸体或气缸盖上，其接合面处装有衬垫，以防止漏气。

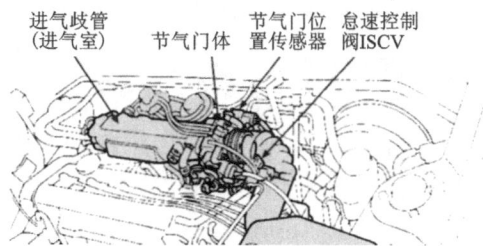

图7-58　进气歧管的位置

三、进气系统的检修

电控发动机燃油喷射系统不论是流量型还是压力型，只要进气系统不密封就会影响喷油量，其影响程度要比化油器式发动机更大，所以对进气系统检修应注意：

(1)发动机量油尺，机油加油口盖必须安装好，否则，会影响发动机运行。

(2)进气软管不能有破裂，箍固要安装紧固，因为漏气会影响空气流量计或进气压力传感器的信号，从而影响喷油量，使发动机怠速不稳，易熄火、动力性和加速性能差。

(3)真空管不能破裂、扭结，也不能插错，真空管插错会使发动机怠速不稳，甚至使各缸无规律地交替工作不良。

(4)喷油器应安装舒贴，密封圈完好，如果安装不舒贴或密封圈损坏，上部安装密封不良会漏油造成严重事故，下部密封不良会造成漏气使发动机真空度下降，运行不良，还会使进气压力传感器信号增加，喷油量增加使混合气偏浓。

1. 检测进气流量

由于不同发动机的气缸大小不一，因此在单位时间内的进气量有较大的区别。但是对于特定型号的发动机来说，在基本怠速情况下(关闭空调等附属设备)进气流量应是相对恒定的。

有些发动机可以使用解码器的数据流测试功能检测发动机的进气流量，如上海大众2VQS发动机怠速时进气流量正常值为2.0~4.0 g/s，若小于2.0 g/s则说明进气系统存在真空泄漏，若大于4.0 g/s则说明发动机负荷过大。

2. 进气道的真空泄漏

进气管壁的裂纹、损坏的密封垫、漏装或破裂的真空管会导致进气系统真空泄漏，这一故障对D型和L型电控发动机怠速运转影响是不一样的。

D型喷射系统节气门后方出现真空泄漏时，泄漏进入进气管的空气经过了MAP的检测。ECU按空燃比为其配油，油多气多后导致发动机怠速转速上升，漏气量越大转速升高量也越大。大多数车型从保护发动机的角度出发在程序内设定了怠速极限转速上限值，例如丰田公司为1800 r/min，即当怠速触点闭合时若发动机转速达到1800 r/min时ECU会切断喷油器的喷油，直至转速下降至基本怠速转速时再恢复喷油。但是漏气的部位并没有被修复，发动机转速又会上升至1800 r/min，ECU再次切断喷油，导致怠速转速忽高忽低，俗称怠速游车。真空泄漏也会引起汽油喷射压力升高，导致混合气偏浓，但这一影响是有限的，多数情况下不会导致发动机淹缸熄火。

　　L型喷射系统节气门后方出现真空泄漏时，泄漏进入进气管的空气没有经过MAF的检测，因此ECU不会为其配油。虽然漏气引起喷射压力升高，但综合来看混合气偏稀，导致怠速转速下降、发动机抖动，漏气严重时甚至导致发动机熄火。

　　3. 检测怠速转速

　　汽车仪表板内的发动机转速表可以指示发动机的怠速转速，也可用带转速检测功能的万用表、示波器检测发动机怠速转速。当某些不严重的故障出现后，ECU的怠速控制和学习控制功能会把怠速转速稳定在目标转速范围内，此时车辆已处于"带病工作"状态。因此必要时须检测发动机的基本怠速转速。检测时需要向ECU提供一个触发指令停止怠速控制和学习控制，这一操作因车型而异，具体操作请参阅相关维修手册。

四、进气控制系统的构造与维修

　　1. 动力阀控制系统的构造与维修

　　1) 动力阀控制系统的构造

　　动力阀控制系统功用是控制发动机进气道的空气流通截面大小，以适应发动机不同转速和负荷时的进气量的需要，从而改善发动机的动力性能。在进气量较少的低速、小负荷工况下，使进气道空气流通截面减小，可提高进气流速，增大进气流惯性以提高发动机的充气效率；此外，随进气流速提高也可增加气缸内的涡流强度，有利于低速、小负荷工况下的燃烧和热效率的提高，从而改善发动机的动力低速性能。而在进气量较多的高速、大负荷工况下，适当增大进气道空气流通截面，不仅可以减少进气阻力，对由于进气流速过高而导致的燃烧室内气流扰动也可起抑制作用，有助于改善发动机的高速性能，此系统在日本本田ACCORD等部分轿车发动机上采用。

　　动力阀控制系统工作原理如图7-59所示，控制进气道空气流通截面大小的动力阀安装在进气管上，动力阀的开或关由膜片真空气室控制，ECU根据各种传感器信号通过真空电磁阀(VSV阀)控制真空罐与真空气室真空通道。发动机小负荷运转时，进气量较少，ECU断开真空电磁阀搭铁回路，真空罐中的空气不能进入膜片真空气室，动力阀处于关闭位置，如图7-59(b)所示，进气道空气流通截面变小。发动机大负荷运转时，进气量较多，ECU接通真

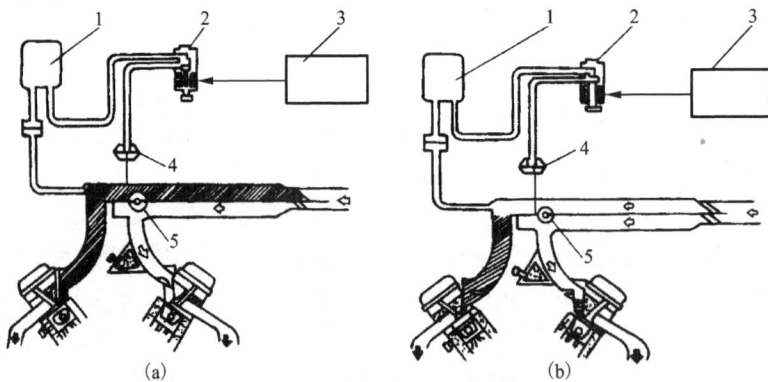

(a)　　　　　　　　　　　　(b)

图7-59　动力阀控制系统工作原理

1—真空罐；2—真空电磁阀；3—ECU；4—膜片真空气室；5—动力阀

空电磁阀搭铁回路,真空罐中的空气经真空电磁阀进入膜片真空气室,动力阀处于开启位置,如图7-59(a)所示,进气道空气流通截面变大。

动力阀控制系统主要的控制信号有发动机转速、温度、空气流量等信号。

2)动力阀控制系统的维修

维修时主要检查真空罐、真空气室和真空管路有无漏气,真空电磁阀电路有无短路或断路。真空电磁阀电阻值是否符合标准。视情况维修或更换损坏的元件。

2.谐波增压控制系统(ACIS)构造与维修

1)压力波的产生及利用

当气体高速流向进气门时,如进气门突然关闭,进气门附近气流流动突然停止,但由于惯性,进气管仍在进气,于是将进气门附近气体压缩,压力上升。当气体的惯性过后,被压缩的气体开始膨胀,向进气气流相反方向流动,压力下降。膨胀气体的波传到进气管口时又被反射回来,形成压力波。

一般而言,进气管长度长时,压力波长大,可使发动机中低转速区功率增大;进气管长度短时,压力波波长短,可使发动机高速区功率增大。

2)波长可变的谐波进气增压控制系统

ECU根据转速信号控制电磁真空通道阀的开闭,如图7-60所示。低速时,电磁真空孔道阀电路不通,真空通道关闭,真空罐的真空度不能进入真空气室,受真空气室控制的进气增压控制阀处于关闭状态。此时进气管长度长,压力波长大,以适应低速区域形成气体动力增压效果。高速时,ECU接通电磁真空道阀的电路,真空通道打开,真空罐的真空度进入真空气室,吸动膜片,从而将进气增压控制阀打开,由于大容量空气室的参与,缩短了压力波的传播距离,使发动机在高速区域也得到较好的气体动力增压效果。

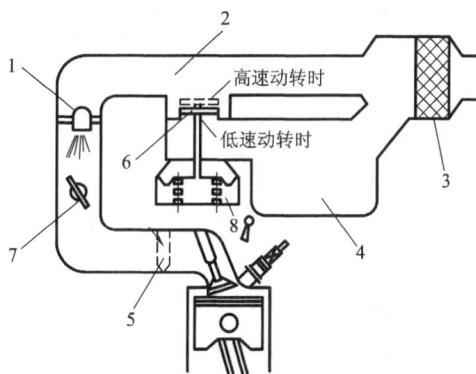

图7-60 ACIS系统工作原理图
1—喷油器;2—进气道;3—空气滤清器;
4—进气室;5—涡流控制气门;6—进气控制阀;
7—节气门;8—真空驱动器

维修时检查空气真空电磁阀的电阻为38.5~44.5 Ω。

3.增压控制系统的构造与维修

1)增压控制系统功能及类型

根据发动机进气压力的大小,控制增压装置的工作,以达到控制进气压力、提高发动机动力性和经济性的目的。

根据增压装置使用的动力源不同,增压装置可分为废气涡轮增压和动力增压两种类型。目前多采用废气涡轮增压。

2)废气涡轮增压系统

废气涡轮增压系统工作原理如图7-61所示:当ECU检测到进气压力在0.098 MPa以下时,释压电磁阀关闭。此时由涡轮增压器出口引入的压力空气,经释压阀进入驱动气室,克服气室弹簧的压力推动切换阀将废气进入涡轮室的通道打开,同时排气旁通道口关闭,此时废气流经涡轮室，使增压器工作。当 ECU 检测到的进气压力高于 0.098 MPa 时，释压电磁阀打开，关闭进入涡轮室的通道，同时排气旁通道口打开，废气不经涡轮室直接排出，增压器停止工作。直到进气压力降至规定的压力时，ECU 又将释压阀关闭，切换阀又将进入涡轮室的通道口打开，废气涡轮增压器开始工作。

3）废气涡轮增压器转速控制系统

有些增压控制系统中，通过控制增压器的转速来控制增压压力，如图 7 - 61 示。ECU 根据发动机的运行工况（加速、爆燃、冷却液温度、进气量等信号），确定增压压力的目标值，并通过进气管压力传感器来检测发动机的实际增压压力值。

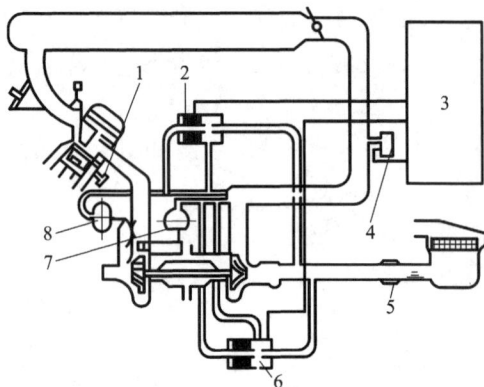

图 7 - 61　废气涡轮增压器转速控制系统

1—爆燃传感器；2—切换阀控制电磁阀；3—ECU；4—进气管绝对压力传感器；
5—空气流量计；6—喷嘴环控制电磁阀；7—喷嘴环驱动气室；8—切换阀驱动气室

任务三　燃油供给系统的构造与维修

一、燃油供给系统的作用和组成

汽油发动机燃油供给系统的作用是储存并滤清汽油，根据发动机各工况的要求向发动机供给清洁的、具有适当压力并经精确计量的汽油。

汽油发动机燃油供给系统由汽油箱、电动汽油泵、汽油滤清器、燃油压力调节器、燃油分配管、喷油器等组成，如图 7 - 62 所示

电动汽油泵将汽油从汽油箱中吸出并加压后，经汽油滤清器、燃油分配管输送到各喷油器，在 ECU 的控制下向各进气管中喷射，多余的汽油经燃油压力调节器流回油箱。其流程如图 7 - 63 所示。

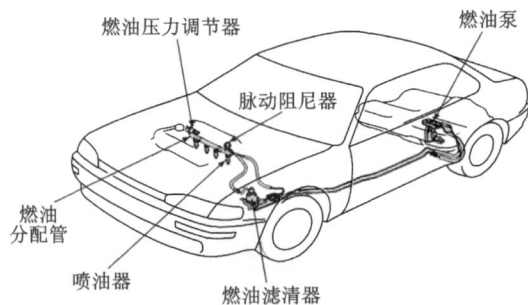

图 7 - 62　燃油供给系统组成

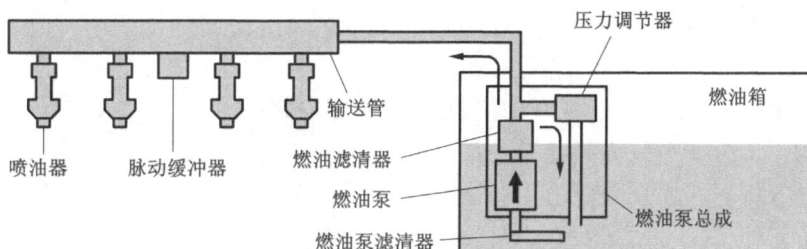

图 7 - 63　燃油供给系统工作流程

　　有些发动机的燃油供给系统采用了无回油管系统来减少燃油蒸发排放,将汽油滤清器、燃油压力调节器与汽油泵一体装入油箱,形成了单管路燃油系统。

二、燃油供给系统的主要部件的构造与维修

1.汽油箱

　　汽油箱的作用是贮存汽油,其数目、容量、外形及安装位置都随车型而异,一般汽油箱的容量能使汽车行驶 300～600 km。货车油箱体是用薄钢板冲压焊成,内壁镀锌锡,以防腐蚀。油箱上部焊有加油管,管内带有可拉出的延伸管,其底部有滤网。进油管口由油箱盖盖住。油箱上面装有油面指示表传感器和出油开关。出油开关经输油管与汽油滤清器相通。油箱底部设有放油螺栓,用以排除油箱内的积水和污物。箱内装有隔板,用以减轻汽车行驶时燃料的激烈振荡。

　　现代轿车燃油箱通常由耐油硬塑料制成,其外形结构随车内空间布置而有所不同。

2.电动汽油泵的构造与维修

　　汽油泵的作用是将汽油从油箱中吸出,并以足够的泵油量和泵油压力向燃油系统供油。曾经在货车上采用过机械膜片式汽油泵,现代轿车则广泛采用电动汽油泵。

　　电动汽油泵常见的安装位置有两种,即油箱外置型和油箱内置型。油箱外置型电动燃油泵安装在油箱外,串连在输油管上;油箱内置型电动燃油泵安在油箱内部,浸泡在燃油里,这样可以防止产生气阻和燃油泄漏,且噪音小。此外内置式还在油箱中设一个小油箱,将燃油泵放在小油箱中,这样可以防止在燃油不足而汽车转弯或倾斜时,燃油泵吸入空气而产生气阻。

　　目前大多数电控燃油喷射系统均采用油箱内置型电动燃油泵,如图 7 - 64 所示。

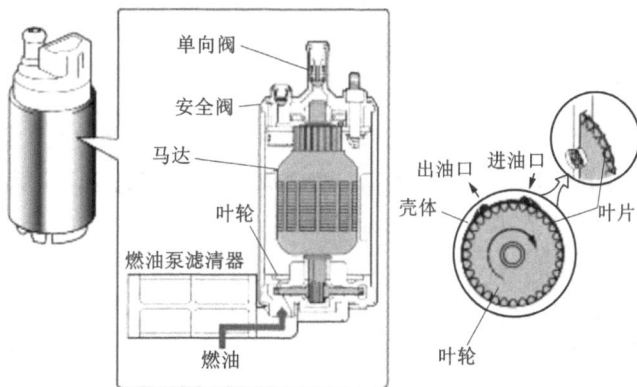

图 7 - 64　电动燃油泵

　　电动汽油泵常见的结构形式有 4 种,即滚柱式、涡轮式、转子式和侧槽式,目前应用较

多的是滚柱式和涡轮式两种。

1）电动汽油泵的基本结构和工作原理

无论是哪种形式的电动燃油泵，其结构基本上是相同的，都是由直流电动机、油泵、限压阀、单向阀和外壳等组成，如图 7-65 所示，所不同的只是所采用的油泵的形式各异。

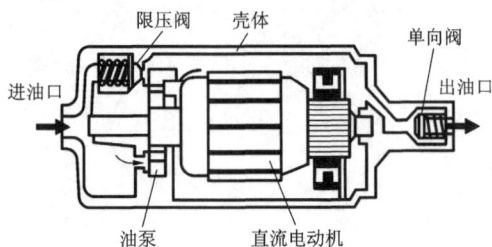

图 7-65　电动燃油泵基本结构

油泵安装于直流电动机的一端，由直流电动机的电枢轴带动旋转，直流电动机则由 ECU 控制。

当点火开关打开时，直流电动机的电路接通，电枢受到电磁力的作用转动，带动油泵一起转动，将汽油从汽油箱中吸出经进油口进入汽油泵，当汽油泵内油压超过单向阀的弹簧压力时，汽油经出油口泵入燃油分配管，再分配到各个喷油器。

当油泵内的油压超过规定值时（一般为 320 kPa），油压将克服限压阀弹簧的弹力，使限压阀打开，部分汽油经限压阀返回到进油口一侧，使泵内压力不致过高而损坏油泵。

2）常见的几种电动汽油泵

（1）滚柱式电动汽油泵。滚柱式电动汽油泵的构造如图 7-66 所示，由直流电动机、滚柱式油泵、单向阀、限压阀等组成。其中滚柱泵结构如图 7-67 所示，由滚柱、泵转子、泵壳体等组成。

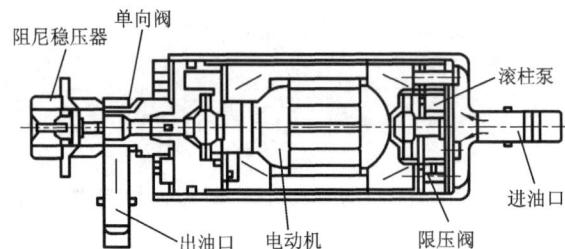

图 7-66　滚柱式电动汽油泵

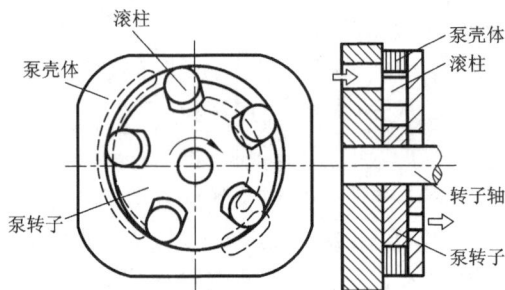

图 7-67　滚柱式电动汽油泵的工作原理图

装有滚柱的泵转子偏心安装在电动机的电枢轴上，随电动机一起旋转。滚柱安装在泵转子的凹槽内，可以自由移动，泵壳体侧面设有进油口和出油口。

转子旋转时，位于转子凹槽内的滚柱在离心力的作用下，压靠在泵壳体的内表面上，两个相邻的滚柱之间形成一个封闭的空腔。由于转子被偏心安装，腔室的容积在转动过程中不断变化，在腔室容积增大的一侧设有进油口，而在腔室容积变小有一侧设有出油口。当腔室容积变大时，其内部形成低压，将燃油吸入；当腔室容积变小时，其内部压力增大，将燃油压出，这样就可以将燃油从油箱吸出并加压后供到供油管路中。

滚柱式电动汽油泵有如下特点：

①滚柱泵是利用容积变化对汽油压缩来提升油压的，油泵出口端输油压力脉动较大，在出口端必须安装阻尼减振器，以减轻油泵后方燃油管内的压力脉动，这使得燃油泵体积增

大，故一般都安装在油箱外面，属外置式。

②由于外置安装，安装自由度大，容易布置。

③滚柱泵依靠滚柱与泵壳体内壁的紧密贴合构成泵油室，故滚柱和泵壳体易磨损，运转中噪声较大，使用寿命不长。

（2）涡轮式电动汽油泵

涡轮式电动汽油泵的结构如图 7 – 68 所示，由直流电动机、涡轮泵、单向阀、限压阀等组成，其中涡轮泵由叶轮、叶片和泵体组成。

涡轮泵的叶轮安装在电动机的电枢轴上，叶轮的圆周上制有小槽，叶片安装在小槽内部。电动机旋转时带动叶轮一起转动，由于离心力的作用，使叶轮周围小槽内的叶片紧贴泵壳，并将燃油从进油腔带往出油腔。由于进油腔的燃油被不断带走，故产生一定的真空度，油箱内的燃油经进油口吸入，而出油腔燃油不断增多，燃油压力升高。当油压升到一定值时，顶开出油口的单向阀输出。

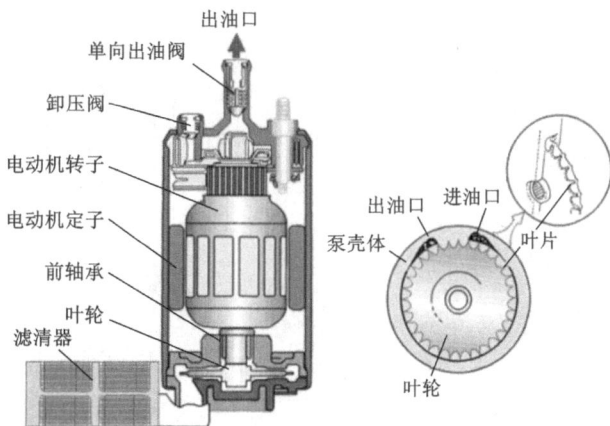

图 7 – 68　涡轮式电动汽油泵

涡轮式电动汽油泵有如下特点：

①与滚柱泵相比，涡轮泵工作时，涡轮与泵壳不直接接触，故工作时噪声低、振动小、磨损小、可靠性高。

②不存在因容积变化而产生对汽油的压缩，出口端燃油压力脉动小，可取消阻尼减振器，便于直接装入油箱，使用寿命长，应用广泛。

3）电动汽油泵的控制

电动汽油泵的控制包括以下功能：

①预运转功能。即当点火开关打开而不启动发动机时，油泵能预先运转 3 ~ 5 s，向油管中预防充压力燃油，保证顺利起动。

②起动运转功能。即在发动机启动过程中，油泵能同时运转，保证起动供油。

③恒速运转功能。即在发动机正常运转过程中，油泵能始终恒速运转，保证正常的泵油压力和泵油量。

④变速运转功能。即根据发动机工况的变化控制油泵高、低速运转变换。发动机高速、大负荷工况下耗油较多时，燃油泵以高速运转；发动机在低速、中小负荷工况工作时，使燃油泵以低速运转，以减少不必要的燃油泵磨损和电能消耗。

⑤自动停转保护功能。发动机熄火后，即使点火开关仍处于接通状态，油泵也能自动停转。这一功能可防止汽车因碰撞等事故造成油管破裂时的燃油大量外溢，从而避免因点火开关处于接通位置引起火灾。

油泵控制电路的上述功能不一定全反映在某一车型上，各车型控制电路所能实现的控制功能不尽相同，有的控制功能较少，有的控制功能较多。下面介绍几种常见的油泵控制电路。

（1）由 ECU 控制的油泵控制电路。采用 ECU 控制的油泵控制电路如图 7 - 69 所示。该控制电路由 ECU 和电路断开继电器对油泵工作进行控制。

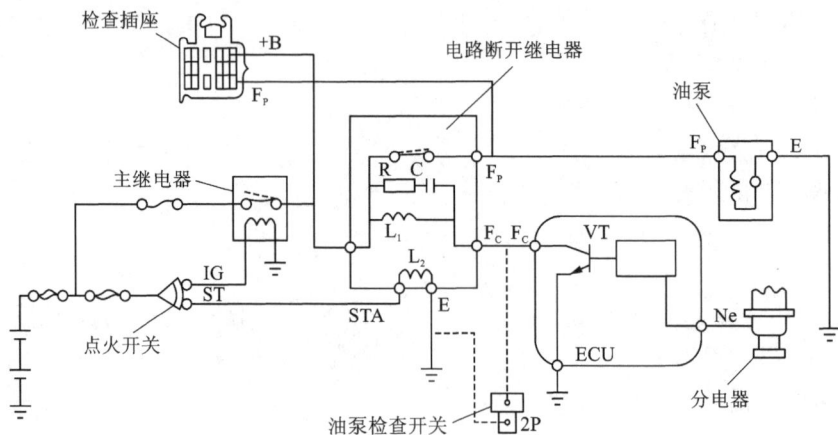

图 7 - 69　ECU 控制的油泵控制电路图

①启动发动机时，点火开关处于起动挡，点火开关 ST 端子通电，电路断开继电器 L_2 线圈通电，使电路断开继电器触点闭合，电源向油泵供电，油泵工作，处于起动供油状态。

②发动机启动后进入正常运转时，转速传感器将发动机转速 Ne 信号输入 ECU，ECU 控制晶体管 VT 导通，L_1 线圈通电，电路断开继电器触点继续保持闭合状态，油泵继续工作。

③发动机停止运转时，ECU 接收不到转速传感器发出的 Ne 信号而使晶体管 VT 截止，线圈 L_1 断电，电路断开继电器触点打开，油泵供电线路中断，油泵停止工作。

这种控制方式还具有预运转功能，即点火开关由"OFF"挡转至"ON"挡，但不启动发动机时，ECU 会控制油泵运转 3 ~ 5 s，使油路中的油压提高，从而方便起动。

对这种形式的控制电路，用连接线将检查插座中的 + B 和 F_p 插孔连接起来，可使汽油泵运转。用此方法可判断汽油泵及其控制电路的故障。

（2）具有转速控制的油泵控制电路。发动机在低速或中小负荷下工作时供油量相对较小，此时需要油泵低速运转，以减少磨损、噪声和不必要的电能消耗。发动机在高速或大负荷下工作时，供油量较大，此时需要油泵高速运转，以增加泵油量。为此，某些车型的油泵控制电路采用了低速和高速两级控制。

要改变油泵的运转速度，只要改变加在油泵上的电压即可。目前，常见的油泵转速控制方式有电阻器控制式和专用 ECU 控制式两种。

1）电阻器控制式

图 7 - 70 所示为电阻器控制式油泵转速控制电路。它在油泵控制电路中增设一个电阻器（降压电阻）和燃油泵控制继电器，当电阻器串入油泵电路中时，加在油泵上的电压降低，油泵就低速运转；当电阻器被隔除时，电压升高，油泵高速运转，这样就可实现油泵的变速控制。

该控制电路中，发动机在起动、正常运转及停转时的控制方式和前述基本相同，实现转速控制的方法如下：

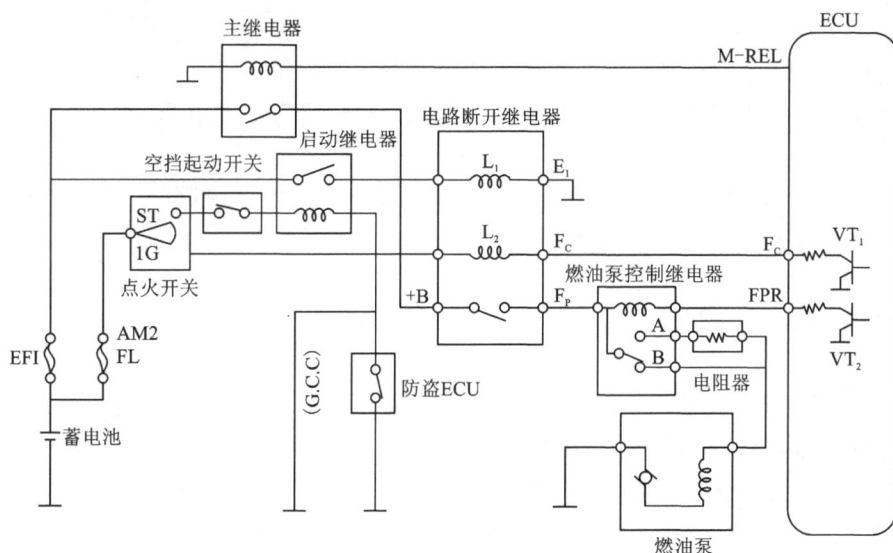

图 7 - 70　电阻器控制式油泵转速控制电路图

①发动机在低速或中小负荷下工作时，ECU 控制晶体管 VT_2 导通，燃油泵控制继电器线圈通电，使触点 A 闭合，电阻器被串入到油泵电路中，燃油泵两端的电压低于蓄电池电压，燃油泵低速运转。

②发动机在高速或大负荷下工作时，ECU 控制晶体管 VT_2 截止，燃油泵控制继电器触点 B 闭合，电阻器被隔除，蓄电池电压直接加在燃油泵两端，燃油泵高速运转。

2）专用 ECU 控制式

专用 ECU 控制式(如图 7 - 71 所示)控制系统中单独设置一个油泵 ECU，用于控制电动汽油泵工作。通过油泵 ECU 和发动机 ECU 的共同控制，可以实现油泵转速的变速控制。

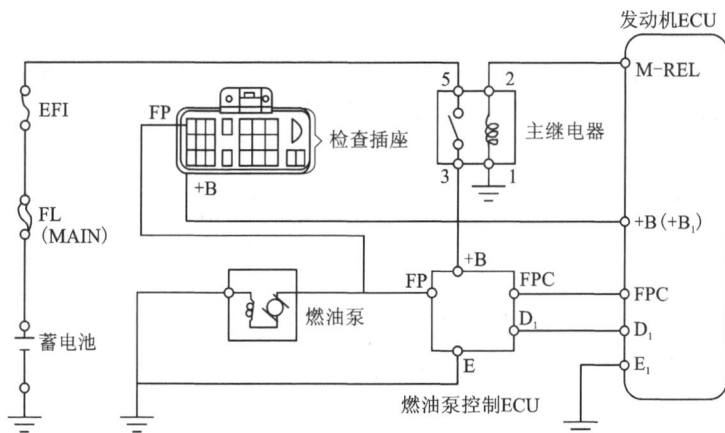

图 7 - 71　专用 ECU 控制式的油泵转速控制电路

①发动机在启动或高速、大负荷下工作时，发动机 ECU 向燃油泵 ECU 的 FPC 端输入一

个高电位信号,此时燃油泵 ECU 的 FP 端向油泵供给较高的电压(12~14 V),使油泵高速运转。

②发动机启动后,在低速或小负荷下工作时,发动机 ECU 向燃油泵 ECU 的 FPC 端输入一个低电位信号,此时燃油泵 ECU 的 FP 端向油泵供给低于蓄电池电压(约9 V),使油泵低速运转。

③当发动机转速低于规定的最低转速(如120 r/min)时,燃油泵 ECU 断开油泵电路,使油泵停止工作,此时尽管点火开关处于接通状态,油泵也不工作。

4)电动汽油泵及其控制电路的检测

(1)电动汽油泵的检测。

就车检查电动汽油泵:

①用专用导线将诊断插座上的汽油泵测试端子跨接到 12 V 电源上,也可以拆开电动汽油泵的线束连接器,直接用蓄电池给汽油泵通电。

②将点火开关转至 ON 位置,但不要启动发动机。

③旋开油箱盖应能听到汽油泵工作的声音,或用手捏进油软管,应感觉有压力。若听不到汽油泵工作声音或进油管无压力,应检修或更换汽油泵。

④若有汽油泵不工作故障,但按上述方法检查正常,应检查汽油泵电路导线、继电器、易熔线和熔丝有无断路。

汽油泵的拆装与检验:

拆卸汽油泵时注意应释放燃油系统压力,并关闭用电设备。

①拆下汽油泵后,测量汽油泵两端子之间电阻,应为2~3 Ω。如电阻值不符,应更换汽油泵。

②用蓄电池直接给汽油泵通电,应能听到汽油泵电机高速旋转的声音。注意:通电时间不能过长(每次接通不超过10 s)。若汽油泵不转动,则应更换汽油泵。

(2)汽油泵控制电路的检测

以 ECU 控制的油泵电路为例,控制电路图如前7-69所示。检查这种控制系统,首先应判别是 ECU 内部故障还是 ECU 外部的控制电路故障。其方法是:

①打开油箱盖,将点火开关置于 ON 位置,但不启动发动机,在油箱口处倾听有无电动汽油泵运转的声音。如打开点火开关后,能听到油泵运转3~5 s 后又停止,说明控制系统各部分工作正常。

②如打开点火开关后油泵不运转,可用一根导线将故障检测插座内两个检测电动汽油泵的插孔(如丰田汽车故障检测插座内的 FP 和+B 两插孔)短接。此时打开点火开关如能听到油泵运转的声音,说明 ECU 外部的电动燃油泵控制电路工作正常,故障在 ECU 内部,应更换 ECU。若仍听不到电动汽油泵运转的声音,则为 ECU 外部的控制电路故障,应检查熔丝、继电器有无损坏,各电路有无断路或接触不良。

(3)电动汽油泵继电器的检测。常用的电动汽油泵继电器有四脚和五脚两种。

四脚电动汽油泵继电器的检查:四脚电动汽油泵继电器中有两脚是接继电器的电磁线圈,另外两脚接继电器常开触点。

①用万用表欧姆挡测量,继电器电磁线圈两脚之间应导通,常开触点两脚之间应不通。

②在电磁线圈两接脚上施加 12 V 电压,同时用万用表欧姆挡测量常开触点两脚之间应

导通，如图 7 - 72 所示。若测量结果不符合要求，应更换电动汽油泵继电器。

五脚电动汽油泵继电器的检测：五脚电动汽油泵继电器内有两组电磁线圈，其中一组由起动开关控制，另一组由 ECU 控制，如图 7 - 73(a)所示。

①用万用表欧姆挡测量这两组线圈，均应导通；测量常开触点两端(+ B 和 FP)，应不导通，如图 7 - 73(b)所示。

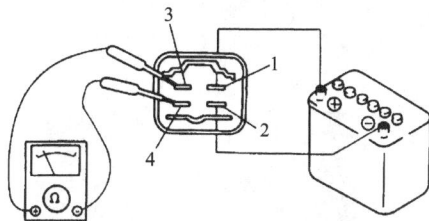

图 7 - 72　四脚电动汽油泵继电器的检查
1、2—电磁线圈接脚；3、4—常开触点接脚

②分别在两组线圈两端施加 12 V 电压，同时测量常开触点两端，应导通，如图 7 - 73(c)、7 - 73(d)所示。

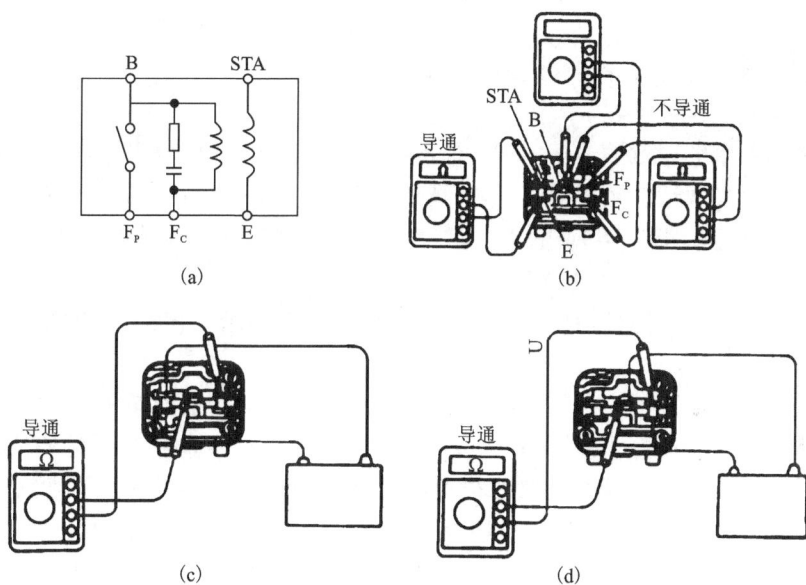

图 7 - 73　五脚电动汽油泵继电器的检查

3. 汽油滤清器的构造与维修

汽油滤清器的作用是滤除汽油中的水分和杂质，防止燃油系统堵塞，减小机械磨损，确保发动机稳定运行，提高可靠性。

汽油滤清器一般安装在电动汽油泵出油管与燃油分配管之间的供油管路上，也有些车型(如丰田威驰、花冠、锐志)采用无回油管系统，将燃油压力调节器、汽油滤清器与汽油泵一体装入汽油箱。

1)汽油滤清器的构造

在电控汽油喷射式发动机的汽油供给系统中，一般采用纸质滤芯、一次性的汽油滤清器。汽油滤清器由外壳和滤芯组成，滤芯采用滤纸叠成菊花形和盘簧形结构，如图 7 - 74 所示。

汽油从入口进入滤清器，经过壳体内的滤芯过滤后，清洁的汽油从出口流出。安装时注

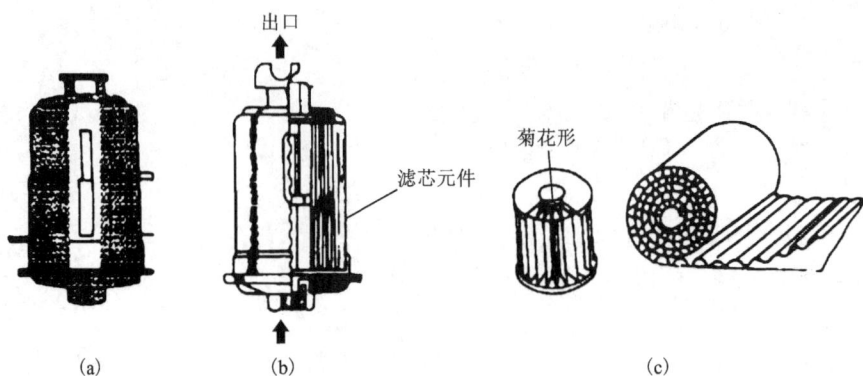

图 7 - 74 汽油滤清器

(a)外观；(b)燃油滤清器；(c)滤芯

意汽油滤清器壳体上的箭头标记为汽油流动方向。

2)汽油滤清器的维护

汽油滤清器阻塞会导致供油压力和供油不足，影响发动机的动力性，因此要定期维护。

汽油滤清器为一次性使用零件，一般每行驶 30000 ~ 40000 km，或每两个二级维护作业周期更换一次汽油滤清器。若使用的燃油含杂质较多时应缩短更换周期。

4. 燃油压力调节器的构造与维修

燃油压力调节器的作用是根据进气歧管压力的变化来调节系统油压(即燃油分配管内油压)，使两者的压力差保持恒定，一般为 250 ~ 300 kPa。

喷油器的喷油量取决于喷油器的喷孔截面、喷油时间和喷油压差(即燃油分配管内的油压与进气歧管内的气体压力之差)。在 EFI 系统中，ECU 通过控制喷油器的喷油时间来实现对喷油量的控制。要保证燃油喷射量的精确控制，在喷油器的结构尺寸一定时，必须保持恒定的喷油压差，才能使喷油器喷出的燃油量唯一地取决于喷油器的开启时间。

由于进气歧管内的气体压力是随发动机转速和负荷的变化而变化的，要保持恒定的喷油压差，必须根据进气歧管内压力的变化来调节燃油压力。即进气歧管内的压力增高时，燃油压力也应相应增高；反之，则燃油压力降低。

1)燃油压力调节器的构造

燃油压力调节器位于燃油分配管的一端或与汽油泵一体安装于油箱内，主要由膜片、弹簧和回油阀等组成，其结构如图 7 - 75 所示。

膜片将调节器壳体内部分成两个室，即弹簧室和燃油室。膜片上方的弹簧室通过软管与进气歧管相通，膜片与回油阀相连，回油阀控制回油量。这样，膜片上方承受的压力为弹簧的弹力和进气歧管内气体的压力之和，膜片下方承受油压。

2)燃油压力调节器的工作原理

发动机工作时，由于电动汽油泵泵送的油量远大于喷射所需的油量，故在油压作用下膜片移向弹簧室一侧，阀门打开，部分燃油流回油箱，燃油分配管内保持一定的油压，此时膜片上、下压力处于平衡状态。

当进气歧管内气体压力下降(真空度增大)时，膜片向上移动，使回油阀开度增大，回油

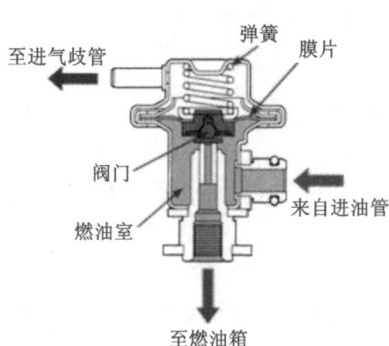

图 7 - 75 燃油压力调节器

量增加,从而使燃油分配管内油压下降,保持与变化了的歧管压力差值恒定;反之,当进气歧管内的压力升高(真空度降低)时,膜片带动回油阀向下移动,回油阀开度减小,回油量减少,使燃油分配管内油压升高。燃油分配管内的油压与进气歧管内的气体压力之间的关系如图 7 - 76 所示。

发动机停止工作时,燃油分配管内压力下降,回油阀在弹簧作用下逐渐关闭,使汽油泵单向阀与燃油压力调节器回油阀之间的油路内保持一定的残余压力。

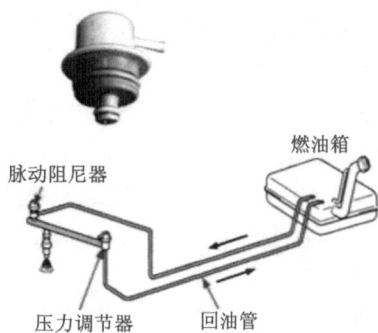

图 7 - 76 燃油分配管内油压与
进气歧管压力的关系

3)燃油压力调节器的检修

由于燃油压力调节器的作用是调节喷油压差恒定,所以出现故障时会直接影响喷油压差的高低和发动机的供油量,使发动机供油不稳、怠速不稳、起动困难、加速无力、耗油、冒黑烟等故障。

燃油压力调节器的主要故障是弹簧张力疲劳后变小或膜片破裂。它是不可调节器件,若工作不良时,应进行更换。

5. 燃油分配管的构造与维修

燃油分配管的作用是固定喷油器和燃油压力调节器,并将高压燃油输送给各个喷油器。它安装在进气歧管或气缸盖上,燃油分配管与喷油器之间用 O 形圈和卡环密封,O 形圈可防止燃油渗漏,并具有隔热和隔振的作用。卡环将喷油器固定在燃油分配管上,如图 7 - 77 所示。

大多数燃油分配管上都有燃油压力测试口,可用于检查和释放油压。

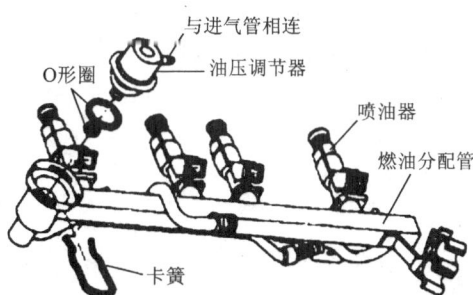

图 7 - 77 燃油分配管

6. 电磁喷油器的构造与维修

喷油器是电控燃油喷射系统中一个重要的执行元件，其作用是在 ECU 的控制下，将汽油呈雾状定时定量喷入进气歧管内。

电控燃油喷射系统采用电磁式喷油器，按总体结构不同可分为轴针式、球阀式和片阀式，目前常用的是轴针式喷油器。按照喷油器电磁线圈的电阻值不同分为高阻(13 ~ 18 Ω)喷油器和低阻(2 ~ 3 Ω)喷油器，国内电控燃油喷射系统采用高阻喷油器，如桑塔纳 2000GSi 轿车 AJR 发动机的喷油器电磁线圈的电阻值为 15.9 ± 0.35 Ω。按喷油器的控制方式不同分为电压驱动式和电流驱动式。

电控燃油喷射系统的喷油器安装在各进气歧管或进气道附近的缸盖上，并用燃油分配管固定，如图 7 - 78 所示。

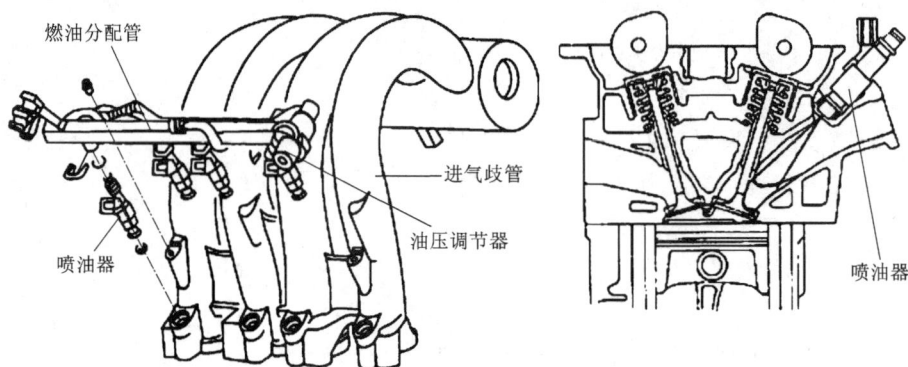

图 7 - 78　喷油器的安装位置

1)喷油器的构造和原理

以轴针式喷油器为例，其结构如图 7 - 79(a)所示。由喷油器外壳、滤网、电接头、电磁线圈、衔铁、针阀、喷油轴针等组成。喷油器内部的电磁线圈经线束与电脑连接，喷油器头部的针阀与衔铁连接为一体。它的一端为进油口，与燃油分配管连接；另一端为喷油口，插入进气歧管中，两端分别用 O 形密封圈密封。

当 ECU 发出指令使电磁线圈通电时，便产生吸力，将衔铁和针阀吸起，打开喷孔，燃油经针阀头部的轴针与喷孔之间的环形间隙高速喷出，并被粉碎成雾状。电磁线圈不通电时，磁力消失，弹簧将衔铁和针阀下压，关闭喷孔，停止喷油。

球阀式和片阀式喷油器如图 7 - 79(b)和图 7 - 79(c)所示，其结构和工作过程与轴针式喷油器基本一致，主要区别在于阀体结构不同。

2)喷油器的驱动

喷油器按电磁线圈的控制方式不同，可分为电压驱动式和电流驱动式两种，如图 7 - 80 所示。

(1)电压驱动式。电压驱动是指 ECU 驱动喷油器喷油电脉冲的电压是恒定的，如图 7 - 80(a)所示。在电压驱动式电路中，使用高阻值喷油器时，可将蓄电池电压直接加在喷油器上，而使用低阻值喷油器时，则应在电路中串入附加电阻，将蓄电池电压分压后加在喷油器上。这是因为低阻喷油器电磁线圈匝数少、电阻小，如果直接和蓄电池电源连接，则电

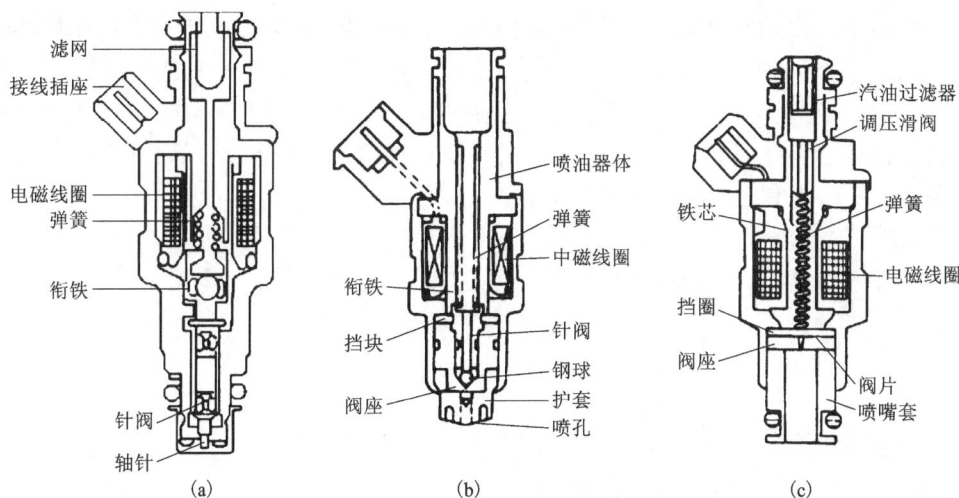

图 7 - 79 喷油器类型

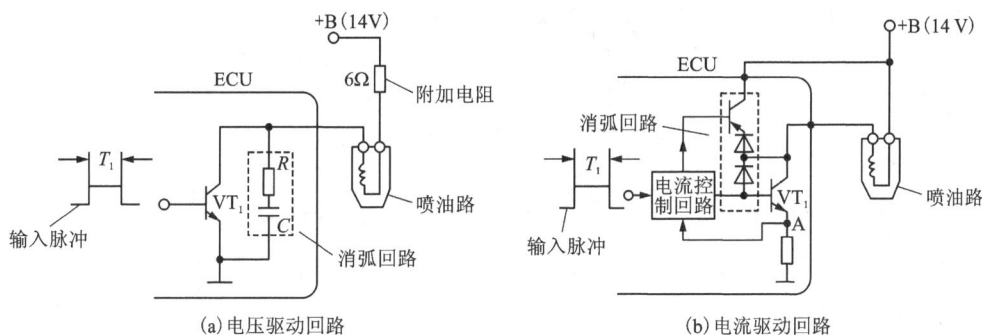

图 7 - 80 喷油器驱动方式

流大、发热快、易烧坏电磁线圈，故串入附加电阻可保护低阻喷油器。

附加电阻与喷油器的连接方式如图 7 - 81 所示。

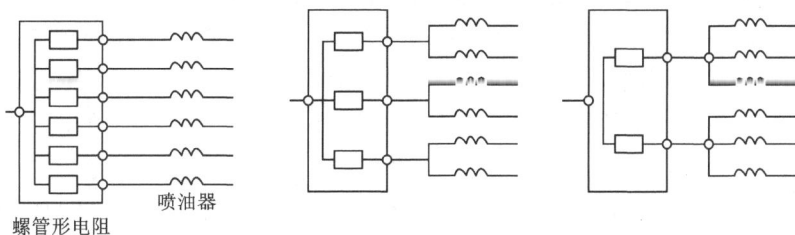

图 7 - 81 附加电阻与喷油器的连接方式

（2）电流驱动式。电流驱动是指通过控制喷油器的工作电流来控制喷油器的工作，即喷油器的驱动脉冲信号开始时用一个较大的电流，使电磁线圈产生较大的电磁吸力，以迅速打开喷口，随后用较小的电流保持喷口的开启状态，从而防止电磁线圈过热，因此驱动效果好，如图7-80(b)所示。电流驱动方式只适用于低阻值喷油器，蓄电池电压直接加在喷油器上，由于喷油器阻值小，驱动电路接通时，通过喷油器电磁线圈的电流很快上升，使针阀迅速打开。随着电流的上升，检测点A的电位也很快升高。当A点电位上升到设定值时，电流控制回路会控制晶体管VT$_1$以20 MHz的频率交替地导通和截止，使通过喷油器电磁线圈的平均电流保持为1~2 A，保持针阀的开启状态。

3)喷油器的控制电路

各种汽车喷油器的控制电路大同小异，其基本控制电路如图7-82所示。

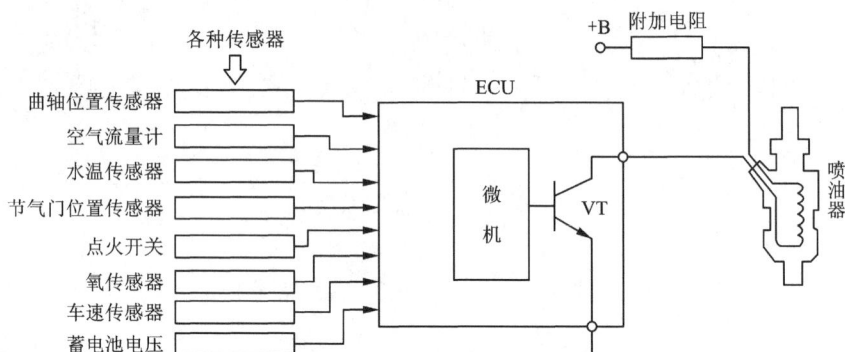

图7-82　喷油器的基本控制电路

各种传感器信号输入ECU后，ECU根据数学计算和逻辑判断结果，发出脉冲信号指令控制喷油器喷油。当脉冲信号的高电平加到驱动晶体管VT的基极时，VT导通，喷油器的电磁线圈电流接通，产生电磁吸力将针阀吸开，喷油器开始喷油；当脉冲信号的低电平加到驱动晶体管VT的基极时，VT截止，喷油器的电磁线圈电流切断，在复位弹簧弹力作用下针阀关闭，喷油器停止喷油。

由此可见，ECU是通过控制喷油器的搭铁回路来实现对喷油器的控制。

4)喷油器的检修

(1)喷油器的就车检查。

①检查喷油器的工作情况，如图7-83所示，在发动机运转过程中，用听诊器(触杆式)或手指接触喷油器时，可听到或感觉到与发动机转速成正比的喷油频率。若各缸喷油器工作声音清脆均匀则说明各喷油器工作正常；若某缸喷油器工作声音很小则可能是针阀卡滞，应做进一步的检查；若听不见某缸喷油器的工作声音则说明该缸喷油器不工作，应检查喷油器及其控制线路。

②检查喷油器的电阻。拆下喷油器的导线插接器，用万用表欧姆挡测量喷油器电阻值。若不符合要求，则应更换喷油器。

③检查喷油器的供电电压。当点火开关置于"ON"位置时，用万用表的直流电压挡测量线束连接器的+B端子与搭铁之间的电压，应为12 V，若不正常，则检查控制线路及ECU。

(2)喷油器的车下检查。将喷油器从车上拆下，在喷油器清洗试验台上对喷油器进行清洗和检查。喷油器清洗试验台可对喷油器进行清洗并对喷油器的喷油量、雾化质量和针阀密

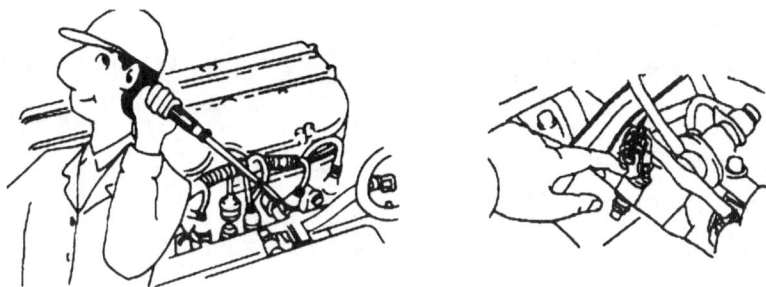

图 7 – 83 喷油器工作状况的检查

封性进行检查。

喷油器在正常工作压力下 15 s 常开喷油量一般为 45 ~ 75 mL，各缸喷油量误差不得超过平均喷油量的 5%；喷油器关闭后在正常工作压力下 1 min 内喷油器不得滴漏 2 滴以上油滴。

三、燃油供给系统的检修

1. 燃油供给系统检修的注意事项

（1）燃油供给系统中存有高压汽油，因此任何涉及燃油管路拆卸的工作都应首先卸压并准备好消防设备，作业区应通风良好、断绝火源，作业时要格外仔细小心，避免泄漏的汽油引发火灾。

（2）在拆卸油管时，油管内还会有少量燃油泄出，所以在断开油管前，用抹布将拆卸处罩住，以吸附泄漏的燃油，将吸附燃油的抹布收集到准许的容器中。

（3）燃油管多用钢、橡胶或尼龙制造，不得渗漏、裂纹、扭结、变形、刮伤、软化或老化，否则应立即予以更换。

（4）所有密封元件、油管卡箍均为一次性零件，维修时应予以更换。

（5）油管接头不得松动，否则应立即予以紧固；钢制油管端部的喇叭口应密封良好无渗漏，否则应重新制作。有些轿车采用特制的油管快速接头，拆装时应使用专用工具。

（6）连接螺母或接头螺栓与高压油管接头连接时必须使用新垫片并涂上一薄层润滑油，先用手拧上接头螺栓，再用工具拧紧到规定力矩。喇叭口的连接也一样。

（7）安装喷油器时可先用汽油润滑其密封元件，以利于顺利安装，不可使用机油、齿轮油或制动油。喷油器安装后应可在其位置上转动，否则说明密封圈扭曲，应重新装配。

（8）不能通过燃油箱加油管放出油箱中的燃油，否则会损坏燃油箱加油管定位部件。正确方法是首先释放系统油压，卸下油箱，然后用手动泵油装置从燃油箱上的维修孔抽出燃油。不得将燃油放入开口容器中，否则会导致失火或爆炸。

（9）燃油系统维修后不能立即启动发动机运行，应仔细检查有无漏油处。有些车型接通点火开关，不启动发动机，油泵工作 3 ~ 5 s 即停止工作，可接通点火开关 3 s，再关闭点火开关 10 s，这样反复几次看有无漏油，还可夹住回油管，使系统油压上升，在这种状态下检查和观察燃油系统是否有部位漏油；有的车起动时油泵才工作，可先起动一下，检查起动时有无部位漏油。不管用哪一种方法都要确认无漏油部位后才能正式启动发动机运行，发动机启动后使发动机怠速运转，再仔细检查有无部位漏油，此后才能关上发动机罩正常运行。

2. 燃油供给系统压力的卸除

汽油喷射发动机为便于再次起动，在发动机熄火后，燃油系统内仍保持有较高的保持压力。在拆卸燃油系统内任何元件时，都必须首先释放燃油系统压力，以免系统内压力油喷出，造成人身伤害或火灾。燃油系统压力卸除的方法如下：

(1)松开油箱上的加油盖，释放油箱中的蒸汽压力。

(2)启动发动机，维持怠速运转，在运转中拔去燃油泵继电器或熔断丝，也可拔下燃油泵导线插头，直至发动机自行熄火。

(3)再次启动发动机 3~5 次，利用起动喷射卸除油管中残余压力。

(4)关闭点火开关，装上油泵继电器或熔断丝或电动油泵导线插头。

3. 燃油供给系统压力的预置

在拆开燃油系统进行维修之后，为避免首次启动发动机时，因系统内无压力而导致起动时间过长，应预置燃油系统压力。燃油系统压力预置可通过反复打开和关闭点火开关数次来完成，也可按下述方法进行：

(1)检查燃油系统所有元件和油管接头是否安装良好。

(2)用专用导线将诊断座上的燃油泵测试端子跨接到 12 V 电源上，如日本丰田车系直接将诊断座上的电源端子" +B"与燃油泵测试端子"FP"跨接。

(3)将点火开关转至 ON 位置，使电动燃油泵工作约 10 s。

(4)关闭点火开关，拆下诊断座上的专用导线。

4. 燃油供给系统压力的检测

通过检测燃油系统压力，可诊断燃油系统是否有故障，进而根据检测结果确定故障性质和部位。检测时需用专用油压表和管接头，检测方法如下：

(1)卸除燃油系统的压力。

(2)安装汽车专用燃油压力表。拆下蓄电池负极搭铁线，安装汽车专用燃油压力表(量程为 1 MPa)，压力表一般安装于汽油滤清器的出油口或燃油分配管的进油口处，带测压口的车辆可将燃油压力表连接至测压口处，重新装复蓄电池负极搭铁线、电动燃油泵继电器和电动燃油泵导线插头。

(3)检测静态油压。拔下电动汽油泵继电器，用导线将电动汽油泵继电器供电端子短接；打开点火开关但不启动发动机，使电动汽油泵运转，此时的燃油压力应符合技术要求，一般应在 300 kPa 左右摆动(油压调节器的工作使得油压表指针摆动)。

静态油压偏高多是由于回油管变形或油压调节器损坏造成的，应先仔细检查回油管，变形的油管会阻碍燃油的流动，导致静态油压升高，若回油管完好应更换燃油压力调节器。

静态油压偏低多是由于油泵进油滤网脏堵、电动汽油泵内部磨损、电动汽油泵限压阀损坏、汽油滤清器脏堵、燃油压力调节器调压弹簧过软或喷油器喷孔卡滞常喷油造成的，可更换汽油滤清器试一下，若油压没有恢复正常，则继续下述检测步骤，找出故障确切位置。

(4)检测怠速工作压力。启动发动机怠速运转时油压表读数即为燃油供给系统的怠速工作压力，一般为 250 kPa 或符合车型技术规定。怠速工作油压偏高多是由于燃油压力调节器真空管错装、漏装或漏气造成的，此时应先检视真空管安装是否正确、是否存在漏气部位，必要时予以更换。

检测急速工作压力时,拔下真空管时油压应上升至300 kPa,与节气门全开时的加速油压基本相等,否则应更换燃油压力调节器。

(5)检测急加速压力。急加速至节气门全开时油压表读数即为燃油供给系统的急加速油压,一般急加速时油压应迅速由怠速工作时的250 kPa上升至300 kPa,或符合车型技术规定。

若急加速油压无变化,则可能是真空管插在有单向阀的真空储气罐上(如刹车真空系统),应予以恢复。

若急加速油压与怠速工作油压差值小于50 kPa,则说明在节气门全开时进气系统仍存在真空节流(例如节气门无法开至最大角度),应予以检修。

(6)检测油泵最大供油压力。在发动机怠速运转中,用包有软布的钳子将回油软管夹住,此时油压表读数即为油泵最大供油压力,其值应符合车型技术要求,一般为工作油压的2~3倍,即500~750 kPa。

油泵最大供油压力偏高是由于油泵限压阀卡滞造成的,应更换电动汽油泵。

油泵最大供油压力偏低是由于汽油滤清器堵塞、油泵进油滤网脏堵、电动汽油泵内部磨损、油泵限压阀关闭不严或调压弹簧过软造成的。应先更换汽油滤清器后重新检测,若油压仍然偏低,则从油箱中拆出电动燃油泵检视:若油泵进油滤网脏污则清洗汽油箱和油泵进油滤网,若汽油泵进油滤网良好应更换电动汽油泵总成。

(7)检测调节压力。在发动机怠速运转中,将油压调节器真空管拆开后,燃油系统升高后的油压与怠速工作油压的差值,应符合车型技术规定,一般为28~70 kPa之间。

(8)检测燃油供给系统保持压力。松开油管夹钳,恢复静态油压,取下油泵继电器跨接线使油泵停止运转,并等待30 min,此时油压表读数即为燃油供给系统保持压力,应符合车型技术规定。

保持压力过低是由于电动汽油泵止回阀关闭不严、油压调节器回油口关闭不严或喷油器滴漏造成的。应首先恢复静态油压,再用包有软布的钳子夹住回油软管,若压力停止下降,则应更换油压调节器;若保持压力继续下降,则用包有软布的钳子夹住燃油压力表三通接头至燃油分配管之间的进油软管,如果压力停止下降说明喷油器漏油,则应结合喷油器试验,找出滴漏的喷油器并予以清洗,清洗后复检,必要时予以更换;若保持压力继续下降说明电动燃油泵止回阀密封不严,应更换电动燃油泵总成。

保持压力检测完毕后再次复查静态压力,如果静态压力仍然偏低应更换油压调节器。

任务四　排气系统的构造与维修

一、排气系统的作用和组成

排气系统的作用是汇集各气缸的废气,减小排气噪声和消除废气中的火焰和火星,使废气安全地排入大气,并对废气中的有害物质进行排放控制。

整个排气系统包括排气歧管、氧传感器、三元催化转换器、排气消声器、隔热装置等,如

图 7-84 所示。尽管各厂商设计的排气系统结构不尽相同,但基本部件是一致的。

根据发动机排气管的数目,可分为单排气系统和双排气系统。直列式发动机通常采用单排气系统,如桑塔纳 2000GSi 轿车 AJR 发动机的排气系统就属于此种类型。有些 V 形发动机采用单排气系统,也有的采用双排气系统。

二、排气系统主要部件的构造与维修

1. 排气歧管的构造与维修

排气歧管一般由铸铁铸造,其形状十分重要。为了不使各缸排气互相干扰及不出现排气倒流的现象,并尽可能地利用惯性排气,应该将排气歧管做得尽可能长,且各缸支管相互独立、长度相等。图 7-85 所示为排气歧管的结构。

排气歧管用螺栓固定在气缸体或气缸盖上,在接合面处装有金属片包的石棉衬垫,以防漏气。排气歧管的各个支管分别与各缸排气门的通道相接。

2. 三元催化转换器(TWC)的构造与维修

三元催化转换器的作用是利用转换器中的三元催化剂,将发动机排出废气中的有害气体转变为无害气体。

三元催化转换器一般安装在排气消声器前面。

1)三元催化转换器的构造

三元催化转换器由催化剂载体、催化剂和外壳等组成,其结构如图 7-86 所示。

图 7-84 排气系统的组成

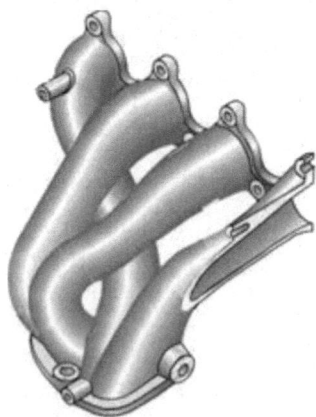

图 7-85 排气歧管

大多数三元催化转换器以蜂窝状陶瓷作为承载催化剂的载体,经特殊工艺处理的蜂窝状陶瓷载体能提供非常大的表面积,以促进化学反应快速进行。在陶瓷载体上浸渍铂(或钯)和铑的混合物作为催化剂。铂和钯是氧化催化剂,当 HC 和 CO 与布满铂、钯的热表面接触时,HC 和 CO 就会分别与氧气化合成 H_2O 和 CO_2。铑是还原催化剂,当 NO_x 与炙热的铑接触时,NO_x 就会脱去氧,还原为 N_2。

2)三元催化转换器的工作原理

在正常情况下,废气中的 HC、CO、NO_x 及 O_2 在一起加热到 500℃ 也不会产生化学反应,如果让这些气体经过上述催化剂后,就会转化为无害的 CO_2、H_2O 和 N_2。其化学反应方程式如下:

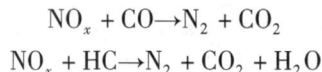

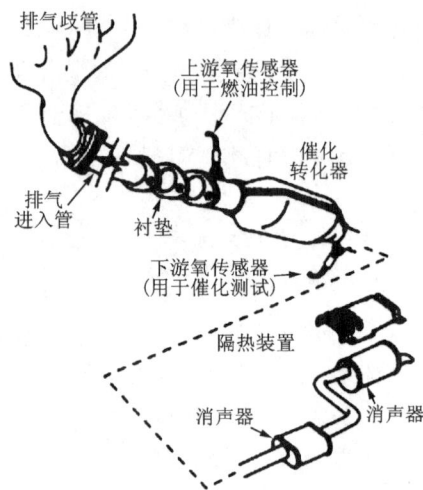

$$NO_x + CO \rightarrow N_2 + CO_2$$
$$NO_x + HC \rightarrow N_2 + CO_2 + H_2O$$

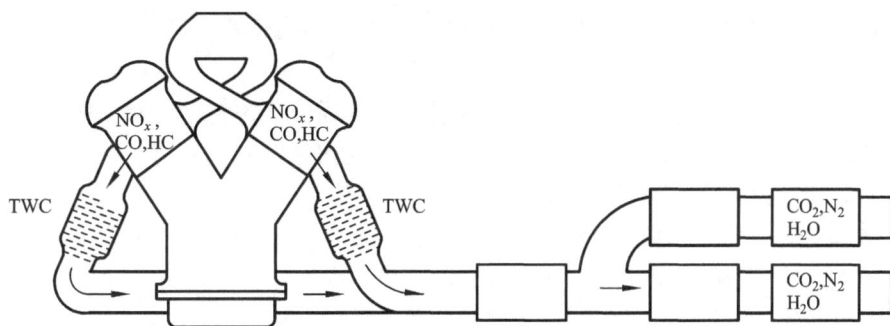

图 7-86　三元催化转换装置

$$CO + O_2 \rightarrow CO_2$$
$$HC + O_2 \rightarrow H_2O + CO_2$$

排放物流入三元催化转换器，被吸附在催化剂表面上，吸附物质与气体分子或相邻的被吸附分子进行化学反应，形成低能量的反应产物，这种反应产物很容易从表面上脱附，并随排气流排出，进入外部空间，催化剂本身并不参加反应。

催化剂要在理论空燃比的混合气浓度下，铂促使 HC 和 CO 氧化，而铑同时使 NO_x 还原。因为 NO_x 在催化转换器中的还原需要 HC 和 CO 作为还原剂，如果氧过量，即燃用稀混合气时，这些还原剂首先和氧反应，则 NO_x 的还原反应就不能进行。而如果空气不足即氧浓度不够时，HC 和 CO 就不能被完全氧化。因此，为使三种污染物都可以达到很高的净化率，ECU 必须严格控制空燃比在理论空燃比值附近。空燃比与三元催化转换器的转化效率之间的关系如图 7-87 所示。在电控汽油喷射式发动机中，为了使三元催化转换器发挥最高的转化效率，采用了氧传感器进行空燃比的反馈控制。

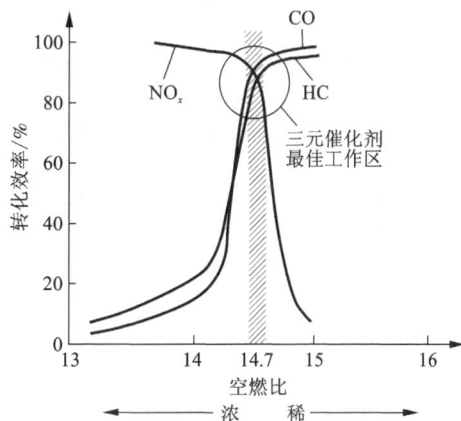

图 7-87　空燃比与转化效率的关系

3）影响三元催化转换器（TWC）转换效率的因素

影响最大的是混合气的浓度和排气温度。只有在理论空燃比 14.7 附近（如图 7-87 所示），三元催化转化器的转化效率最佳，一般都装有氧传感器检测废气中的氧的浓度，氧传感器信号输送给 ECU，用来对空燃比进行反馈控制。此外，发动机的排气温度过高（815℃ 以上），TWC 转换效率将明显下降。

4）三元催化转换器（TWC）检修

（1）禁用含铅汽油，防止催化剂失效。

（2）三元催化转换器固定不牢或汽车在不平路面上行驶时的颠簸，容易导致转换器中的催化剂载体损坏。

（3）装用蜂窝型转换器的汽车，一般汽车每行驶 80000 km 应更换转换器心体。装用颗粒型转换器的汽车，其颗粒形催化剂的重量低于规定值时，应全部更换。

　　2. 氧传感器

氧传感器的作用是通过监测排气中的氧含量来获得混合气的实际空燃比信号，并将该信号转变为电信号输入 ECU。ECU 根据氧传感器信号，对喷油时间进行修正，实现空燃比反馈控制，将 A/F 控制为 14.7，降低排放，节约燃油。

氧传感器安装在排气管上，有氧化锆（ZrO_2）式和氧化钛（TiO_2）式两种类型。有些发动机只在三元催化转换器前面安装氧传感器，起到监测排气中的氧含量来获得混合气的实际空燃比信号的作用；而有些发动机采用了两个氧传感器，即在三元催化转换器前、后各安装一个，后氧传感器主要起到监控三元催化转换器工作情况的作用。

　　1）氧化锆式氧传感器

氧化锆式氧传感器是一个化学电池，又称氧浓度差电池。温度较高（400℃以上）时，氧气发生电离。只要二氧化锆元件内、外表面存在氧浓度差，氧离子就产生扩散，使锆管成为一个微电池，在两铂极间产生电压。这个电压作为输出信号送给 ECU，就能感知废气中的氧浓度，获知空燃比。

（1）氧化锆式氧传感器的构造。氧化锆式氧传感器的结构如图 7-88 所示，主要由锆管、电极等组成。

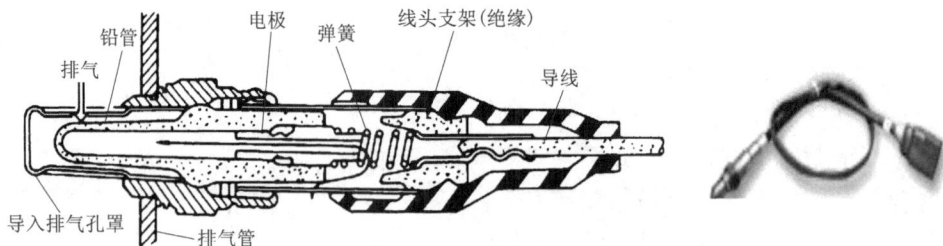

图 7-88　氧化锆式氧传感器的结构

氧化锆式氧传感器内部的敏感元件是二氧化锆（ZrO_2）固体电解质。在二氧化锆固体电解质粉末中加入少量添加剂并烧制成管状，称为锆管。紧贴锆管内、外表面的是作为锆管内、外电极的铂膜，内、外电极通过电极引线与传感器的线束插接器相连。锆管的内电极与外界大气相通，外电极与排气管内的排气相通。为防止发动机排出的废气腐蚀外层铂电极，在外层铂电极表面覆盖着一层多孔性陶瓷层。

作为锆管外电极的金属铂的另一个作用是催化作用，使废气中的氧气与 CO 反应，这就减少了废气中的含氧量，提高了传感器的灵敏度。

（2）氧化锆式氧传感器的工作原理。发动机运转时，排气管内的废气从锆管外电极表面的陶瓷层渗入，与外电极接触，内电极与大气接触。因此在锆管内外侧存在氧浓度差，使氧化锆电解质内部的氧离子开始向外电极扩散，扩散的结果是在内、外电极之间产生电位差，形成了一个微电池，在两铂极间产生电压，如图 7-89 所示。

由于锆管外侧的氧离子随可燃混合气浓度变化而变化，所以当氧离子在锆管中扩散时，锆管内、外表面之间的电位差也随可燃混合气浓度变化而变化，传感器的信号源相当于一个可变电源。

（3）氧化锆式氧传感器的输出特性。氧化锆式氧传感器的输出特性如图 7 - 90 所示。当供给发动机的可燃混合气较浓时，排气中氧的含量较低，一氧化碳的含量相对较高，在锆管外电极铂膜的催化作用下排气中的氧几乎全部参加反应，生成了二氧化碳，使锆管外表面上氧离子浓度几乎为零，而锆管的内表面与大气相通，氧离子浓度很大，锆管内、外两侧氧浓度差很大，因此在内、外电极之间产生了较大的电压信号(约 0.9 V)。

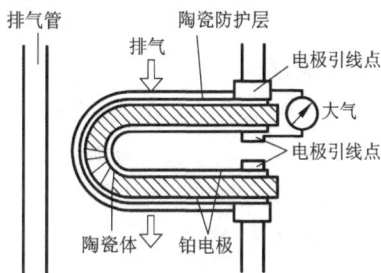

图 7 - 89　氧化锆式氧传感器工作原理图

当供给发动机的可燃混合气较稀时，排气中氧的含量较高，一氧化碳的含量相对较低，即使一氧化碳全部与氧离子参加反应，锆管外表面还是有多余的氧离子存在，锆管内、外两侧氧浓度差小，因此在内、外电极之间只产生较小的电压信号(约 0.1 V)。

当空燃比接近理论空燃比时，排气中的氧和一氧化碳含量都很少，在催化剂铂的作用下，氧离子与一氧化碳的化学反应从缺氧状态急剧变化为富氧状态，由于氧离子浓度差急剧变化，因此铂电极之间的

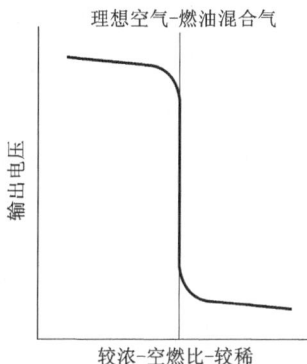

图 7 - 90　氧化锆式氧传感器的输出特性

电位差也急剧变化，使氧传感器输出的电压从 0.9 V 急剧变化到 0.1 V。氧传感器的输出电压在理论空燃比(即 1.47)附近发生突变。

如果没有外电极铂的催化作用，使锆管外侧的氧离子急剧减少到零，那么在浓混合气时就不会有接近 0.9 V 的高电压信号，传感器的输出信号也不会在混合气由浓变稀时出现跃变现象，这正是使用铂电极的另一个重要因素。

氧化锆式氧传感器的工作状态与工作温度有关，在温度低于 300℃时无信号输出，而在 300 ~ 800℃的温度范围内最敏感，输出信号最强。虽然可利用排气热量对其进行加热，但其工作温度不稳定，而且发动机启动后数分钟才能达到正常工作温度。因此目前大部分氧化锆式氧传感器内都增设了陶瓷式电热元件，由汽车电源进行加热，可在发动机启动后的 20 ~ 30s 内迅速将氧传感器加热到工作温度。

（4）氧化锆式氧传感器的类型。氧化锆式氧传感器有以下几种形式：

①单引线。氧传感器只有一根信号线，以外壳做搭铁回路。

②两线式。一条为信号线，另一条则为搭铁线。

③三线式。使用在加热型的氧传感器上，其中两条引线同上述，第三条线为来自继电器(或点火开关)的 12 V 加热电源线。

④四线式。信号线与加热线各自有搭铁回路，即有两条搭铁线。

（5）氧化锆式氧传感器的检测

桑塔纳 2000GSi 轿车 AJR 发动机的氧传感器为加热型氧化锆式氧传感器，其工作电路如图 7－91 所示，检测方法如下：

①加热元件电阻检查

检测时，拔下传感器线束连接器插头，检查 1 与 2 端子间电阻，应为 1～5 Ω（电阻随温度升高迅速上升）。如果常温下电阻值为无穷大，说明加热元件断路，应更换氧传感器。

②电源电压检查

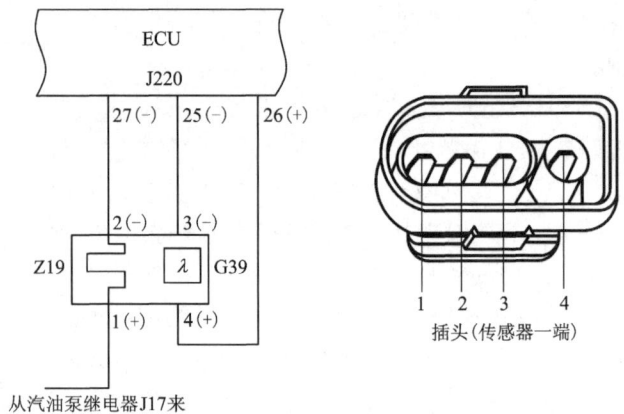

图 7－91　桑塔纳 2000GSi 轿车
AJR 发动机氧传感器工作电路及插头

氧传感器的加热元件需用电源进行加热，当打开点火开关后，燃油泵继电器触点接通时，加热元件的电源即被接通。在检测加热元件电压时，应拔下传感器连接器插头，打开点火开关，检查氧传感器连接器插头上 1 与 2 端子间电压，约为 12 V。如果没有电压，说明熔断器或断路继电器触点接触不良，应进行检修。

③信号电压检查

检查氧传感器信号电压时，应连接好传感器连接器插头与插座，用数字式万用表测量传感器 3 与 4 端子。接通点火开关时，电压信号应为 0.45～0.55 V；当踩下加速踏板，供给浓混合气时，电压信号应为 0.7～1.0 V；当拔下空气流量传感器到发动机之间的真空软管，供给稀混合气时，电压信号应为 0.1～0.3 V；当氧传感器工作作正常时，电压应在 0.1～0.3 V 和 0.7～1.0 V 之间波动。如果不波动或波动缓慢，说明氧传感器失效，应更换。

2）氧化钛式氧传感器

这是一种电阻型气敏传感器。利用化学反应强、对氧气敏感、易于还原的半导体材料氧化钛与氧气接触时发生氧化还原反应，使晶格结构发生变化，从而导致电阻值变化的原理工作的。

（1）氧化钛式氧传感器的构造。氧化钛式氧传感器的结构如图 7－92 所示，主要由二氧化钛传感元件、壳体、加热元件、电极引线等组成。

二氧化钛具有这样的性质：其电阻值随废气中的氧浓度改变，而且在理论空燃比 $A/F = 14.7$ 时产生突变。纯二氧化钛在常温下是一种高电阻的半导体，但表面一旦缺氧，其晶格便出现缺陷，电阻随之减小。

当混合气稀时，排气中的氧含量高，二氧化钛呈现高阻状态；反之，当混合气浓时，排气中的氧含量低，二氧化钛呈现低阻状态。利用适当电路对电阻变量进行处理，即可转换成电压信号输送给 ECU，用来确定实际的空燃比。

由于二氧化钛的电阻也随温度不同而变化，因此在二氧化钛氧传感器内部也有一个电加热器，以保持氧化钛式氧传感器在发动机工作过程中温度恒定不变。

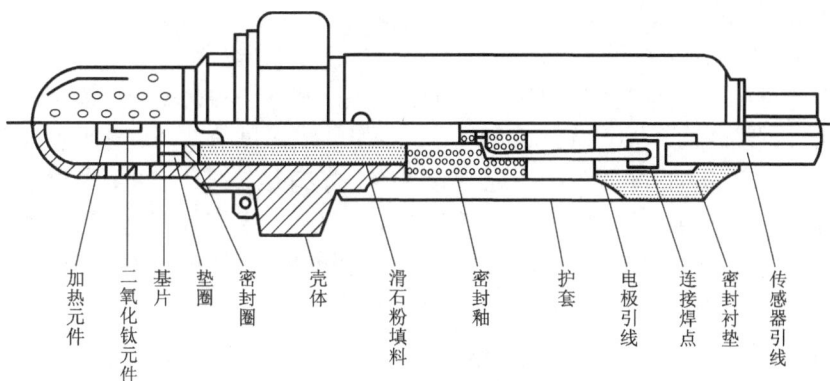

图 7 - 92　氧化钛式氧传感器的结构

（2）氧化钛式氧传感器的工作原理。氧化钛式氧传感器的工作电路如图 7 - 93 所示。ECU 将一个恒定 1 V 的电压加在氧化钛式氧传感器的一端，传感器的另一端与 ECU 相连。当排出的废气中 氧浓度随发动机混合气浓度变化而变化时，氧传感器的电阻随之改变，ECU OX 端子上的电压降也随着变化。当 OX 端子的电压高于参考电压时，ECU 判定混合气过浓；当 OX 端子上的电压低于参考电压时，ECU 判定混合气过稀。通过 ECU 反馈控制，可保持混合气浓度在理论空燃比附近。在实际的反馈控制过程中，二氧化钛式氧传感器与 ECU 连接的 OX 端子上的电压也是在 0.1 ~ 0.9 V 之间不断变化，这一点与氧化锆式

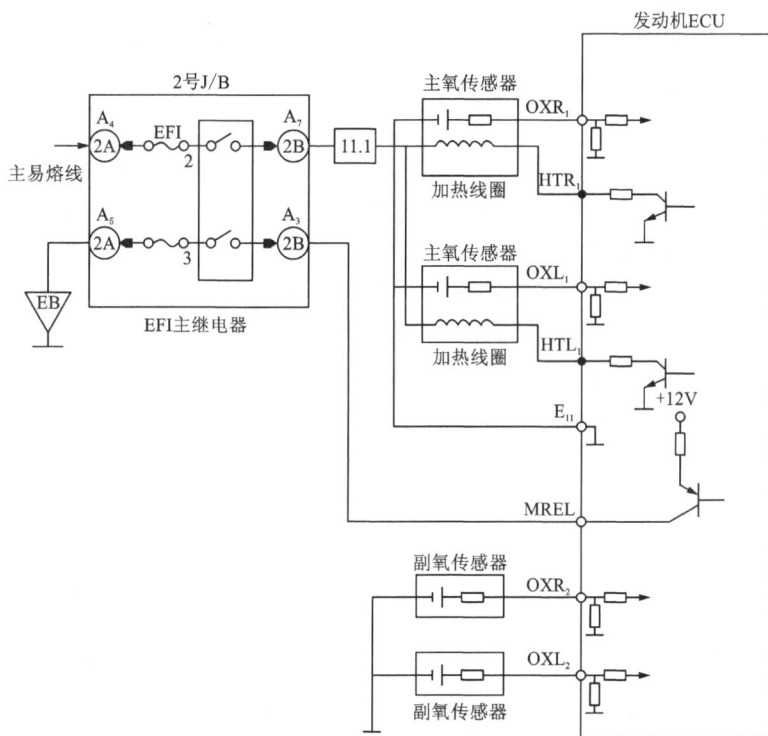

图 7 - 93　日本丰田 LS400 轿车氧化钛式氧传感器工作电路

氧传感器是相同的。

4. 排气消声器构造与维修

排气消声器的作用是抑制发动机的排气噪声，消除废气中的火焰和火星。

消声器的基本原理是：消耗废气流的能量，平衡气流的压力波动，有吸收式和反射式两种基本消声方式。在吸收式消声器上，通过废气在玻璃纤维、钢纤维和石棉等吸音材料上的摩擦而减小其能量。反射式消声器则由多个串联的谐振腔与不同长度的多孔反射管相互连接在一起，废气在其中经多次反射、碰撞、膨胀、冷却而降低其压力，减轻了振动。

目前在汽车上实际使用的消声器多数是综合利用不同的消声原理组合而成的。轿车上流行的排气消声器由前消声器、中消声器和后消声器以及连接管等组成，并焊接成一个整体，如图7-94所示。

前消声器采用谐振原理，由三个大小不同的谐振室，彼此由穿孔管贯通。穿孔管、隔板和断面的突变是谐振室内的基本声学元件，它们作为声源的发射体，彼此间利用

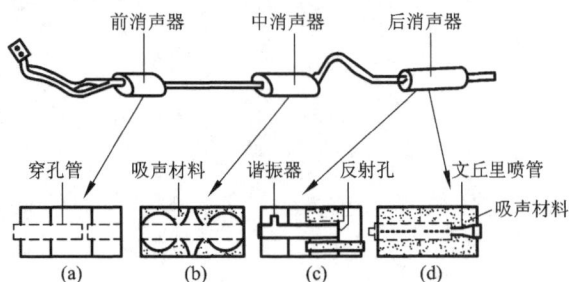

图7-94 排气消声器组成
(a)前消声器谐振器原理；(b)中消声器谐振器与吸收原理；
(c)后消声器谐振器原理；(d)后消声器吸收原理

声波的相互干涉和在谐振室内传播的声波又向这些声源反射，从而达到消声的效果。

谐振器对抑制低频声波特别有效。中消声器采用谐振器和吸声原理。两室之间为突然膨胀，从反射孔流出的气体再在穿孔管中折返后排出。采用吸声原理的后消声器，在穿孔管外面装填了吸声材料。

三、排放控制系统

汽车的排放污染主要来源于发动机排出的废气(占65%以上)、曲轴箱窜气(约占20%)、燃料供给系统中蒸发的汽油蒸汽(占10%~20%)，汽油机的主要排放污染物是一氧化碳、碳氢化合物和氮氧化合物，柴油机的主要排放污染物是一氧化碳、氮氧化合物和碳烟。针对汽车的排放污染，近年来，现代汽车上装用了多种排放控制系统。随着电控技术的发展，部分排放控制系统也采用ECU控制。

1. 曲轴箱强制通风(PCV)控制

曲轴箱强制通风系统的作用是防止从燃烧室窜入曲轴箱的窜缸混合气排入大气造成污染，同时达到节能和改善发动机机油工作条件的目的。

1)曲轴箱强制通风系统的结构

曲轴箱强制通风系统的结构如图7-95所示。主要由通气软管、通风(PCV)软管和PCV阀等组成。

2)PCV阀

PCV阀是由一柱塞式阀门和弹簧构成，位于气门室盖的顶部。进气歧管的真空度决定了PCV阀的开闭及开启程度，PCV阀的开闭及开启程度则决定了窜缸混合气被吸入进气歧管进而参加燃烧的数量，如图7-96所示。

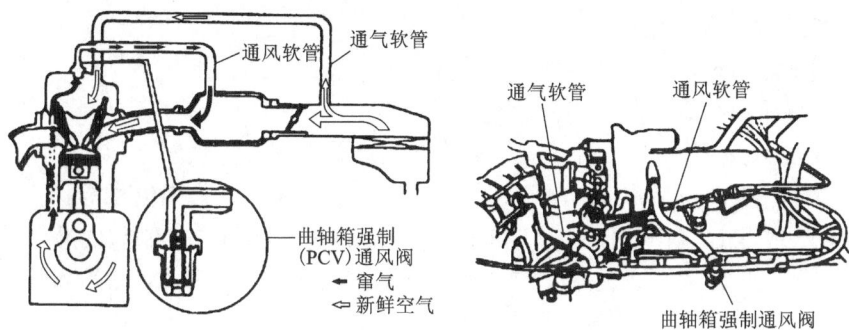

图 7-95　曲轴箱强制通风系统的结构

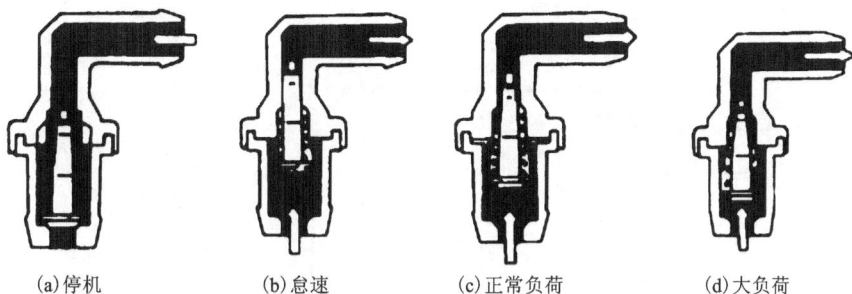

(a)停机　　　　(b)怠速　　　　(c)正常负荷　　　　(d)大负荷

图 7-96　PCV 阀工作情况

发动机停机时，PCV 阀在弹簧作用下关闭。当发动机怠速运转时，进气歧管真空度大，PCV 阀被吸到最高位置，使通道较小甚至关闭，因而被吸入进气歧管的窜气也较少甚至没有。

当节气门开度增大时，进气歧管真空度降低，PCV 阀位置降低，使通道变大，较多的窜气(已与通气软管来的新鲜空气在缸罩内混合)被吸入气缸再燃烧。

2.燃油蒸发排放控制

燃油蒸发(EVAP)排放控制系统的作用是防止燃油箱的燃油蒸气排入大气造成污染。

1)燃油蒸发排放控制系统的结构

燃油蒸发排放控制系统的结构如图 7-97 所示，主要由活性炭缸、电磁阀、真空控制膜片阀、ECU 等组成。

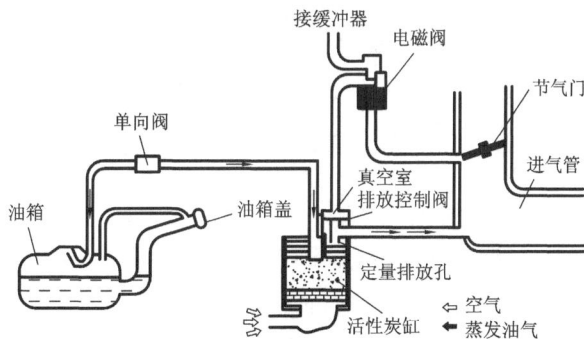

图 7-97　EVAP 控制系统的组成图

活性炭缸用于吸收从燃油箱内蒸发的燃油蒸气(HC)，防止这些蒸气进入大气引起污染。

电磁阀用以调节排放控制阀上方的真空度，改变排放控制阀的开度，从而控制吸入进气管的汽油蒸气量，由 ECU 控制。

排放控制阀控制炭缸上方定量排放孔的开闭。

2）燃油蒸发排放控制系统的工作原理

车辆运行或发动机停熄时，油箱的燃油蒸气通过单向阀进入炭缸上部，空气从炭缸下部进入清洗活性炭。发动机工作时，ECU 根据发动机转速、温度、空气流量等信号，控制活性炭缸电磁阀的动作来控制排放控制阀上部的真空度，从而控制排放控制阀的开闭动作。当排放控制阀打开时，汽油蒸气通过阀中的定量排放小孔吸入进气歧管，然后进入气缸燃烧。不同发动机活性炭缸的工作条件是不相同的。

在部分电控 EVAP 控制系统中，活性炭缸上不设真空控制阀，而将受 ECU 控制的电磁阀直接装在活性炭缸与进气管之间的吸气管中，如图 7 - 98 所示。

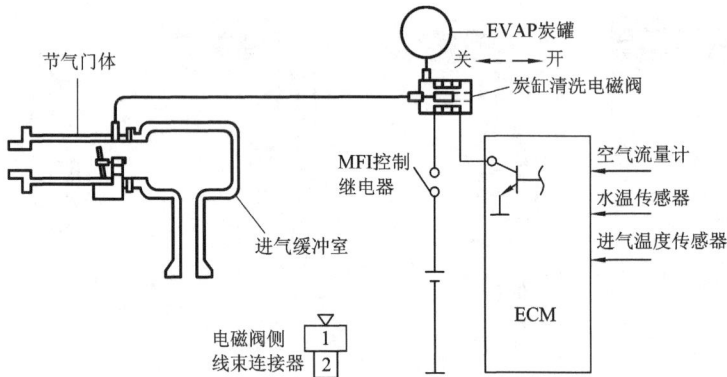

图 7 - 98　韩国现代轿车装用的电控 EVAP 控制系统

3）EVAP 控制系统的检修

（1）一般维护。检查管路有无破损或漏气，炭缸壳体有无裂纹，每行驶 20000 km 应更换活性炭缸底部的进气滤芯。

（2）真空控制阀的检查。拆下真空控制阀，用手动真空泵由真空管接头给真空控制阀施加约 5 kPa 真空，从活性炭缸侧孔吹入空气应畅通，不施加真空度时，吹入空气则不通。

（3）电磁阀的检查。拆开电磁阀进气管一侧的软管，用手动真空泵由软管接头给控制电磁阀施加一定的真空度，电磁阀不通电时应保持真空度，若接蓄电池电压，真空度应释放。测量电磁阀两端子间电阻应为 36 ~ 44 Ω。若不符合上述要求，应更换该控制电磁阀。

3. 废气再循环（EGR）控制

废气再循环（EGR）控制系统的作用是将适量的废气重新引入气缸内参加燃烧，从而降低气缸内的最高温度，以减少 NO_x 的排放量。

废气再循环虽能减少 NO_x 的生成，但循环量过度将会影响正常运行，特别是在怠速、低转速小负荷及发动机处于冷态运行时将会明显降低发动机的性能。因此应选择 NO_x 排放量多的发动机运转范围，根据工况条件的变化自动调节参与再循环的废气量。

废气再循环程度用 EGR 率来表示，其定义如下：EGR 率 =［EGR 量/（进气量 + EGR

量)]×100%。

1)开环控制的废气再循环控制系统

在开环控制系统中,EGR率只受ECU预先设置好的程序控制,ECU不检测发动机各工况下的ECR率,无反馈信号。

(1)开环控制的废气再循环控制系统的结构。开环控制的废气再循环控制系统的结构如图7-99所示,主要由EGR阀、EGR电磁阀等组成。

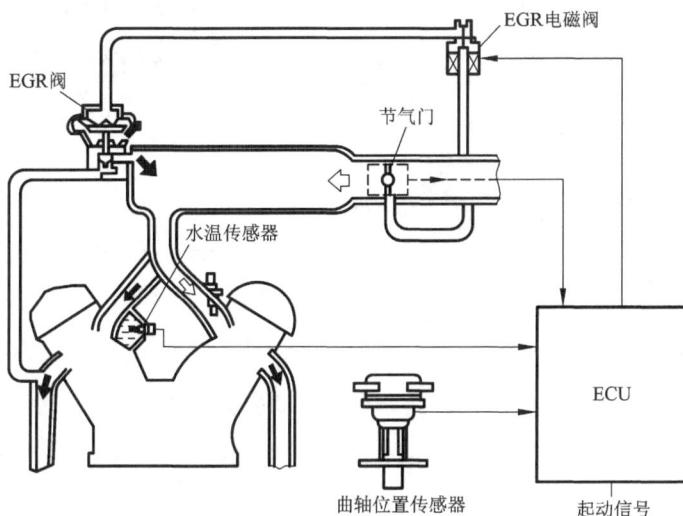

图7-99　废气再循环(EGR)控制系统组成

在EGR系统中,通过一个特殊的通道将排气歧管与进气歧管连通,在该通道上装有EGR阀,通过控制EGR阀的开度来控制废气再循环量。EGR电磁阀安装在通向EGR阀的真空通道中,控制EGR阀的开闭,由ECU控制。

(2)开环控制的废气再循环控制系统的工作原理。各种工况下的最佳EGR率已由发动机台架试验确定,有关数据已存入发动机ECU的ROM中(EGR率与发动机转速、进气量是相互对应的)。

发动机工作时,ECU根据冷却液温度、节气门开度、转速、起动等信号确定发动机在哪一种工况下工作,经过查表和计算修正,输出适当指令(占空比信号),控制电磁阀开度,以调节作用在EGR阀上的真空度,控制EGR阀的开度,实现对废气再循环量的控制。

2)闭环控制的废气再循环控制系统

在闭环控制的EGR系统中,ECU以EGR率或EGR阀开度传感器作为反馈信号实现闭环控制,控制精度更高。

(1)闭环控制的废气再循环控制系统的结构。闭环控制的废气再循环控制系统的结构如图7-100所示,与采用占空比控制型电磁阀的开环控制EGR系统相比,只是在EGR阀上增设了一个EGR阀开度传感器。

(2)闭环控制的废气再循环控制系统的工作原理。闭环控制系统工作时,ECU可根据EGR阀开度传感器的反馈信号修正电磁阀的开度,使EGR率保持最佳。

EGR 阀开度传感器是一个电位计式的传感器,安装在 EGR 阀上方。当 EGR 阀工作时,其膜片带动废气再循环阀的开度传感器的滑动触点移动,将废气再循环阀开度的变化转变为电压的变化。在这种控制系统中,ECU 根据发动机的转速、负荷、水温、节气门位置等信号确定所需要的废气再循环阀开度,并把该开度与由废气再循环阀开度传感器提供的废气再循环阀的开度数据进行比较。若不同,ECU 便调整控制脉冲的占空比,将废气再循环阀调至所需开度。

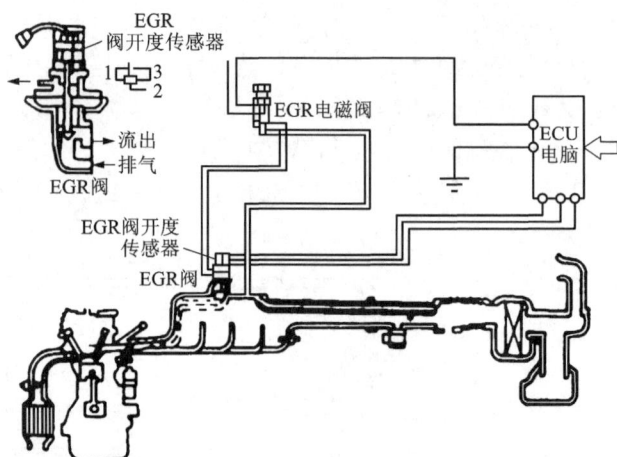

图 7 - 100 闭环控制的废气再循环控制系统组成图

3)EGR 控制系统的检修

(1)一般检查。拆下 EGR 阀上的真空软管,发动机转速应无变化,用手触试真空软管应无真空吸力;发动机温度达到正常工作温度后,怠速是检查结果应与冷机时相同,若转速提高到 2500 r/min 左右,拆下真空软管,发动机转速有明显提高。

(2)EGR 电磁阀的检查。冷态测量电磁阀电阻因为 33 ~ 39 Ω。电磁阀不通电时,从进气管侧吹入空气应畅通,从滤网处吹应不通;接上蓄电池电压时,应相反。

(3)EGR 阀的检查。用手动真空泵给 EGR 阀膜片上方施加约 15 kPa 的真空度,EGR 阀应能开启,不施加真空度,EGR 阀应能完全关闭。

4. 空燃比反馈控制

在空燃比反馈控制系统中,通过氧传感器工作,把空燃比控制在 14.7,使三元催化转换器发挥最高的转换效率。

空燃比反馈控制系统的控制原理:当实际空燃比小于理论空燃比时(如图 7 - 101 所示)(混合气浓),氧化锆式氧传感器会向 ECU 输入高电压信号(0.7 ~ 0.9 V),此时 ECU 将减少喷油量,使空燃比自动加大。反之,氧传感器信号下降到 0.1 V 左右时,ECU 将控制喷油量增加。

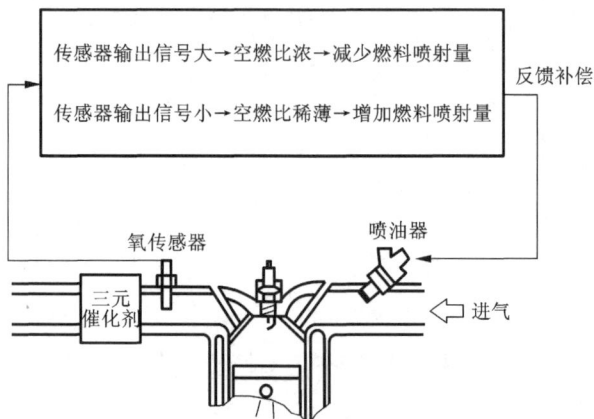

图 7 - 101 空燃比反馈控制系统的控制原理

以上所述即为闭环控制,但在如下工作状态下,不能使用闭环控制。

(1)怠速运转时。

（2）节气门全开大负荷时。

（3）减速断油时。

（4）启动时。

（5）发动机冷却液温度低时或氧传感器温度未达到工作温度400℃时。

（6）氧传感器失效时。

5.二次空气供给系统

（1）二次空气供给系统功能在一定工况下，将新鲜空气送入排气管，促使废气中的一氧化碳和碳氢化合物进一步氧化，从而降低一氧化碳和HC的排放量，同时加快三元催化转换器的升温。

（2）二次空气供给系统组成与工作原理。二次空气供给系统控制阀主要由舌簧阀和膜片阀组成，如图7－102所示。

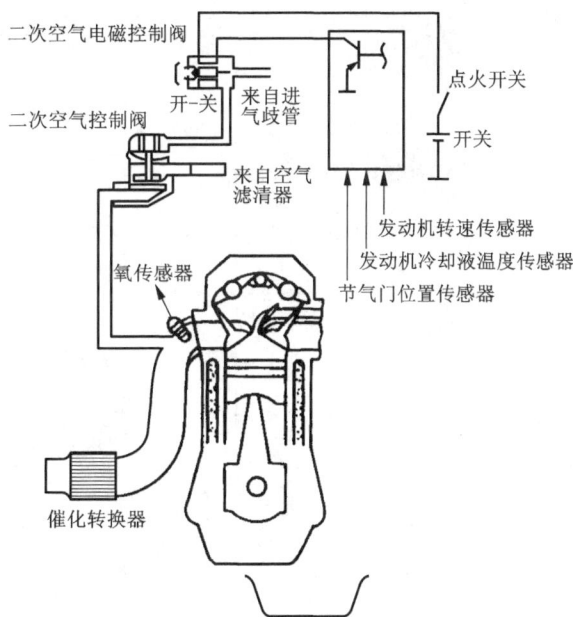

图7－102　二次空气供给系统的组成图

二次空气供给系统工作原理：点火开关接通后，蓄电池向二次空气电磁阀供电，ECU控制电磁阀搭铁回路。电磁阀不通电时，关闭通向膜片阀真空室的真空通道，膜片阀弹簧推动膜片下移，关闭二次空气供给通道；ECU给电磁阀通电，进气管真空度将膜片阀吸起，使二次空气进入排气管。

（3）二次空气供给系统的检修：

①低温启动发动机后，拆下空气滤清器盖，应听到舌簧阀发出的"嗡、嗡"声。

②拆下二次空气供给软管，用手指盖住软管口检查，发动机温度在18~63℃范围内急速运转时，有真空吸力；温度在63℃以上，起动后70s内应有真空吸力，起动70s后应无真空吸力；发动机转速从4000 r/min急减速时，应有真空吸力。

③拆下二次空气阀，从空气滤清器侧软管接头吹入空气应不漏气。

④电磁阀的检查，阻值应为36~44 Ω。

任务五　电子控制系统的构造与维修

电子控制系统的主要作用是根据发动机和汽车不同的运行工况，确定并执行发动机最佳的控制方案，保证发动机的动力性、经济性和排放性能在各种工况下都处于最佳工作状态。同时还具有故障自诊断功能。

电子控制系统都是由传感器、电子控制器ECU和执行器三部分组成，是一个以单片机为中心而组成的微型计算机控制系统，其中，电子控制器ECU是控制系统的核心部件。电子控制系统的组成和流程如图7－103所示。

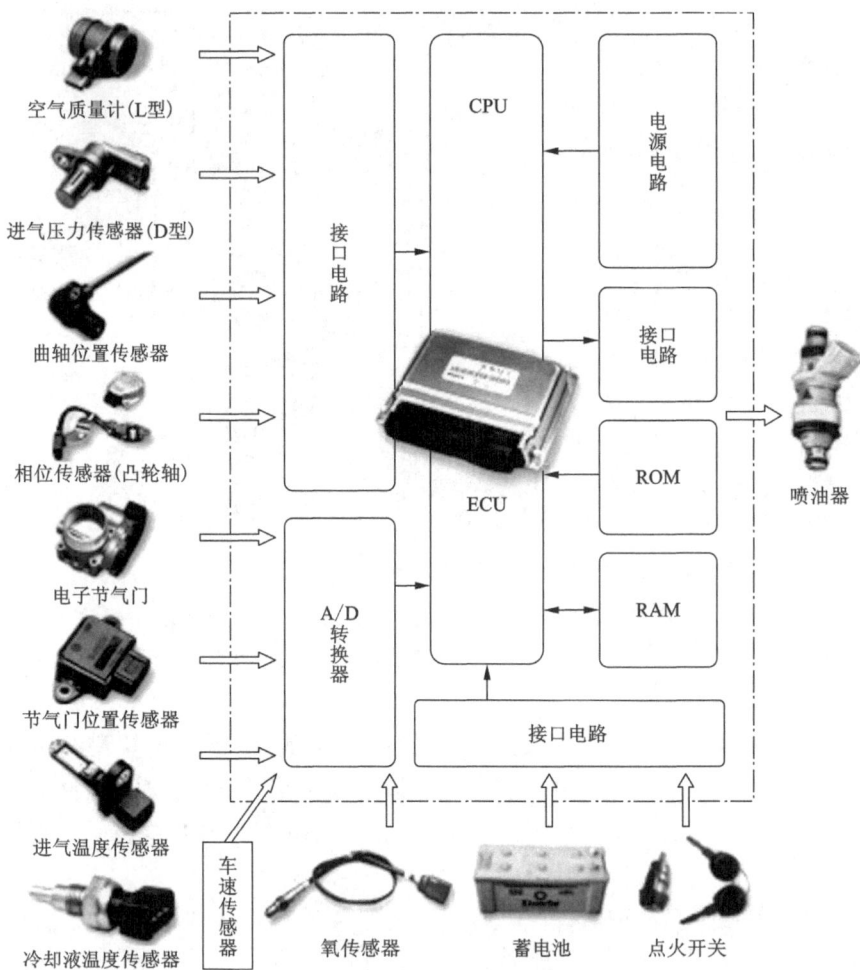

图 7 - 103 电子控制系统的组成

一、电子控制单元

1. 电子控制单元的组成

电子控制单元主要由输入回路、A/D 转换器、微型计算机和输出回路组成，其组成与外形如图 7 - 104 所示。它们一起制作在一个金属盒内，固定在车内不易受到碰撞的部位，如仪表台下面或座椅下面等，具体安装位置依车而异。

图 7 - 104 电子控制器外形

1) 输入回路

发动机工作时，各种传感器的信号输入 ECU 后，首先进入输入回路进行处理。传感器输入的信号不同，处理的方法也不同，一般是先将输入信号滤除杂波和将正弦波转变为矩形波后，再转换成输入电平。输入回路的作用

2）A/D 转换器

从传感器送来的信号有模拟信号和数字信号两种，如图 7 - 105 所示，而微机只能处理数字信号，模拟信号须经过 A/D 转换器转换为数字信号后才能输入微机。

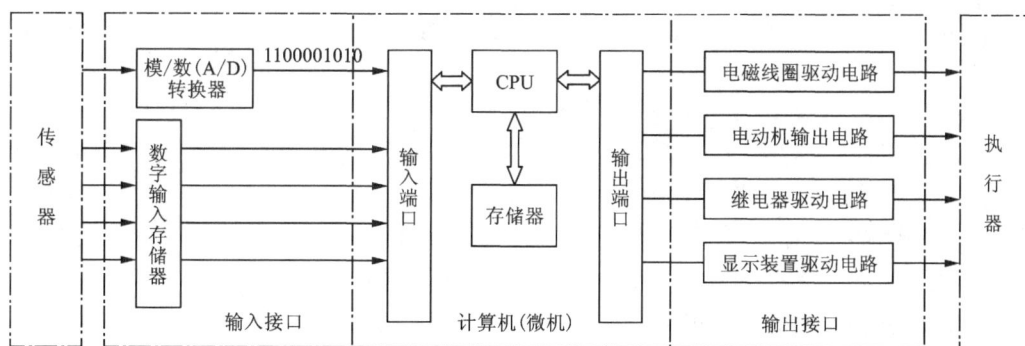

图 7 - 105　电子控制单元组成

3）微型计算机

微型计算机把各种传感器送来的信号用内存程序和数据进行运算处理，并把处理结果（如喷油器喷射信号、点火正时信号）送往输出回路。微型计算机主要由中央处理器（CPU）、存储器（ROM、RAM）、输入/输出接口（I/O）和总线组成。

（1）中央处理器。中央处理器主要由进行算术运算和逻辑运算的运算器、暂时存储数据的寄存器、按照程序在各装置之间完成信号传送及控制任务的控制器等组成，其功用是读出命令并执行数据处理任务。

（2）存储器。存储器的功用是存储信息资料，包括随机存储器 RAM 和只读存储器 ROM。随机存储器 RAM，主要用来暂时存储计算机操作时的可变数据，如计算机输入、输出数据，计算过程中产生的中间数据、故障代码、自学习修正数据等，当切断电源后 RAM 内部的存储信息将丢失。为了防止点火开关关闭后因电源被切断而造成数据丢失，RAM 通过微机后备电源电路与蓄电池相连，使 RAM 不受点火开关的控制。但后备电源电路断开或拆除蓄电池后，存入 RAM 的数据会自然丢失，因此在车辆维修时如需拆除蓄电池必须先读取并记录计算机内所存信息。

只读存储器 ROM，只能读出不能写入，用来存储固定的数据，如电控系统中的一系列控制程序软件、喷油特性脉谱、点火控制特性脉谱以及其他特性数据等。这些信息资料一般都是在制造时由厂家一次性输入，使用中无法改变其内容，断电后数据信息不会丢失。

（3）输入/输出接口（I/O）。输入/输出接口 I/O 是微机与外界进行信息交流的纽带，在控制系统工作时，输入/输出接口根据 CPU 的命令，在 CPU 与输入回路和输出回路之间负责数据传送。

（4）总线。总线是微机内部传递信息的电路连线。在单片机内部，CPU、ROM、RAM 与 I/O 接口之间的信息交换都是通过总线来实现。

4）输出回路

微机输出的数字信号电压很弱，不能直接驱动执行元件工作。作为微机与执行元件之间连接桥梁的输出回路，其主要作用就是将微机的处理结果放大，生成能控制执行元件工作的指令信号。

输出回路一般采用功率三极管，根据微机的指令通过导通或截止来控制执行元件的搭铁回路。

2．电子控制单元（ECU）的工作过程

发动机启动时，某些程序或操作指令从 ROM 中取出并进入 CPU，这些程序可以控制点火时刻、控制燃油喷射、控制怠速等，通过 CPU 的处理，一个个指令逐个地进行运算。执行程序过程中所需的发动机信息来自各个传感器。从传感器来的信号首先进入输入回路，对其信号进行处理：数字信号根据 CPU 的安排，经 I/O 接口直接进入微机；模拟信号还要经过 A/D 转换成数字信号后，才能经 I/O 接口进入微机。大多数信息暂时存储在 RAM 内，根据指令再从 RAM 送至 CPU。下一步是将存储在 ROM 及 PROM 中参考数据引入 CPU，使传感器输入信息与之进行比较。CPU 对这些信息比较运算后，作出决定并发出输出指令信号，经 I/O 接口（有些信号还经 D/A 转换器转为模拟信号），最后经输出回路控制执行器的动作。

3．电子控制单元（ECU）的基本功能

（1）给传感器提供标准电压，接受各种传感器和其他装置输入的信息，并将其转换成微机所能接受的数字信号。

（2）储存该车型的特征参数和运算所需的有关数据信息。

（3）确定计算输出指令所需的程序，并根据输入信号和相关程序计算输出指令数值。

（4）将输入信号和输出指令信号与标准值进行比较，确定并存储故障信息。

（5）向执行元件输出指令，或根据指令输出自身已储存的信息。

（6）自我修正功能（学习功能）。

二、故障自诊断系统

1．故障自诊断系统的功能

故障自诊断系统主要由电子控制单元（ECU）以及传感器与执行器的监测电路组成，具体功能可归纳为如下几点：

（1）监测控制系统工作情况，及时检测出电子控制系统出现的故障，一旦发现某个传感器或执行器参数异常，及时点亮仪表板上专设的发动机故障指示灯，通知驾驶员电子控制系统已出现故障。

（2）将故障内容编成代码（称为故障代码）存储在随机存储器 RAM 中，维修时，可将存入存储器的故障代码调出，为维修人员快速诊断出故障类型提供信息。

（3）因传感器或控制器及其电路发生故障，发动机不能工作时，起用相应的备用功能，使控制系统处于应急状态运行，使发动机能够维持基本的运转，以便于驾驶员将汽车开到修理厂修理。同时在某一执行机构发生故障时，系统及时停止其他执行机构的工作，以确保汽车的行驶安全或避免造成部件的损坏。

2．故障自诊断系统的工作原理

故障自诊断系统对电子控制系统的不同部分处理方式有所不同。

1)传感器及其有关电路的故障诊断和故障运行

工作时,各传感器的信号将不断地输入 ECU,ECU 内设置了一个传感器信号监测软件,用来判别输入的信号有否异常。每一种被监测的传感器信号都设定了正常的信号范围。如果某一传感器信号电压超出正常范围或信号丢失,信号监测软件就判定该传感器有故障或有关线路有问题,驱使发动机故障指示灯闪亮,并将该故障的代码储存到存储器中。

比如,发动机水温传感器正常信号的电压范围是 0.3~4.7 V,对应的发动机冷却水温度是 -30~120℃,如果 ECU 检测出的信号电压超出了此范围,监测软件就判定为水温传感器或其电路有故障,自诊断系统在使发动机故障指示灯亮显示故障,并使存储器储存故障码的同时,从存储器中取出水温为 80℃ 的代用值,对发动机进行控制,以防止因冷却水温度异常而失去控制,发动机不能正常运转,这样汽车就能在"带病"状态下继续行驶回家。

如果故障状态存在超过一定的时间,此故障代码就以稳定的形式储存。如果在一定的时间里该故障状态不再出现,则系统把它归为偶尔性故障。如果发动机启动 50 次故障不再出现,该偶发性故障代码就会自动消除。

2)控制器的故障诊断及故障运行

ECU 内出现异常情况时,自诊断系统也能显示其故障,并记录下故障代码。其监测故障的方法是在系统内设置一监视回路。监视回路中的监视计时器按时对微机进行复位。当有故障时,例行程序不能正常运行,使监视计时器不能复位而造成溢出。系统据此可判定为控制器故障,并显示其故障,储存故障代码。

ECU 出现异常将会造成汽车不能运行。ECU 故障的应急运行控制是通过其备用电路来实现的。备用电路根据基本设置(存于 ROM 中)进行简单的控制,若 ROM 出现异常,则微机(CP U)根据 RAM 的记忆参数计算输出控制信号,这时,反应会比正常情况慢很多。

3)执行机构及其电路的故障诊断和故障保险

控制系统工作时,计算机向执行机构输出控制信号,而执行机构无信号返回。为监测执行机构的工作状态,就需设置监视回路,及时将执行机构的工作状态信号反馈给 ECU。比如点火系统中的 IGf 信号就是用来判定点火系工作是否正常的监视信号

当点火线圈、电子点火器或有关线路有故障时,ECU 就得不到正常的 IGf 信号。自诊断系统即可判定为点火系统有关部位有故障,驱使指示灯显示故障并储存故障代码。自诊断系统在给出点火系统故障信号的同时,使喷油器停止喷油,以免在点火系统不点火时喷油,使大量未燃烧的混合气从排气管进入三元催化反应器,造成反应器过量的氧化反应而过热烧坏。这就是所谓的自诊系统具有的"安全保障"功能。

3. 故障自诊断测试

点火开关打开后,发动机故障指示灯会点亮,这是 ECU 执行自检。发动机启动后,故障指示灯应熄灭,如常亮则表示发动机控制系统有故障存在。自诊断系统通过故障指示灯来提示驾驶员或维修人员,汽车电控系统存在故障应立即修理。至于故障的类型和部位,则需通过启动自诊断系统读取故障代码,然后查出该代码的含义,或者用解码器直接读取故障码和故障内容。

根据发动机工作状态不同,自诊断测试方式分为静态测试和动态测试两种。

1)静态测试

简称 KOEO(key on engine off)方式,即在点火开关接通、发动机不运转的情况下进行诊

断测试，主要用于读取或清除故障代码。

2）动态测试

简称 KOER(key on engine run)方式，即在点火开关接通、发动机运转的情况下进行诊断测试，主要用于读取或清除故障代码、检测传感器或执行器工作情况及其控制电路以及与车用 ECU 进行数据传输。

4. OBD - Ⅱ简介

OBD - Ⅱ是第二代随车电脑自诊断系统(on borad diagnostics - Ⅱ)的缩写，中文意思是自我诊断。它是由美国汽车工程学会(SAE)制定的，经由美国环境保护机构(EPA)及美国加州资源协会(CARB)登记的一套汽车标准。

最先使用 OBD 系统的是加州空气资源协会(CRAB)，它从 1985 年开始逐渐有要求，从 1988 年起正式采用 OBD 系统。

1993 年以前的电控自诊断系统为第一代自诊断系统，由于各厂家采用不同的诊断座、不同的诊断代码和不同的诊断功能，给检测诊断带来许多不便。1993 年以后，美国加州要求销售到该地区的车辆，不论欧、美、日等国的汽车均必须符合 OBD - Ⅱ标准。1994 年全球约有20% 的汽车制造厂商已采用 OBD - Ⅱ标准，1995 年约有 40% 的汽车制造厂商采用 OBD - Ⅱ标准。从 1996 年起，全球所有的汽车制造厂商都全面采用 OBD - Ⅱ标准，该标准要求各汽车厂家提供统一的诊断模式，统一的诊断座，统一的诊断代码，只要一台诊断仪器就可检测诊断所有车种。

一般来讲 OBD - Ⅱ系统有三方面的要求：一是仪表中有警示车主的指示灯，给车主提示车辆的控制系统存在故障；二是系统有记忆和传送有关排放的故障代码；三是能对 EGR 阀、燃油系统和其他有关废气排放系统进行测试维护。

在新的 OBD - Ⅱ标准公布后，世界各汽车厂家纷纷采用，形成了国际标准。因此，了解、掌握和使用 OBD - Ⅱ国际标准，将会大大简化汽车检测诊断、维护修理工作。

OBD - Ⅱ随车诊断系统的特点：

(1)汽车按标准装用统一的 16 端子诊断座，并将诊断座统一安装在驾驶室仪表盘下方。OBD - Ⅱ诊断座如图 7 - 106 所示。

(2)解码器和车辆之间采用标准的通讯规则。欧洲统一标准——7 号和 15 号端子；美国统一标准——2 号和 10 号端子。

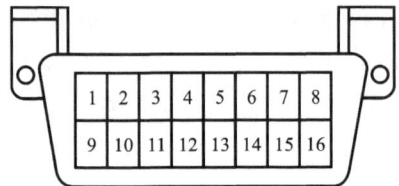

图 7 - 106　OBD - Ⅱ诊断座

(3)采用相同的故障码代号及故障码意义统一。故障码由 1 个英文字母和 4 个数字组成。

(4)具有行车记录功能，能记录车辆行驶过程的有关数据资料，能记忆和重新显示故障代码，可利用仪器方便、快捷地调取或清除故障码。

(5)能监控排放控制系统。

5. 电脑检测仪简介

现代汽车故障诊断通常采用汽车微机控制系统电脑检测仪(亦称之为汽车电脑解码器)进行检测，根据带有的数据流形式可分为原厂专用型和通用型两大类。

原厂专用型是汽车制造厂家为自己车型设计的电脑解码器，如通用公司 TECH - 2、福特公司 Super Star - Ⅱ、宝马公司 MODIC、大众公司 VAG1552、日产公司 Consult 等。原厂仪器适用车型单一，且价格昂贵，一般特约维修中心配备。

通用型检测仪是汽车维修设备制造厂为检测各国生产不同车型汽车的电脑设计出的具有广泛功能的检测设备，如 Scanner(红盒子)、431 ME(电眼睛)、发动机综合性能分析仪等。这种通用型电脑解码器使用覆盖面广，功能齐全，升级方便，价格便宜，是一般综合性汽车维修厂必备的首选仪器。

6. 故障码与故障的关系

1)有故障码不一定有故障

ECU 存储器中存储的故障码有两种：当前故障码和历史故障码，应加以区别。

读出故障码，但启动后"CHECK"灯熄灭，说明当前发动机 ECU 未检查到故障，读出的故障码是历史故障码，清除即可。

读出几个故障码，但启动后"CHECK"常亮，说明当前发动机 ECU 检测到故障，记下几个故障码，然后清除，再启动运行发动机，只要当前控制系统有故障，启动运行后"CHECK"一定亮，这时再读故障码，这个故障码是当前故障码。

2)无故障码控制系统不一定正常

主要指没有故障码，但传感器信号或开关信号不一定正常，这时应用诊断仪读取发动机数据与标准数据比较，检查传感器或开关信号是否正常。

如：水温传感器 20℃时标准阻值为 2～3 kΩ，80℃时为 200～400 Ω，但实际在 80℃时阻值为几千欧，ECU 认为是冷车，增加喷油量，造成混合气浓，油耗大，热车难发动。因为此时水温传感器信号在正常范围内，ECU 认为是正常的，所以无故障码。

3)故障码不一定反映具体的故障部位

故障码仅指一个故障范围，而不是一个具体的故障部位。如：水温传感器信号电压过低，可能是：

(1)水温高；

(2)水温传感器故障；

(3)信号电路对搭铁短路；

(4)ECU 故障。

三、失效保护系统

失效保护系统的组成主要是 ECU 内的部分软件，所以也可称之为失效保护功能，其作用是在电控系统工作时，微电脑检测到某些传感器、执行器及其控制电路出现故障(失效)时，给 ECU 提供设定的标准信号来替代故障信号，以保持控制系统继续工作，确保发动机仍能继续运转。此外，当个别重要的信号传感器或其电路发生故障时，有可能危及发动机安全运转，失效保护系统则会使 ECU 立即采取强制性措施，切断燃油喷射，使发动机停止运转，确保车辆安全。

具有自诊断功能的发动机控制系统，一般都同时具有失效保护功能。下面分别介绍各传感器及其电路发生故障时，失效保护系统的工作情况。

1. 冷却液温度传感器信号故障

当冷却液温度传感器或其电路发生故障时，ECU 可能会收到超过正常范围(低于 -30℃

或高于120℃)的温度信号,若电控燃油喷射系统仍按通常的方式控制喷油量,必然会引起空燃比过小或过大(混合气过浓或过稀),导致发动机转速不稳、性能下降。此时,失效保护系统给ECU提供设定的冷却液温度信号,通常按冷却液温度为80℃控制发动机工作,防止混合气过浓或过稀。

2. 进气温度传感器信号故障

当进气温度传感器或其电路发生故障时,ECU可能会收到超过正常范围(低于−30℃或高于120℃)的温度信号,若电控燃油喷射系统仍按通常的方式控制喷油量,与冷却液温度传感器或其电路发生故障时相同,必将引起空燃比过小或过大(混合气过浓或过稀),导致发动机转速不稳、性能下降。此时,失效保护系统给ECU提供设定的进气温度信号,通常按进气温度为20℃控制发动机工作,防止混合气过浓或过稀。

3. 点火确认信号故障

点火系统发生故障造成不能点火,ECU接收不到点火控制器反馈的点火确认信号时,如果喷油器继续喷油,大量未燃的混合气就会吸入气缸后排出,流入三元催化转换器,不仅会造成燃油浪费和排放污染,而且会使三元催化转换器温度很快升高并超过许用温度。为避免这种情况发生,失效保护系统使ECU立即切断燃油喷射,使发动机停止运转。

4. 节气门位置传感器(线性型)信号故障

当节气门位置传感器或其电路产生故障时,ECU将始终接收到节气门处于全开或全关状态信号,无法按实际的节气门开度对喷油量等进行精确控制。此时ECU将根据发动机转速信号和空气流量传感器信号计算出一替代值来控制喷油。

5. 空气流量传感器(或进气歧管绝对压力传感器)信号故障

如果空气流量传感器(或进气歧管绝对压力传感器)或其电路发生故障,ECU无法按进气量计算基本喷油时间,将引起发动机失速或不能起动。此时,失效保护系统使ECU根据起动信号和节气门位置传感器信号按固定的喷油时间控制发动机工作。桑塔纳2000GSi轿车AJR发动机为节气门控制组件,当节气门位置传感器的怠速触点闭合时,以固定的怠速喷油量控制喷油;当怠速触点断开、节气门尚未全开时,以固定的小负荷喷油量控制喷油;当节气门接近全开或全开时,以固定的大负荷喷油量控制喷油。

6. 爆燃传感器信号故障

当爆燃传感器或其电路发生故障时,或ECU内爆燃控制系统出现故障时,无论是否产生爆燃,点火提前角都无法由爆燃控制系统进行反馈控制,这将导致发动机无法正常工作。此时,失效保护系统使ECU将点火提前角固定在一个适当值。

7. 氧传感器信号故障

当氧传感器或其电路发生故障时,ECU将取消反馈控制,并以开环控制方式控制喷油。

8. 凸轮轴位置传感器信号故障

由于凸轮轴位置传感器信号(G信号)用于识别气缸和确定曲轴转角基准,当该传感器或其电路发生故障时,电控燃油喷射系统和电控点火系统无法控制发动机工作,将造成发动机不能起动或失速。此时,如果传感器或其电路故障不严重,ECU仍能收到G1或G2信号,还能按完好的G1或G2信号判别气缸和确定曲轴转角基准;但若传感器或其电路故障导致G1和G2两个信号都不能输送给ECU,则只能利用应急备用系统维持发动机基本运转。

9. 曲轴位置传感器信号故障

曲轴位置传感器或其电路发生故障时,ECU 接收不到转速与转角信号,无法控制喷油时刻和点火正时,将造成发动机不能启动或失速。因此无法采取保护措施,发动机无法运转。

四、应急备用系统

应急备用系统的功能由 ECU 内的备用 IC(集成电路)来完成,也可称之为应急备用功能。当 ECU 内的微处理器或少数重要的传感器出现故障、车辆无法行驶时,该系统使 ECU 把燃油喷射和点火正时控制在设定的水平上,作为一种备用功能使汽车能维持基本行驶,以便把汽车开到最近的维修站或适宜的地方,所以又可称为回家系统。

当自诊断系统判定发生下列故障之一时,在接通"故障指示灯"搭铁回路的同时,将自动启动应急备用系统。

(1)ECU 中的中央微处理器(CPU)、输入/输出(I/O)接口和存储器发生故障。

(2)ECU 无点火信号输出时。

(3)主要传感器信号故障时。

应急备用系统只能维持汽车的基本功能,而不能保证发动机按正常性能运行。不同汽车厂商设计的应急备用系统的功能略有不同,控制参数也有细微差别。

当启动备用系统工作后,备用 IC 根据控制所需的几个基本传感器信号,按照固定的程序对执行元件进行简单的控制。应急备用系统工作时,只能根据起动开关信号(STA)信号和息速触点信号(IDL)将发动机的工况简单地分为起动、息速和非息速三种,并按预先设定的固定数值输出喷油控制信号和点火控制信号。因此,后备系统只能简易控制,维持车辆能继续行驶,而不能保持正常运行时的最佳性能,故不宜长期在此状态下行驶,应尽快对汽车进行检修。

五、信号输入装置

信号输入装置是指各种传感器,采集控制系统所需的信号,并转换成电信号通过线路输送给 ECU。其中空气流量计、进气管绝对压力传感器及节气门位置传感器前面已经详细介绍,下面介绍其他几种主要的信号输入元件。

1. 凸轮轴/曲轴位置传感器 CPS

(1)凸轮轴/曲轴位置传感器(如图 7 - 107 所示)功用。凸轮轴位置传感器 CMPS (Camshaft Position Sensor):又称为上止点传感器、霍尔传感器等。用于给 ECU 提供曲轴转角基准位置(第一缸压缩上止点)信号,作为燃油喷射控制和点火控制的主控信号;曲轴位置传感器 CKPS(Crankshaft Position Sensor):又称转速传感器,检测曲轴转角位移,给 ECU 提供发动机转速信号和曲轴转角信号,作为燃油喷射和点火控制的主控信号。

(2)安装位置:曲轴、凸轮轴、飞轮或分电器处。两传感器有安装在一起的,也有分开安装的。

(3)分类:电磁式、霍尔式和光电式。

(4)电磁式信号类型:频率信号,发动机转速高,信号频率高,信号振幅高。

Ne 信号:检测曲轴转角位置及发动机转速的信号。G 信号:用于辨别气缸及检测活塞上止点位置。

(5)电磁式凸轮轴/曲轴位置传感器检测。检查感应线圈的电阻,冷态下的 G1 和 G2 感

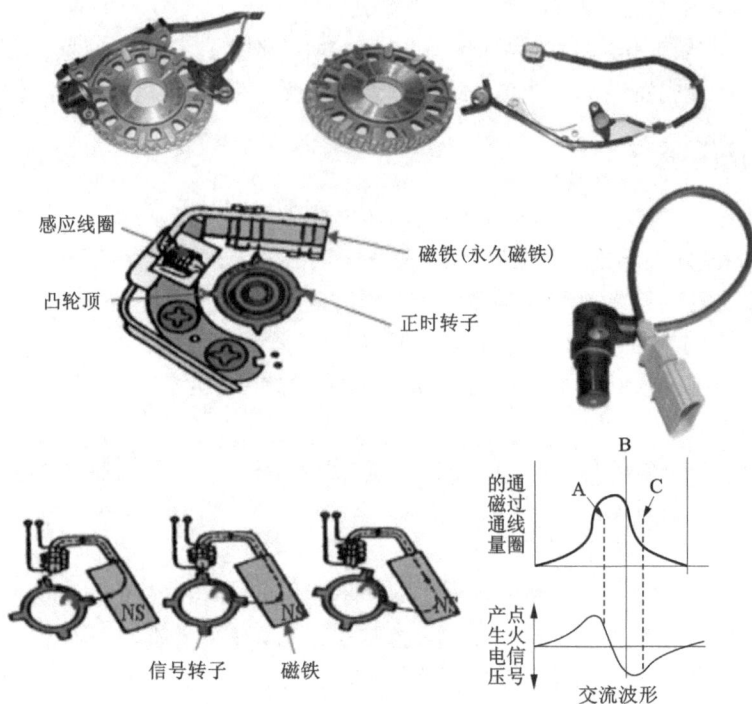

感应线圈

磁铁(永久磁铁)

凸轮顶

正时转子

B

的通过磁线量圈

A   C

产点生火电信压号

信号转子   磁铁

交流波形

图 7 - 107   电磁式凸轮轴/曲轴位置传感器

应线圈电阻应为 125 ~ 200 Ω，Ne 感应线圈电阻应为 155 ~ 250 Ω，如图 7 - 108 所示。

（6）霍尔式凸轮轴/曲轴位置传感器。如图 7 - 109 所示。

①信号类型。频率信号，发动机转速高，信号频率高，信号振幅不变。

（2）检测如图 7 - 110 所示。点火开关转至 ON 位，检测 A、C 之间的电压应为 8 V，B、C 间输出的信号电压应为 5 V 到 0 V 交替变化。

（7）光电式凸轮轴/曲轴位置传感器。如图 7 - 111 所示。

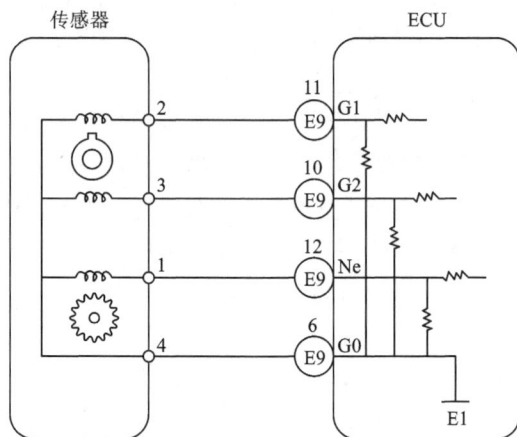

传感器   ECU

2   11   G1
E9

3   10   G2
E9

1   12   Ne
E9

4   6   G0
E9

E1

图 7 - 108   电磁式凸轮轴/曲轴位置传感器电路图

①信号类型。频率信号，发动机转速高，信号频率高，信号振幅不变。

②光电式凸轮轴/曲轴位置传感器检测。

检测：点火开关转至 ON 位，检测电脑侧 1 和 2 端子间电压为 12 V，给传感器施加 12 V 电压，正在信号输出端子 3 和 4 与 1 之间接上电流表，转动转子一圈，两个电流表应分别摆动 1 次和 4 次，电流应约为 1 mA，如图 7 - 112 所示。

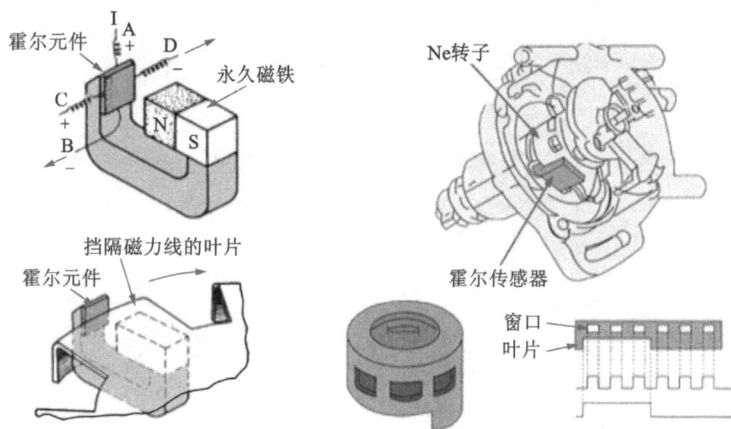

图 7 - 109　霍尔式凸轮轴/曲轴位置传感器结构图

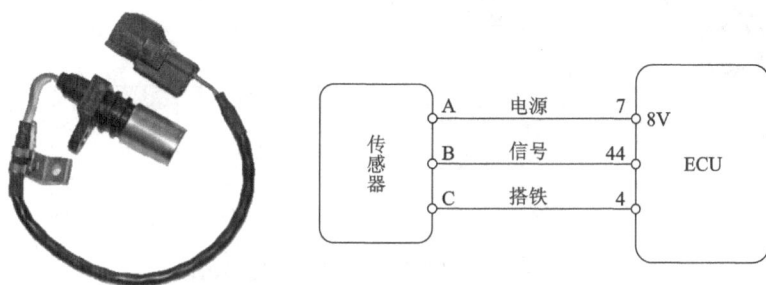

图 7 - 110　霍尔式凸轮轴/曲轴位置传感器电路图

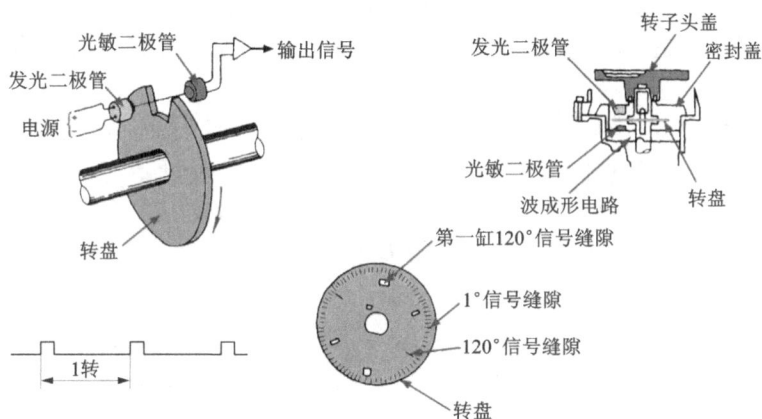

图 7 - 111　光电式凸轮轴/曲轴位置传感器结构图

2. 进气温度传感器

IATS(Intake Air Temperature Sensor)如图 7 - 113 所示。

(1)进气温度传感器功用。给 ECU 提供进气温度信号,作为燃油喷射和点火正时控制的修正信号。

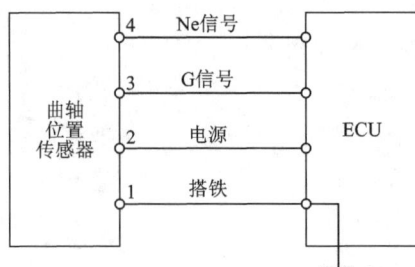

图 7 - 112   光电式凸轮轴/曲轴位置传感器电路图

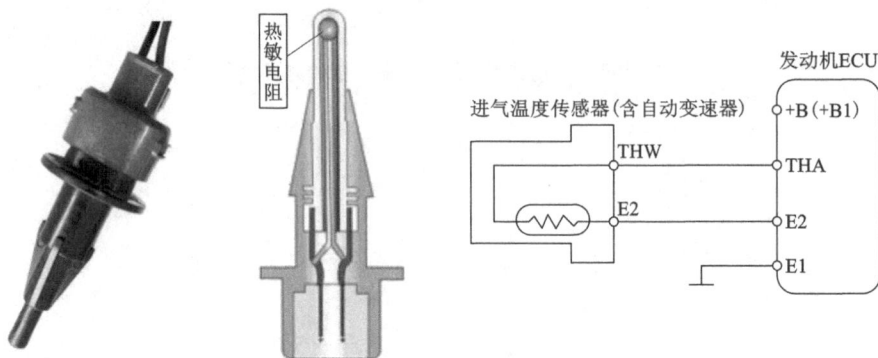

图 7 - 113   进气温度传感器与电路图

（2）安装位置。D 型安装在空气滤清器内或进气管内；L 型安装在空气流量计内。

（3）信号类型。常采用负温度系数的热敏电阻。负温度系数：温度升高，电阻下降。进气温度高，传感器电阻值低，信号电压 THA 低；进气温度低，传感器电阻值高，信号电压 THA 高。

（4）进气温度传感器检测。在 ECU 中有一标准电阻与传感器的热敏电阻串联，并由 ECU 提供标准电压，E2 端子通过 E1 端子搭铁。进气温度传感器检测：拆下传感器放入热水中，检查其特性。如丰田车：-20℃时电阻 4～7 kΩ，20℃时电阻 2～3 kΩ，40℃时电阻 900～1300 Ω，60℃时电阻 400～700 Ω，80℃时电阻 200～400 Ω。

3. 冷却液温度传感器

（1）冷却液温度传感器 ECTS（Engine Coolant Temperature Sensor）的功用。给 ECU 提供发动机冷却液温度信号，作为燃油喷射和点火正时控制修正信号，如图 7 - 114 所示。

（2）安装位置。气缸体水道上或冷却液出口处。

（3）信号类型。电压信号 THW，发动机温度高，传感器电阻值低，信号电压 THW 低；发动机温度低，传感器电阻值高，信号电压 THW 高。

图 7 - 114   冷却液温度传感器实物图

（4）冷却液温度传感器检测。测量不同温度条件下发动机冷却液温度传感器的输出电压,观察电压是否满足其特性曲线。

　　4. 车速传感器 VSS(Vehicle Speed Sensor)

　　(1)车速传感器功用。检测汽车行驶速度,给 ECU 提供车速信号,用于控制发动机怠速转速、汽车加减速器件的汽油喷射和点火控制、巡航控制及限速断油控制,如图 7 – 115 所示。

　　(2)安装位置。组合仪表内或变速器轴上。

图 7 – 115　车速传感器实物图

　　(3)分类。舌簧开关式、光电式等。舌簧(lead)开关式,装在组合仪表内,把转速表软轴驱动的齿轮的转速转变为周期性的电压信号,然后输入给微机。

　　(4)检修。检查电源电压应正常,转动驱动轮,测量输出信号,应为 12 V 脉冲信号。

　　5. 信号开关

　　在发动机控制系统中,ECU 还必须根据一些开关的信号确定发动机或其他系统的工作状态。

　　常用的信号开关有:起动开关 STA,空调开关 A/C,空挡起动位开关 NSW,制动灯开关,动力转向开关 PS,巡航控制开关等。

　　1)起动开关信号 STA

　　起动开关信号 STA 作用:判断发动机是否处在起动状态,以便发动机控制模块能确定合适的空燃比和点火提前角,使发动机能顺利启动。

　　2)空挡起动开关 NSW

　　空挡起动开关 NSW 作用:在装有自动变速器的汽车上,ECU 根据空挡起动开关信号判别变速是处于 P 或 N(停车或空挡),还是处于 L、2、D 或 R 状态(行驶状态)。NSW 信号主要用于怠速系统的控制。

　　3)空调开关信号 A/C

　　空调开关信号 A/C 作用:用来检测空调压缩机是否工作,空调信号与空调压缩机电磁离合器的电源在一起,ECU 根据 A/C 信号控制发动机怠速时点火提前角、怠速转速和断油转速等。

　　4)电子负荷信号 E/L

　　电子负荷信号 E/L 作用:用来检测电子负荷的大小,ECU 根据此信号控制发动机工况。

　　5)动力转向信号 P/S

　　动力转向信号 P/S 作用:用于检测动力转向机的工作状态,ECU 根据此信号控制进入发动机的混合气量。

　　6)制动灯开关

　　制动时,向 ECU 提供制动信号,作为燃油喷射和点火控制的修正信号。

　　7)巡航(定速)控制开关

　　当进入巡航控制状态时,向 ECU 输入巡航控制状态信号,由 ECU 对车速进行自动控制。

六、执行元件的类型

执行元件有以下主要执行元件：喷油器、点火器、怠速控制阀、巡航控制电磁阀、节气门控制电动机、EGR 阀、进气控制阀、二次空气喷射阀、活性炭缸排泄电磁阀、油泵继电器、风扇继电器、空调压缩机继电器、自诊断显示与报警装置、仪表显示器等。

七、发动机控制系统的故障诊断

1. 发动机控制系统故障诊断注意事项

(1)拆卸电控系统各电线插接件时，首先应关闭点火开关。如果更换或需要断开蓄电池时，应考虑音响及防盗密码和存储于 ECU 内的所有故障代码将会全部消失，给发动机故障排除带来困难。因此应先记住密码和读取故障代码。

(2)拆装控制电脑时，除务必将点火开关关闭外，不要用敲击方式拆装，以免造成接脚或电路板损坏。

(3)控制电脑应避免掉落，并且不能放在高温或磁性环境中。

(4)在检测燃油系统时，经常会有跨接燃油泵继电器的工作，不可将电源接到继电器的电脑控制端。

(5)在测试点火系统时，不应将高压线或点火线圈直接搭铁试火，应接一个火花塞试火。

(6)在测试过程中应使用高阻抗仪表，不允许用测试灯测试任何微机及其相连的电气装置，以防微机和传感器受损。

2. 发动机控制系统故障诊断程序

电控发动机的自诊断系统故障指示灯亮后，表明电控系统检测出故障，应当及时排除，而排除故障的前提就是要按正确的诊断程序进行。

项目实施

项目实施一　电喷发动机拆装

（一）项目实施目的及要求

掌握电喷发动机燃料供给系主要部件的结构、安装位置和拆装方法。

（二）项目实施设备及工量具

(1)设备。电喷发动机若干台。

(2)工量具。若干套工具。

（三）项目实施内容

拆装电喷发动机燃料供给系。

（四）项目实施步骤

1)观察各传感器、ECU、各执行器的安装位置及相互间连接关系。

（1）就车或发动机台架观察燃油供给系的组成。

（2）熟悉电动燃油泵、燃油滤清器、供油总管、油压调节器、电磁喷油器等的安装位置及安装关系。

2）空气流量计的拆卸。

（1）拆卸空气滤清器罩。

（2）拆卸空气滤清器软管。

（3）拆卸带有空气流量计的空气滤清器。

（4）拆下空气流量计。

3）节气门体的拆卸。

（1）脱开进气连接管。

（2）拆下节气门体罩。

（3）拆下节气门体。

4）拆卸怠速控制阀。

5）拆卸压力调节器。

6）拆卸脉动阻尼器。

7）喷油器的拆卸。

（1）从输油管上拆下发动机配线。

（2）脱开以下连接器。

点火线圈连接器；水温表连接器；水温传感器连接器；喷油器连接器。

（3）拆下带喷油器的输油管。

（4）从输油管上拆下喷油器。

8）从发动机上拆下水温传感器、凸轮轴／曲轴位置传感器、氧传感器、进气管绝对压力传感器。

9）按拆卸相反顺序进行复装。

项目实施二　电喷发动机燃油供给系统

（一）项目实施目的及要求

（1）认识燃油供给系的组成以及各元件的安装位置。

（2）熟悉燃油供给系及各元件的工作过程。

（3）掌握各主要元件的检测方法。

（二）项目实施设备及工量具

（1）设备。汽车一辆，电喷发动机若干台。

（2）工量具。若干套工具；万用表，燃油压力表，汽车专业示波器。

（三）项目实施内容

（1）就车或发动机台架观察燃油供给系统；

(2)燃油供给系统各元件的检测。

(四)项目实施步骤

Ⅰ.就车或发动机台架观察燃油供给系统

(1)就车或发动机台架观察燃油供给系的组成,如图7-116所示。

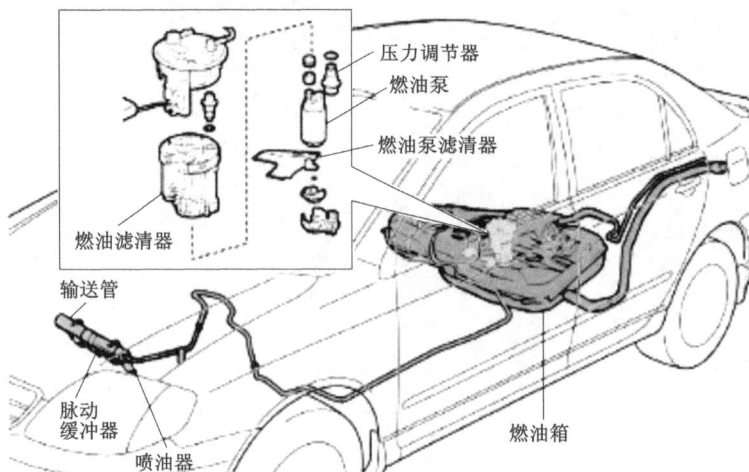

图7-116 电喷发动机的总油路

(2)熟悉电动燃油泵、燃油滤清器、供油总管、油压调节器、电磁喷油器的安装位置及安装关系。

Ⅱ.燃油供给系统各元件的检测

1. 燃油压力的检测

(1)找出油压检测孔或拆下供油总管接头,接上燃油压力表。

(2)在继电器盒处找到油泵继电器,将其拔出,短接触点在插座处的插孔。

(3)接通点火开关,此时油压应达到350 kPa以上。

(4)启动发动机,怠速时油压应在250~300 kPa之间。

2. 电动燃油泵检测

(1)若检查油压时,油压为0或低于正常值,可对电动燃油泵进行检查。

(2)在油泵继电器插孔处测量油泵电阻值,正常值为1~3 Ω,若电阻值偏大,说明线路不良或油泵电机接触不良。

(3)在油泵继电器触点插孔处串联电流表,接通点火开关,油泵正常工作电流为3~6 A,若电流偏小,说明电路有接触不良或供电电压低,若电流偏大,说明油泵电机有局部短路。

(4)拆下燃油滤清器进油管,接上量杯,给油泵通电40 s,泵油量应不少于1 L。

3. 油压调节器检测

(1)发动机在怠速运转时,拔下油压调节器的真空管,怠速转速应上升100 r/min。

(2)夹紧回油管,油压应上升50 kPa以上。

(3)若转速或油压都上升,说明调节器良好,若车速和油压都不上升,说明油压偏低的原因是供油不足造成的。

4．喷油器检查

（1）拔下喷油器插线，用万用表测量喷油器线圈电阻值，高阻型为 11～17 Ω，且每个气缸的喷油器电阻值都应相同。

（2）给每个喷油器线圈通上蓄电池电压，应能听到清脆的吸合声，每次通电的时间要短，以免喷油器线圈过热而烧毁

（3）将喷油器连同供油总管一起拆下来，并用铁丝将喷油器和供油总管进行固定，给电动燃油泵通电，在油压正常的情况下，喷油器的漏油量为 1 滴/min。

（4）接着进行喷油量及喷油效果检查，在喷油器下方放置量杯，给喷油器通电 15 s，喷油量应为 50～60 mL，同时观察喷出来的油应该是形成一定锥度的均匀雾状。

如果喷油器漏油量偏多或喷油质量不佳，可对喷油器进行清洗；将喷油器从车上拆下来后，装到喷油器清洗机上清洗，然后再进行检测，如果还不能恢复正常，则需要更换新件。

（5）喷油脉宽（量）检查

①在喷油器的控制线端接上汽车专用示波器。

②启动发动机并热车。

③在正常怠速下，喷油脉宽为 2～4 ms（因车而异）。

④观察喷油波形，峰值电压为 60～80 V。

项目实施三　电喷发动机空气供给系统

（一）项目实施目的及要求

（1）认识空气供给系的组成以及各元件的安装位置。

（2）熟悉空气供给系及各元件的工作过程。

（3）掌握各主要元件的检测方法。

（二）项目实施设备及工量具

（1）设备。汽车一辆，电喷发动机若干台。

（2）工量具。若干套工具；汽车专用万用表，汽车专用示波器、故障诊断仪。

（三）项目实施内容

（1）就车或发动机台架观察空气供给系的组成。

（2）空气供给系统各元件的检测。

（四）项目实施步骤

Ⅰ．就车或发动机台架观察空气供给系的组成

（1）就车或发动机台架观察空气供给系的组成。

（2）熟悉空气流量计、进气歧管绝对压力传感器、节气门位置传感器、怠速控制器的安装位置及安装关系。

Ⅱ．空气供给系统各元件的检测

1．空气流量计检测

(1)找到空气流量计插头上的电源端和接地端，测量供电电压，叶片式、涡流式空气流量计的电压为 5 V，热线式和热膜式的一般为蓄电池电压。

(2)找到信号输出端，接上万用表，测量输出信号电压，发动机从怠速到高速，叶片式和热线式空气流量计的输出电压为 1.5 ~ 4 V 之间变化(有的车型为 4 ~ 1.5 V)，涡流式空气流量计输出的是矩形波信号，万用表测得的电压为 2.8 V 左右，不随发动机转速变化，将汽车专用示波器接到涡流式空气流量计的信号输出端，发动机从怠速到高速，输出频率为 30 ~ 300 Hz。

(3)将故障诊断仪接到车上的故障诊断座，启动发动机，读取空气流量计的信号电压，有的用单位时间空气质量来显示进气量的变化，有的是用电压来显示进气量的变化。

2．进气歧管绝对压力传感器检测

(1)找到进气歧管绝对压力传感器插头上的电源端和接地端，测量供电电压，电压一般为 5 V。

(2)找到信号输出端，接上万用表，测量输出信号电压，接通点火开关，此时电压为最大值，为 4 V 左右，启动发动机，怠速时电压为 1.5 左右，发动机加速到高速时，电压逐渐上升，急加速时电压上升则更明显。

(3)发动机怠速时，拔下进气歧管绝对压力传感器的真空管，正常时发动机会出现发抖、冒黑烟、易熄火的现象。

(4)接通点火开关，将进气歧管绝对压力传感器的真空管接到手动真空泵上，将万用表接到信号输出端，给传感器施加不同的真空度，输出电压应随着真空度的增大而下降。

(5)将故障诊断仪接到车上的故障诊断座，启动发动机，读取进气歧管绝对压力传感器的信号电压，有的用进气歧管绝对压力来显示真空度的变化，有的是用电压来显示真空度的变化。

3．节气门位置传感器检测

(1)找到节气门位置传感器插头上的电源端和接地端，接通点火开关，测量供电电压，线性节气门位置传感器的电压一般为 5 V，开关式的为 12 V。

(2)测量线性节气门位置传感器的输出信号，首先找出信号输出端，接上万用表，接通点火开关，测量输出信号电压，节气门从最小到最大开度变化时，电压应在 0.5 ~ 4.5 V 之间连续均匀变化，如有跳跃，说明传感器的滑动电位器有接触不良现象，应予以更换。

(3)测量开关式节气门位置传感器的输出信号，节气门全关时，怠速信号端的电压为蓄电池电压，节气门稍微打开后，电压降为 0 V，节气门接近全开时，大负荷信号端输出蓄电池电压，其余开度为 0 V。

(4)如果开关式节气门位置传感器在上述测量时输出电压不正常，可对其进行调整，旋松传感器的两颗固定螺钉，顺时针或逆时针旋转，直到获得上述的输出情况，如果最终调不出正常情况，则说明传感器损坏，应予以更换。

(5)将故障诊断仪接到车上的故障诊断座，接通点火开关，读取节气门位置传感器的信号电压，有的用百分比来显示开度的变化，有的是用电压来显示开度变化。

4．怠速控制器检查

（1）拔下怠速控制器插线，用万用表测量怠速控制器线圈电阻值，步进电机式的为 30 ～ 50 Ω，且每组线圈的电阻值都应相同，脉冲电磁阀式的为 18 ～ 22 Ω。

（2）拆下怠速控制器，阀芯和阀座应该干净无积炭，否则用清洗剂进行清洗。

（3）拔下怠速控制器的插线，直接通电，怠速控制器应能正常开启和关闭。

（4）将故障诊断仪接到车上的故障诊断座，启动发动机，读取怠速控制器的工作步数或占空比，接通空调，正常情况下怠速控制器开度信号增大，怠速转速上升。

项目实施四　电喷发动机电子控制系统

（一）项目实施目的及要求

（1）了解电子控制系的组成与工作过程。

（2）各元件的安装位置。

（3）掌握各主要元件的检测方法。

（二）项目实施设备及工量具

（1）设备。汽车一辆，电喷发动机若干台。

（2）工量具。若干套工具；汽车专用万用表，汽车专用示波器、故障诊断仪。

（三）项目实施内容

（1）就车或发动机台架观察电子控制系统。

（2）电子控制系统各元件的检测。

（四）项目实施步骤

Ⅰ．就车或发动机台架观察电子控制系统

（1）就车或发动机台架观察电子控制系的组成。

（2）熟悉曲轴与凸轮轴位置传感器、温度传感器、开关信号、车速传感器、爆震传感器与电子控制单元的安装位置及安装关系。

Ⅱ．电子控制系统各元件的检测

1．曲轴与凸轮轴位置传感器检测

（1）找到曲轴和凸轮轴位置传感器插头，从插脚数量上确认它们是霍尔式还是磁感应式。还有就是霍尔式的需要 5 V 或 12 V 的工作电压，而磁感应式的不需要。若是霍尔式的，则在电源端和接地端接上万用表，接通点火开关或启动发动机，测量供电电压。

（2）对于霍尔式传感器，最好用示波器测量它们的信号输出端，接通点火开关起动挡，正常情况下输出的是矩形波信号，频率随着转速上升而增大；而磁感应式传感器，首先测量感应线圈的电阻值，一般为数百欧姆，然后接通点火开关起动挡，用万用表测量输出的交流电压，或用示波器测量输出的波形；如果没有信号输出，要检查正时齿形皮带是否断裂。

2. 温度传感器检测

(1)测量发动机冷却液温度传感器的电压,拔下传感器插线,将万用表接到插线端,接通点火开关,此时电压应为5 V,否则供电线路或电子控制单元有故障。

(2)测量发动机冷却液温度传感器不同温度下的电阻值,发动机冷车时,测量此时冷却液温度,然后测量传感器的电阻值,接着启动发动机,热车后测量此时温度下的电阻值,最后与正常参数做比较即可判断传感器的性能。

(3)启动发动机,测量传感器两端的电压值,应随着发动机温度上升而下降。

(4)进气温度传感器的测量方法与冷却液温度传感器的方法相同,性能参数也相同。

(5)将故障诊断仪接到车上的故障诊断座,启动发动机,读取各温度传感器的信号电压,有的直接显示温度值,有的是用电压来显示。

3. 车速传感器检测

(1)找到车速传感器插头,从插脚数量上确认它们是霍尔式还是磁感应式,还有就是霍尔式的需要5 V或12 V的工作电压,而磁感应式的不需要,若是霍尔式的,则在电源端和接地端接上万用表,接通点火开关,测量供电电压。

(2)对于霍尔式传感器,最好用示波器测量它们的信号输出端,接通点火开关启动挡,正常情况下输出的是矩形波信号,频率随着车速上升而增大;而磁感应式传感器,首先测量感应线圈的电阻值,一般为数百欧姆,然后接通点火开关启动挡,用万用表测量输出的交流电压,或用示波器测量输出的波形;如果没有信号输出,要检查驱动齿形是否损坏。

(3)将故障诊断仪接到车上的故障诊断座,接通点火开关,读取车速传感器的信号,汽车行驶时,观察车速变化是否正常。

4. 爆震传感器检查

(1)爆震传感器一般为单线式,拔下传感器插线,用万用表测量传感器的电阻值,正常为无穷大,否则传感器有故障。

(2)用木棒轻敲气缸体,用万用表测量传感器的输出信号,应有数百毫伏的电压。

(3)接上示波器,发动机急加速时,爆震传感器应输出数百毫伏的峰值电压。

项目实施五　　电喷发动机辅助系统

(一)项目实施目的及要求

(1)认识辅助系统的组成以及各元件的安装位置。

(2)熟悉辅助系统及各元件的工作过程。

(3)掌握各主要元件的检测方法。

(二)项目实施设备及工量具

(1)设备。汽车一辆,电喷发动机若干台。

(2)工量具。若干套工具;汽车专用万用表,汽车专用示波器、故障诊断仪。

(三)项目实施内容

(1)就车或发动机台架观察辅助系。

（2）辅助系统各元件的检测。

（四）项目实施步骤

Ⅰ．就车或发动机台架观察辅助系

（1）就车或发动机台架观察辅助系统的组成。

（2）熟悉汽油蒸气回收系统、尾气净化系统的安装位置和安装关系。

Ⅱ．汽油蒸气回收系统检测

（1）检查炭缸电磁阀，拔下它的插线，测量电磁阀的电阻值，正常值为 $16\sim25\ \Omega$，给电磁阀直接通电，应能听到吸合声。

（2）启动发动机到热车，在电磁阀的两控制端接上示波器，应能看到占空比信号。

（3）将故障诊断仪接到车上的故障诊断座，启动发动机到热车，读取汽油蒸气回收系统的工作情况。

（4）检查回收炭缸外壳无裂纹，真空管连接良好。

Ⅲ．尾气净化系统检测

（1）启动发动机到热车，用红外线测温仪测量三元催化器前后端的温度，正常情况下后端应比前端高出 $30\sim40\ ℃$。

（2）检查主氧传感器，启动发动机，测量加热线圈的电压，正常值为蓄电池电压，热车后在其信号输出端接上示波器，测量输出信号，电压为 $0\sim1\ V$ 之间高低变化，变化频度为 $4\sim8$ 次/10 s，如果电压总是偏低，可能是混合气偏稀或者传感器不良，如果电压总是偏高，可能混合气偏浓或传感器线路有故障。

（3）检查副氧传感器，正常情况下总是输出接近 $1\ V$ 的高电压信号，若此信号与主氧传感器信号相同或接近，说明三元气催化器不良。

（4）将故障诊断仪接到车上的故障诊断座，启动发动机，读取主、副氧传感器的信号电压，有的用浓和稀来反映混合气和废气中含氧量的变化，有的是用电压变化来显示含氧量的变化。

项目小结

1. 汽油在燃烧前必须与空气形成可燃混合气，可燃混合气浓度影响发动机性能。

2. 汽油机燃料供给系统有化油器式燃料供给系统和电控喷射式燃料供给系统两大类型。化油器式燃料供给系统已逐渐退出历史舞台，目前汽车发动机广泛采用电控喷射式燃料供给系统。

3. 电控汽油喷射式发动机燃料供给系统由空气供给系统、燃油供给系统和控制系统组成。

4. 进气系统由空气滤清器、空气流量计或进气管绝对压力传感器、节气门体、怠速控制阀、进气总管、进气歧管等组成。

5. 汽油发动机燃油供给系统由汽油箱、电动汽油泵、汽油滤清器、燃油压力调节器、燃油分配管、喷油器等组成。

6. 排气系统主要包括排气歧管、氧传感器、三元催化转换器、排气消声器、隔热装置等。

7. 电子控制系统的主要作用是根据发动机和汽车不同的运行工况，确定并执行发动机最佳的控制方案，保证发动机的动力性、经济性和排放性能在各种工况下都处于最佳工作状态，同时还具有故障自诊断功能。电子控制系统都是由传感器、电子控制器 ECU 和执行器三部分组成。

8. 认识了电喷系统各元件的安装位置，重点学习了主要元件的检测方法。

思考与练习

1. 开环控制系统与闭环控制系统的区别是什么？
2. 进气系统检修应注意的事项有哪些？
3. 涡轮式电动汽油泵的结构特点如何？
4. 汽油机燃油供给系统检修的注意事项有哪些？
5. 凸轮轴/曲轴位置传感器分别承担什么作用？

项目八 柴油机燃料供给系统的构造与维修

学习目标

1. 描述柴油机燃料供给系统功用、类型及组成。
2. 熟悉柴油机燃料供给系统低、高压供油装置各零件的组成及工作原理。
3. 能对柴油机燃料供给系统的主要元件进行拆装和检修。
4. 学会检调设备的正确使用

案例引入

一辆捷达 1.9 SDI 柴油轿车进厂修理,客户反映该车发动机运转不稳,经维修业务接待员初步确诊,可能是柴油机燃料供给系统零件发生故障,现需对柴油机燃料供给系统各零件进行检修。

项目描述

本项目主要介绍柴油机燃料供给系统的作用、分类、柴油机燃料供给系统低、高压供油装置各零件的组成及工作原理;熟悉柴油机专用工具的使用;并对柴油机燃料供给系统的主要元件进行拆装和检修

项目内容

任务一 柴油机燃料供给系统的基本知识

柴油机与汽油机不同,它烧的是柴油,柴油黏度大,不易挥发,一般不能在气缸外部形成均匀的混合气,故采用高压喷射的方法,在接近压缩行程上止点时,柴油以高压喷入气缸,直接在气缸内部形成混合气,发火燃烧,对外做功。因此,柴油机供给系的组成、构造及工作原理与汽油机供给系有较大区别。

一、柴油机的特点

1. 柴油机的工作特点
柴油机与汽油机最大的区别主要是:混合气形成方式和点火方式不同。
1)内部形成混合气
柴油机在进气行程中,吸入气缸的是空气,在压缩行程接近上止点时,才将柴油以雾状

直接喷入燃烧室中，即混合气是在气缸内部形成的。

2）压缩自燃

由于柴油自燃温度低（柴油为 $473 \sim 573K$，汽油为 $653K$），而点燃温度高（柴油为 $313 \sim 359K$，汽油为 $263K$），所以柴油机采用压缩自燃的着火方式。

2. 柴油机的性能特点

与汽油机相比，柴油机的性能主要有以下特点：

（1）压缩比大（$15 \sim 22$），热效率高（$30\% \sim 40\%$），原因是气缸内可以消耗更多的燃油。经济性好；无点火系，故障少，油路系统机件精密、耐用。

（2）混合气的形成、点火和燃烧方式不同于汽油机。高压柴油喷入燃烧室，混合气在燃烧室内形成，压燃后边喷边燃。

（3）柴油机的 CO 和 HC 排放低，NO_x 较多，大负荷易产生碳烟。

（4）柴油机结构复杂，质量大，材料好，加工精度高，制造成本较高。

（5）柴油机的排气噪声大，废气中含 SO_2 多。

二、柴油及其使用性能

柴油和汽油一样都是石油制品。在石油蒸馏过程中，温度在 $200 \sim 350℃$ 之间的馏分即为柴油。柴油分为轻柴油和重柴油，轻柴油用于高速柴油机，重柴油用于中、低速柴油机，汽车柴油机均为高速柴油机，所以使用轻柴油。

1. 轻柴油的牌号和规格

轻柴油按其质量分为优等品、一等品和合格品 3 个等级，每个等级又按柴油的凝点分为 10、0、-10、-20、-35 和 -50 等 6 种牌号。

2. 轻柴油的使用性能

为了保证高速柴油机正常、高效地工作，轻柴油应具有良好的发火性、低温流动性、蒸发性、化学安定性、防腐性和适当的黏度等诸多的使用性能。

1）发火性

指柴油的自燃能力，用十六烷值评定。柴油的十六烷值大，发火性好，容易自燃。国家标准规定轻柴油的十六烷值不小于 45。

2）蒸发性

指柴油蒸发气化的能力，用柴油馏出某一百分比的温度范围，即用馏程和闪点表示。比如，50% 馏出温度即柴油馏出 50% 的温度，此温度越低，柴油的蒸发性越好。国家标准规定此温度不得高于 $300℃$，但没有规定最低温度。为了控制柴油的蒸发性不致过强，标准中规定了闪点的最低数值。柴油的闪点指在一定的试验条件下，当柴油蒸气与周围空气形成的混合气接近火焰时，开始出现闪火的温度。闪点低，蒸发性好。

3）低温流动性

用柴油的凝点和冷滤点评定低温流动性。凝点是指柴油失去流动性开始凝固时的温度，而冷滤点则是指在特定的试验条件下，在 1 min 内柴油开始不能流过过滤器 20 mL 时的最高温度。一般柴油的冷滤点比其凝点高 $4 \sim 6℃$。

4）黏度

它是评定柴油稀稠度的一项指标，与柴油的流动性有关。黏度随温度而变化，当温度升高时，黏度减小，流动性增强；反之，当温度降低时，黏度增大，流动性减弱。GB/T 252—2000 中规定的实际胶质、10%蒸余物残炭和氧化安定性，总不溶物等三项指标，是柴油安定性的评定指标。柴油的防腐性则用硫含量、硫醇硫含量、酸度、铜片腐蚀及水溶性酸或碱等指标来评定。柴油中的灰分、水分和机械杂质，是评定柴油清洁性的指标。汽车柴油机应使用各项指标均符合国家标准的柴油。

3. 轻柴油的选择

按照当地当月风险率为10%的最低气温选用轻柴油牌号。

三、柴油机燃油供给系统的功用与组成

1. 柴油机燃油供给系统的功用

(1)在适当的时刻将一定数量的洁净柴油增压后以适当的规律喷入燃烧室。喷油定时和喷油量各缸相同且与柴油机运行工况相适应。喷油压力、喷注雾化质量及其在燃烧室内的分布与燃烧室类型相适应。

(2)在每一个工作循环内，各气缸均喷油一次，喷油次序与气缸工作顺序一致。

(3)根据柴油机负荷的变化自动调节循环供油量，以保证柴油机稳定运转，尤其要稳定怠速，限制超速。

(4)储存一定数量的柴油，保证汽车的最大续驶里程。

2. 柴油机燃油供给系统的基本组成

柴油机燃油供给系统的基本组成如图8-1所示。主要由燃油供给装置、空气供给装置、混合气形成装置和废气排出装置四部分组成。

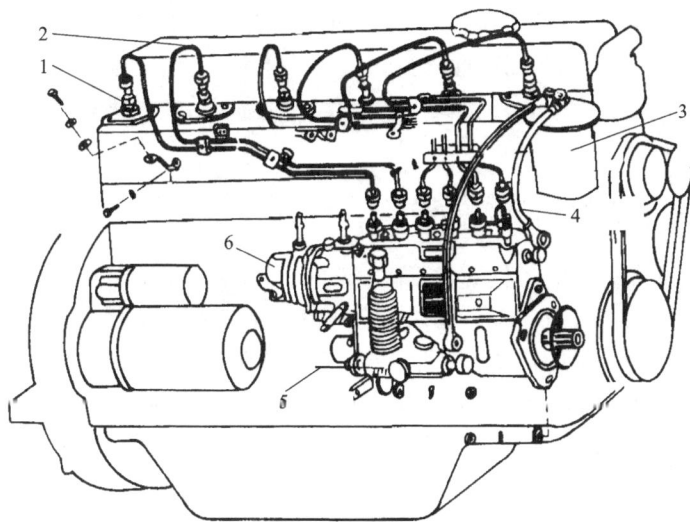

图8-1 柴油机燃油供给系

1—喷油器；2—高压油管；3—燃油滤清器；4—低压油管；5—输油泵；6—喷油泵

(1)燃油供给装置

主要功用是完成燃料的储存、滤清和输送工作，并将燃料以一定压力和喷油质量定时、

定量地喷入到燃烧室。根据发动机工作时的燃油压力不同,燃油供给装置可分为低压油路和高压油路装置两部分。低压油路主要包括柴油箱、输油泵、柴油粗滤器和低压油管等。高压油路主要包括喷油泵、喷油器和高压油管等。

(2)空气供给装置

主要功用是供给发动机清洁的空气,包括空气滤清器和进气管等。为了增加进气量,提高经济性,许多柴油机装有进气增压装置。

(3)混合气形成装置

主要功用是使燃油与空气混合形成混合气。混合气形成装置是燃烧室。

(4)废气排出装置

主要功用是将燃烧废气排出气缸。包括排气管和排气消声器等。

柴油机的空气供给装置和废气排出装置与汽油机基本相同。

柴油由输油泵从柴油箱吸出,经柴油粗滤器被吸入输油泵并泵出,经柴油细滤器进入喷油泵,自喷油泵输出的高压油经高压油管和喷油器喷入燃烧室。由于输油泵的供油量比喷油泵供油量大得多,过量的柴油便经回油管回到输油泵低压回路,如图8-2所示。

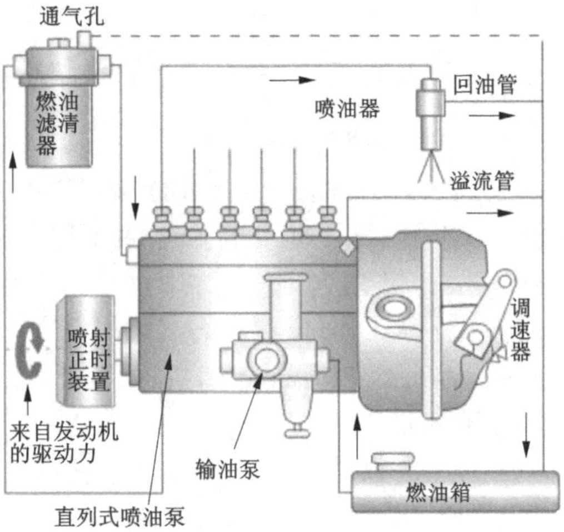

图 8-2 柴油机燃油系工作原理图

从柴油箱到喷油泵入口的这段油路中的油压是由输油泵建立的,压力为 0.15~0.30 MPa,称为低压油路;从喷油泵到喷油器这段油路中的油压是由喷油泵建立的,压力一般在 10 MPa 以上,称为高压油路。高压的柴油通过喷油器呈雾状喷入燃烧室,与空气混合形成可燃混合气。

四、对柴油机燃料供给系统的要求

根据柴油机使用和运行的各种不同工况,柴油机燃料供给系必须按各种使用工况的要求对柴油进行有效的控制和有效供给。柴油机燃料供给系应满足以下要求:

(1)能够按照柴油机的工作状态需要,将一定量的柴油喷入气缸内。

(2)应保持正确的喷油定时,根据需要能够调节供油提前角。

(3)应具有良好的雾化质量,以保证混合气的形成和燃烧过程。

(4)断油应迅速,避免二次喷射或滴油现象发生。

(5)工作要可靠,使用保养及调节要方便。

五、柴油机可燃混合气的形成与燃烧过程

1. 可燃混合气的形成

柴油可燃混合气的形成是采用高压喷射法,即在压缩终了时,将雾状柴油由喷油器喷入气缸,直接在燃烧室中与其内的空气形成可燃混合气,并依靠压缩终了气缸内气体的高温、

高压自行发火燃烧。由于柴油的黏度大，不易挥发，混合气形成的时间极短，只有 15°~35° 曲轴转角，对可燃混合气完全燃烧带来一定的困难。为了促进柴油与空气均匀混合，在燃烧室内必须有强烈的空气运动，而气流的运动与燃烧室的形状有着密切的联系，因此，柴油机中燃烧室的形状决定着混合气形成的质量，同时，对柴油机的工作带来一定的影响。

2. 可燃混合气的燃烧过程

柴油机的燃烧过程不同于汽油机。当柴油喷入气缸时，气缸内压力在 3 MPa 以上，空气温度虽已达 800 K 以上，远远超过柴油的自燃温度（约为 573 K），但它还不能立刻燃烧，而是稍有滞后，因为柴油喷入气缸后，还要进行一系列物理和化学反应。图 8-2 表示气缸内压力随曲轴转角变化的关系曲线。当曲轴转到上止点之前的 O 点时，喷油泵开始向喷油器供油。从开始泵油点 O 与上止点之间曲轴转角称为供油提前角。曲轴转到 A 点时，喷油器开始喷油。从开始泵油点 A 与上止点之间曲轴转角称为喷油提前角。

柴油机混合气的燃烧过程可分为四个阶段：

1）备燃期

柴油从喷射始点到燃烧始点的间隔称为备燃期（如图 8-3 所示的 A~B）。在此时期中，喷入气缸中的雾状柴油并不能马上着火燃烧，气缸中的气体温度，虽然已高于柴油的自燃点，但柴油的温度不能马上升高到自燃点，要经过一段物理和化学的准备过程。也就是说，柴油在高温空气的影响下，吸收热量，温度升高，逐层蒸发而形成油气，向四周扩散并与空气均匀混合（物理变化）。随着柴油温度升高，少量的柴油分子首先分解，并与空气中的氧分子进行化学反应，具备着火条件而着火，形成了火源中心，为燃烧作好了准备。这一时期很短，一般仅为 0.0007~0.003 s。此时期应尽可能短，否则发动机工作较粗暴。

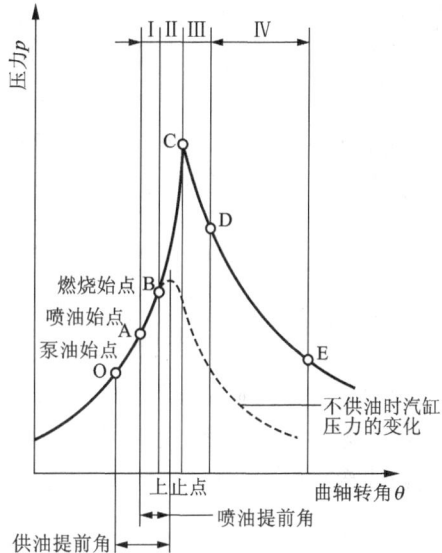

图 8-3　气缸压力与曲轴转角的关系

I—着火落后期；II—速燃期；
III—缓燃期；IV—补燃期

2）速燃期

从开始出现火焰的中心到产生最大压力为止，如图 8-3 所示的 B~C 之间对应的曲轴转角称为速燃期。在这一阶段由于喷入的柴油几乎同时着火燃烧，而且是在活塞接近上止点，气缸工作容积很小的情况下进行燃烧的，因此，气缸内的压力迅速增加，温度升高很快。它代表柴油机工作的平稳性。

3）缓燃期

在速燃期后，由于喷油仍在继续，燃烧仍在进行，燃烧速度减慢，活塞越过上止点下行，燃烧在等压条件下进行，如图 8-3 所示的 C~D 之间对应的曲轴转角称为缓燃期。这一阶段喷油器继续喷油，由于燃烧室内的温度和压力都高，柴油的物理和化学准备时间很短，几乎是边喷射边燃烧。但因为气缸中氧气减少，废气增多，燃烧速度逐渐减慢，气缸容积增大。所以气缸内压力略有下降，温度达到最高值，通常喷油器已结束喷油。

4）补燃期

缓燃期之后，喷油器停止喷油，缸内的残余燃料仍在燃烧，图 8 - 3 所示的 D ～ E 之间对应的曲轴转角称为补燃期。这一时期，虽然不喷油，但仍有一少部分柴油没有燃烧完，随着活塞下行继续燃烧。后燃期没有明显的界限，有时甚至延长到排气冲程还在燃烧。后燃期放出的热量不能充分利用来做功，很大一部分热量将通过缸壁散至冷却水中，或随废气排出，使发动机过热，排气温度升高，造成发动机动力性下降，经济性下降。因此，要尽可能地缩短后燃期。这时期不能过长，否则发动机容易过热。

六、柴油机燃烧室

当活塞到达上止点时，气缸盖和活塞顶组成的密闭空间称为燃烧室。柴油机的可燃混合气是在燃烧室内部形成的，可燃混合气的形成品质和燃烧性能与燃烧室结构形式密切相关，直接影响到柴油机的动力性、经济性、排放指标、噪声指标、工作寿命等。

汽车柴油机的燃烧室常见的有直喷式、预燃室式、涡流室式三种。其中直喷式燃烧室又称为统一式燃烧室，预燃室式和涡流室式燃烧室又称为分隔式燃烧室。

1. 统一式燃烧室（直喷式燃烧室）

统一式燃烧室（直喷式燃烧室）如图 8 - 4(a)所示。燃烧室呈浅盆形，喷油器的喷嘴直接伸入燃烧室。这种燃烧室结构紧凑，散热面积小，因将燃油直接喷入燃烧室，故发动机启动性能好，做功效率高。

直喷式燃烧室一般采用孔式喷油器，可选配双孔或多孔喷油嘴。柴油机可燃混合气是在燃烧室内部形成的，可燃混合气形成品质和燃烧性能与燃烧室结构形式密切相关，燃烧室结构直接影响着柴油机的动力性、经济性、排放指标、噪声指标、工作寿命等。

活塞顶部的形状有 ω 形活塞和锥形活塞。ω 形活塞配合四孔喷油器，可使得喷注在燃烧室内形成 ω 形涡流，促使燃油与空气的混合。锥形活塞配合直立放置的喷油器，可使喷注由中间向四周形成涡流。目前，新型的燃油共轨系统多采用此种形式的燃烧室和活塞。

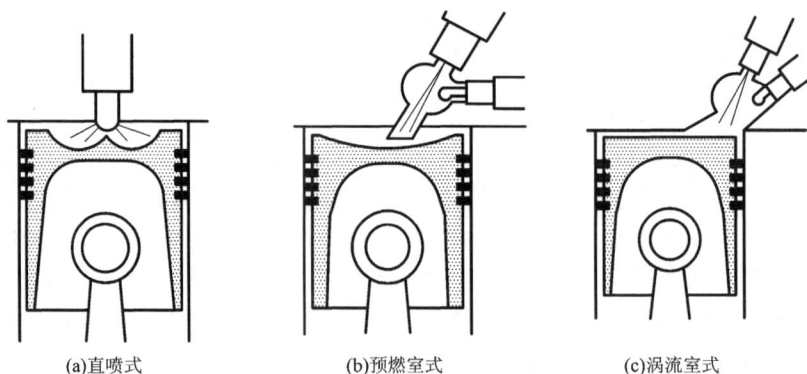

(a)直喷式　　　　　　　　(b)预燃室式　　　　　　　　(c)涡流室式

图 8 - 4　柴油机的燃烧室

2. 分隔式燃烧室

分隔式燃烧室常见的形式有涡流室式燃烧室和预燃室式燃烧室两种。分隔式燃烧室由两部分组成,一部分位于活塞顶与气缸盖底面之间,称为主燃烧室;另一部分在气缸盖中,称为副燃烧室。两部分之间有一个或几个孔道相连。分隔式燃烧室一般采用轴针式喷油器,喷油压力要求不高。

1)预燃室式燃烧室

预燃室式燃烧室如图8-4(b)所示。喷油器装在副燃烧室内,柴油在副燃烧室内燃烧后喷入主燃烧室,推动活塞向下运动。

由于自燃主要发生在副燃烧室内,而主燃烧室内主要是扩散燃烧,因此,这种燃烧室工作较柔和,噪声较小。但是,因为散热面积较大,放热效率较低,目前较少采用。

预燃室式燃烧室一般采用浅盆形或平顶活塞,以减少散热面积。

2)涡流室式燃烧室

涡流室式燃烧室如图8-4(c)所示。主燃烧室与涡流室两腔室有通道相连。涡流室式燃烧室一般采用平顶活塞,在压缩行程期间,涡流室内形成旋涡气流,多数燃油在涡流室内被点燃;然后其余燃油在主燃烧室内继续燃烧。

任务二　柴油机低压供油装置的构造与维修

柴油机低压供油装置由柴油箱、输油泵、柴油滤清器和低压油管等组成。作用是给高压油路提供较低压力的柴油。

柴油箱与汽油箱的作用和结构基本相同,有些柴油箱内安装有加热器和柴油滤清器。柴油箱的材料比汽油箱更坚固。柴油箱的构造与维修就不详细介绍了。

一、柴油滤清器的构造与维修

柴油滤清器的作用是清除柴油中的杂质。柴油滤清器有粗细之分,柴油粗滤器一般安装在输油泵之前,用来清除柴油中颗粒较大的杂质,粗滤器的滤芯以纸质滤芯应用最为广泛。柴油细滤器一般安装在输油泵之后,用来清除柴油中的微小杂质。

1. 柴油滤清器的构造

常用的柴油滤清器如图8-5所示。其结构原理与纸质滤芯可拆式机油粗滤器基本相同,区别主要是在柴油滤清器盖上设有放气螺钉和限压阀,放气螺钉用于排除低压油路内的空气。柴油经过滤清器时,水分沉淀在壳体内,杂质被滤芯滤除。当滤清器内压力超过溢流阀开启压力(0.1~0.15 MPa)时溢流阀开启,使多余的柴油流回油箱。

许多进口柴油机采用带油水分离的柴油滤清器,并在油水分离器内安装水位报警传感器。浮子随着积水的增多而上浮,当水位达到一定高度时,液面传感器将电路接通,仪表板上的报警灯发亮,提示驾驶员及时放水。油水分离器的下方有放水螺钉。更换此种滤清器时要注意,滤清器中的水位报警开关与壳体为螺纹连接,可以重复使用,但应更换密封圈,否则容易造成渗漏。更换滤清器后应进行放气,发动机启动后仍需进一步检查和排除渗漏。

2. 油水分离器

为了除去柴油中的水分,一些柴油机上,在柴油箱和输油泵之间装设油水分离器。油水分离器由手压膜片泵、液面传感器、浮子、分离器壳体和分离器盖等组成,如图8-6所示。来自柴油箱的柴油经进油口进入油水分离器,并经出油口流出。柴油中的水分在分离器内从柴油中分离出来并沉积在壳体的底部。浮子随着积水的增多而上浮。当浮子到达规定的放水水位时，液面传感器将电路接通，仪表板上的报警灯发出放水信号，这时驾驶员应及时旋松放水塞放水。手压膜片泵供放水和排气时使用。

3. 柴油滤清器的维护

为保证燃料的清洁，必须对柴油滤清器和油水分离器进行定期维护。一级维护时，除检查柴油滤清器的接头是否渗漏外，还要认真清洁二者壳体内外的油污，并清洁绸布或金属的滤芯。二级维护时还要更换滤芯。

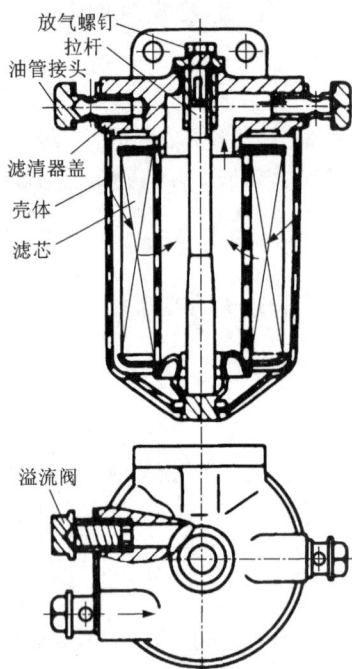

图 8-5　柴油滤清器结构

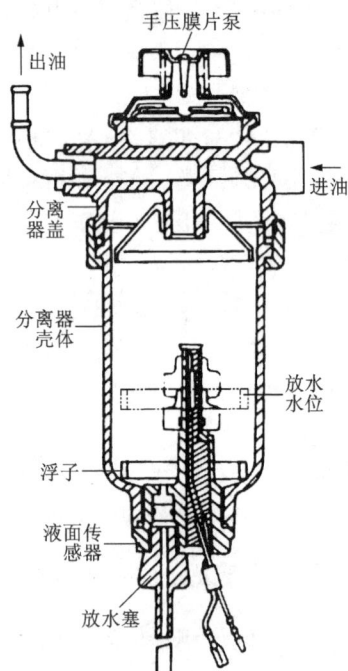

图 8-6　油水分离器

二、输油泵的构造与维修

输油泵的作用是保证柴油在低压油路内循环，并供应足够数量及一定压力的柴油给喷油泵，其输油量应为全负荷最大喷油量的 3~4 倍。活塞式输油泵如图 8-7 所示。安装在柱塞式喷油泵的侧面，并由喷油泵凸轮轴上的偏心轮驱动。

1. 输油泵的构造与工作原理

1) 输油泵的构造

输油泵有活塞式、膜片式、齿轮式和叶片式等几种。活塞式输油泵由于工作可靠，目前应用广泛。活塞式输油泵主要有泵体、机械油泵总成、手油泵总成、止回阀类和油道等所组成，其结构如图 8-7 所示。机械泵总成有滚轮部件（包括滚轮、滚轮轴和滚轮架）、顶杆、活塞、活塞弹簧等，由喷油泵凸轮轴上的偏心轮通过滚轮部件推动顶杆和活塞向下运动，活塞弹簧推动活塞回位，这样实现活塞的反复运动。在进油和出油侧分别装有止回阀，以控制进出油口和活塞室的开闭。

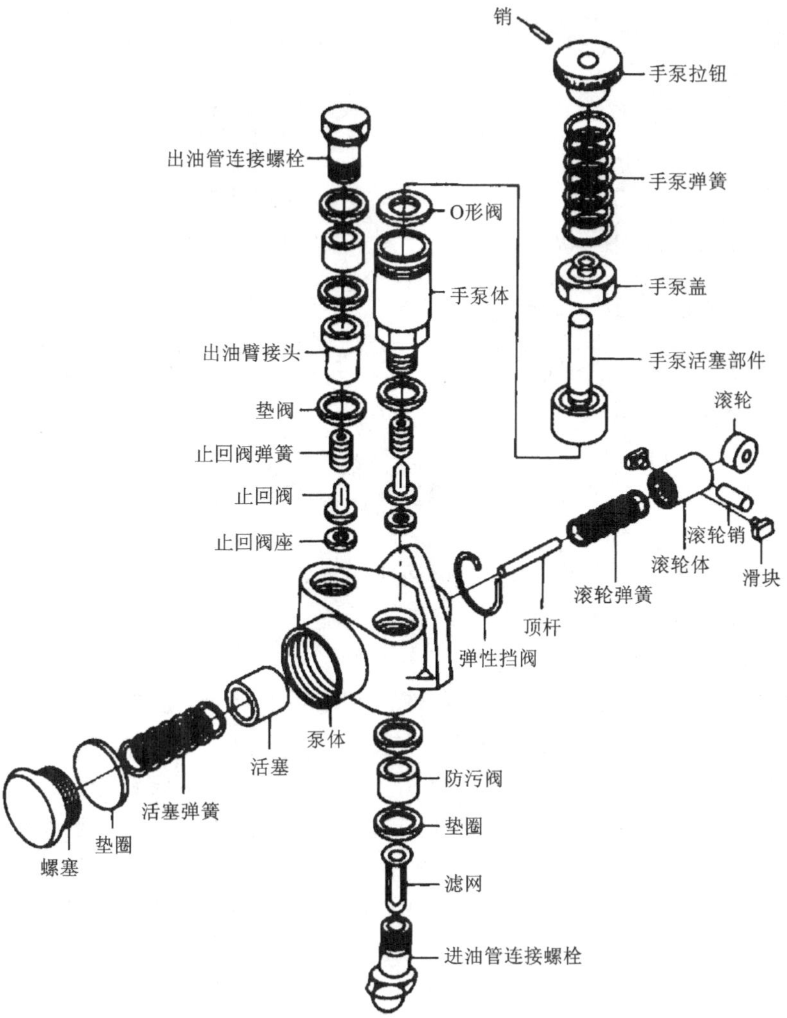

图 8 - 7　活塞式输油泵

2）输油泵的工作原理

（1）准备过程。当喷油泵凸轮轴上的偏心轮推动顶杆和活塞下移时，下泵腔中的油压升高，进油阀关闭，出油阀开启，同时上泵腔中容积增大，产生真空度，于是柴油自下泵腔经出油阀流入上泵腔，如图 8 - 8（a）所示。

（2）进油和压油过程。喷油泵凸轮轴上偏心轮的凸起部分转到上方时，活塞被弹簧推动上移，活塞下方泵腔容积增大，油压降低，产生真空度，使进油阀开启，柴油便从进油管接头经油道吸入活塞下泵腔。与此同时，活塞上方泵腔容积减小，油压增高，出油阀关闭，上泵腔中的柴油从出油管接头上的孔道被压出，流往柴油滤清器。如此反复，柴油便不断地被送入柴油滤清器，最后被送入喷油泵，如图 8 - 8（b）所示。

（3）供油量的自动调节。如果柴油机负荷减小，输送燃油过剩很多，会使输油泵出油口和上泵腔压力增加，致使在活塞背面的压力增大，当此压力与活塞弹簧弹力相平衡时，活塞

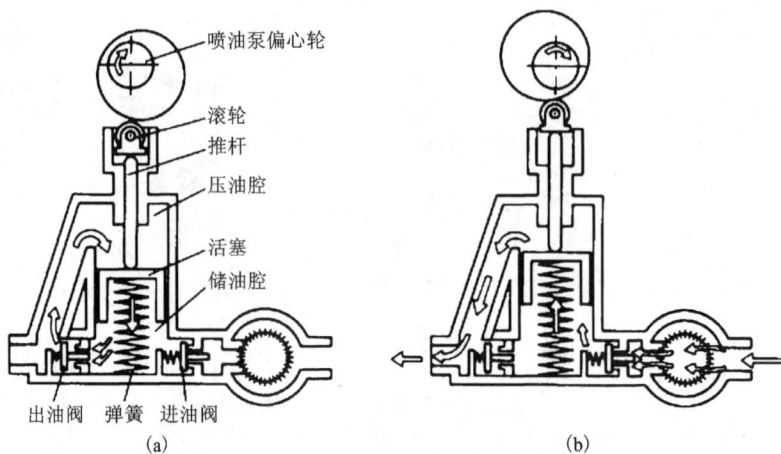

图 8 - 8　活塞式输油泵工作原理图

便停留在某一位置, 不能回到上止点, 这样活塞的有效行程减小, 输油泵的供油量自动减小, 即实现了输油量和输油压力的自动调节。

3) 手油泵

手油泵由泵体、活塞、手柄和弹簧等组成, 如图 8 - 9 所示。当柴油机长时间停止工作或低压油路中有空气时, 可利用手油泵输油或放气。

使用手油泵手动输油时, 应先将柴油滤清器或喷油泵的放气螺钉拧开, 再将手油泵的手柄旋开, 往复推拉手油泵的活塞。当活塞上行时, 将柴油经进油阀吸入手油泵泵腔; 活塞下行时, 进油阀关闭, 柴油从手油泵泵腔经出油阀流出, 并充满柴油滤清器和喷油泵低压油路, 并将其中的空气驱除干净, 从出油口流出的柴油中应没有气泡。手动泵输油排气完成后, 应拧紧放气螺钉, 旋紧手油泵手柄。

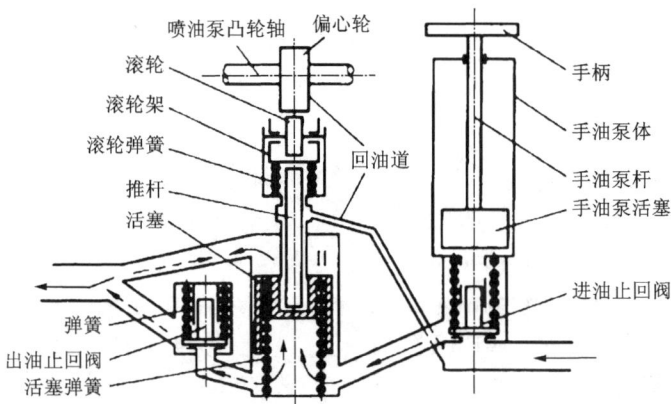

图 8 - 9　手油泵组成

2. 输油泵的维修

当发现输油泵有故障后，就车不能解决时，应拆下检查并维修。

输油泵解体后，检查进、出油阀和阀座的磨损情况，如有破裂或严重磨损时，应予更换。如磨损轻微，可研磨修复。

（1）检查输油泵各配合部位间隙（表8－1所示）。

表8－1　输油泵各配合部位间隙

配合	活塞与泵体		推杆与泵体		手泵活塞与泵体		滚轮销与滚轮	
间隙/mm	标准	极限	标准	极限	标准	极限	标准	极限
	0.005~0.025	0.06	0.005~0.010	0.02	0.005~0.025	0.025	0.02~0.08	0.1

（2）检查进、出油阀密封及损坏情况。如密封不严——研磨；如损坏——更换新件（也要研磨）。

（3）检查泵体有无裂纹及螺纹滑扣现象。根据损坏情况检修或更换泵体。

（4）检查手泵活塞上的密封圈，是否损坏或磨损。损坏或磨损——换新件。

（5）检查各弹簧有无变形或折断。变形或折断——换新件。

（6）输油泵装复后要进行性能试验。

①密封性试验。试验时，旋紧手油泵手柄，堵住出油口，将输油泵浸没在清洁的柴油中，从进油口通入147~196 kPa 的压缩空气。若输油泵密封性能良好，在推杆与泵体的间隙中，只会有微小的气泡冒出。如气泡的直径超过1 mm，表示漏气量将超过30 mL/min，说明输油泵的密封性能过差，应更换新泵。

②吸油能力的试验。以内径48 mm、长2 m的软管为吸油管，由水平高度低于输油泵1 mm的油箱中，用输油泵供油，能在30个活塞行程内出油为合格。

③输油量的检验。将输油泵装回喷油泵，输油泵的出口接油管，油管出口插入容量为500 mL 的量杯中，量杯的位置必须高于输油泵0.3 m。当喷油泵转速为1000 r/min 时，测量15 s 内流入量杯内的燃油量，并与技术条件规定的流量相比较，判断出油量是否合格。

④输油压力的检验。在输油泵出油口接上压力表，在规定的转速条件下，检验输油泵的输油压力是否符合原厂规定。

⑤手油泵性能的检验。停止发动机运转，将手泵柄拧出，以60~100 次/min 的速度压动手柄，观察是否在25 次前吸进和泵出油，如果泵动60 次仍不能吸进和泵出油，应检修手油泵。

3. 输油泵的安装

输油泵在安装时，必须注意输油泵泵体与喷油泵体之间的垫片的厚度。垫片过薄，输油泵推杆行程小，泵油量减小；垫片过厚，推杆与活塞发生干涉。

任务三　柴油机高压供油装置的构造与维修

柴油机高压供油装置由喷油泵、喷油器和高压油管等组成。作用是对柴油产生高压并根据发动机的不同工况，将高压的柴油定时、定量地喷入到燃烧室。

一、喷油泵的构造与维修

喷油泵又称为高压油泵，其作用是根据发动机的不同工况，定压、定时、定量的向喷油器输送高压柴油。喷油泵一般固定在柴油机机体一侧的支架上，由柴油机曲轴通过齿轮驱动，齿轮和喷油泵的凸轮用联轴节连接，调速器安装在喷油泵的后端。多缸车用柴油机的喷油泵应满足下列要求：①各缸供油量相等。在标定工况下各缸供油量相差不超过 3% ~ 4%。喷油泵的供油量应随柴油机工况的变化而变化，为此喷油泵必须有供油量调节机构。②各缸供油提前角相同，误差小于 0.5° ~ 1°曲轴转角。供油提前角也应随柴油机工况的变化而变化，为此应装置喷油提前器。③各缸供油持续角一致。④能迅速停止供油，以防止喷油器发生滴漏现象。

喷油泵的结构形式较多，车用柴油机的喷油泵按作用原理不同，可分为三类。

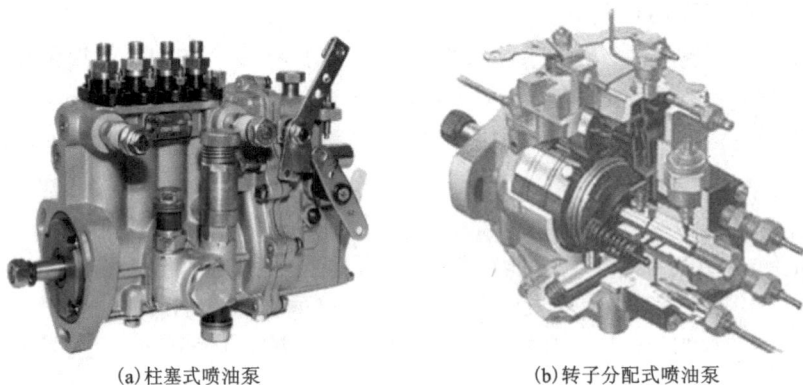

(a)柱塞式喷油泵　　　　　　　　(b)转子分配式喷油泵

图 8 – 10　喷油泵常见的类型

（1）柱塞式喷油泵。这种喷油泵应用的历史较长，性能良好，工作可靠，为目前大多数汽车柴油机所采用［见图 8 – 10(a)］。

（2）喷油泵 – 喷油器。将喷油泵和喷油器合为一体，直接安装在发动机气缸盖上，可以消除高压油管带来的不利影响。但要求在发动机上另加驱动机构，PT 燃油供给系统即属此类。

（3）转子分配式喷油泵。这种喷油泵只有一对柱塞副，依靠转子的转动实现燃油的增压与分配。由于它的体积小，对发动机和汽车的整体布置十分有利，在电控柴油机喷射系统中的应用会越来越广泛，如图 8 – 10(b)所示。

1. 柱塞式喷油泵的构造与维修

由于柴油机的单缸功率变化范围很大，若根据每一种单缸功率所需要的循环供油量来设计和制造喷油泵，那么喷油泵的尺寸规格将不可胜数，给生产和使用都造成诸多不便。因此，世界各国的喷油泵制造厂都是以几种不同的柱塞行程作为基础，将喷油泵划分成为数不多的几个系列或型号，然后再配以不同尺寸的柱塞偶件，构成若干种循环供油量不等的喷油泵，以满足各种不同功率柴油机的需要。

　　柱塞式喷油泵每个气缸都有一套泵油机构，几个相同的泵油机构装置在同一泵体上就构成了多缸发动机喷油泵。图 8 – 11 所示为解放 CA6110A 型柴油机采用的波许 A 型喷油泵。

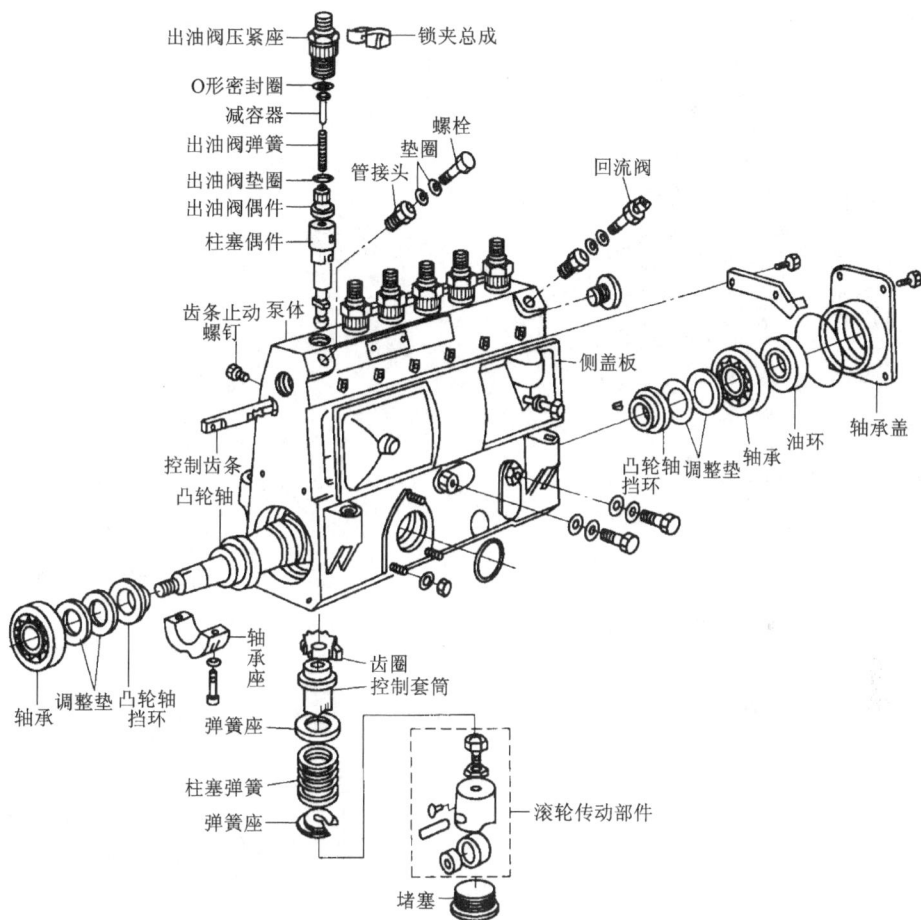

图 8 – 11　CA6110A 型柴油机喷油泵结构

　　1）柱塞式喷油泵结构与工作原理
　　柱塞式喷油泵由泵油机构（柱塞分泵）、供油量调节机构、驱动机构和喷油泵体等部分组成，如图 8 – 12 所示。
　　（1）泵油机构。泵油机构由柱塞偶件和出油阀偶件及弹簧组成。柱塞和柱塞套、出油阀和出油阀座是分泵中两对重要的精密偶件，它是通过精密加工和选配而成，其配合间隙严格控制在 0.0015～0.0025 mm 范围内，具有很好的强度和耐磨性。
　　柱塞偶件是产生高压油的压油元件，其结构如图 8 – 13 所示。柱塞套装在泵体座孔内固定不动，柱塞由凸轮驱动，在柱塞套内上下往复运动，此外还可绕自身轴线在一定角度内转动。柱塞头部的圆柱表面铣有螺旋槽或斜槽，并利用直槽或中心孔(径向孔和轴向孔)使槽与柱塞上方泵腔相通，下部固定有调节臂。柱塞套上部开有一个进油和回油用的径向小孔与泵体上的低压油腔相通，有的则开有两个径向小孔，两个孔的中心线可以在一个水平线上，也可不在同一水平线上，上面的为进油孔，下面的为回油孔。柱塞弹簧通过弹簧座将柱塞推向下方，使柱塞下端与滚轮式挺杆接触，并使挺杆中的滚轮与下凸轮接触。

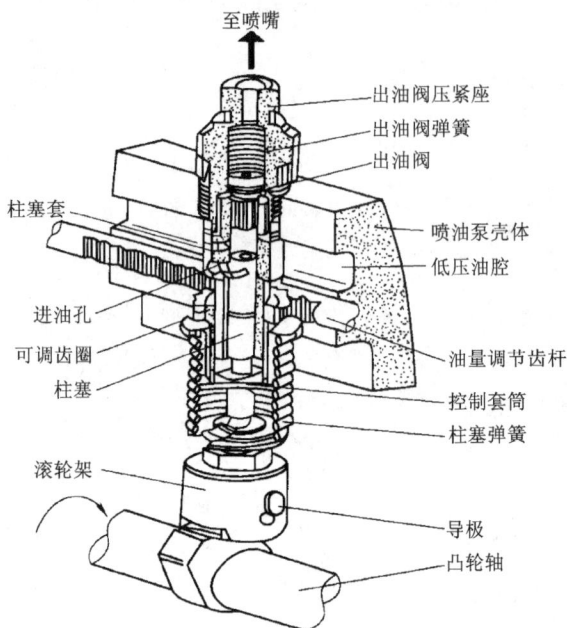

图 8 - 12　柱塞式喷油泵结构

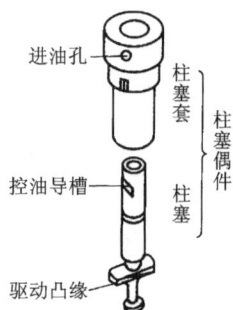

图 8 - 13　柱塞偶件

出油阀偶件是为在喷油结束后使高压油管卸载，以及在每个喷油循环内把高压及低压油路分开而设置的，其结构如图 8 - 14 所示。出油阀上部的圆锥面为阀的轴向密封锥面；中部的圆柱面为减压环带，与阀座内孔精密配合，是阀的径向滑动密封面；阀的尾部同阀座内孔作滑动配合，为出油阀的运动导向。为了留出油流通道，阀尾铣有四个直槽，断面呈十字形。出油阀偶件位于柱塞套上面，二者接触平

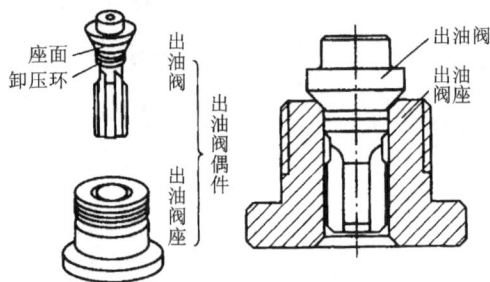

图 8 - 14　出油阀偶件

面要求严密配合。压紧座以规定力矩拧入后，通过高压密封垫圈将阀座与柱塞套压紧，同时使出油阀弹簧将出油阀压在阀座上。

柱塞泵油原理如图 8 - 15 所示，可分为进油、压油和回油 3 个过程。

进油：发动机工作中，喷油泵凸轮轮上的凸轮转过最高位置时，柱塞在柱塞弹簧作用下向下移动；当柱塞上端面低于柱塞套筒上的油孔时，喷油泵低压油腔内的柴油被吸入柱塞上端的泵腔；当柱塞运动到最下端位置时，柱塞上端的泵腔内充满柴油，分泵完成吸油过程。

压油：凸轮轴继续转动推动柱塞上移，部分燃油被挤回低压油腔，当柱塞上端的圆柱面完全封闭柱塞套筒上的两个油孔时，压油过程开始，柱塞继续上移，油压升高，克服出油阀弹簧的弹力，顶开出油阀，高压柴油经出油阀和高压油管输送给喷油器。

回油：当柱塞上的斜槽与柱塞套筒上的油孔接通时，泵腔内的高压油经柱塞内的油孔、斜槽和柱塞套筒上的油孔流回低压油腔，泵腔内的油压迅速下降，出油阀在其弹簧作用下立即关闭，停止供油。

由上述泵油过程可知，由驱动凸轮轮廓曲线决定的柱塞行程 h（即柱塞的上、下止点间的距离）是一定的，但并非在整个柱塞上移行程 h 内都供油。喷油泵只是在柱塞完全封闭油孔之后到柱塞斜槽与油孔开始接通之前的这一部分柱塞行程内才泵油。这一行程称为柱塞有效行程。显然，喷油泵每次泵出的油量取决于有效行程的长短。因此，欲使喷油泵能随发动机工况不同而改变供油量，只需改变有效行程，一般借改变柱塞斜槽与柱塞套油孔的相对角位置来实现。

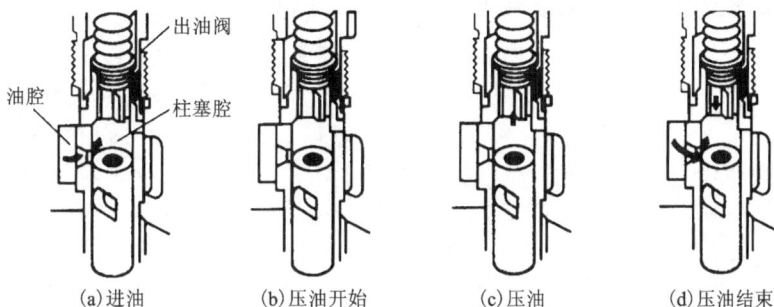

图 8-15 柱塞泵油原理
（a）进油；（b）压油开始；（c）压油；（d）压油结束

（2）供油量调节机构主要有齿杆式供油量调节机构和拨叉式供油量调节机构两种。

①齿杆式油量调节机构。齿杆式油量调节机构如图 8-16 所示。控制套筒松套在柱塞套上，在其上部套有可调齿圈，用螺钉锁紧在控制套筒上。可调齿圈与调节齿杆啮合，柱塞下端的十字形凸缘嵌入控制套筒的切槽中。调节齿杆的轴向位置由人工或调速器控制。移动油

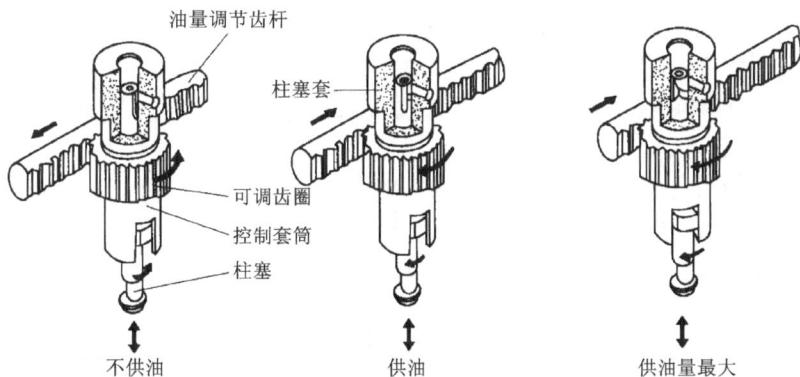

图 8-16 齿杆式油量调节机构

量调节齿杆时，可调齿圈连同控制套筒带动柱塞相对于固定不动的柱塞套转动，这样就改变了柱塞圆柱表面上斜槽与进油孔的相对角位置，即改变了柱塞的有效冲程，实现了供油量的调节。各缸供油均匀性可通过改变可调齿圈与控制套筒的相对角位置来调整。即松开可调齿圈，按调整的需要使控制套筒与柱塞一起相对于可调齿圈转过一定角度，再将可调齿圈锁紧在控制套筒上。移动齿杆时，齿圈连同控制套筒带动柱塞相对于柱塞套转动，以调节供油量。

②拨叉式供油量调节机构。拨叉式油量调节机构如图 8-17 所示。柱塞的下端压入调节臂，臂的球头端插入拨叉的槽内，拨叉用紧固螺钉夹紧在调节拉杆上。调节拉杆装在油泵下体孔内的油量调节套筒中，其轴向位置由人工和调速器控制。

当驾驶员或调速器推动供油拉杆轴向移动时，拨叉带动调节臂和分泵柱塞一起相对柱塞套筒转过一定角度，从而使喷油泵供油量改变。松开拨叉固定螺钉，改变某一分泵的拨叉在供油拉杆的位置，可实现对某一分泵供油量的调节，以便使各分泵供油均匀。

（3）驱动机构。驱动机构的作用是为喷油泵的运行提供动力并控制其运动，保证供油准时。它主要由滚轮式挺柱体和喷油泵凸轮轴组成，如图 8-18 所示。

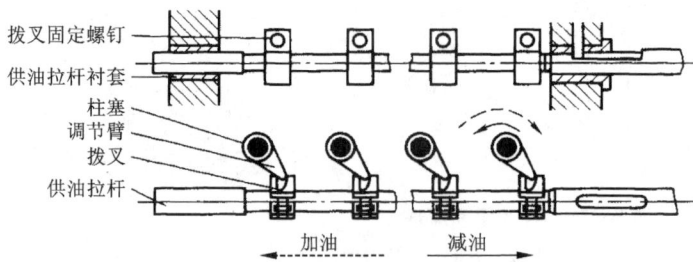

图 8-17　拨叉式油量调节机构　　　　图 8-18　驱动机构

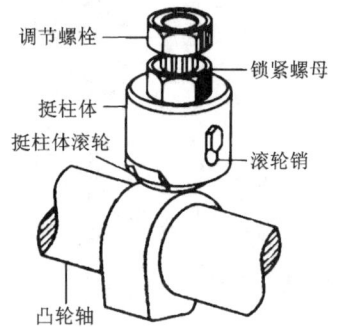

凸轮轴传送推力使柱塞运动，产生高油压，同时还保证各分泵按柴油机的工作顺序和一定的规律供油。凸轮轴上的凸轮数目与缸数相同，排列顺序与柴油机的工作顺序相同。相邻工作两缸凸轮间的夹角叫供油间隔角，角度的大小同配气机构凸轮轴同名凸轮的排列，四缸柴油机为 90°，六缸柴油机为 60°。四冲程柴油机喷油泵的凸轮轴转速和配气机构的凸轮轴转速一样，均等于曲轴转速的 1/2。

滚轮式挺柱体的功用是变凸轮的旋转运动为自身的直线往复运动，推动柱塞上行供油。此外，改变滚轮式挺杆的工作高度即改变了柱塞封闭柱塞套进油孔的时刻，因此可用来调整各分泵的供油提前角和供油间隔角。

（4）泵体。泵体是支承和安装喷油泵所有零件的基础。泵体在工作中还承受很大的载荷，因此要求泵体应有足够的强度和刚度。泵体分组合式和整体式两种。由于整体式泵体刚度好，密封性强，是目前国内外新型泵体的主要形式。

2）柱塞式喷油泵的检修

喷油泵因其磨损等耗损，技术状况变差，供油量减少而且供油时间滞后，使大量的燃油在补燃期燃烧，燃烧不完全，会造成发动机过热、功率不足等故障。

（1）喷油泵的解体。喷油泵解体之前，应用汽油、煤油或柴油认真清洗外部，但不得用碱水清洗。喷油泵解体时，应注意以下问题：尽量使用专用工具；零件拆下后，要按部位顺序放置，尤其是柱塞副和出油阀等零件，在解体和以后的清洗时，更应该非常仔细，避免磕碰，并绝对不允许互相倒换；对有装配位置要求的零件，如齿条、调整螺钉等零件，应作标记标明原来装配位置，防止装配时装错位置；喷油泵总体包括分泵、输油泵、调速器、供油提前角自动调节装置等部件，在解体时应先分解成部件然后结合检验修理进行。

（2）柱塞副的检修。

①柱塞副的外观检验。在柱塞副的外观发现有以下情况时应更换：a.柱塞表面有明显的磨损痕迹。b.柱塞弯曲或头部变形。c.柱塞或柱塞套有裂纹。d.柱塞头部斜槽、直槽及环槽边缘有剥落或锈蚀等现象。e.柱塞套的内圆柱表面有锈蚀或显著的刻痕。

②柱塞的滑动性试验。先用洁净的柴油仔细清洗柱塞副，并涂上干净的柴油后进行试验，如图8-19所示。将柱塞套倾斜60°左右，拉出柱塞全行程的1/3左右。放手后，柱塞应在自重作用下平滑地进入套筒内。然后转动柱塞，在其他位置重复上述试验，柱塞均应能平稳地滑入套筒内。

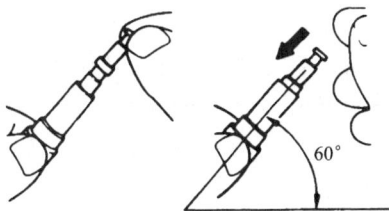

图8-19 柱塞滑动性试验

③柱塞副的密封性试验。仅仅将各分泵机构中的出油阀拆除，放出泵内的空气，将喷油器试验器的高压油管接入出油阀接头上。移动供油量调节机构的齿条或拉杆，使喷油泵处在最大供油位置。转动喷油泵凸轮轴，使被测柱塞移动到行程的中间部位，柱塞顶面应完全盖住进油孔和回油孔。将喷油器试验器的压力调至20 MPa后停止泵油，测定压力下降至10 MPa的时间。同一喷油泵的所有柱塞副的密封性误差应在5%的范围内。

无试验设备时，也可用手指盖住柱塞套的顶部和进、出油口，使柱塞处于最大供油位置，另一只手将柱塞由最上方位置向下拉。此时，应感到有明显的吸力；放松柱塞后，柱塞应能迅速回到原位。否则，应更换新柱塞副。

（3）出油阀的检修。

①出油阀偶件的外观检验。出油阀减压环带有严重的磨损痕迹，锥形密封面阀座的有金属脱落或严重磨损、锈蚀时应更换。

②出油阀的密封性试验。在有柴油湿润状态下，使出油阀偶件处于垂直状态，把出油阀抽出1/3左右，放手后，

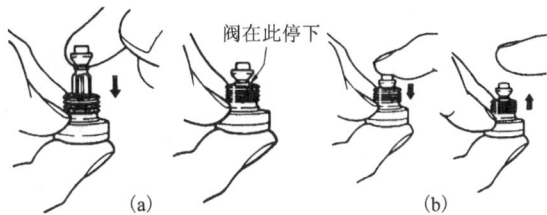

图8-20 出油阀密封性试验

出油阀应能在自重下落座。在做上述滑动性试验时，如用手指堵塞出油阀座的下方孔，出油阀下落到减压环带进入阀座时应能停住，如图8-20（a）所示。在此位置时，用手指轻轻压入出油阀，放松手指后，出油阀应能马上弹回原位置，如图8-20（b）所示。手指从下端面移开时，出油阀应在自重作用下完全落座。

3）柱塞式喷油泵的调试

（1）喷油泵的固定。喷油泵在试验台上的安装应牢固可靠，喷油泵凸轮轴和试验台传动轴要保持其同轴度。由于不同喷油泵型号尺寸的差异，在喷油泵与底座间要选用高度适合的

垫块。联轴器胶木接盘的长孔与十字轴接头的配合不能有明显的晃动。

喷油泵固定后，应运转平稳、无异响。泵上有燃油限压阀时，要安装回油管；无限压阀的，要堵塞其回油孔。喷油泵运转前，应检查补足喷油泵和调速器内的润滑油，再进行一定时间的磨合运转；然后向喷油泵供油，将低压油路的压力调整在 100 kPa 左右，并对低压油腔放气。最后，拧松标准喷油器内的放气螺钉。起动喷油泵，使其转速逐渐增加到 400 r/min 左右。转动操纵臂，使其达到最大供油位置并进行排气，排除高压油路的空气后，拧紧放气螺钉。使喷油泵转速增加至 600 ~ 800 r/min，在最高转速位置继续运转 3 ~ 5 min 后停机。在试运转时，应注意检查以下项目：

①各衬垫及接头处是否有渗漏现象。

②凸轮轴转动是否平顺。

③各部轴承是否过紧，温度是否过高。

④操纵臂、供油拉杆及其他操纵部位是否有运动阻滞现象。

⑤运动部位有无异响。

⑥各分泵的供油是否正常。如发现异常情况，必须在排除异常后，才能进行喷油泵和调速器的调试。

（2）供油时间的调试。供油时间的调试主要介绍溢油法和测试管法两种。

溢油法是利用油泵试验台配置的高压燃油泵，先将燃油加压至 4.4 MPa 以上，送入喷油泵的低压油腔。当柱塞处于下止点时，柱塞套上的进油口未被遮盖，高压燃油即从低压油腔顶开出油阀经高压油管，自标准喷油器的放气油管流出。然后转动凸轮轴，使柱塞上行。当柱塞顶部边缘刚好将进油口遮住时，高压燃油被阻断，回油管马上停止回油。此时即为这只柱塞开始供油的时刻，其数值可以从指示装置中读出。试验时，从第一缸开始。先将试验台的变速手柄置于 0 位，油路转换阀控制杆放在高压供油位置，并拧松标准喷油器的放气螺钉。然后起动油泵电机，当柴油从标准喷油器的放气油管流出后，将调速器的操纵臂置于最大供油位置。再慢慢转动试验台传动轴，当第一缸喷油器放气油管刚停止出油时使传动轴停住。此时，检查喷油泵联轴器上的刻线是否与喷油泵壳前端面的刻线对正，如果联轴器上刻线超前，说明供油开始时刻晚了，应调整滚轮组件的有效高度，将调整螺钉旋出或增加调整垫片厚度；如联轴器上刻线滞后，说明供油开始时刻早，应减小滚轮组件的有效高度。第一缸柱塞供油开始时刻调整后，以此为基准，按柴油机工作顺序，调整其他缸柱塞供油开始时刻。各缸供油时刻的误差应控制在上下 0.5° 的范围内。在调试过程中，若放气油管的燃油有断续现象，说明燃油压力过低，此时应将其余喷油器的放气螺钉拧紧，只保留被测气缸的喷油器回油管，这样可使燃油压力提高。溢油法检验新喷油泵或换新柱塞副的喷油泵的供油开始时刻比较准确，用于柱塞副磨损的喷油泵，因配合间隙加大，高压油渗漏，回油不干脆，测量误差较大。

测试管法结构如图 8 - 21 所示。试验前，先将测试管装在一缸的出油阀接头上，转动喷油泵凸轮轴使分泵泵油，直至测试管不冒气泡为止。将多余燃油除去，使管内燃油刚好与管口齐平，然后缓慢转动凸轮轴，管口油面上凸时停止转动、此时即为第一分泵的供油开始时刻，查看联轴器刻线，并按前述方法调整和测试其余各缸分泵。

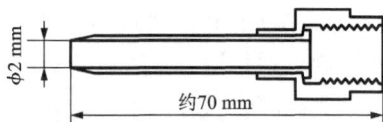

图 8 - 21　测试管的结构

　　在调试中选用哪种方法,应根据条件而定。溢油法精度高,操作方便,但只有在试验台有高压油路时才能使用。测试管法设备简单,测量精度也比较好,但是操作较麻烦,工作效率不高。

　　(3)供油量的调试。喷油泵供油量的调节,主要是额定转速供油量和怠速供油量。额定转速供油量是保证柴油机在额定工况时所需的供油量。怠速供油量是维持柴油机怠速运转,克服内部阻力所要求的供油量。

　　在对供油量进行调试时,各缸供油量应均匀稳定,以保证柴油机平稳运转,各缸供油不均匀度可按下式计算:各缸供油不均匀度 = 2 × (最大供油量 − 最小供油量)/(最大供油量 + 最小供油量)

　　供油不均匀的调整,以额定转速供油不均匀度最为重要,一般应不大于3%。其次是怠速的供油不均匀度。但由于怠速总油量较小,故规定其不均匀度不大于30%。

　　额定转速供油量的调试是使喷油泵以额定转速运转,将操纵臂固定在最大供油位置,各缸喷油100次。检查各缸供油量,应符合原厂规定。如油量不符合规定或不均匀度过大,可松开调节齿环或拨叉的固定螺钉,将柱塞控制套相对于调节齿环转动一定角度,或将拨叉相对供油拉杆移动一段距离后拧紧固定螺钉,即可改变供油量。在供油量调整时,常会遇到一个缸或几个缸的供油量达不到要求的现象,可参考下述方法处理:

　　①某一缸的供油量达不到要求,此时应检查出油阀是否卡住或密封不良。检查时,开动试验台的低压燃油泵,喷油泵凸轮轴不转动,松开该缸的喷油器放气螺钉,并使其柱塞停在下止点附近,若喷油器不断滴油,说明出油阀有故障,如阀卡住、弹簧折断或密封锥面未密封等。如更换出油阀偶件后无效,则应检查偶件或更换新柱塞偶件。

　　②有两个以上气缸达不到要求,在额定供油量和均匀度调整合格后,在调整怠速油量时,出现某缸供油过多或某缸过少,可将两个出油阀调换试验。因两出油阀磨损程度的差异,对调后可能发生有利的变化,从而达到使用的要求。

　　③供油不稳定,在调试中如出现某缸供油量忽多忽少的现象,应检查调节齿圈或油量调节拨叉是否松动、柱塞下端凸块与控制套筒直槽的配合间隙是否过大和柱塞与调节臂是否松动。检查后进行针对性的修理或更换。

　　(4)调试注意事项:

　　①滚轮组件的有效高度。在调整供油开始时刻时,不要将滚轮组件的调整螺钉拧出过多或选用过厚的调整垫片,以免柱塞在最高位置时与出油阀座下平面相碰。当柱塞在上止点时,其顶面与出油阀座的距离应有0.3~0.6 mm的间隙。此间隙的检查应在柱塞到达上止点时进行,当柱塞在上止点时,用螺丝刀撬起柱塞弹簧座,在柱塞下部与滚轮组架之间用厚薄规进行检查。

　　②柱塞结构的影响。柱塞回油斜槽在柱塞中部时,喷油泵供油开始时刻是固定的、而供油结束时刻随负荷大小,即供油量多少而变化。对此种柱塞,规定的是供油开始的角度。

　　对柱塞回油斜槽在顶部的结构,其供油开始时刻随负荷大小变化,而供油终了时刻不变。所以,此类喷油泵规定的则是供油终了时刻,其调整时应以供油终了的角度为标准,其调整方法也有些不同。采用溢油法校验时,转动喷油泵凸轮轴使柱塞上行,使标准喷油器回油管有油溢出,当柱塞头部斜槽封闭进油孔时,供油开始,此时回油管停止溢油。柱塞继续上行,当横槽开启回油孔时,供油停止,回油管又开始溢油。此刻,检查联轴器与泵壳上的刻线是否对正，安装正时不准，应按前述内容调准，并按供油顺序检查其他各缸。

（5）喷油泵调试后的复验。

①喷油泵和调速器调试后，应对所有试验项目进行复验，以免在前述调整过程中。可能出现的互相影响，尤其是调速器起作用的转速与供油量调试中的影响。如发现问题要及时排除。

②将各部紧固螺钉、调整螺钉仔细拧紧，以防止在发动机工作中出现松动现象，造成故障。

③从试验台上拆下喷油泵后，倒掉原有机油，用柴油清洗后，按规定加入干净的柴油机油。

④用油漆在调节齿环与控制套筒或调节拉杆与拨叉结合处，以及调速器各调整螺钉处做出位置标记。

⑤装好喷油泵侧盖和调速器盖，在出油阀接头处加盖防尘罩，在喷油泵进出油口及输油泵进出油口带上防尘螺塞，以防灰尘落入。

⑥在各重要调整部位加铅封。

2. 转子分配式喷油泵的构造与维修

转子分配式喷油泵简称分配泵，它与柱塞式喷油泵相比，具有以下特点：

①分配泵结构简单，零件数目特别是精密零件数目少、体积小、重量轻、成本低。

②分配泵零件的通用性高，有利于产品系列化。

③能保证各缸供油均匀和供油时间一致，分配泵单缸供油量和供油提前角不需要调整。

④分配式喷油泵凸轮升程小，柱塞行程小，一般为 2.0 ~ 3.0 mm，同时喷油压力高，缩短了喷油时间，有利于提高转速，对于四冲程柴油机，其转速可达到 6000 r/min。

⑤分配式喷油泵内部零件依靠泵内部的燃油进行润滑和冷却。整个喷油泵制成一个密封的整体，外面的灰尘杂质和水分不易进入。

分配式喷油泵按其结构不同，分为径向压缩式和轴向压缩式两种。由于径向压缩式分配泵存在一些缺点，没有得到广泛应用。目前现代轿车和轻型载货汽车车用柴油机多用轴向压缩式喷油泵，也称单柱塞分配泵或 VE 泵，由德国 Bosch（波许）公司研发。

1）VE 泵的构造

德国波许公司生产的 VE 型分配泵是单柱塞、平面凸轮、断油计量和具有机械离心式调速器的分配泵，如图 8 - 22 所示。

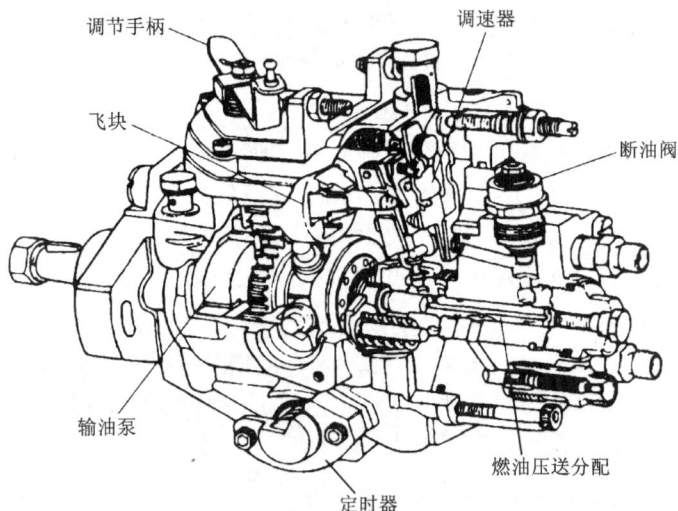

图 8 - 22　VE 泵的构造

VE 分配泵主要由滑片式输油泵、高压泵、驱动机构和断油电磁阀等组成。其结构如

图 8 – 23 所示。

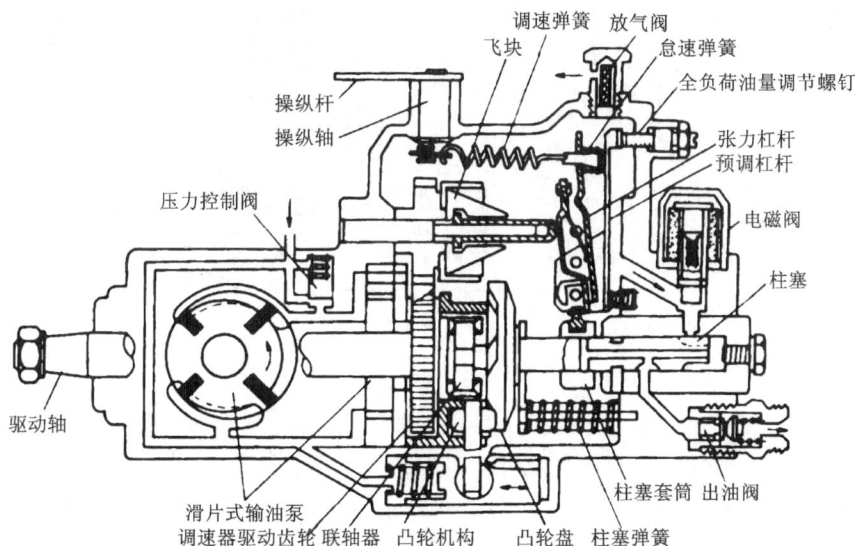

图 8 – 23　VE 泵的结构示意图

分配泵左端为传动轴及滑片式输油泵(也称二级输油泵),中间有驱动齿轮、凸轮盘等,右端有柱塞套筒、电磁阀等,泵上部为调速器,下部为供油提前角调节器。

(1)滑片式输油泵。滑片式输油泵的作用是把由膜片式输油泵(一级输油泵)从油箱吸出并经柴油滤清器过滤后的柴油适当增压后送入分配泵内,保证分配泵必要的进油量,并用调压阀控制输油泵出口压力,同时还使柴油在泵体内循环,达到润滑和冷却喷油泵的作用。

滑片式输油泵装在喷油泵前部,其转子与喷油泵轴通过半圆键连接,其结构如图 8 – 24所示,由转子、滑片、偏心环、调压阀等组成。转子在驱动轴作用下旋转,滑片装在转子上的滑片槽内,并且能够在槽内自由移动。转子中心与偏心环内孔中心偏移。转子旋转时,在离心力作用下,使滑片紧贴在偏心环内孔壁滑动,这样就使由转子外圆、滑片、偏心环内孔壁三者所形成的容积不断变化。当容积由小变大时为吸油腔,由大变小时为压油腔。吸油腔和进油口相通,压油腔和出油口相通。滑片式输油泵每旋转一周吸入并压送一定量的燃油,使燃油

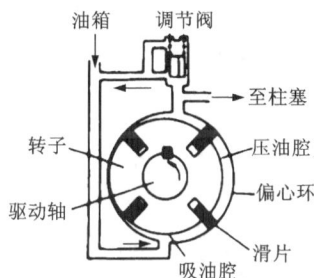

图 8 – 24　滑片式输油泵结构示意图

压力进一步提高,燃油进入喷油泵。当油压超过调压阀的规定压力时,多余的燃油由调压阀流回油箱。

(2)高压泵。高压泵的作用是实现进油、压油、配油。VE 分配泵的高压泵采用单柱塞式,由滚轮体总成、平面凸轮盘、柱塞回位弹簧、柱塞、柱塞套、油量控制套筒(溢流环)、出油阀等组成,如图 8 – 25 所示。

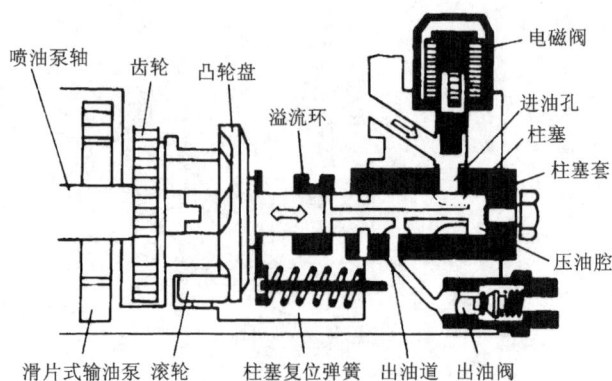

图 8 - 25　高压泵结构

柱塞上沿周向分布有若干个进油槽(进油槽数等于气缸数)、一个中心油道、一个配油槽和一个泄油孔。配油槽通过径向油孔与中心油道相通,中心油道末端与泄油孔相连。柱塞套筒上有一个进油道及若干分配油道和出油阀(分配油道和出油阀数目与气缸数目相等)。柱塞旋转中只要配油槽和任意一个分配油道相对,中心油道中的高压油就通过分配油道送到喷油器,实现配油作用。

(3)驱动机构。驱动机构如图 8 - 26 所示,VE 分配泵的动力由发动机经驱动轴输入泵中,在泵内带动滑片式输油泵、调速器驱动齿轮、联轴器总成及平面凸轮盘转动。

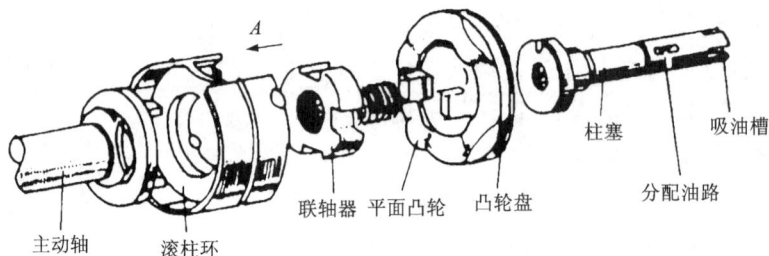

图 8 - 26　驱动机构结构

平面凸轮(如图 8 - 27 所示)上有传动销带动柱塞一起旋转。柱塞回位弹簧通过压板将柱塞压在平面凸轮的驱动柱塞面上,并且使平面凸轮与滚轮体总成的滚轮紧密接触。在凸轮和柱塞弹簧作用下,柱塞既作旋转运动,又作直线往复运动。

滚轮体总成如图 8 - 28 所示,空套在泵体和联轴器总成之间,在供油提前角自动调节机构活塞的作用下,通过拨动销才能够转动。

当平面凸轮在滚轮上滚动时,凸起部分与滚轮接触推动柱塞向右运动;凹下部分与滚轮接触则推动柱塞向左运动,周而复始,完成柱塞的往复运动。平面凸轮上凸峰的数目,与柴油机气缸数相对应。

电磁式断油阀 VE 型分配泵装有电磁式断油阀,其电路和工作原理如图 8 - 29 所示,起动时,将起动开关旋至 ST 位置,这时来自蓄电池的电流直接流过电磁线圈,产生的电磁力压

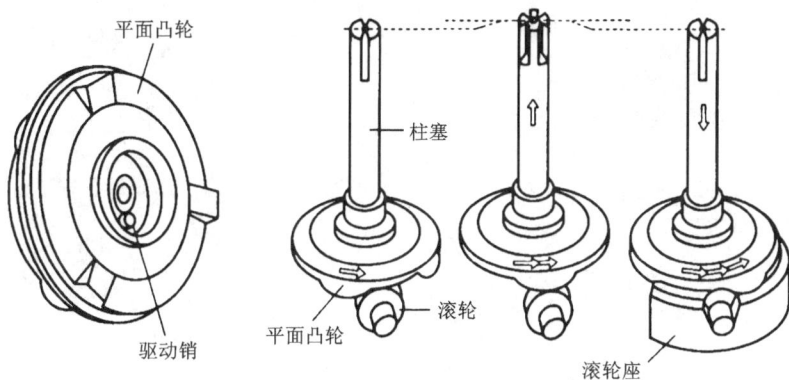

图 8 - 27　平面凸轮机构结构

缩回位弹簧,将阀门吸起,进油孔开启。柴油机启动之后,将起动开关旋至 ON 位置,这时电流经电阻流过电磁线圈,电流减小,但由于有油压的作用,阀门仍然保持开启。当柴油机停机时,将起动开关旋至 OFF 位置,这时电路断开,阀门在复位弹簧的作用下关闭,从而切断油路,停止供油。

2)VE 泵的工作原理

(1)进油过程。如图 8 - 30(a)所示,滚轮由凸轮盘的凸峰移到最低位置时,柱塞弹簧将柱塞由右向左推移,在柱塞接近终点位置时,柱塞头部的一个进油槽与柱塞套上的进油孔相通,柴油经电磁阀下部的油道流入柱塞右端的压油腔内并充满中心油道。

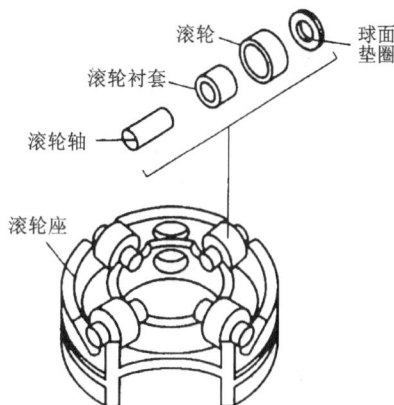

图 8 - 28　滚轮体总成结构

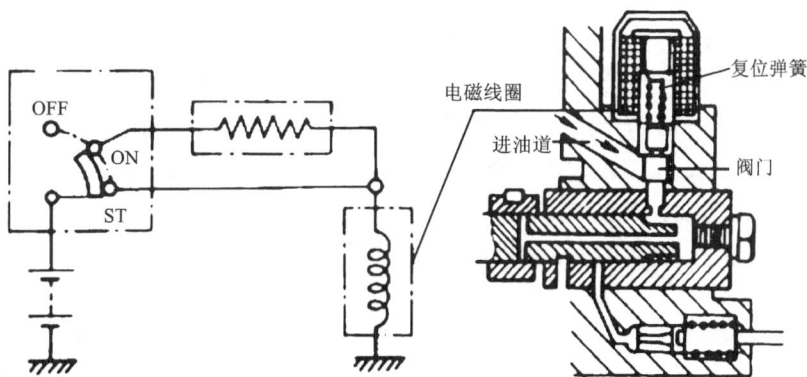

图 8 - 29　电磁式断油阀结构及原理图

此时柱塞配油槽与分配油路隔绝,泄油孔被柱塞套封死。

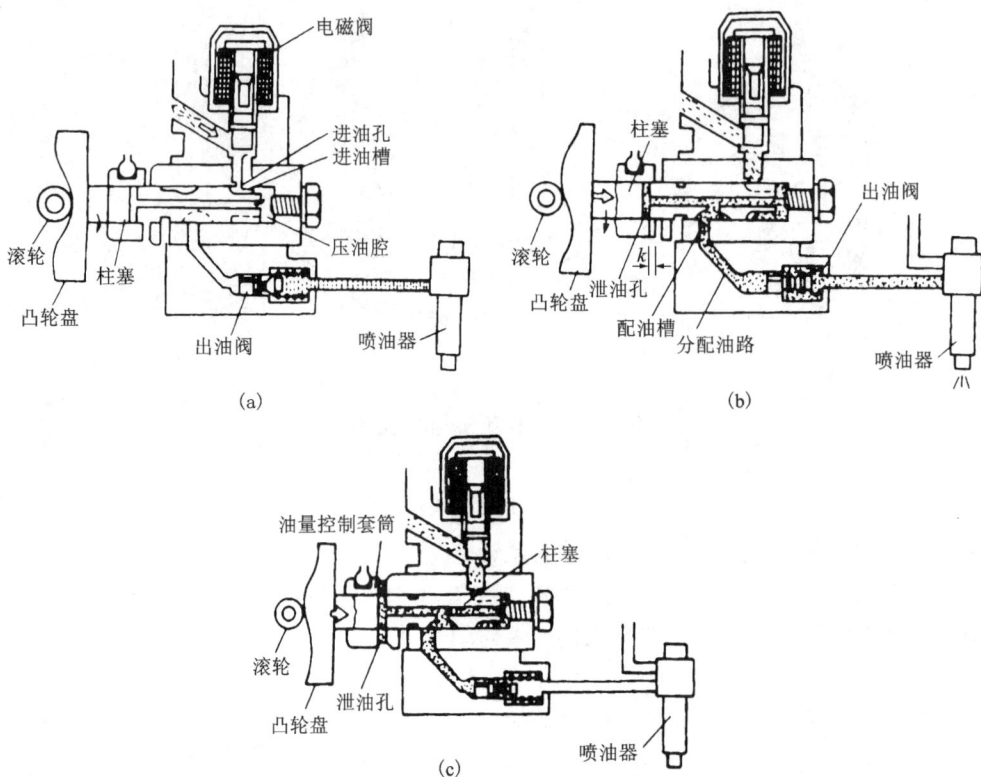

图 8-30　VE 泵的工作原理图

（2）压油与配油过程。如图 8-30（b）所示，随滚轮由凸轮盘的最低处向凸峰部分移动，柱塞在旋转的同时，也自左向右运动。此时，进油槽与泵体进油道隔绝，柱塞泄油孔仍被封死，柱塞配油槽与分配油路相通，随着柱塞的右移，柱塞压油腔内的柴油压力不断升高，当油压升高到足以克服出油阀弹簧力而使出油阀右移开启时，则柴油经分配油路、出油阀及油管被送入喷油器。

由于凸轮盘上有 4 个凸峰（与气缸数相等），柱塞套上有 4 个分配油路，因此，凸轮盘转一圈 360°，柱塞反复运动 4 次，配油槽与各缸分配油路各接通一次，轮流向各缸供油一次。

供油结束。如图 5-30（c）所示，柱塞在凸轮盘推动下继续右移，柱塞左端的泄油孔露出油量控制滑套的右端面时，泄油孔与分配泵内腔相通，高压油立即经泄油孔流入泵内腔中，柱塞压油腔、中心油道及分配油路中油压骤然下降，出油阀在其弹簧作用下迅速左移关闭，停止向喷油器供油。停止喷油过程持续到柱塞到达其向右行程的终点。

3）液压式喷油提前器

在 VE 型分配式喷油泵体的下部安装有液压式喷油提前器如图 8-31 所示。在喷油提前器壳体内装有活塞，活塞左端与二级滑片式输油泵的入口相通，并有弹簧压在活塞上。活塞右端与喷油泵体内腔相通，其压力等于二级滑片式输油泵的出口压力。当柴油机在某一转速下稳定运转时，作用在活塞左、右端的力相等，活塞处于某一平衡位置。若柴油机转速升高，二级滑片式输油泵的出口压力增大，作用于活塞右端的力随之增加，推动活塞向左移动，并

通过连接销和传力销带动滚轮架绕其轴线
转动一定的角度，直至活塞两端的力重新
达到平衡为止。滚轮架的转动方向与平面
凸轮盘的旋转方向正好相反，使平面凸轮
提前一定角度与滚轮接触，供油相应提
前，即供油提前角增大。反之，若柴油机
转速降低，则二级滑片式输油泵的出口压
力也随之降低，作用于活塞右端的力减
小，活塞向右移动，并带动滚轮架向着平
面凸轮盘旋转的同一方向转过一定的角
度，使供油提前角减小。

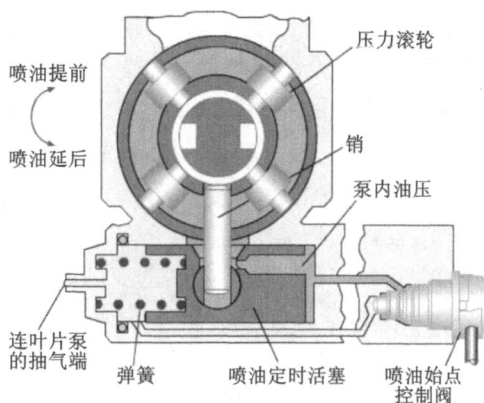

图 8-31 VE 泵液压式喷油提前器

二、喷油器的构造与维修

1. 喷油器的构造

喷油器安装在气缸盖上，它是柴油机燃油供给系中实现燃油喷射的重要部件。其作用是
将高压燃油雾化成容易着火和燃烧的喷雾，并使喷雾和燃烧室大小、形状相配合，分散到燃
烧室各处，和空气充分混合。喷油器除了影响燃油的雾化质量、贯穿度及分布等喷雾特性
外，还对喷油压力、喷油始点、喷油延续时间和喷油率等喷油特性有重大影响。所以，喷油
器对柴油机的性能起着决定性的作用。其实，燃油的喷射时间是非常短暂的。例如，柴油机
的转速为 2 000 r/min，则应在 1/800～1/200 s 内将一个循环中的全部喷油量从喷油嘴的喷油
孔中喷入气缸中。喷油器是燃油系中最重要的元件。

喷油器的种类较多，车用柴油机喷油器常见的形式
有两种：孔式喷油器和轴针式喷油器。孔式喷油器主要
用于直接喷射式燃烧室，轴针式喷油器多用于分隔式燃
烧室。

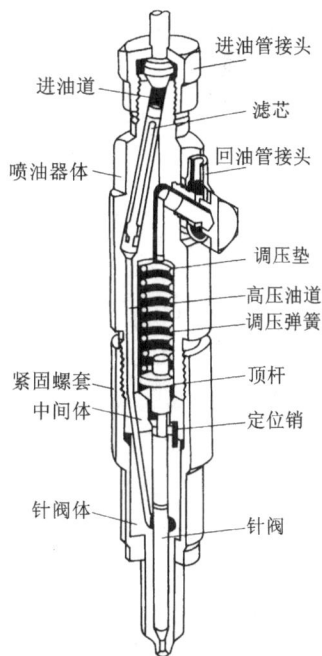

图 8-32 孔式喷油器组成

1）孔式喷油器

孔式喷油器用于直喷式燃烧室柴油机上。孔式喷油
器的喷油嘴头部加工有 1 个或多个喷孔，有 1 个喷孔的
称单孔喷油器，有两个喷孔的称双孔喷油器，有 3 个以
上喷孔的称多孔喷油器。一般喷孔数目为 1～7 个，喷孔
直径为 0.2～0.5 mm。喷孔直径不宜过小，否则既不易
加工，在使用中又容易被积炭堵塞。孔式喷油器的结构
如图 8-32 所示，主要由针阀、针阀体偶件、喷油器体、
顶杆、调压弹簧、调压垫片、进油管接头及滤芯、回油管
接头等零件组成。其中最主要的部件是用优质合金钢制
成的针阀和针阀体，二者合称针阀偶件。针阀上部的圆
柱表面同针阀体的相应内圆柱面作高精度的滑动配合，
配合间隙为 0.002～0.003 mm。此间隙过大则可能发生
漏油而使油压下降，影响喷雾质量；间隙过小时，针阀将

不能自由滑动。针阀中部的锥面全部露出在针阀体的环形油腔(即高压油腔)中，用以承受油压，故称为承压锥面。针阀下端的锥面与针阀体上相应的内锥面配合，以使喷油器内腔密封，称为密封锥面。针阀偶件的配合面通常是经过精磨后再相互研磨而保证其配合精度的。所以选配和研磨好的一副针阀偶件是不能互换的，这点在维修过程中应特别注意。

　　装在喷油器体上的调压弹簧通过顶杆使针阀紧压在针阀体的密封锥面上将喷孔关闭。为防止细小杂物堵塞喷孔，在进油管接头中一般装有缝隙式滤芯。

　　孔式喷油器的喷油嘴偶件根据其长短又分为短型和长型(如图 8 – 33 所示)。长型孔式喷油嘴的针阀导向圆柱面远离燃烧室，减少了针阀受热变形卡死在针阀体中，用于热负荷较高的柴油机中。

　　2)轴针式喷油器

　　轴针式喷油器与孔式喷油器的工作原理相同，结构相似，只是喷油嘴头部的结构不同而已。在轴针式喷油器中，针阀密封锥面以下有一段轴针，它穿过针阀体上的喷孔且稍突出于针阀体之外，使喷孔呈圆环形。因此，轴针式喷油器的喷注是空心的。轴针可以制成圆柱形或截锥形(见图 8 – 34)。圆柱形轴针其喷注的喷雾锥角较小，而截锥形轴针其喷注的喷雾锥角较大。因此，轴针制成不同形状，可以得到不同形状的喷注，以适应不同形状燃烧室的需要。

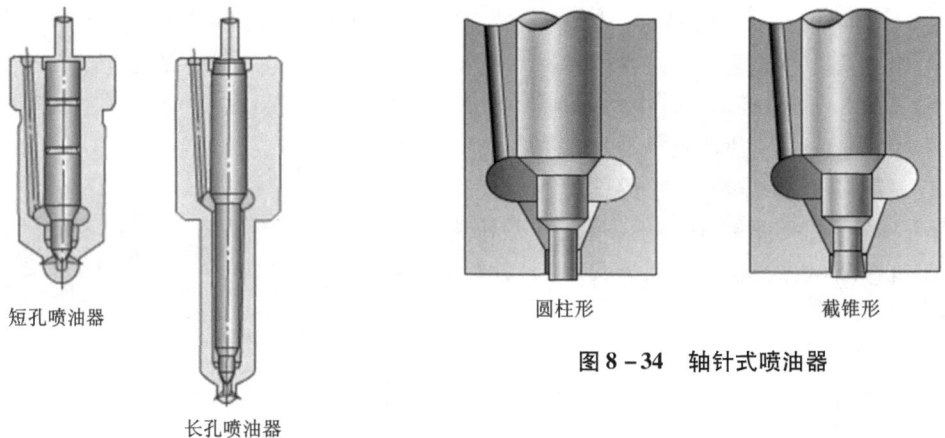

短孔喷油器

长孔喷油器

图 8 – 33　孔式喷油器类型

圆柱形　　　　　截锥形

图 8 – 34　轴针式喷油器

　　为了使柴油机工作柔和，改善燃烧条件，喷油器最好在每一循环的供油过程中，初期喷油少，中期喷油多，后期喷油少。因此轴针喷油器的轴针做成可变的节流断面，通过密封锥面及轴针处的节流断面作用，可较好地满足喷油特性要求。

　　2. 喷油器的工作原理

　　孔式喷油器和轴针式喷油器的工作原理相同。喷油器在工作时，喷油泵输出的高压柴油从进油管接头经过喷油器体与针阀体中的油孔道进入针阀中部周围的环状空间——高压油腔。油压作用在针阀的承压锥面上，造成一个向上的轴向推力，当此推力克服了调压弹簧的预紧力以及针阀与针阀体间的摩擦力(此力很小)后，针阀即上移而打开喷孔，高压柴油便从针阀体下端的喷油孔喷出。当喷油泵停止供油时，由于油压迅速下降，针阀在调压弹簧作用下及时回位，将喷孔关闭，喷油器停止喷油。

可见，针阀的开启压力即喷射开始时的喷油压力取决于调压弹簧的预紧力，预紧力大，喷油压力高。调压弹簧预紧力可通过调压垫片或调压螺钉调节。

在喷油器工作期间，会有少量柴油从针阀与针阀体之间的间隙缓慢泄漏。这部分柴油对针阀起润滑作用，并沿顶杆周围空隙上升，通过调压垫片中间的油孔进入回油管，然后流回油箱。

3.喷油器的检查与调试

首先将喷油器安装在专用试验台的高压油管上，如图8-35所示。喷油器的检查有以下项目：

（1）喷油压力的检查。检查时，将喷油器上的调压弹簧调整螺钉的锁母旋松，将喷油器装到试验器上，放气并将连接部位拧螺母的锁母旋松，将喷油器装到试验台夹紧。快速按下试验台手柄若干次，待空气完毕排出后，再缓慢地按动手柄（以60~70次/min）并观察压力表。当读数开始变化时，即为喷油技术条件。若喷油压力过高或不足，可采取调节调压弹簧的方法，调整螺钉旋入，则喷油压力升高，调整螺钉旋出，则喷油压力降低。有的喷油器无调整螺钉，可改变垫片的厚度来调整喷油压力。

（2）喷雾质量的检查。以30~60次/min的速度连续按下试验台手柄，检查喷油器的喷雾质量。对多孔式喷油器各喷孔应形成一个雾化良好的小锥状油束，各缸喷油间隔角应符合原厂规定。对轴针式喷油器，要求喷雾为圆锥形，不得偏斜，油雾细小均匀。

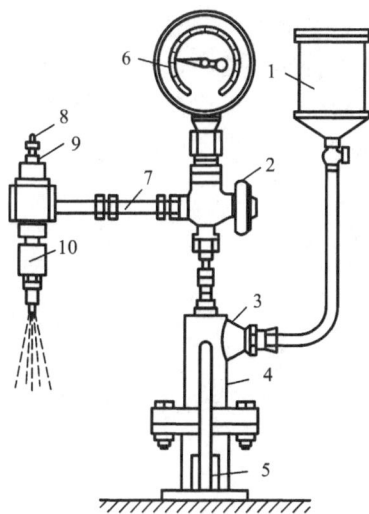

图8-35　喷油器的试验台
1—油箱；2—开关；3—放气螺钉；
4—手动高压油泵；5—泵油手柄；
6—油压表；7—高压油管；8—调压螺钉；
9—锁紧螺母；10—喷油器

（3）喷油干脆程度检查。每次喷油时，伴随针阀的开启应有明显、清脆的爆裂声，雾化锥均符合规定，不得有后期滴油的现象。如喷雾质量达不到要求或有后期滴油现象，应重新清洗喷油器或更换偶件。

（4）密封性检查。检查阀座密封性时，可操纵压油手柄，使喷油器试验器的油压保持在比开始喷油压力标准值小2 MPa的位置10 s，这时喷油嘴端部不应有油滴流出（稍有湿润是允许的）；且油压从19.6 MPa下降到17.6 MPa的时间在10 s以上。如时间过短，可能是油管接头处漏油、针阀体与喷油器体平面配合不严、密封锥面封闭不严、导向部分磨损造成间隙过大等原因。

4.喷油器的检修

喷油器的针阀偶件在长期工作中，受到高压燃油的冲刷和机械杂质的研磨、压力弹簧的落座冲击，使针阀的导向圆柱面和密封锥面及阀体上与针阀的配合表面出现磨损。导向圆柱面的磨损将导致循环油量的减少，而密封面的磨损则会使喷油器的密封不严，引起喷油提前泄漏和喷油停止后的滴油现象，造成雾化不良、不完全燃烧、炭烟剧烈增加，积炭严重。

1）解体

喷油器的针阀偶件为精密配合零件，在使用中不许互换。解体前，应确认缸序标记，按缸序拆卸喷油器；并保证能正确装回原位，避免错乱。

2）清洗

解体后在清洁的柴油中清洗针阀偶件。清洗时，可用木条清除针阀前端轴针上的积炭；对阀座外部的积炭用铜丝刷清除；不得用手接触针阀的配合表面，以免手上的汗渍遗留在精密表面，引起锈蚀。

3）检验

（1）针阀和座的配合表面不得有烧伤或腐蚀等现象。

（2）针阀的轴针不得有变形或其他损伤。

（3）针阀偶件配合的方法检验如图8－36所示。将针阀体倾斜60°左右，针阀拉出1/3行程；当放开后，针阀应能靠其自重平稳地滑入针阀座之中；重复进行上述动作，每次转动针阀应在不同位置，如针阀在某位置不能平稳下滑，则应更换针阀偶件。

图8－36　针阀偶件的配合的检查

三、调速器的构造与维修

1. 调速器的构造

调速器的作用是根据柴油机负荷的变化，自动地调节喷油泵的供油量，以保证柴油机在各种工况下稳定运转。喷油泵每一循环供油量主要取决于柱塞的有效行程，理论上说，当喷油泵调节拉杆的位置一定时，每一循环供油量应不变，但实际上，供油量还会受到柴油机转速的影响。当柴油机转速增加，从而喷油泵柱塞移动速度增加时，柱塞套上油孔的节流作用随之增大，于是在柱塞上移时，即使柱塞尚未完全封闭油孔，由于燃油一时来不及从油孔挤出，泵腔内油压增加而使供油时刻略有提前；同样道理，在柱塞上移到其斜槽已经与油孔接通时，泵腔内油压一时还来不及下降，使供油停止时刻略微延后。这样，随着柴油机转速增大，柱塞的有效行程将略有增加，而供油量也略微增大；反之，供油量便略微减少。供油量随转速变化的关系称为喷油泵的速度特性。

喷油泵的速度特性对工况多变的车用柴油机是非常不利的。例如，满载汽车从上坡行驶刚刚过渡到下坡行驶时，柴油机突然卸荷，柴油机转速迅速上升，这时喷油泵在上述速度特性的作用下，会自动将供油量增大，促使柴油机转速进一步升高，如得不到有效控制，可能会导致柴油机转速超过标定的最大转速而出现"飞车"现象。此外，车用柴油机还经常在怠速工况下工作（如短暂停车、启动暖机等），即使柱塞保持在最小供油量位置不变，当负荷略有增大时，会使柴油机转速略有降低时，由于喷油泵速度特性的作用，其供油量会自动减少，使柴油机转速进一步降低。如此循环作用，最后将使柴油机熄火。

由上述可见，由于喷油泵速度特性的作用，使柴油机转速的稳定性变差，特别是在高速和怠速时，根本无法满足正常工作要求。要使柴油机运转稳定，就必须在其阻力发生变化时，及时按实际需要改变供油量，同时修正由于喷油泵速度特性带来的不良影响。因此，车用柴油机喷油泵都装有调速器，根据柴油机负荷的变化，自动调节供油量，以达到稳定怠速、限制超速，并保证柴油机在工作转速范围内的任一选定的转速下稳定工作。目前应用最广泛的是离心式调速器，它有两种形式：两速调速器和全速调速器。简单的离心式调速器由飞锤、滑套、调速弹簧和调速杠杆等组成，如图 8－37 所示。柴油机在工作时，通过曲轴驱动装在喷油泵凸轮轴后端上的飞锤旋转，飞锤受离心力的作用而向外飞开。此离心力产生的推力 F_A 和调速弹簧的张力 F_B 在某一转速下相平衡，而使调速器和喷油泵保持在一定的位置下工作。当柴油机的负荷(M_Q)变化时，便引起一系列的变化；柴油机转速变化→调速器转速变化→飞锤离心力及其产生的推力 F_A 变化→F_A 与 F_B 失去平衡→调速杠杆摆动→供油拉杆移动→供油量变化→柴油机的扭矩(M_e)曲线上升或下降与变化了的负荷(M_Q)重新平衡，而稳定到接近原来的转速，于是起到了负荷变化时，柴油机保持稳定运转的作用，这就是机械离心式调速器的基本原理。

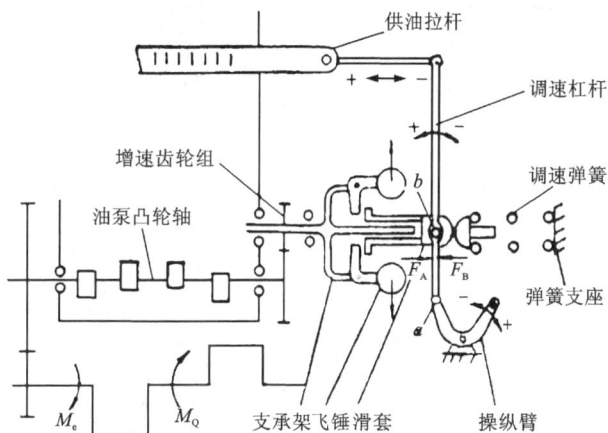

图 8－37　简单离心式调速器结构原理图

1）两速调速器

（1）两速调速器的构造。如图 8－38 所示为 RAD 型两速调速器。两速调速器适用于一般条件下使用的汽车柴油机，且只能自动稳定和限制柴油机最低和最高转速，而在所有中间转速范围内则由驾驶员控制，换言之，它能使柴油机具有平稳的怠速，防止游车或熄火，又能限制柴油机不超过某一最大转速，避免出现超速（飞车）。至于中间转速，则可利用人工调节供油量来调速。调速器安装在直列式喷油泵的后端，两个飞块安装在喷油泵凸轮上，转速的变化将使飞块张开或收拢，并使滑套向右或向左移动。控制杠杆通过偏心轴与支撑杠杆相连接，从而可带动浮动杠杆下端传动。而浮动杠杆上端与供油量调节齿条连接。当供油量调节齿条右移时，油量减小，反之，油量增大。

（2）两速调速器的工作原理。

①启动加浓。启动前，将控制杠杆推至全负荷供油位置 I，如图 8－39 所示。受调速弹簧的拉动及齿杆行程调整螺钉的限制，拉力杠杆的位置保持不动。此时，支持杠杆绕 D 点向

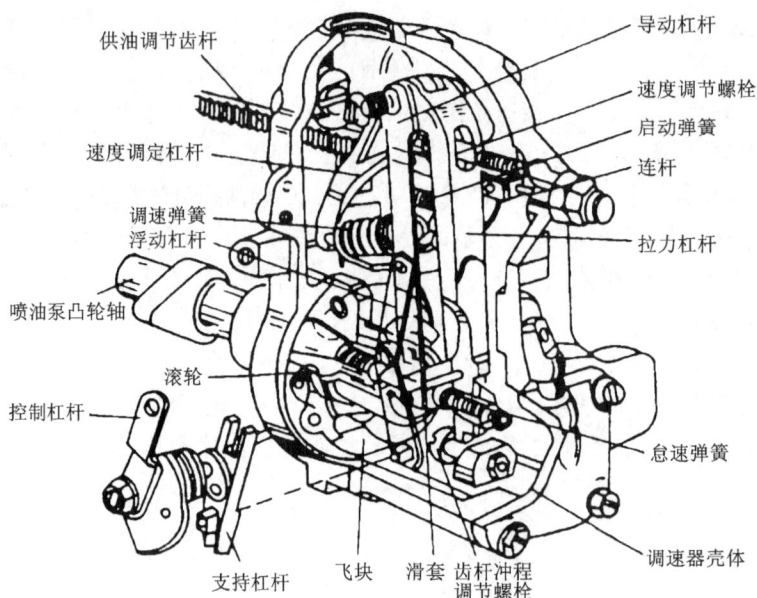

供油调节齿杆　　导动杠杆

速度调定杠杆　　速度调节螺栓

　　　　　　　启动弹簧

调速弹簧　　　　连杆
浮动杠杆

喷油泵凸轮轴　　拉力杠杆

滚轮

控制杠杆　　　　　　怠速弹簧

　　　　　　　　调速器壳体

支持杠杆　　飞块　滑套　齿杆冲程
　　　　　　　　　　调节螺栓

图 8 – 38　RAD 型两速调速器

逆时针方向转动，带动浮动杠杆绕 B 点作逆时针方向转动，浮动杠杆的上端通过连杆推动供油调节齿杆向供油增加的方向移动。同时，启动弹簧也对浮动杠杆作用一个向左的拉力，使其绕 C 点作逆时针方向的偏转，带动 B 点和 A 点进一步向左移动，结果滑套通过滚轮使飞块收缩至处于向心极限位置为止，从而保证供油调节齿杆进入启动最大供油量位置，即启动加浓位置。此时的供油量约为全负荷额定供油量的 150%。

②稳定怠速。柴油机启动

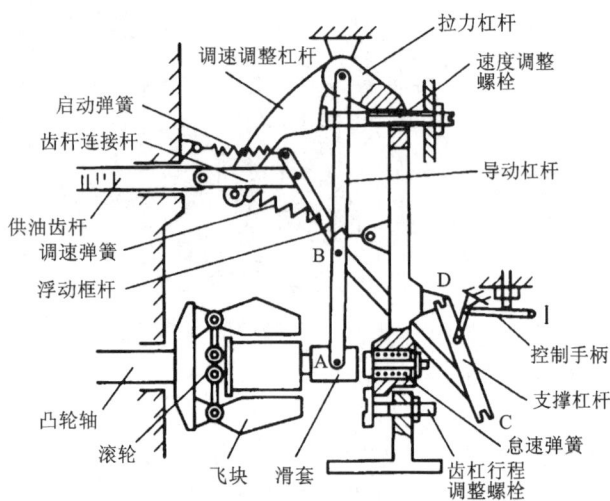

　　　　　　　　拉力杠杆
调速调整杠杆
　　　　　　　速度调整
启动弹簧　　　　螺栓
齿杆连接杆
　　　　　　　导动杠杆
供油齿杆
调速弹簧
浮动框杆　　　B　　　　D

凸轮轴　　　　A　　　　控制手柄
滚轮　　　　　　　支撑杠杆
　　　　　　　　　　　C
飞块　　滑套　　怠速弹簧
　　　　　　　齿杆行程
　　　　　　　调整螺栓

图 8 – 39　两速调速器起动工况工作原理图

后，将控制杠杆拉到怠速位置Ⅱ，如图 8 – 40 所示，柴油机便进入怠速工况。此时，作用在滑套上有三个力：飞块的离心力、怠速弹簧的作用力及起动弹簧的作用力。当飞块离心力与怠速弹簧和起动弹簧的合力相平衡时，滑套便处于某一位置不动，亦即供油调节齿杆处于某一供油位置不动，柴油机就在某一相应的转速下稳定运转。若柴油机转速降低，飞块离心力减小，在怠动弹簧的合力相平衡时，滑套便处于某一位置不动，亦即供油调节齿杆处于某一供油位置不动，柴油机就在某一相应的转速下稳定运转。若柴油机转速降低，飞块离心力减小，在怠速弹簧及起动弹簧的作用下，滑套将向左移动，使导动杠杆绕上端支承点顺时针方向偏转，从而带动浮动杠杆绕 C 点逆时针方向转动，使供油调节齿杆向供油量增加的方向移动，使柴油机转速升高。柴油机转速升高时，飞块离心力随之增大，使滑套向右移动，进一步压缩怠速弹簧，同时带动导动杠杆绕其上端支点逆时针方向偏转，从而使浮动杠杆绕 C 点顺时针方向转动，结果使供油调节齿杆向供油减少的方向移动，柴油机转速随之降低。因而起到了稳定怠速的作用。

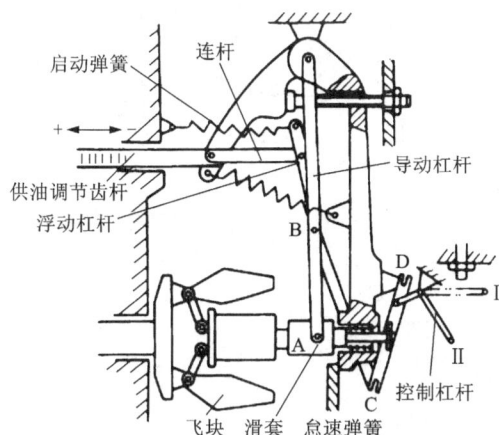

图 8-40 两速调速器怠速工况工作原理图

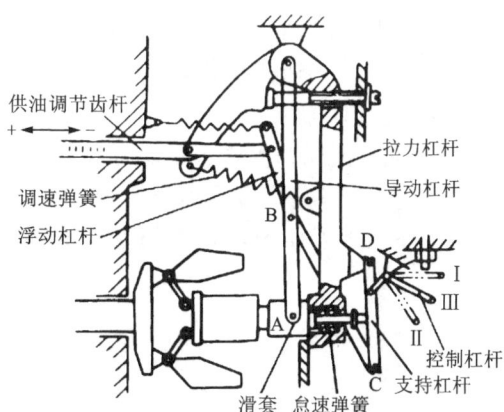

图 8-41 两速调速器正常工作原理图

③正常工作时的油量调节。柴油机转速在怠速和额定转速之间，此时调速器不起作用，供油量的调节由驾驶员人为控制。

当柴油机转速超过怠速转速时，怠速弹簧被完全压入到拉力杠杆内，滑套直接与拉力杠杆的端面接触，如图 8-41 所示。此时怠速弹簧不起作用。由于拉力杠杆被很强的调速弹簧拉住，在柴油机转速低于额定转速时，作用在滑套上的飞块离心力不能推动拉力杠杆，因而导动杠杆的位置保持不动，即 B 点位置不会移动。若控制杠杆位置一定，则浮动杠杆的位置也固定不动，因而供油调节齿杆的位置保持不动，即供油量不会改变。若此时需要改变供油量，驾驶员需改变控制杠杆的位置才能实现。由此可见，在全部中间转速范围内，调速器不起作用，供油量的调节由人工控制。

④限制超速。如图 8-42 所示，当柴油机转速超过额定转速时，飞块离心力就能克服调速弹簧的拉力，滑套推动拉力杠杆并带动导动杠杆绕其上支点向右偏转，使 B 点移动到 B′点、D 点移动到 D′点，在拉力杠杆的带动下，支持杠杆绕其中间支点顺时针方向偏转，使 C 点移动到 C′点。而由 B′、C′点决定了浮动杠杆也发生了顺时针方向的偏转，带动供油调节齿杆向供油减少的方向移动，从而限制柴油机转速不超过额定的工作转速。利用速度调整螺栓改变调速弹簧的预紧力，就可以调节调速器所能限定的柴油机最高转速。

2）全速调速器

（1）全速调速器的构造

图 8-43 为国产 A 型喷油泵上采用的 RSV 调速器，与 RAD 型两速调速器基本相同。为了实现在柴油机工作转速内全速调节控制，增设了以下结构：

①在拉力杠杆的下端设转矩校正加浓装置，该装置由校正弹簧和转矩校正器顶杆组成，以便在超负荷时使用。

②采用了弹力可调的调速弹簧，而没有专门的怠速弹簧。但在拉力杠杆的中部增设怠速稳定弹簧，使怠速运转平稳。

③调速弹簧的弹簧摇臂上装有调整螺钉，它可以调整调速弹簧安装时预紧力的大小，以便保证调速弹簧长期使用过程中高速作用点的准确性。

④在拉力杠杆的下端，增设可调的全负荷供油量限位螺钉，以限制拉力杠杆的全负荷位置。在拉力杠杆的上方后面壳体

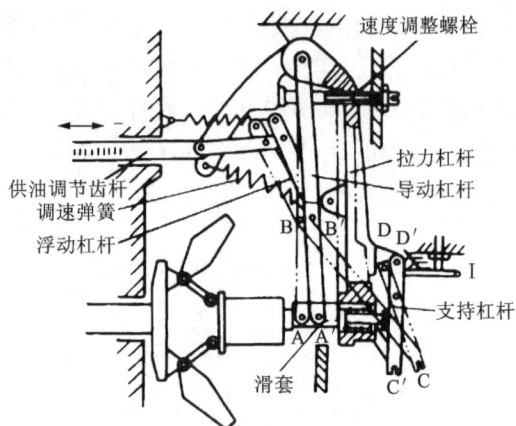

图 8-42　两速调速器限速工作原理图

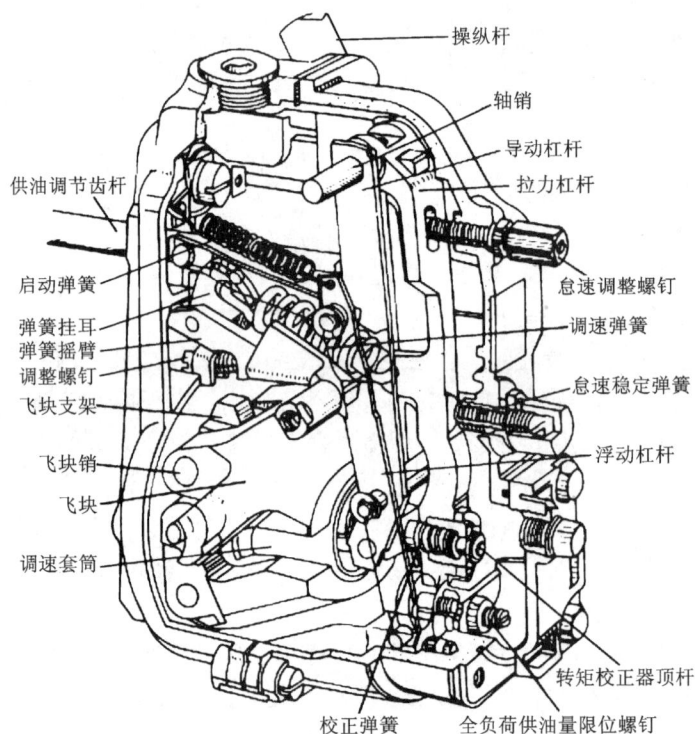

图 8-43　RSV 形全速调速器结构

上，装有怠速调整螺钉，用来调整怠速的高低，并限制弹簧摇臂向低速摆动的位置。

（2）RSV 形全速调速器的工作原理

①启动加浓。如图 8-44 所示，启动前，启动弹簧的预拉力通过浮动杠杆、导动杠杆和调速套筒使飞块处于向心极限位置。启动时，驾驶员将加速踏板踩到底，使操纵杆接触高速限位螺钉而置于启动加浓位置 A，浮动杠杆把供油调节齿杆向左推至起动供油位置，使柴油

机顺利起动。

②怠速工况。柴油机启动后，驾驶员松开加速踏板，操纵杆转至怠速位置，如图 8-45 所示。此时，调速弹簧处于放松状态。飞块的离心力通过调速套筒推动导动杠杆向右偏转，并带动浮动杠杆以下端为支点顺时针方向摆动，克服启动弹簧的弹力，将供油调节齿杆拉到怠速位置。同时，调速套筒通过校正弹簧使拉力杠杆向右摆动，其背部与怠速稳定弹簧相接触。怠速的稳定平衡作用，由调速弹簧、怠速稳定弹簧和启动弹簧共同来保持。

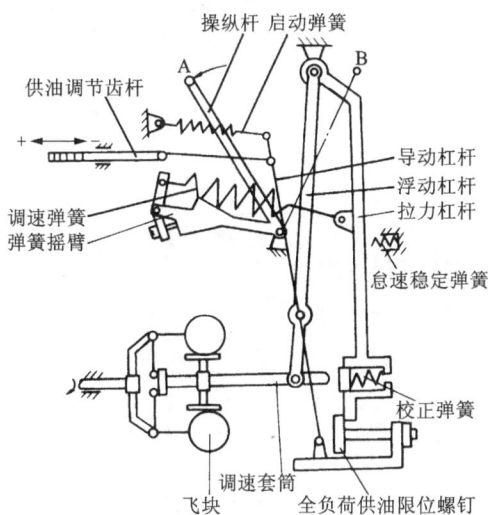

图 8-44 RSV 调速器启动工况工作示意图

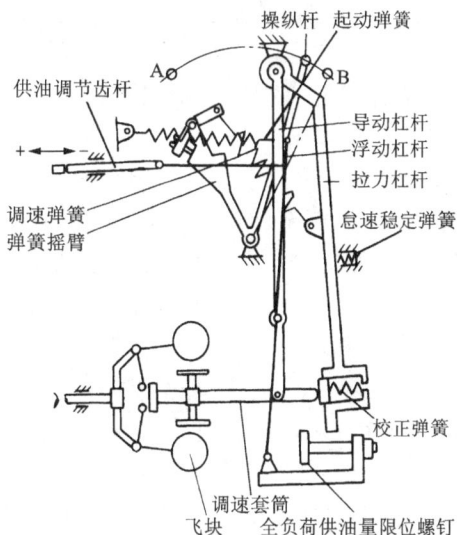

图 8-45 RSV 调速器怠速工况工作示意图

当怠速时转速升高，飞块的离心力加大，则怠速稳定弹簧受到更大的压缩，浮动杠杆带动供油调节齿杆向减少供油的方向移动，限制了柴油机转速上升。若怠速时转速降低，怠速稳定弹簧推动拉力杠杆向左摆动，通过调速套筒、导动杠杆和浮动杠杆使供油调节齿杆向增加供油的方向移动，使柴油机转速稳定在设定怠速值。

③额定工况。如图 8-46 所示，驾驶员将加速踏板踩到底，使操纵杆处于极限位置A。此时，调速弹簧处于最大拉伸状态，拉力最大。张紧的调速弹簧将拉力杠杆拉靠在全负荷供油量限位螺钉上，并通过调速套筒、导动杠杆和浮动杠杆将供油调节齿杆推至全负荷供油位置。柴油机在额定工况下工作，此时，飞块的离心力与调速弹簧的作用力平衡。

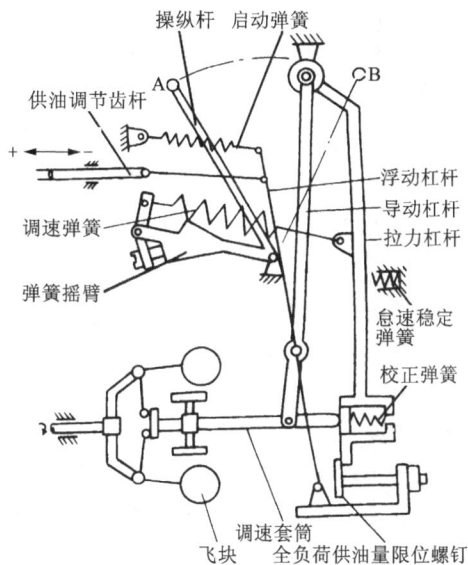

图 8-46 RSV 调速器额定工况工作示意图

当负荷减小转速升高时，飞块离心力增大，调速套筒推动拉力杠杆向右摆动，同时通过导动杠杆、浮动杠杆使供油调节齿杆向供油减少的方向移动，使柴油机转速不再升高，从而限制了柴油机的最高空转转速。

④一般工况。当驾驶员将操纵杆置于怠速与额定工况之间的任一位置时，调速弹簧的预拉力一定，柴油机便在相应的某一转速下稳定运转。此时，拉力杠杆还没有触及到全负荷供油量限位螺钉。当柴油机转速改变时，飞块离心力与调速弹簧作用力的平衡被破坏，调速套筒产生轴向位移，并通过导动杠杆、浮动杠杆带动供油调节齿杆轴向移动，自动减少或增加供油量，以维持柴油机在给定的某一转速下稳定运转。

⑤转矩校正工况。柴油机在额定工况工作时，供油调节齿杆位于全负荷供油位置，如图8-47所示。当外界阻力增加，柴油机转速低于额定转速时，调速弹簧拉力大于飞块的离心力，所以，拉力杠杆接触全负荷供油量限位螺钉，调速器不起作用。此时，由于飞块离心力减小，被压缩的校正弹簧开始伸张，将调速套筒向左推移，带动导动杠杆和浮动杠杆向左偏摆，将供油调节齿杆向供油量增加的方向移动。柴油机的输出转矩增加，同时也限制了转速的进一步降低。反之，柴油机转速升高时，转矩校正弹簧被压缩，供油调节齿杆向供油减小的方向移动，柴油机输出转矩降低，并限制转矩的进一步升高。当转速升到额定转速时，校正弹簧被压缩到极限位置，

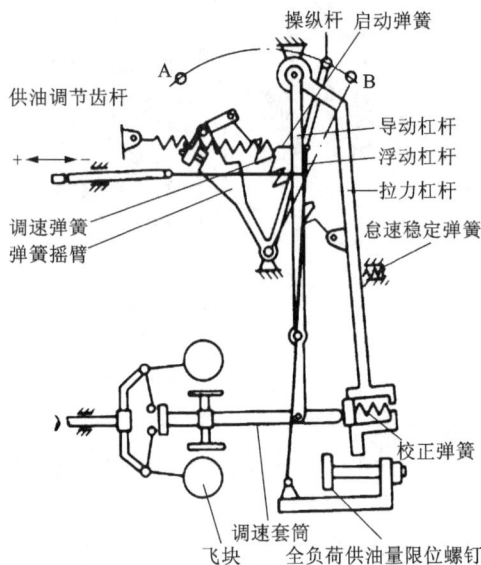

图8-47　RSV调速器全速工作示意图

校正作用结束。转速超过额定转速时，飞块的离心力大于调速弹簧的作用力，调速套筒直接接触拉力杠杆，使拉力杠杆向右摆动，调速器开始起作用，限制最高转速。由此可见，转速校正装置只是在转速低于额定转速时的一定范围内起作用。

⑥停油工况。需要停车时，驾驶员将调速器操纵杆转至最右边的停车位置B，拨动供油调节齿杆右移至停油位置，使喷油泵停止供油，柴油机熄火停车。

2．调速器的检修

1）调速弹簧的检验

调速器弹簧出现扭曲、裂纹、弹力减弱及折断等，应换新件。

2）飞块支架及铰链连接部位的检修

对采用飞块结构的双速调速器，应保证飞块、支架及销轴三者的配合间隙。如飞块支承孔和飞块推脚磨损严重，使飞块实际摆动中心向内偏移，飞块推脚半径缩短，在发动机转速一定的情况下，调速套筒的位移量较未磨损前小，从而影响调速器的调速特性。若上述三者的配合达不到技术条件的要求，可通过镗削飞块销轴孔，更换加粗的销轴来解决。

3）调速套筒的检修

在调速弹簧为拉力弹簧的调速器中，其调速套筒环槽与浮动杠杆横销的磨损，配合间限

超过规定时,可将浮动杠杆上的横销和调速套筒一起拆下,拆下转动90°以后再装复,可以减小配备间隙。

调速器套筒的内孔磨损后,应更换新衬套。修理后,调速套筒在轴上应运动自如无卡滞。调速套筒端面的推力轴承,视情更换。

调速器各操纵连接部位应连接可靠,运动灵活,配合间隙符合规定。在操纵臂位置不变动的情况下,供油拉杆或齿杆的轴向位置游动量应在0.5~1 mm以内。

3. 调速器的调试

调速器的调试内容主要是高速和怠速起作用转速,其次是全程调节、起动加浓、校正加浓及各部位限止位置的检查与调整。

1)高速作用转速的调试

当柴油机在额定转速工作时,供油拉杆或齿杆位置固定在额定供油位置。当柴油机转速超过额定转速时,离心元件上产生的惯性力作用在调速套筒上,使供油拉杆或齿杆向减油方向移动,从而起到限制最高转速的作用。

试验时,使喷油泵转速逐渐增加到接近额定转速,将调速器的操纵臂推向最大供油位置。然后缓慢增加喷油泵的转速,同时注意供油拉杆和齿杆位置的变化,当开始向减少供油量方向移动时的转速,就是高速作用转速。如此转速达不到技术条件的要求,可通过调节调速弹簧的预紧度来实现。对于两速调速器,可直接调节调速弹簧的预紧度。将高速弹簧座向内旋入,增加高速弹簧的预紧度,即可提高高速作用转速;也可通过弹簧座的旋入或退出来改变高速作用转速。

2)怠速作用转速的调试

与限制柴油机额定转速的原理相似,当柴油机以怠速转速运转时,飞块零件产生的离心作用在调速套筒上的轴向力与怠速弹簧相平衡。当某种原因造成发动机运转阻力增大使转速降低时,离心零件产生的离心惯性力不足以平衡怠速弹簧,使供油拉杆或齿杆向增加供油量的方向移动。

试验时,使喷油泵的转速低于正常怠速值,缓慢转动操纵臂,在喷油泵刚刚开始供油时,立即固定操纵臂的位置,然后再慢慢增加喷油泵转速。同时注意观察供油拉杆或齿杆位置的变化,其开始向减少供油量方向移动时的转速,便是调速器怠速起作用的时刻。如此转速与技术条件的要求不符合,可用调节怠速弹簧弹力的方法使其达到要求。

对两极调速式调速器,可调节怠速弹簧调节螺钉,或调节弹簧座。需要指出的是,弹簧座位置的变动同时改变高速弹簧和怠速弹簧的预紧度。若只需变动一项,就必须结合增减高速弹簧或怠速弹簧下的调整垫片配合进行调整。如怠速转速符合要求,而高速过低,此时需将调节螺母向内旋进,并同时减薄怠速弹簧的调整垫片,以便高速和低速同时符合规定。此外,在调整时,要对两侧飞块做到同时调整,以保证飞块能平衡运转。

5. VE泵调速器

1)VE泵调速器基本原理

VE泵调速器为机械离心式,其基本原理如图8-48所示。旋转时飞锤张开推动滑套抵在杠杆的中部,杠杆的上端被弹簧拉着。如果弹簧力小于飞锤离心力,则杠杆绕支点作顺时针转动,带动控制套左移,油量减小,柴油机转速下降,飞锤离心力也变小,直至弹簧力与飞锤离心力平衡,杠杆、控制套稳定在某一位置,油量稳定在某个量,柴油机就稳定在某一转速。弹簧的参数不同，柴油机得到的稳定转速也就不同，因此，可改变弹簧参数来使柴油机稳定在所期望的转速。

VE 泵调速器配有全速式或两速式调速器。两种调速器的主要不同点在于：两速调速器调速弹簧和负荷弹簧安装在弹簧框架内部，而全速式调速器的调速弹簧仅是一个可以自由伸缩的单个弹簧。以下介绍 VE 泵全速调速器。

2）VE 泵全速调速器

（1）VE 泵全速调速器的构造

VE 泵机械离心式全速调速器结构如图 8-49 所示。其主要由传动齿轮、飞锤、调速套筒、调速杠杆系统和调速弹簧等组成。张力杠杆、起动杠杆和导杆通过销轴连接组成调速杠杆系统。为完善调速器的工作性能，VE 泵调速器上还设有增压补偿器和转矩校正等附加装置。

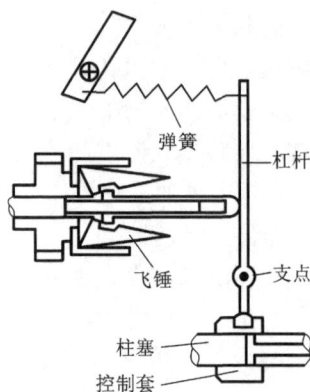

图 8-48　VE 泵调速器

导杆可绕 C 点转动，通过支持销（即图中支点 A）把张紧杆、支承杆与导杆连在一起，使张紧杆和支承杆绕支持销转动。油量控制套筒上有凹槽，在支承杆的下端固装一个球头销，并嵌入到油量控制套筒的凹槽内。飞块装在飞块架内，飞块架与增速齿轮压固在一起。柴油机工作时，动力经传动轴驱动齿轮、增速齿轮带动飞块架与飞块旋转。靠飞块旋转产生的离心力推动调速器滑套移动，从而通过支承杆下端的球头销拨动供油套筒轴向移动，增减循环供油量以适应柴油机工作的需要。与控制杆固装在一起的控制杆轴的下端，偏心安装一个轴

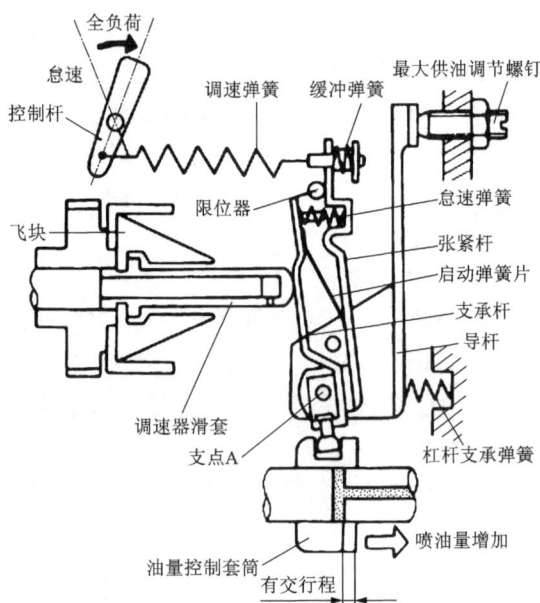

图 8-49　VE 泵全速调速器起动工况工作原理图

销，调速弹簧左端挂在偏心轴销的连接板上，其右端挂入带有缓冲弹簧且穿过张紧杆的销轴上。在调速弹簧的弹力作用下，使张紧杆绕支点 A 逆时针转动，推动油量控制套筒右移，使循环供油量增加；反之，循环供油量减小。

最大供油量的调节是通过最大供油量调节螺钉、导杆和杠杆支承弹簧来完成的。

（2）VE 泵全速调速器的工作原理

①起动工况。如图 8-49 所示，柴油机处于静止状态，飞块完全闭合。起动前将控制杆推到全负荷供油位置。此时，调速弹簧被拉伸，从而拉动张紧杆绕 A 点逆时针转动，直到其上部碰到限位器，与此同时，支承杆通过其下端的球头销一方面拨动油量控制套筒右移至极限位置（起动加浓位置），另一方面在起动弹簧片的作用下推动调速器滑套至左极限位置。上述过程为启动加浓准备了条件。

②怠速工况。如图 8 - 50 所示,柴油机启动后,将控制杆推至怠速位置,在此位置,调速弹簧的弹力几乎为零。此时,飞块的离心力推动调速器滑套向右移动,使支承杆绕 A 点顺时针转动,压缩起动弹簧片、怠速弹簧、缓冲弹簧,并使油量控制套筒左移,直到作用在调速器滑套上的飞块的离心力与起动弹簧片、怠速弹簧、缓冲弹簧所形成的弹力相平衡,油量控制套筒便固定在某一位置不动,柴油机就在相应的某一怠速下稳定运转。

若在怠速运转过程中因某种原因转速降低,则飞块的离心力随之减小,调速器滑套左移,油量控制套筒右移,有效行程增大,循环供油量增加,柴油机转速回升到新的平衡状态。反之,若转速升高,

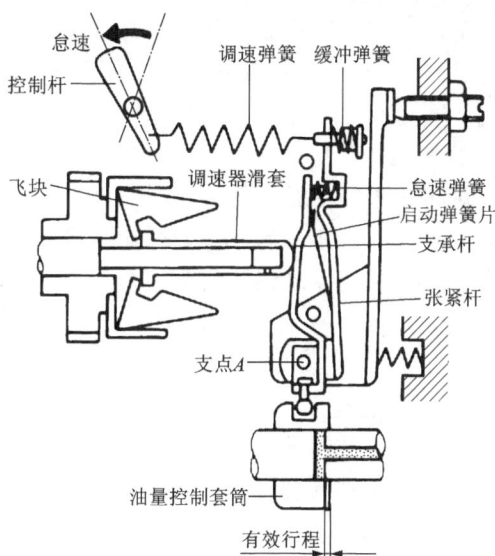

图 8 - 50　VE 泵全速调速器怠速工况工作原理图

飞块的离心力增大。推动调速器套筒右移,使支承杠杆和张紧杠杆绕且点顺时针转动,则油量控制套筒左移,循环供油量减少,柴油机转速下降。

③全负荷工况。如图 8 - 51 所示,当控制杆由怠速位置向全负荷转动,使调速弹簧拉伸,缓冲弹簧、怠速弹簧被压缩,并使张紧杆的支点 B 压到支承杆上,并绕 A 点逆时针转动,使油量控制套筒右移,循环供油量增大,柴油机转速增高。此时控制杆每一个位置,对应调速弹簧一个拉力。柴油机转速升高,飞块的离心力增大,当作用在调速器滑套上的力与调速弹簧拉力平衡时,油量控制滑套就稳定在某一位置上,循环供油量保持一定,柴油机稳定在该对应转速工况,即中间负荷工况。

当控制杆推到全负荷位置时,张紧杆接触到限位器,缓冲弹簧被完全压缩。由于张紧杆和支承杆继续绕 A 点转动,油量控制套筒右移到最大循环供油量位置。当柴油机

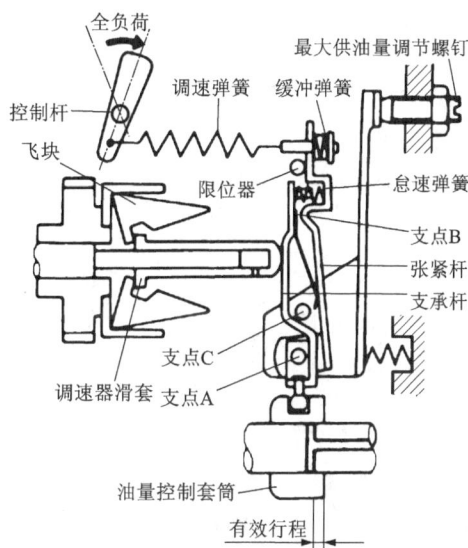

图 8 - 51　VE 泵全速调速器全负荷工况工作原理图

处于全负荷工况时,作用在调速器滑套上的飞块离心力的分力与调速弹簧的弹力相平衡,柴油机稳定在该工况下运转。若不符合则可通过最大供油量调节螺钉的调节来实现。在全负荷工况下,飞块没有和飞块架接触,仍留有继续张开的余地。

④最高转速工况。如图 8 - 52 所示,当控制杆在全负荷位置时,随着负荷的减小,柴油机转速上升,使飞块的离心力作用于调速器滑套上的力大于调速弹簧的弹力,则张紧杆与支

承杆绕 A 点顺时针转动，使循环供油量
减小，柴油机转速便稳定在相应的工况
下，直到外界负荷为零，通过调节循环
供油量，使之保持最高稳定转速。

当柴油机转速超过允许的最高转速
时，飞块向外张开抵靠到飞块架的内表
面，此时推动调速器滑套右移，使循环
供油量减小，从而控制柴油机最高转速
不超过规定数值。

（3）VE 泵调速器的附加装置

①增压补偿器。用于增压柴油机的
分配式喷油泵，其结构原理如图 8 - 53
所示。在补偿器盖和补偿壳体之间装有
膜片，将补偿器分为上、下两个互不相
通的空腔。上腔与进气管相通，其压力

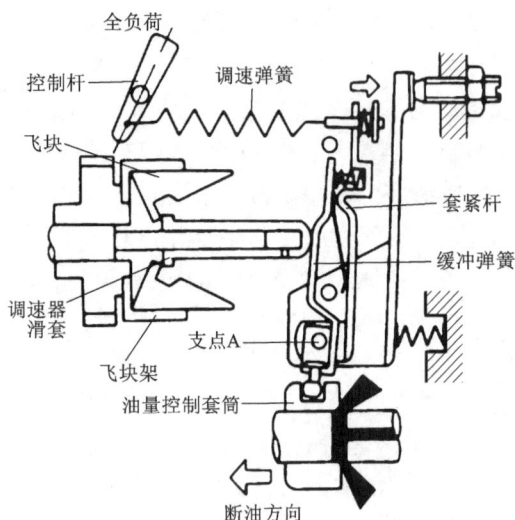

图 8 - 52　VE 泵全速调速器最高转速工况工作原理图

即为增压压力。下腔经通气孔与大气相通，膜片下方装有膜片弹簧。补偿器阀杆与膜片相
连，并随膜片一起做往复运动。

当进气增压压力增大时，膜片带动补偿器阀杆向下运动，与阀杆锥体相接触的补偿杠杆
绕其销轴沿顺时针方向转动，经张力杠杆带动供油量调节套向加油方向移动，加大供油量；
反之，则减小供油量。

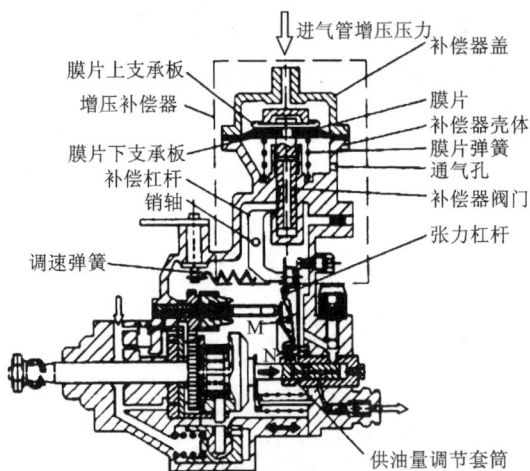

图 8 - 53　增压柴油机的分配式喷油泵

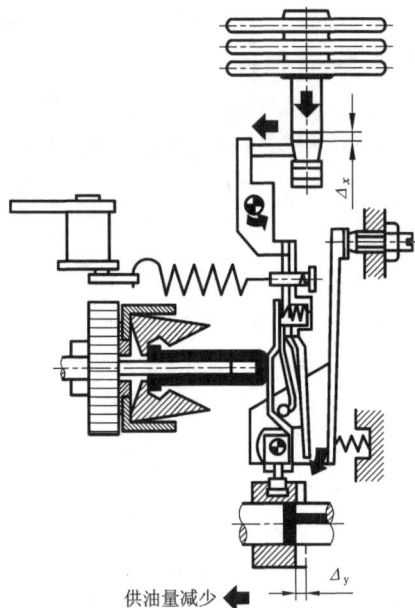

图 8 - 54　大气压力补偿器柴油机的分配式喷油泵

②大气压力补偿器。其功用是随着大气压力的降低或海拔的升高自动减少供油量，以防
止柴油机排黑烟，其结构原理如图 8 - 54 所示。它主要由大气压力感知盒和感知盒推杆组

成。感知盒推杆下端与连接销的接触处，是一段上大下小的锥体。当大气压力降低或汽车在高原行驶时，大气压力感知盒向外膨胀，感知盒推杆向下移动。由于感知盒锥体的作用，使连接销向左移动，推动控制臂绕销轴 S 沿逆时针方向转动，通过推动张力杠杆、起动杠杆拨动油量调节套向左移动，减少供油量。

四、柴油机供油正时

柴油机工作时喷油提前角的大小对柴油机工作性能影响很大。喷油提前角过大，喷油时缸内温度低，混合气形成条件差，备燃（着火延迟）期长，从而将导致柴油机工作粗暴；喷油提前角过小，则补燃期延长，燃烧过程所能达到的最高压力低，热效率显著下降，部分柴油不能燃烧，随废气排出。为此柴油机必须有最佳喷油提前角。

最佳喷油提前角即柴油机在转速和供油量（负荷）一定的条件下，能获得最大功率及最小燃料消耗率的喷油提前角由试验得出：任何一台柴油机，最佳喷油提前角都不是常数，而是随供油量和曲轴转速变化的，且与柴油机结构有关。供油量越大，转速越高，喷油提前角也越大；为使柴油机在其他工况下，也有适宜的喷油提前角，在柴油机喷油泵上均设置了喷油提前角的自动调节器。为消除因喷油泵传动装置相关零件的磨损引起喷油提前角的变化，以及喷油泵经解体调试后装车，为保证喷油正时，喷油泵还设有喷油正时校正装置。喷油正时的校正与就车调整，是在喷油泵安装到车上后，通过喷油正时装置进行检查、调整、校正的。

喷油提前角的调整是通过供油提前角实现的。供油提前角是指喷油泵开始供油至活塞到达上止点之间的曲轴转角。

1. 柱塞式喷油泵供油提前角的自动调节器

供油提前角自动调节器的作用是在柴油机整个工作转速范围内使喷油泵供油提前角随柴油机转速升高而自动相应提前，使柴油机始终在最佳或接近最佳喷油定时下工作。供油提前角自动调节器装在喷油泵的驱动轴上。

1）供油提前角自动调节器的构造

机械离心式供油提前角自动调节装置（如图 8 – 55 所示）位于联轴器和喷油泵之间，联轴器的从动部分即为调节装置的驱动部分，调节装置的从动部分即为喷油泵凸轮的驱动部分。调节器壳体用螺栓与联轴器相连，为主动元件，两个飞块套在调节器壳体端面的两个销钉上，外面还套装两个弹簧座，飞块的另一端各压装一个销钉，每个销钉上各松套着一个滚轮和滚轮内座圈。从动盘与喷油泵凸轮轴相连接。从动盘两臂的弧形侧面与滚轮接触，平侧面则压在两个弹簧上，弹簧的另一端支于弹簧座上。整个调节器是一个密封体，内腔充满机油以润滑。

2）供油提前角自动调节器的工作原理

供油提前角自动调节器的工作原理如图 8 – 56 所示。当柴油机转速上升，装在调速器壳体上的飞块的离心力开始克服弹簧的预紧力向外张开；同时，通过飞块上的滚轮推动与从动盘焊成一体的弧形块运动，从而使与从动盘连接的喷油泵凸轮轴沿旋转方向相对于调速器壳体转动一个角度，直到弹簧作用在平侧面上的压缩弹力与飞块离心力相平衡为止，于是从动盘与调节器壳体同步旋转，从而改变了喷油泵提前角度。转速越高，供油提前角改变量也越大。

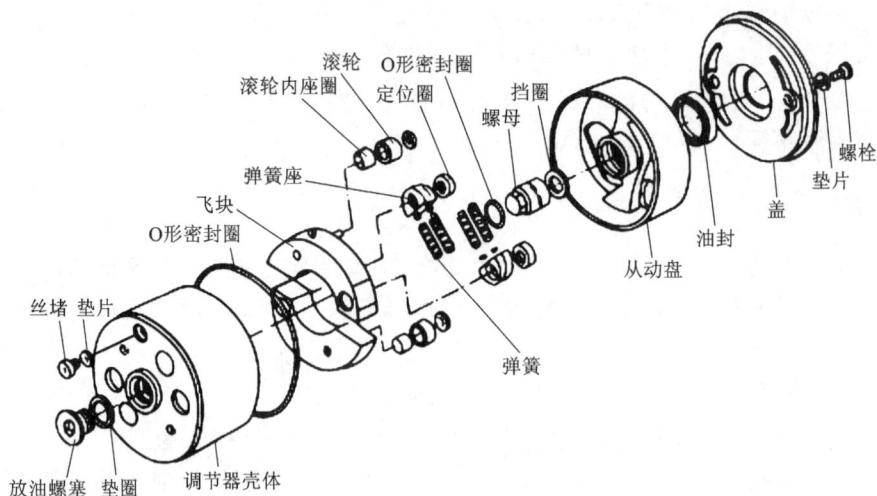

图 8 – 55　机械离心式供油提前角自动调节装置

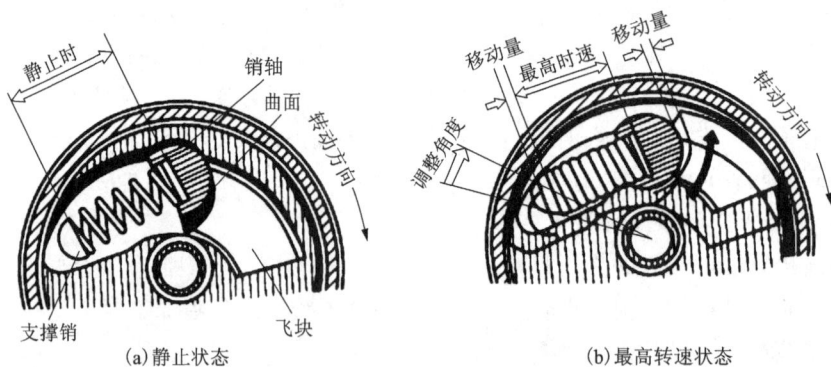

(a)静止状态　　　　　　　　(b)最高转速状态

图 8 – 56　供油提前角自动调节器的工作原理图

2. VE 泵供油提前角的自动调节器

1)VE 泵供油提前角的自动调节器的构造

VE 泵采用液压式供油提前角自动调节器,位置在 VE 分配泵下部,由液压缸、活塞、拔销、连接销、弹簧和滚轮座等主要零件组成,其结构如图 8 – 57 所示。

活塞通过连接销、拔销与滚轮座相连。活塞左侧液油缸内有弹簧并与滑片式输油泵进油道相通,因而其作用力为弹簧力和进油压力,而活塞右侧液压缸与泵内腔相通,其作用力为泵内燃油压力,其值随转速增加而增加。

2)VE 泵供油提前角的自动调节器的工作原理

在喷油泵静止状态时,活塞在弹簧力作用下,被推向右侧。当柴油机工作后,泵内燃油压力升高。当活塞两边失去平衡时,活塞开始向左移动,通过连接销、拔销推动滚轮座沿顺时针方向转动,即滚轮座相对于平面凸轮转动,迫使平面凸轮提早顶起,供油提前角增大使供油提前。反之,转速降低,滚轮座逆时针方向转动,即滚轮座顺着平面凸轮转动,供油提前角减小使供油滞后,如图 8 – 58 所示。

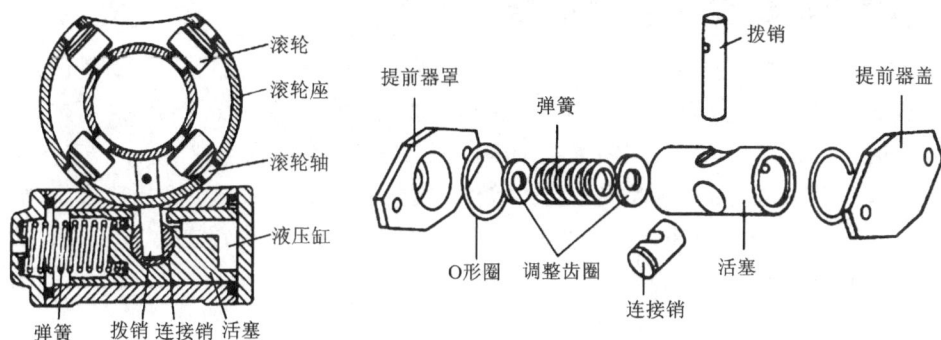

图 8 – 57 VE 泵供油提前角的自动调节器结构图

若改变弹簧预紧力，就可以改变供油提前角自动调节装置起作用的转速。

3. 喷油泵供油正时的校准

喷油泵的二级维护作业主要是外部的清洁、校准供油正时和向供油提前角自动调节器补给润滑油。

喷油提前角与供油提前角有直接的关系。在使用中，是通过改变供油提前角的大小来改变喷油提前角的。因此，应在二级维护时予以校正。

1）供油提前角的检查

供油提前角的检查校对应按以下程序进行：

（1）确定曲轴的位置。转动曲轴，使飞轮上的供油正时记号与飞轮壳上的标记对正（如 6120Q – 1 型柴油机上有上止点前 25°的长刻线），或使曲轴前皮带轮上的供油提前角记号与正时齿轮壳上的标记对正。

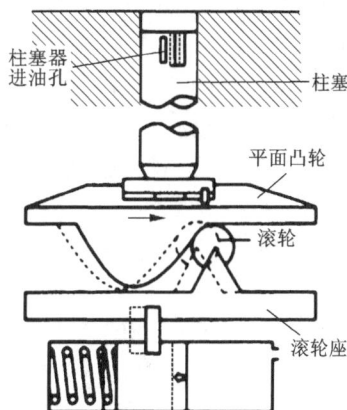

图 8 – 58 供油提前角自动调节器工作原理图

（2）检查供油提前角。检查联轴器从动突缘盘上的刻线是否与喷油泵前壳体上的刻线对正（如 6100Q – 1 柴油机）。假若没有对正，松开连接主动突缘盘与中间突缘盘的螺栓，转动喷油泵凸轮轴使刻线对正，然后拧紧连接螺栓。

供油提前角也可以按下述方法检查：在基本对正曲轴位置后，将一缸分泵的出油阀和出油阀弹簧拆下，装上检查用的出油管。用手油泵泵油，此时，应保证出油管有柴油流出。在出油的同时，顺时针方向转动曲轴，在出油停止的瞬间使曲轴停转，此时飞轮或曲轴皮带轮的刻度即为一缸供油提前角。如果供油提前角不准，可通过进行调整。

2）供油提前角的调整

由于喷油泵与发动机固定方式的不同，供油提前角的调整也不同。柱塞式喷油泵的泵体不能变动，通过联轴器调整。调整时改变主动凸缘盘和中间凸缘盘的相对位置便可改变供油提前角；转子式分配泵，用螺栓固定在正时齿轮箱壳体上，改变泵的位置来调整供油提前角。螺栓孔为弧形孔，螺栓松开时，分配泵壳体可相对分配泵驱动轴转动一定角度，即使供油提前角发生改变。

五、废气涡轮增压器的构造与维修

所谓增压，是在增压器中压缩进入发动机进气管前的充量，增加其密度，使进入气缸的实际进气量比自然吸气发动机的进气量多，达到增加发动机功率、改善燃料经济性和排放性能的目的。在增压发动机中，充量将受到两次压缩，一次是在增压器中，一次是在气缸中。

发动机的增压方法有：机械增压、气波增压、废气涡轮增压和复合增压。废气涡轮增压（简称为涡轮增压）最早在柴油机上得到应用，目前仍是发动机增压的主要方式。废气涡轮增压的作用是利用发动机的排气的动力使进气增压，已达到进气充分，使发动机动力提高和减少废气的目的。

废气涡轮增压不需要消耗柴油机动力；在柴油机结构（气缸直径、活塞行程、曲轴转速）不变的条件下，可提高功率30%～100%甚至更多；进气压力提高，燃烧压力也相应提高，柴油机工作更柔和、噪声更小，燃烧更充分，从而降低了尾气排放，降低燃油消耗率；拓宽柴油机的产品系列，即在相同气缸直径、活塞行程和曲轴转速条件下，柴油机有较宽的功率范围。

1. 废气涡轮增压的构造

常见发动机的增压器结构如图8-59所示，增压器主要由装在同一轴上的涡轮和压气机叶轮组成。压气机叶轮叶片为前倾后弯式，以提高压气机效率。涡轮和轴焊接在一起。轴承系统采用全浮式滑动轴承。采用具有良好储油性能的粉末冶金止推轴承。两端均采用活塞环式密封环。

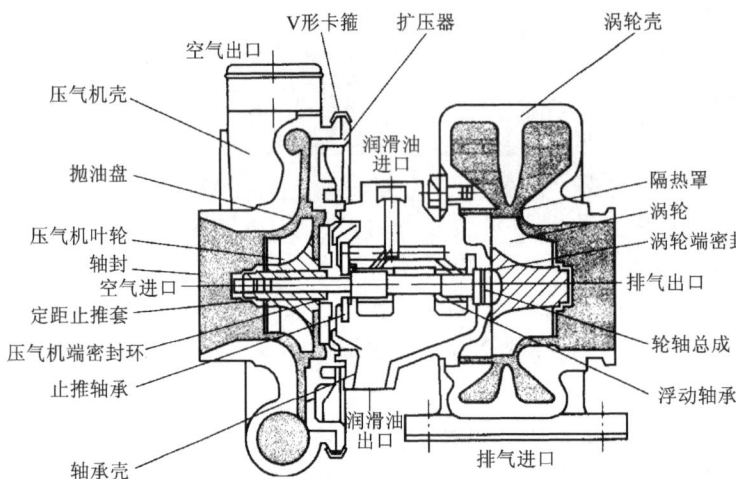

图8-59　废气涡轮增压的结构图　　　　图8-60　废气涡轮增压的工作原理图

2. 废气涡轮增压的工作原理

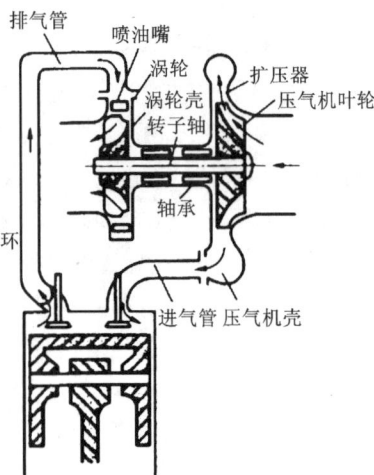

废气涡轮增压系统的工作原理如图8-60所示，涡轮增压器实际上就是一个空气压缩机，它利用发动机排出的废气作为动力来推动涡轮室内的涡轮（位于排气道内），涡轮又带动同轴的叶轮（位于进气道内），叶轮压缩由空气滤清器管道送来的新鲜空气，再送入气缸。通过涡轮的废气最后排入大气。当发动机转速加快，废气排出速度与涡轮转速也同步加快，空气压缩程度就得以加大，发动机的进气量相应地得到增加，就可以增加发动机的输出功率。

3. 中间冷却器

废气涡轮增压按其增压比 πK（增压后气体压力 PK 与增压前气体压力 PO 之比）的大小可分为低增压（$\pi K < 1.4$）、中增压（$1.4 < \pi K < 2$）和高增压（$\pi K > 2$）。增压比高，压力升高大，但会使空气的温度随之升高，因而空气的密度

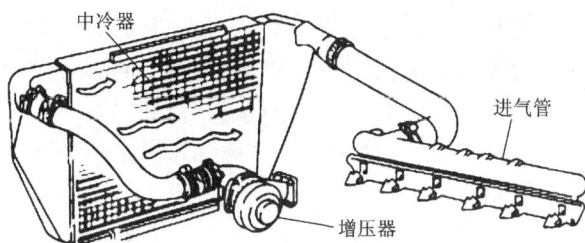

图 8-61 中间冷却器

增长率受到影响，使发动机功率提高受到限制，同时，温度升高还会加大柴油机零件的热负荷，加大排气污染。因此，中、高增压比的增压器一般要采用中间冷却器。

柴油机装中冷器后，增压器压气机出来的空气不直接进入柴油机的进气管，而是用管子将增压空气引至安装在柴油机冷却水散热器前面的空冷式中冷器。在这里，压缩空气经过冷却，使其密度进一步提高，以增加发动机的进气量，有利于提高柴油机的性能。中冷器的布置如图 8-61 所示。

4. 废气涡轮增压器正常使用与维护

(1)空气滤清器、涡轮、压气机必须定期清洗或更换，以保证压气机进气清洁。

(2)使用新增压器或经过维修的增压器，应拨动其转子，检查是否转动灵活，有异响，在工作中，如果增压器发出尖锐的响声，应立即停机检查。工作时增压器有振动现象，一般是由于叶轮、轴，或涡轮损坏所至，应予以修复或更换。

(3)必须保证增压器的可靠润滑，润滑油要清洁，油压、油温要正常，油管不能有漏油现象。如果增压器长时间停机，使用前应通过油孔加入 30 mL 的润滑油。

(4)柴油机启动时，必须让发动机怠时运转 3~5 min，以便使润滑油润滑轴承密封圈，熄火前，使其怠速运转 3~5 min，以便使润滑油冷却增压器，防止烧坏密封圈、轴承烧死或轴承壳变形现象。

废气涡轮增压器一般每使用 2000~2500 h 进行一次定期检查，主要是转子轴的轴向间隙检查：将进气岐管、排气岐管从增压器上拆下，将百分表触针顶在转子轴上，用力前后推动叶轮，百分表指针的摆动量即为转子轴的轴向间隙值，正常间隙值一般为 0.1~0.3 mm，转子轴的径向间隙值不大于 0.4 mm，否则应检修或更换增压器。应按要求定期更换转子轴轴承，否则会引起运转不良，振动异响等。

任务四 柴油机电控燃料供给系

一、柴油机电子控制技术的发展状况、优点及功能

1. 柴油机电子控制技术的发展状况

柴油机电控技术是在解决能源危机和排放污染两大难题的背景下，在飞速发展的电子控制技术平台上发展起来的。汽油机电控技术的发展为柴油机电控技术的发展提供了宝贵经验。

由于柴油机具备高扭矩、高寿命、低油耗、低排放等特点，柴油机成为解决汽车及工程机械能源问题最现实和最可靠的手段。因此柴油机的使用范围越来越广，数量越来越多。同

时对柴油机的动力性能、经济性能、控制废气排放和噪声污染的要求也越来越高。依靠传统的机械控制喷油系统已无法满足上述要求，也难以实现喷油量，喷油压力和喷射正时完全按最佳工况运转的要求。近年来，随着计算机技术、传感器技术及信息技术的迅速发展，电子产品的可靠性、成本、体积等各方面都能满足柴油机进行电子控制的要求，并且电子控制燃油喷射很容易实现。

2．柴油机电子控制燃油喷射系统的优点

1）改善低温起动性

电子控制系统能够以最佳的程序替代驾驶员进行这种麻烦的起动操作，使柴油机低温起动更容易。

2）降低氮氧化物和烟度的排放

采用柴油机电控技术，可精确地将喷油量控制在不超过冒烟界限的适当范围内，同时根据发动机工况调节喷油时刻，从而有效抑制排烟。

3）提高发动机运转稳定性

采用柴油机电控系统，无论负荷怎样增减，都能保证发动机怠速工况下以最低的转速稳定运转，有利于提高其经济性。

4）提高发动机的动力性和经济性

柴油机电控系统中，ECU根据传感器信号精确计算喷油量和喷油正时，从而提高发动机的动力性和经济性。

5）控制涡轮增压

采用电子控制技术可以对增压装置进行精确的控制。

6）适应性广

只要改变ECU的控制程序和数据，一种喷油泵就能广泛用在各种柴油机上，而且柴油机燃油喷射控制可与变速器控制、怠速控制等各种控制系统进行组合实现集中控制，有利于缩短柴油机电控系统开发周期，并降低成本，从而扩大柴油机电控系统的应用范围。

3．柴油机电控系统的功能

柴油机电控系统的功能主要有燃油喷射控制、怠速控制、进气控制、增压控制、排放控制、起动控制、巡航控制、故障自诊断和失效保护、柴油机与自动变速器的综合控制。

1）燃油喷射控制

燃油喷射控制主要包括供（喷）油量控制、供（喷）油正时控制、供（喷）油速率控制和喷油压力控制等。

2）怠速控制

柴油机的怠速控制主要包括怠速转速控制和怠速时各缸均匀性的控制。

3）进气控制

柴油机的进气控制主要包括进气节流控制、可变进气涡流控制和可变配气正时控制。

4）增压控制

柴油机的增压控制主要是由ECU根据柴油机转速信号、负荷信号、增压压力信号等，通过控制废气旁通阀的开度或废气喷射器的喷射角度、增压器涡轮废气进口截面大小等措施，实现对废气涡增压器工作状态和增压压力的控制，以改善柴油机的扭矩特性，提高加速性能，降低排放和噪声。

5)排放控制

柴油机的排放控制主要是废气再循环(EGR)控制。ECU 主要根据柴油机转速和负荷信号,按内存程序控制 EGR 阀开度,以调节 EGR 率。

6)起动控制

柴油机启动控制主要包括供(喷)油量控制、供(喷)油正时控制和预热装置控制,其中供(喷)油量控制和供(喷)油正时控制与其他工况相同。

7)巡航控制

带有巡航控制功能的柴油机电控系统,当通过巡航控制开关选定巡航控制模式后,ECU 即可根据车速信号等自动维持汽车以一定车速行驶。

8)故障自诊断和失效保护

柴油机电控系统中也包含故障自诊断和失效保护两个子系统。柴油机电控系统出现故障时,自诊断系统将点亮仪表盘上的"故障指示灯",提醒驾驶员注意,并储存故障码,检修时可通过一定的操作程序调取故障码等信息;同时失效保护系统启动相应保护程序,使柴油能够继续保持运转或强制熄火。

9)柴油机与自动变速器的综合控制

在装用电控自动变速器的柴油车上,将柴油机控制 ECU 和自动变速器控制 ECU 合为一体,实现柴油机与自动变速器的综合控制,以改善汽车的变速性能。

二、柴油机电控燃油喷射系统的基本原理和组成

1. 柴油机电控燃油喷射系统的基本原理

电喷柴油喷射系统由传感器、ECU(计算机)和执行机构三部分组成。其任务是对喷油系统进行电子控制,实现对喷油量以及喷油正时随运行工况的实时控制。采用转速、油门踏板位置、喷油时刻、进气温度、进气压力、燃油温度、冷却水温度等传感器,将实时检测的参数同时输入计算机(ECU),与已储存的设定参数值或参数图谱进行比较,经过处理计算按照最佳值或计算后的目标值把指令送到执行器。执行器根据 ECU 指令控制喷油量(供油齿条位置或电磁阀关闭持续时间)、喷油正时(正时控制阀开闭或电磁阀关闭始点)、喷油压力和喷油规律,同时对废气再循环阀、预热塞等执行机构进行控制,使柴油机运行状态达到最佳。

2. 柴油机电控燃油喷射系统的组成

柴油机电控燃油喷射系统除了控制喷油量外,对喷油正时和喷油的压力都有很高的要求(柴油机电控燃油喷射系统的喷油压力较高,约为 19.6 MPa),各种柴油电控系统的区别在于控制功能、传感器的数量和类型、执行元件的类型、

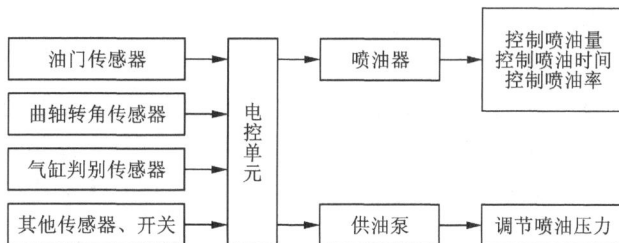

图 8-62 电控燃油喷射系统的组成

ECU 控制软件。主要电控元件的结构原理和安装位置,基本组成与其他电子控制系统一致,也由传感器、ECU 和执行元件 3 部分组成,如图 8-62 所示。

1）传感器

实时检测柴油机、车辆运行状态及使用者的操作思想——操作量等信息，并送给控制器。基本传感器有曲轴位置传感器、凸轮轴位置传感器、共轨压力传感器、冷却液温度传感器、空气流量计（含进气温度）、大气压力传感器（ECU）、增压压力传感器、加速踏板位置传感器以及燃油含水率传感器（燃油滤清器下部）等。

2）柴油机控制 ECU

其核心部分是计算机，它负责处理所有信息、执行程序，并将运行结果作为控制指令输出到执行器。此外，还有一种通讯功能，即和其他的控制系统——如传动装置控制器进行数据传输和交换，同时考虑到其他系统的实时情况，适当修正燃油系统的执行指令，即适当修正喷油量、喷油提前角等。与此同时，还可以向其他控制系统送出必要的信息。

3）执行元件

根据控制器送来的执行指令驱动调节喷油量及喷油正时的相应机构，从而调节柴油机的运行状态。在直列泵系统中，有调节喷油泵的齿杆位移的调速器执行器，调节发动机驱动轴和喷油泵凸轮轴的相位差的提前器执行器，从而调节喷油时间，在分配泵系统中也还有一些独特的执行器。

三、柴油机电控燃油喷射系统的类型

柴油机电控技术发展的三个阶段：位置控制式、时间控制式、时间－压力控制式（压力控制）。

● 第一代柴油机电控燃油喷射系统（常规压力电控喷油系统）

特点：结构不需要改动，生产继承性好，便于对现有柴油机进行升级换代。系统响应慢，控制频率低，控制自由度小，控制精度不够高，喷油压力无法独立控制。

● 第二代柴油机电控燃油喷射系统（高压电控喷油系统）

改变了传统燃油供给系统的组成和结构，主要以电控共轨（各缸喷油器共用一个高压油管）式喷油系统为特征，直接对喷油器的喷油量、喷油正时、喷油速率和喷油规律、喷油压力等进行"时间－压力控制"或"压力控制"。

特点：通过设置传感器、电控单元、高速电磁阀和相关电液控制执行元件等，组成数字式高频调节系统，有电磁阀的通、断电时刻和通、断电时间控制喷油泵的供油量和供油正时。但供油压力还无法独立控制。

1．位置控制式

位置控制系统不仅保留了传统的泵－管－嘴系统，还保留了原喷油泵中的齿条、滑套、柱塞上的斜槽等控制油量的机械传动机构，只是对齿条或者滑套的运动位置予以电子控制。第一代柴油机电控燃油喷射系统主要以电控直列柱塞泵或电控转子分配泵为特征。

1）直列柱塞泵的供油量控制

"位置控制"的直列柱塞泵供油量控制装置一般采用占空比控制型电磁阀（简称占空比电磁阀）式或直流电动机式电子调速器。日本 Zexel 公司的 COPEC，德国 Bosch 公司的 EDR 系统和美国 Caterpillar 公司的 PEEC 系统等都属于位置控制的电控直列泵系统。

2）转子分配泵的供油量控制

"位置控制"的转子分配泵供油量控制装置一般采用转子式或占空比电磁阀式电子调速

器。日本 Denso 公司的 ECD – V1、德国 Bosch 公司的 EDC 和日本 Zexel 公司的 COVEC 等都属于位置控制的电控分配泵系统。

2. 时间控制方式

时间控制式电控分配泵如图 8 – 63 所示。微型计算机内设有时钟，通过利用时钟控制喷油终了时间，从而控制喷油量。控制喷油终了的执行机构是电磁阀，对每一次喷油都可以进行控制，因此，可以取消其他的喷油量控制机构。另外，在时间控制方式中，电子回路比较简单。

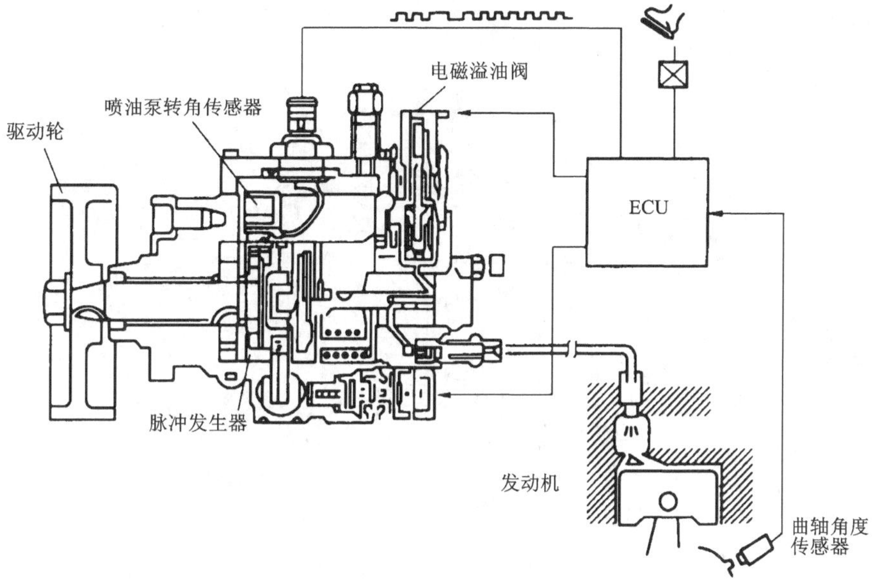

图 8 – 63 时间控制式电控分配泵

供油量的"位置控制"特点是用模拟量来控制执行元件工作，通过对喷油泵油量控制机构的定位来得到所需的供油量。无论采用何种类型的电子调速器，总是需要由部分机械装置来完成对喷油泵供油量的调节，也会降低控制精度和响应速度。所以继供油量"位置控制"之后出现了"时间控制"。时间控制系统是用高速强力电磁阀直接控制高压燃油，一般情况下，电磁阀关闭，开始喷油；电磁阀打开，喷油结束。喷油始点取决于电磁阀关闭时刻，喷油量取决于电磁阀关闭的持续时间。传统喷油泵中的齿条、滑套、柱塞上的斜槽和提前器等全部取消，对喷射定时和喷射油量控制的自由度更大。

日本 Zexel 公司的 Model – 1 电控分配泵、美国 Detroit 公司的 DDEC 电控泵喷嘴、德国 Bosch 公司的 EUP13 电控单体泵都属于时间控制系统。我国专家欧阳明高和丹麦 Sorenson 研制的"泵 – 管 – 阀 – 嘴(pump/pipe/valve/injector – PPVI)"电控燃油喷射系统也属于第二代电控喷射系统。

3. 时间 – 压力控制方式

第二代柴油机电控燃油喷射系统中最典型的是电控共轨式燃油喷射系统。在电控共轨式燃油喷射系统中，对喷油量的控制采用"时间 – 压力控制"或"压力控制"，用得最多的是"时

间 - 压力控制"方式。

在该系统中，ECU 控制供油压力调节阀使喷油器的喷油压差保持不变，再通过控制三通电磁阀工作实现喷油量和喷油正时的控制。电磁阀通电开始时刻决定了喷油的开始时刻，其通电时间决定喷油量。

高压共轨系统(见图 8 - 64)是时间 - 压力控制式喷油系统，其燃油喷射压力与发动机转速度无关，即喷射压力的产生与喷射过程相互分开。在该系统中，高压油泵(柱塞泵或分配泵)把高压燃油输送到高压蓄压器(公共油轨)，油轨内的高压燃油通过分配器，按发动机喷油顺序，将高压燃油输送到喷油器，喷油器内电磁阀根据 ECM 指令切断回油通路，高压燃油克服喷油器内弹簧预紧力而开始喷油，最高喷油压力可以达 200 MPa 以上。

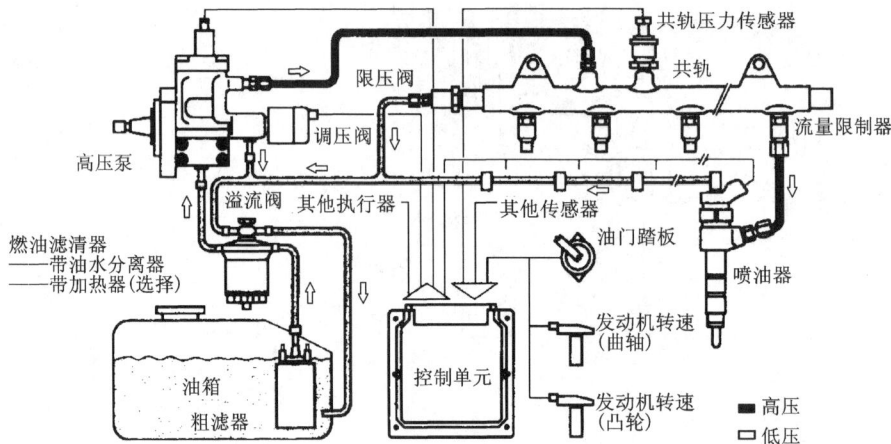

图 8 - 64   高压共轨系统组成

高压共轨系统主要特点：

(1)共轨腔内的高压直接用于喷射，可以省去喷油器内的增压机构；而且共轨腔内是持续高压，高压油泵所需的驱动力矩比传统油泵小得多。

(2)通过高压油泵上的压力调节电磁阀，可以根据发动机负荷状况以及经济性和排放性的要求对共轨腔内的油压进行灵活调节，尤其优化了发动机的低速性能。

(3)通过喷油器上的电磁阀控制喷射定时，喷射油量以及喷射速率，还可以灵活调节不同工况下预喷射和后喷射的喷射油量以及与主喷射的间隔。

电控高压共轨式燃油系统从功能方面分析，电控共轨系统可以分成两大部分：

(1)电子控制系统。电子控制系统可以分成三大部分：传感器、计算机和执行器，如图 8 - 62 所示。

电子控制系统的核心是 ECU。ECU 的输入是安装在车辆和发动机上的各种传感器和开关；ECU 的输出是送往各个执行机构的电子信息。ECU 根据各个传感器的信息，计算机进行计算、完成各种处理后，求出最佳喷油时间和最合适的喷油量，并且计算出在什么时刻、在多长的时间范围内向喷油器发出开启电磁阀或关闭电磁阀的指令等，从而精确控制发动机的工作过程。

(2)燃料供给系统。燃料供给系统的主要组成部分如图 8 - 65 所示。由图可见，燃油供给系统的主要构成是供油泵、共轨和喷油器。

燃油供给系统的基本工作原理是：

供油泵将燃油加压成高压，供入共轨内，共轨实际上是一种燃油分配管。储存在共轨内的燃油在适当的时刻通过喷油器喷入发动机气缸内。电控共轨系统中的喷油器是一种由电磁阀控制的喷油阀，电磁阀的开启和关闭由计算机控制。

4. 压力控制方式

在后期开发的柴油机电控共轨式燃油喷射系统中，为降低对供油压力的要

图 8 - 65　高压共轨燃油供给系统

求，喷油量的控制采用控制喷油压力的方法实现，即喷油量的"压力控制"方式。

喷油器喷孔尺寸一定，喷油时间一定，控制喷油压力即可控制喷油量；而在增压活塞和柱塞尺寸一定时，喷油压力(即增压压力)取决于共轨中的油压，共轨中的油压是由 ECU 根据各种传感器信号通过燃油压力调节阀来控制的，所以将此种喷油量控制方式称为"压力控制"方式。在系统中，ECU 根据实际的共轨压力信号对共轨压力进行闭环控制。

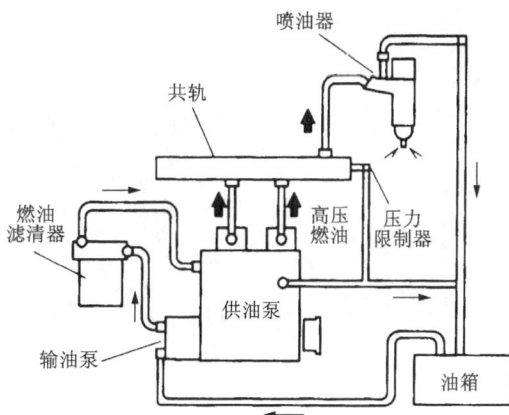

四、典型电控柴油喷射系统

1. ECD - V1 型电控柴油喷射系统

ECD - V1 型电控柴油喷射系统是位置控制型电控柴油喷射系统(如图 8 - 66 所示)，用于日本丰田 2L - TE 型缸增压轿车柴油机上。ECD - V1 系统中的喷油泵为 VE 型分配泵，为适应电控的需要而进行了改造。取消了机械调速器，代之以供油量控制电磁，通过杠杆来改变供油量调节套筒的位置，以实现喷油量的控制。同时，还通过供油量调节套筒位置传感器的反馈信号，实现闭环控制。ECD - V1 系统保留了 VE 型分配泵的液压式喷油提前器，增设一个定时器控制阀，以实行喷油定时的电子控制。

1) ECD - V1 系统的控制功能及组成

电控柴油喷射系统的控制部分一般由传感器、电控单元(ECU)和执行器等 3 部分组成，如图 8 - 67 所示。传感器的功用是实时检测柴油机与汽车的运行状态，以及驾驶员的操作意向和操作量等信息，并将其传输给电控单元。电控单元的核心部分是计算机，它与系统中设置的软件一起负责信息的采集、处理、计算和执行程序，并将运行结果作为控制指令输出给执行器。执行器的功用是按照电控单元的控制指令调节供油量和供油定时。

2) 供油量的控制

在 ECD - V1 系统中，电控单元(ECU)根据加速踏板位置传感器和柴油机转速传感器的输入信号，首先算出基本供油量。然后根据来自冷却液温度、进气温度和进气管压力等传感器的信号以及起动机信号，对基本供油量进行修正。再按供油量调节套筒位置传感器信号进行反馈修正之后，确定最佳供油量。因此，不论汽车是低温起动、加速，或是在高原行驶，ECD - V1 系统都能精确地确定适应柴油机运转的最佳供油量，如图 8 - 68 所示。

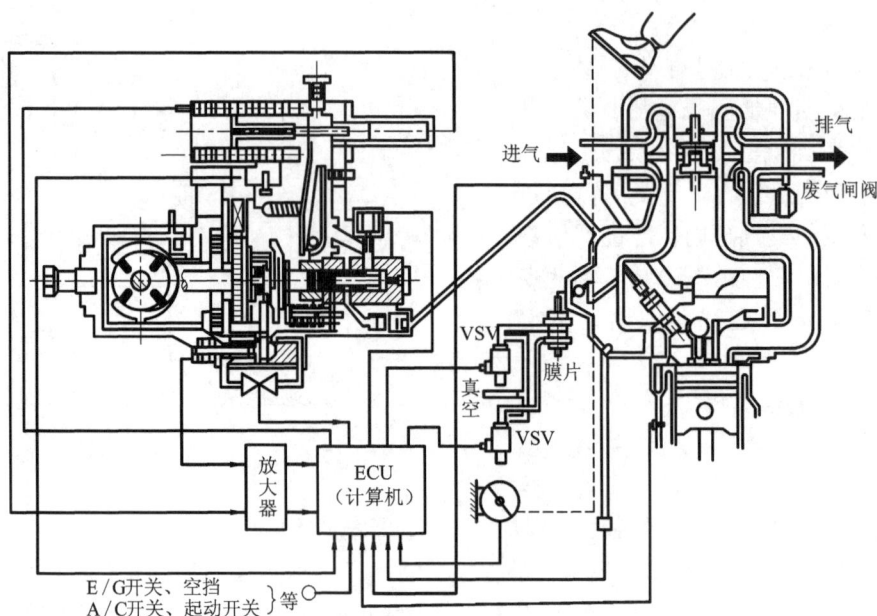

图 8 – 66　ECD – V1 型电控柴油喷射系统组成

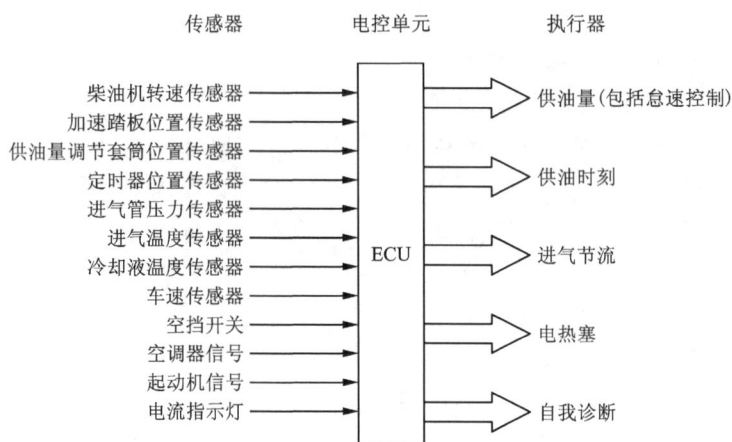

图 8 – 67　ECD – V1 系统的控制功能及传感器

电控单元把计算和修正的最后结果作为控制信号传输给供油量控制电磁阀的电磁线圈产生电磁力，吸引可动铁芯。控制信号的电流越大，磁场就越强，可动铁芯向左的移动量越大，通过杠杆将供油量调节套筒向右推移的越多，供油量也就越多。供油量控制电磁阀及供油量调节套筒位置传感器如图 8 – 69 所示。

3）怠速转速的控制

电控单元根据加速踏板位置传感器、车速传感器等的输入信号以及起动机信号，决定何时开始怠速控制，并根据冷却液温度传感器、空调及空挡开关等信号，计算出设定的怠速转

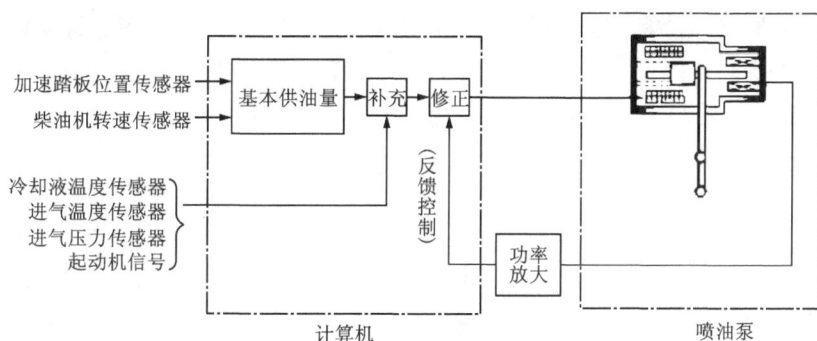

图 8 - 68　最佳供油量控制原理

速及相应的供油量。为了使设定的
怠速转速保持稳定,还需根据柴油机
转速的反馈信号,不断对供油量进行
修正。

　　4)供油定时的控制

　　电控单元首先根据柴油机转速
和加速踏板位置等传感器的输入信
号,初步确定一个供油时刻,然后根
据进气管压力、冷却液温度等传感器
的信号和起动机信号再进行修正。

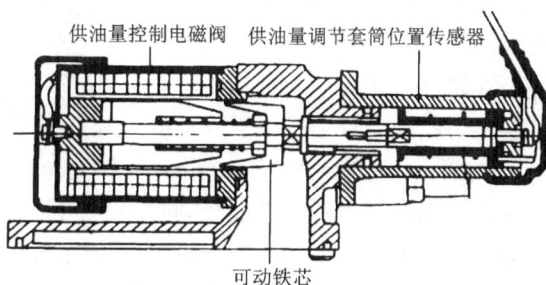

图 8 - 69　供油量的控制与修正

电控单元根据最后确定的供油时刻,向供油定时控制阀的线圈通电,可动铁芯被电磁力吸
引,压缩弹簧向右移动,打开喷油提前器由高压腔通往低压腔的油路,使喷油提前器活塞两
侧的压差缩小,活塞向右移动,供油时刻推迟,即供油提前角减小。

　　供油定时控制阀是电磁阀,通过其线圈的电流是脉冲电流,电控单元通过改变脉冲电流
的占空比来改变由喷油提前器的高压腔到低压腔的流通截面积,以调整喷油提前器活塞两侧
的压力差,使活塞产生不同的位移,达到控制供油时刻的目的。喷油提前器活塞位置传感器
为非接触式电感传感器,其中的可动铁芯直接与喷油提前器活塞相连,并随活塞一起动作。
当可动铁芯移动时,引起线圈电感的变化,借以检测活塞的位置。喷油提前器活塞位置信号
回授给电控单元,以实行反馈控制。

　　5)其他控制

　　ECD - V1 系统通过控制设置在进气管中的节气门开度来进行进气控制,其目的是降低
柴油机低负荷时的噪声和振动,以及防止柴油机发生飞车事故。由于丰田 2L - TE 型柴油机
采用涡流室燃烧室,因此在涡流室内装有起动电热塞。ECD - V1 系统通过电热塞控制电路
来控制流过电热塞的电流实行起动控制。此外,系统还具有故障自诊断及后备控制等功能。

　　2. ECD - V4 型电控柴油喷射系统

　　1)ECD - V4 系统的组成

　　ECD - V4 系统中的供油泵采用 DPA 型分配泵的内凸轮压油机构,从而提高了喷油压力

（130 MPa）。同时，系统装置了具有高响应特性的电磁溢流阀和电子驱动单元（EDU），以及用来修正供油量和供油定时的 ROM（只读存储器），这使得 ECD‐V4 系统的控制精度和响应速度均有较大的提高。ECD‐V4 系统取消了供油量调节套筒及其操纵机构，使结构进一步得到简化。

2）供油量的控制

供油量的控制如图 8‐70 所示，电控电元（ECU）根据加速踏板的位置和柴油机转速算出基本供油量之后，再按照进气压力、进气温度和燃油温度等的高低对基本供油量进行修正，最后确定出最佳供油量。柴油机启动时，ECU 根据柴油机转速和冷却液温度计算起动供油量。在增压状态下，则根据进气管压力传感器信号计算

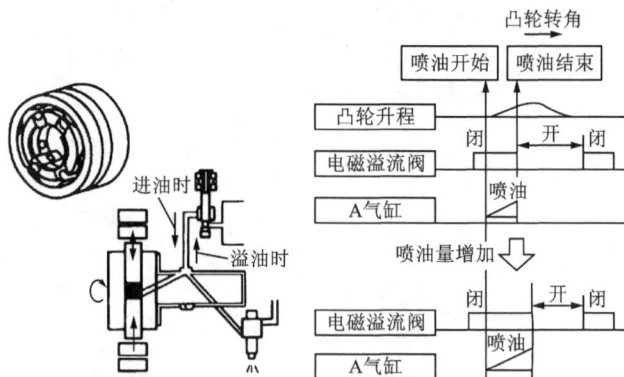

图 8‐70　供油量的控制方法

进气量，并按照进气量的多少增减供油量。最佳供油量确定之后，ECU 通过安装在供油泵上的电磁溢流阀控制供油泵的供油持续时间，借以控制循环供油量。

当滚柱开始滚上内凸轮的上升段时所对应的曲轴转角即为供油始点，开始供油。柱塞孔内的燃油由于受到柱塞的压缩而提高了压力，高压燃油经分配转子和喷油器喷入气缸。供油持续一定时间后，完成循环供油量的喷射，ECU 对电磁溢流阀断电，电磁溢流阀开启，高压燃油经电磁溢流阀溢出，进入供油泵体内腔，柱塞孔内的燃油降压，喷油器停止喷油。显然，供油始点决定于供油泵内凸轮形面的形状，而供油终点则决定于电磁溢流阀开启的时刻。电磁溢流阀开启得越迟，供油的持续时间越长，供油量越多，即电控单元通过控制由供油始点到电磁溢流阀开启这段时间来控制供油量。

3）怠速转速的控制

ECD‐V4 系统的怠速转速控制与 ECD‐V1 系统相似，只是在暖机过程中，ECU 将增加供油量，使怠速转速提高，即所谓快怠速功能。

4）供油定时的控制

ECD‐V4 系统的供油定时控制方法与 ECD‐V1 系统相同。

5）其他控制

ECD‐V4 系统除保留了 ECD‐V1 系统所有的各种控制功能外，增加了废气再循环控制功能，通过 EGR 真空电磁阀（VSV）和 EGR 阀对废气再循环数量进行控制，以降低 NO_x 的排放。

任务五　汽车柴油机电控高压共轨喷油系统

现代小型乘用车柴油机对进一步降低燃油耗、减少废气排放和降低噪声的要求越来越高。满足这些条件都需要喷油系统具有很高的喷油压力、非常灵活的控制柔性、极准确的喷油过程和计量极精确的喷油量。因此，继续沿用机械调节式喷油系统或喷油压力较低而控制

功能有限的电子控制式分配泵已无法满足这些要求，新型的电控高压共轨喷油系统则是最佳选择。因此近几年来，电控高压共轨喷油系统在车用柴油机上得到了迅速推广。

一、柴油机电控高压共轨喷油系统特性

1. 电控高压共轨喷油系统的主要特点

电控高压共轨喷油系统与传统的凸轮驱动的机械调节式喷油系统相比，其与柴油机匹配的灵活性要大得多，主要表现在以下几个方面：宽广的应用领域（用于小型乘用车和轻型载重车，每缸功率可达 30 kW；用于重型载重车、内燃机车和船舶，每缸功率可达 200 kW 左右）；喷油压力可达 135 MPa，甚至更高；喷油始点可变；可实现预喷射、主喷射和后喷射；喷油压力可随柴油机运转工况而变化。

2. 电控高压共轨喷油系统的主要功能

在共轨喷油系统中，喷油压力的建立与喷油量互不相关，喷油压力不取决于柴油机的转速和喷油量。在高压燃油存储器（即"共轨"）中始终充满着高压燃油，而喷油量、喷油正时和喷油压力由电控单元（ECU）根据其中存储的特性曲线（脉谱图）和传感器采集的柴油机运转工况信息算出，然后控制每缸喷油器的高速电磁阀开闭来实现。

共轨喷油系统的控制部分和传感器部分包括 ECU、曲轴转速传感器、凸轮轴相位传感器、加速踏板传感器、增压压力传感器、空气质量流量计、共轨压力传感器及冷却水温度传感器。

ECU 借助于传感器得知驾驶员的要求（加速踏板位置）以及柴油机和车辆的实时工作状态。它处理由传感器产生并经数据导线输入的信号，对柴油机进行控制和调节。曲轴转速传感器测定柴油机的转速，凸轮轴相位传感器确定发火顺序和相位。加速踏板传感器是一种电位计，它通过电压信号告知 ECU 关于驾驶员对扭矩的要求。空气质量流量计告知 ECU 柴油机实时的进气空气质量流量，以根据排放法规的要求来匹配相应的基本喷油量。在带有增压压力调节的增压柴油机上，增压压力传感

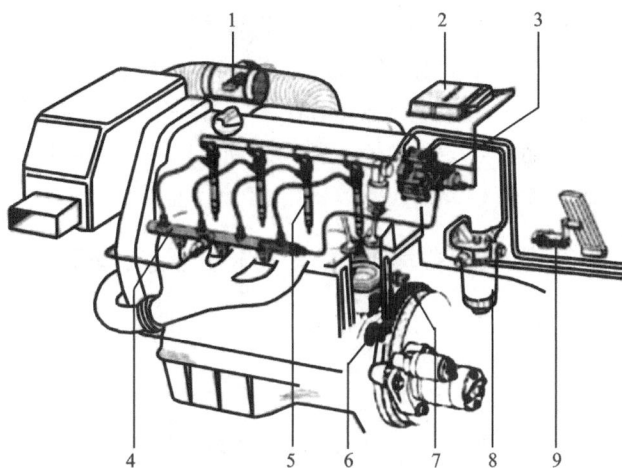

图 8-71 四缸柴油机电控共轨喷油系统
1—空气流量计；2—ECU；3—高压油泵；4—共轨；5—喷油器；
6—曲轴位置传感器；7—冷却液温度传感器；
8—柴油滤清器；9—油门踏板传感器

器用以测定增压压力。在低温和柴油机处于冷态时，ECU 可根据冷却水温度传感器和进气空气温度传感器的信号值确定合适的喷油始点、预喷射油量和其他参数的额定值，如图 8-71 所示为四缸柴油机电控共轨喷油系统的主要组件。

电控高压共轨喷油系统的基本功能是在正确时刻以精确的数量和合适的压力控制燃油的

喷射,从而保证柴油机的平稳运行,并获得低燃油消耗、废气排放和运转噪声。

电控高压共轨喷油系统的附加功能是附加的控制和调节功能用于减少废气排放和燃油消耗,以提高安全性和舒适性。例如用来实现废气再循环(EGR)、增压压力调节、车速控制和电子防盗锁等。

3. 电控共轨喷油系统的喷油特性

(1)普通喷油系统的喷油特性。在普通的分配泵和直列泵中,只有主喷射而没有预喷射和后喷射;在电磁阀控制的分配泵中仅可实现预喷射。

(2)电控共轨喷油系统的喷油特性。不但有预喷射和主喷射,而且有后喷射。

①预喷射。预喷射可在上止点前90°内进行。如果预喷射的喷油始点早于上止点前40°曲轴转角,则燃油可能喷到活塞顶面和气缸壁上使润滑油稀释到不允许的程度。预喷射时,少量燃油($1 \sim 4 \ mm^3$)喷入气缸,促使燃烧室产生"预调节",从而改善燃烧效率。压缩压力由于预反应或局部燃烧而略有提高,因此缩短了主喷油量的着火延迟期,降低了燃烧压力上升幅度和燃烧压力峰值,燃烧较为柔和。这种效果减小了燃烧噪声和燃油耗,许多情况下还降低了排放。

预喷射间接地通过缩短着火延迟期而有助于发动机扭矩的增加。根据主喷射始点和预喷射与主喷射之间的时间间隔的不同,燃油耗降低或增加。

②主喷射。主喷射提供了发动机输出功率所需的能量,从而基本上决定了发动机的扭矩。在共轨喷油系统中,整个喷油过程的喷油压力近似恒定不变。

③后喷射。对于那些催化 NO_x 的催化器而言,后喷射的燃油充当还原剂,用于还原 NO_x。它在主喷射之后的做功行程或排气行程中进行,其范围一般在上止点后200°内。

与预喷射和主喷射不同,后喷射的燃油在气缸中不会燃烧,而是在废气中剩余热量的作用下蒸发,带入 NO_x 催化器中作为 NO_x 的还原剂,以降低废气中 NO_x 的含量。

过迟的后喷射会导致燃油稀释发动机的润滑油,其喷射范围要由发动机制造厂家通过试验来确定。

二、柴油机电控高压共轨燃油喷油系统的组成

汽车柴油机电控高压共轨喷油系统(如图 8 – 72 所示)由低压供油部分和高压供油部分组成。

1. 低压供油部分

低压部分是为向高压部分提供足够的燃油,其主要组成部件如图 8 – 73 所示,燃油箱(带有滤网)、输油泵、燃油滤清器及低压油管。

1)燃油箱

燃油箱必须抗腐蚀,且至少能承受 2 倍的实际工作油压,并在不低于 0.03 MPa 压力的情况下仍保持密封。如果油箱出现超压,需经过适当的通道和安全阀自动卸压。即使车辆发生倾斜,或在弯道行驶,甚至发生碰撞时,燃油不会从加油口或压力平衡装置中流出。同时,燃油箱必须要远离发动机,如果车辆发生交通事故时,可减小发生火灾的危险。

2)低压油管

低压供油部分除采用钢管外还可使用阻燃的包有钢丝编织层的柔性管。油管的布置必须能够避免机械损伤,并且在其上滴落的燃油既不能聚积,也不会被引燃。

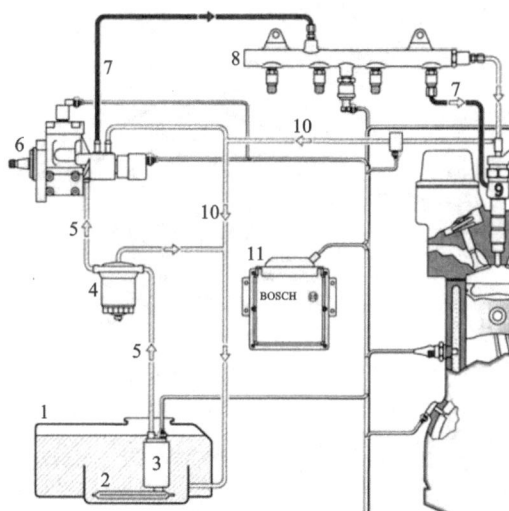

图 8-72 柴油机电控高压共轨燃油喷油系统组成

1—燃油箱;2—滤网;3—输油泵;4—燃油滤清器;

5—低压油管;6—高压泵;7—高压油管;8—共轨;

9—喷油器;10—回油管;11—ECU

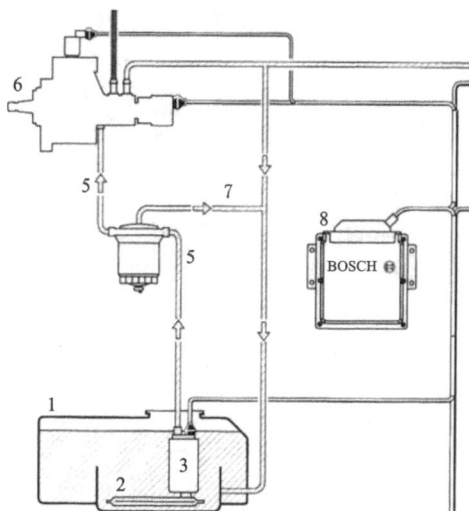

图 8-73 低压部分组成

1—燃油箱;2—滤网;3—电动输油泵;

4—燃油滤清器;5—低压油管;

6—高压泵低压部分;7—回油管;8—ECU

3)输油泵

输油泵的任务是在任何工况下为燃油提供所需的压力,并在整个使用寿命期内,向高压泵提供足够的燃油。

目前输油泵有两种类型,即电动输油泵(滚子叶片泵)和机械驱动的齿轮泵。

(1)电动输油泵。电动输油泵用于乘用车和轻型商用车。除了向高压泵输送燃油外,电动输油泵在监控系统中还起到了在必要时中断燃油输送的作用。

发动机启动过程开始时,电动输油泵就开始运行,且不受发动机转速影响。电动输油泵持续从油箱中抽出燃油,经燃油滤清器送往高压泵,多余的燃油经溢流阀流回油箱。其具有安全电路,可防止在停机时向发动机输送燃油。

电动输油泵有油管安装式和油箱安装式两种。油管安装式输油泵安装在车辆底盘上油箱与燃油滤清器之间的油管上。而油箱安装式输油泵则安装在油箱内的专用支架上,其总成通常还包括吸油端的吸油滤网、油位显示器、储油罐以及与外部连接的电气和液压接头。电动输油泵由泵油元件、电动机和连接盖3个功能部分组成,如图8-74所示。泵油元件的工作原理取决于电动输油泵的应用领域,有多种型号。乘用车共轨喷油系统采用的滚子叶片泵(容积式泵)由偏心布置的内腔和在其中转动的开槽圆盘构成,如图8-75所示,每个槽内有可活动的滚子。利用开槽圆盘转动的离心力和燃油压力的作用,滚子紧压在外侧的滚子滚道上和槽的驱动侧面上。在这种情况下,滚子的作用就好比是做圆周运动的密封件。开槽圆盘的每2个滚子与滚道之间构成了1个腔室,当进油口关闭,腔室容积不断缩小时,便产生泵油作用。燃油在出油口打开以后从电动机流过,并经压油端的连接盖输出。

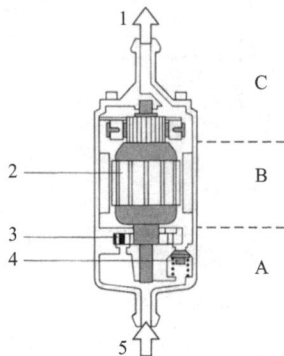

图8-74 电动输油泵示意图

1—压油端；2—电动机电枢；3—滚子叶片泵；

4—限压阀；5—吸油端；

A—泵油元件；B—电动机；C—连接

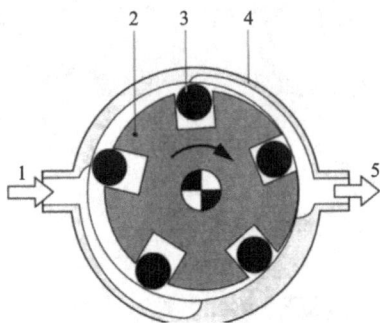

图8-75 电动输油泵的滚子叶片泵示意图

1—吸油端；2—圆盘形转子；3—滚子；

4—油泵外壳；5—压油端

电动机由永久磁铁和电枢组成，其设计取决于在一定系统压力之下所要求的供油量。电动机和泵油元件装在共用的外壳中，燃油不间断地流过，从而使其得到冷却，因此无须在泵油元件与电动机之间设置复杂的密封件便可获得较高的电动机功率。连接盖包含电气接头和压油端的液压接头，另外还可以在连接盖中设置防干扰装置。

（2）齿轮输油泵。齿轮输油泵（如图8-76所示）用于乘用车和轻型商用车的共轨喷油系统中，向高压泵输送燃油。其装在高压泵中与高压泵共用驱动装置，或装在发动机旁配有单独的驱动装置。驱动装置一般为联轴节、齿轮或齿带。齿轮输油泵的基本构件是2个互相啮合反向转动的齿轮，它们将齿隙中的燃油从吸油端送往压油端。齿轮的接触线将吸油端和压油端互相密封以防止燃油倒流。其输油量与发动机转速成正比，因此输油量的调节借助于吸油端的节流调节阀或压油端的溢流阀进行。

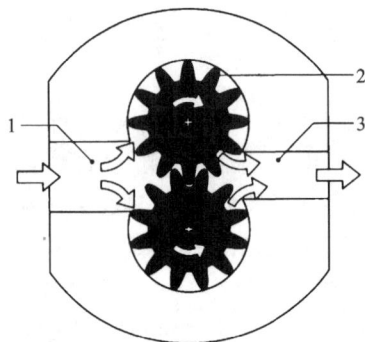

图8-76 齿轮输油泵工作原理图

1—吸油端；2—驱动齿轮；3—压油端

齿轮泵在工作期间无须保养。为了在第一次启动时或燃油箱放空后排空燃油系统中的空气，可在齿轮泵或低压管路上装配手动泵。

4）燃油滤清器

燃油滤清器将进入高压泵前的燃油滤清净化，从而防止高压泵、出油阀和喷油器等精密件过早磨损和损坏。

燃油中的杂质可能使泵油元件、出油阀和喷油嘴损坏，因此使用满足喷油系统要求的燃油滤清器是保证发动机正常工作和延长使用寿命的前提条件。通常燃油中会含有化合形态（乳浊液）或非化合形态（温度变化引起的冷凝水）的水。如果这些水进入喷油系统，会对其产生腐蚀并造成损坏，因此与其他喷油系统一样，共轨喷油系统也需要带有集水槽的燃油滤清器（如图8-77所示），每隔适当时间必须将水放掉。随着乘用车采用柴油机数量的增加，自动水报警装置的使用也在不断增加。当系统必须将水排出时，该装置的报警灯就会闪亮。对于那些燃油中含水量较高的国家，装用这种装置应该是必需的。

2. 高压供油部分

共轨喷油系统的高压供油部分包括带调压阀的高压泵、高压油管、作为高压存储器的共轨(带有共轨压力传感器)、限压阀和流量限制器、喷油器、回油管。高压部分除了产生高压力的组件外，还有燃油分配和计量组件(如图 8 – 78 所示)。

1)高压泵

(1)高压泵功用。高压泵(如图 8 – 79 所示)位于低压部分和高压部分之间，它的功用是在车辆所有工作范围和整个使用寿命期间，在共轨中持续产生符合系统压力要求的高压燃油，以及快速启动过程和共轨中压力迅速升高时所需的燃油储备。

(2)高压泵的结构。高压泵通常像普通分配泵那样装在柴油机上，以齿轮、链条或齿形皮带连接在发动机上，最高转速为 3000 r/min，依靠燃油润滑。因为安装空间大小的不同，调压阀通常直接装在高压泵旁，或固定在共轨上。

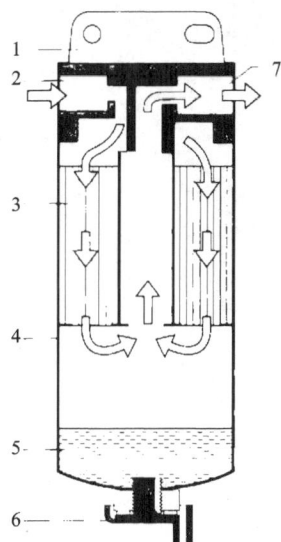

图 8 – 77　燃油滤清器

1—滤清器盖；2—进油口；
3—纸质滤芯；4—外壳；5—集水槽；
6—放水螺塞；7—出油口

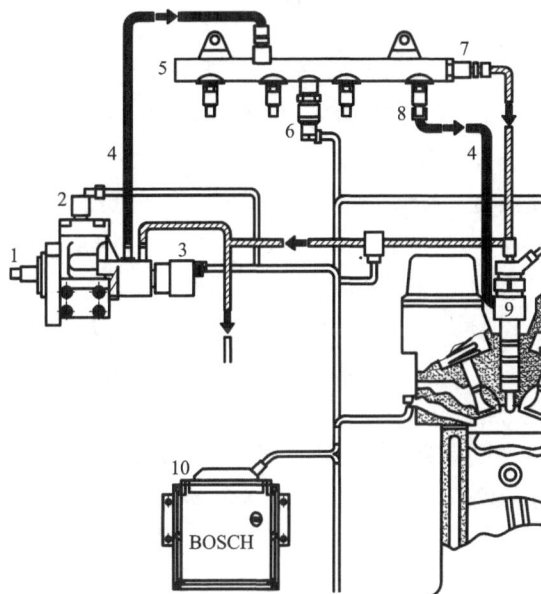

图 8 – 78　高压供油部分

1—高压泵；2—柱塞偶件切断电磁阀；3—调压阀；4—高压油管；5—共轨；
6—共轨压力传感器；7—限压阀；8—流量限压器；9—喷油器；10—ECU

燃油是由高压泵内 3 个相互呈 120°径向布置的柱塞压缩的。由于每转 1 圈有 3 个供油行程，因此驱动峰值扭矩小，泵驱动装置受载均匀。驱动扭矩为 16 N·m，仅为同等级分配泵

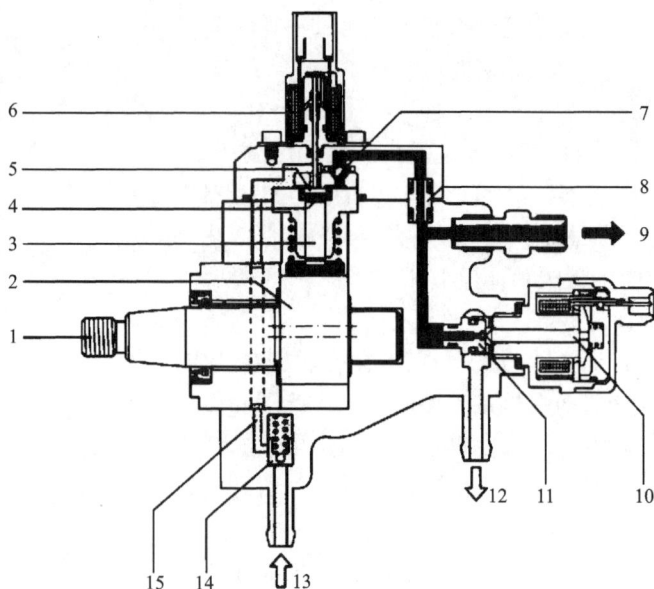

图 8 - 79　高压泵纵剖面示意图

1—驱动轴；2—偏心凸轮；3—柱塞泵油元件；4—柱塞腔；5—吸油阀；
6—柱塞偶件切断电磁阀；7—排油阀；8—密封件；9—通向共轨的高压接头；10—调压电磁阀；
11—球阀；12—回油口；13—进油口；14—带节流孔的安全阀；15—通往泵油元件的低压通道

所需驱动扭矩的 1/9 左右，所以共轨喷油系统对泵驱动装置的驱动要求比普通喷油系统低，泵驱动装置所需的动力随共轨压力和泵转速(供油量)的增加而增加。排量为 2 L 的柴油机，额定转速下共轨压力为 135 MPa 时，高压泵(机械效率约为 90 %)所消耗功率为 3.8 kW。喷油嘴中的泄漏和所需的喷油量，及调压阀的回油，使其实际功消耗要更高些。

(3)高压泵的工作原理。燃油通过输油泵加压经带水分离器的滤清器送往安全阀(如图 8 - 79 所示)，通过安全阀上的节流孔将燃油送到高压泵的润滑和冷却回路中。带偏心凸轮的驱动轴或弹簧根据凸轮形状相位的变化而将泵柱塞推上或压下。如果供油压力超过了安全阀的开启压力(0.05 ~ 0.15 MPa)，则输油泵可通过高压泵的进油阀将燃油压入柱塞腔(吸油行程)。当柱塞达到下止点后而上行时，则进油阀被关闭，柱塞腔内的燃油被压缩，只要达到共轨压力就立即打开排油阀，被压缩的燃油进入高压回路。到上止点前，柱塞一直泵送燃油(供油行程)。达到上止点后，压力下降，排油阀关闭。柱塞向下运动时，剩下的燃油降压，直到柱塞腔中的压力低于输油泵的供油压力时，吸油阀再次被打开，重复进入下一工作循环。

(4)高压泵的供油效率。由于高压泵是按高供油量设计的，在怠速和部分低负荷工作状态下，被压缩的燃油会有冗余。通常这部分冗余的燃油经调压阀流回油箱，但由于被压缩的燃油在调压阀出口处压力降低，压缩的能量损失而转变成热能，使燃油温度升高，从而降低了总效率。若泵油量过多，使柱塞泵空，切断供应高压燃油可使供油效率适应燃油的需要量，可部分补偿上述损失，如图 8 - 79 所示，柱塞被切断供油时，送到共轨中的燃油量减少。因为在柱塞偶件切断电磁阀时，装在其中的衔铁销将吸油阀打开，从而使供油行程中吸入柱塞腔中的燃油不受压缩，又流回到低压油路，柱塞腔内不增加压力。柱塞被切断供油后，高压泵不再连续供油，而是处于供油间歇阶段，因此减少了功率消耗。

高压泵的供油量与其转速成正比，而高压泵的转速取决于发动机转速。喷油系统装配在发动机上时，其传动比的设计一方面要减少多余的供油量，另一方面又要满足发动机全负荷时对燃油的需要。可选取的传动比通常为 1∶2 和 2∶3，具体视曲轴而定。

2）调压阀

（1）调压阀的功用。是根据发动机的负荷状况调整和保持共轨中的压力：共轨压力过高时，调压阀打开，一部分燃油经回油管返回油箱；共轨压力过低时，调压阀关闭，高压端对回油管封闭。

（2）调压阀的结构。调压阀有安装法兰，用以固定在高压泵或共轨上。衔铁销将钢球压在密封座上，以使高压端对低压端密封。一方面弹簧将衔铁销往下压，另一方面电磁线圈还对衔铁销有作用力。为进行润滑和散热，整个电磁阀周围都有燃油流过。

（3）调压阀的工作原理。调压阀有两个调节回路：低速电控调节回路，用于调整共轨中可变化的平均压力值；高速机械液压调节回路，用于补偿高频压力波动。

共轨或高压泵出口处的高压燃油通过高压油进口作用在调压阀上。由于无电流的电磁线圈不产生作用力，燃油的高压力大于弹簧力，调压阀打开。根据供油量的大小，调压阀调整打开的开度。该弹簧是按最大压力约 10 MPa 设计的。

如果要提高高压回路中的压力，就必须在弹簧力的基础上再建立电磁力。当电磁力和弹簧力与燃油高压力达到平衡时，调压阀停留在某个开启位置，燃油压力保持不变。泵油量的变化和燃油从喷油器中喷出时。调压阀通过不同的开度予以补偿。电磁阀的电磁力与控制电流成正比，而控制电流的变化通过脉宽调制来实现。脉宽的调制频率为 1 kHz，可避免衔铁销的运动干扰共轨中的压力波动。

3）共轨

（1）共轨的功用。存储高压燃油，高压泵的供油和喷油所产生的压力波动由共轨的容积进行缓冲。在输出较大燃油量时，所有气缸共用的共轨压力也应保持恒定。从而确保喷油器打开时喷油压力不变。

（2）共轨的结构。由于发动机的安装条件不同，带流量限制器（选装件）、共轨压力传感器、调压阀和限压阀的共轨可进行不同的设计。

（3）共轨的工作原理。共轨中通常注满了高压燃油，充分利用高压对燃油的压缩来保持存储压力，并用高压泵来补偿脉动供油所产生的压力波动，因此即使从共轨中喷射出燃油，共轨中的压力也近似为恒定值。

4）共轨压力传感器

（1）共轨压力传感器的功用。以足够的精度、在较短的时间内测定共轨中燃油的实时压力，并向 ECU 提供相应的电压信号。

（2）共轨压力传感器的结构。共轨压力传感器包括传感器元件，它焊接在压力接头上，带有求值电路的分析电路板；带电气接头的传感器外壳。

燃油经共轨中的一个孔流向共轨压力传感器，传感器膜片将孔末端封住。在压力作用下的燃油经压力室孔流向膜片。在此膜片上装有传感元件，用以将压力转换成电信号。通过一根连接导线将产生的信号传输到向 ECU 提供放大测量信号的求值电路。

（3）共轨压力传感器的工作原理。当由共轨燃油压力引起膜片形状发生变化（150 MPa 时约为 1 m）时，其上的电阻值会随之变化，并在用 5 V 供电的电阻电桥中产生电压变化。根据燃油压力的不同，电压在 0～70 mV 之间变化，并由求值电路放大到 0 5～4.5 V。

精确测量共轨中的燃油压力是喷油系统正常工作所必需的。为此，压力传感器在测量压力时的允许偏差很小，在主要工作范围内测量精度约为最大值的 ±2%。一旦共轨压力传感器失效，具有应急行驶功能的 ECU 以某个固定的预定值来控制调压阀的开度。

5）限压阀

（1）限压阀的功用。相当于安全阀，它限制共轨中的压力。当压力过高时打开放油孔卸压。共轨内允许的短时最高压力为 150 MPa。

（2）限压阀的结构。限压阀是按机械原理工作的，它包括具有便于拧在共轨上的外螺纹的外壳、通往油箱的回油管接头、可活动的活塞、压力弹簧。

外壳在通往共轨的连接端有一个孔，此孔被外壳内部密封面上的锥形活塞头部关闭。在标准工作压力（135 MPa）下。弹簧将活塞紧压在座面上，共轨呈关闭状态。只有当超过系统最大压力时，活塞才受共轨中压力的作用而压缩，于是处于高压下的燃油流出。燃油经过通道流入活塞中央的孔，然后经回油管流回油箱。随着阀的开启，燃油从共轨中流出，结果降低了共轨中的压力。

6）流量限制器

（1）流量限制器的功用。防止喷油器可能出现的持续喷油现象。为实现此任务，当从共轨中流出的油量超过最大油量时，流量限制器将流向相应喷油器的进油管路关闭。该部件属于选装件，由于结构较复杂，现已大多省略不用。

（2）流量限制器的结构。流量限制器有一个金属外壳，其上有外螺纹，以便拧装在共轨上，另一端的外螺纹用来拧入喷油器的进油管。外壳两端有孔，与共轨或喷油器进油管建立液压连接。

流量限制器内部有一个活塞，弹簧将此活塞向共轨方向压紧。活塞对外壳壁部密封。活塞上的纵向孔连接进油和出油口，其直径在末端是缩小的。这种缩小的作用就像流量精确规定的节流孔效果一样。

（3）流量限制器的工作原理。正常工作状态：活塞处在静止位置，即在共轨端的限位件上。一次喷油后，喷油器端的压力下降，活塞向喷油器方向运动。活塞压下的容积补偿了喷油器喷出的燃油容积。在喷油终止，活塞停止运动，不关闭密封座面，弹簧将活塞推回到静止位置，燃油经节流孔流出。泄油量过大的故障工作状态：由于流过的油量大，活塞从静止位置被推向出油端的密封座面，一直到发动机停机时靠在喷油器端的密封座面上，从而关闭通往喷油器的进油口。泄油量过小的故障工作状态：由于产生泄油，活塞不再能达到静止位置。经过几次喷油后，活塞向出油处的密封座面移动，并停留在一个位置上，一直到发动机停机时靠在喷油器端的密封座面上，从而关闭通往喷油器的进油口。

7）喷油器

（1）喷油器的功用。喷油始点和喷油量用电子控制的喷油器调整。它替代了普通喷油系统中的喷油嘴和喷油器总成。

与直喷式柴油机中的喷油器体相似，喷油器用卡夹装在气缸盖中。共轨喷油器在直喷式柴油机中的安装不需要气缸盖在结构上有很大改变。

（2）喷油器的结构。喷油器由孔式喷油嘴、液压伺服系统、电磁阀组件构成。燃油从高压接头经进油通道送往喷油器，并经过进油节流孔进入阀控制室，而阀控制室经由电磁阀控制的回油节流孔与回油孔相通。

出油节流孔在关闭状态时，作用在阀控制活塞上的液压力大于作用在喷油嘴针阀承压面上的力，喷油嘴针阀被压在其座面上，紧紧关闭通往喷油孔的高压通道，因而没有燃油喷入燃烧室。电磁阀动作时，打开回油节流孔。阀控制室内的压力下降，只要作用在阀控制活塞上的液压力小于作用在喷油嘴针阀承压面上的力，喷油嘴针阀立即打开，燃油经过喷孔喷入燃烧室。用电磁阀不能直接产生迅速关闭针阀所需的力，因此采用经液力放大系统间接控制喷油嘴针阀。其间除喷入燃烧室的燃油量之外，附加的控制油量经控制室的回油节流孔进入回油通道，此外还有针阀导向和阀活塞导向部分的泄油。这种控制油量和泄油量经集油管（溢流阀、高压泵和调压阀也与集油管接通）的回油通道返回油箱。

（3）喷油器的工作原理。在发动机和高压泵工作时，喷油器可分为 4 个工作状态：喷油器关闭（依靠其中存有的高压）、喷油器打开（喷油开始）、喷油器完全打开、喷油器关闭（喷油结束）。4 个工作状态是通过喷油器构件上力的分配产生的。发动机不工作和共轨中没有压力时，喷油嘴弹簧将喷油器关闭。

喷油器关闭（静止状态）：电磁阀在静止状态不被控制，因此是关闭的。回油节流孔关闭时，衔铁的钢球通过阀弹簧压在回油节流孔的座面上。阀控制室内建立起共轨高压。同样的压力也存在于喷油器的内腔容积中。共轨压力在控制柱塞端面上施加的力和喷油嘴弹簧力使针阀克服作用在其承压面上的开启力而处于关闭状态。

喷油器打开（喷油开始）：喷油器处于静止状态时，一旦电磁线圈通入吸动电流，电磁线圈的吸力大于阀弹簧力，衔铁就将回油节流孔打开。由于磁路的空隙较小，因此有可能在极短的时间内，急剧升高的吸动电流转换成较小的电磁阀保持电流。随着回油节流孔的打开，燃油从阀控制室流入其上面的空腔，并经回油通道返回油箱，使阀控制室内的压力下降，而进油节流孔可防止压力完全平衡，导致阀控制室内的压力小于喷油嘴内腔容积中的压力，从而针阀被打开，开始喷油。

针阀的开启速度取决于进、回油节流孔之间的流量差。控制柱塞达到其上极限位置，并在该处固定在进、回油节流孔之间的燃油垫上。此时喷油器完全被打开，燃油以近似共轨压力喷入燃烧室。喷油器上的力分布大致等于开启阶段中的力分布。

喷油器关闭（喷油结束）：如果电磁阀控制电流结束，则衔铁在阀弹簧力的作用下向下将钢球压在阀座上，关闭回油节流孔。衔铁被设计成由两部分组合，虽然衔铁盘由衔铁销带着一起向下运动，但它是压着回位弹簧一起向下运动的，因此衔铁和钢球的落座没有较大的向下冲击力。

由于回油节流孔的关闭，进油节流孔的进油又使控制室中建立起与共轨中相同的压力，从而使作用在控制活塞上的力增加，再加上弹簧力，超过了喷油嘴内腔容积中的液压力，于是针阀关闭。

三、柴油机电控高压共轨电子控制系统

柴油机电控高压共轨电子控制系统由传感器、ECU（计算机）和执行机构三部分组成。其功用是对喷油系统进行电子控制，实现对喷油量以及喷油正时随运行工况的实时控制。采用

转速、油门踏板位置、喷油时刻、进气温度、进气压力、燃油温度、冷却水温度等传感器，将实时检测的参数同时输入计算机（ECU），与已储存的设定参数值或参数图谱进行比较，经过处理计算按照最佳值或计算后的目标值把指令送到执行器。执行器根据ECU指令控制喷油量（供油齿条位置或电磁阀关闭持续时间）、喷油正时（正时控制阀开闭或电磁阀关闭始点）、喷油压力和喷油规律，同时对废气再循环阀、预热塞等执行机构进行控制，使柴油机运行状态达到最佳。其中转速、油门踏板位置、进气温度、进气压力、燃油温度、冷却水温度等传感器与电控汽油机结构及工作原理类似，在这里就不重述。下面主要介绍热膜空气质量流量计、增压压力传感器和加速踏板传感器。热膜空气质量流量计为了达到法定的废气排放限值，特别是在发动机动态工况下，必须保持理想的空燃比，需使用能极为精确地确定实际吸入空气质量流量的传感器。进气脉动、倒流、废气回窜、凸轮轴控制的改变以及进气温度的变化都不会影响这种负荷传感器的测量精度。为达到上

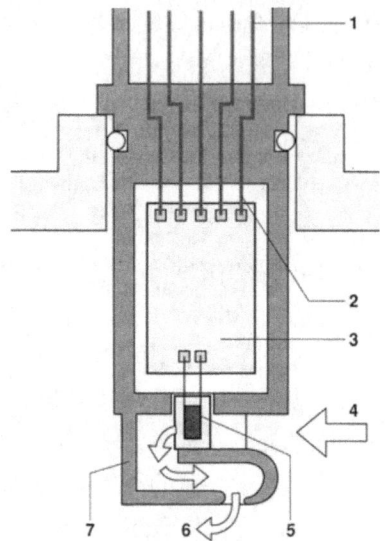

图 8-80　热膜空气质量流量计示意图
1—插接器；2—端子连接线；
3—求值电路；4—进气口；5—传感元件；
6—出气口；7—传感器外壳

述目标，在热膜空气质量流量计中通过一个加热的传感元件对空气质量流进行热传导（见图 8-80），由一微型测量系统与一混合电路相配合来测定空气质量流量，包括流动方向。空气质量流量强烈脉动时能识别出倒流。

　　传感元件布置在插接式传感器的流动通道中（见图 8-80）。这种插接式传感器可装在空气滤清器或空气引导部分的测量管中。测量管有各种不同的尺寸，通常要视发动机最大空气流量而定。

　　信号电压与空气质量流量的关系曲线可分为反向和正向流动的两个信号范围。为了测定进气温度，可在热膜空气质量流量计内装温度传感器。

　　2. 增压压力传感器

　　增压压力传感器与进气管相通，可测定 0.05~0.3 MPa 的进气管绝对压力。该传感器分为带两个传感元件的压电晶体和求值电路空间两部分。求值电路放在共用的陶瓷底座上。

　　传感元件由一个钟形的厚层膜片构成，并将一个具有一定内压力的基准容积封闭起来。根据增压压力的不同，膜片将发生相应的变形。膜片上设置有由压阻式电阻构成的电桥，而这些电阻的电阻值在机械应力下是变化的，使得膜片的变形导致电桥平衡发生变化，从而电桥电压成为增压压力的尺度。

　　求值电路的任务是将电桥电压放大，补偿温度的影响以及使压力特性曲线线性化。求值电路的输出信号传给 ECU，并借助于脉谱图将测定的电压折算成增压压力。

　　3. 加速踏板传感器

　　与普通的分配泵或直列式泵不同，在柴油机电控装置中，驾驶者的加速要求不再是通过拉索或杆系传给喷油泵，而是用加速踏板传感器来获知，并传输给 ECU。根据加速踏板的位

置，经电位计，在加速踏板传感器中形成一个电压。ECU 再根据其存储的脉谱图和该电压算出加速踏板的位置。

项目实施

项目实施一　柴油机燃料供给系的拆装

（一）项目实施目的及要求

（1）掌握柴油发动机燃料供给系的组成。
（2）掌握喷油器的结构和工作原理及拆装步骤。
（3）掌握喷油泵和调速器的结构和工作原理及拆装步骤。

（二）项目实施设备及工量具

（1）设备。柴油发动机若干台，柱塞泵（A 型泵）和分配泵各 4 台，调速器、喷油器若干。
（2）工量具。若干套工具，专用拆装台。

（三）项目实施内容

（1）就车或发动机台架观察柴油机燃料供给系统。
（2）喷油器、喷油泵及调速器的拆装。

（四）项目实施步骤

Ⅰ．就车或发动机台架观察柴油机燃料供给系统
（1）就车或发动机台架观察柴油机燃料供给系统的组成。
（2）熟悉柴油机燃料供给系统各元件的安装位置和相互间的连接关系。

Ⅱ．喷油器、喷油泵及调速器的拆装

1．喷油器的拆装

（1）拆下高压油管和固定螺母，用木锤振松喷油器，取出总成，视需要可用专用拉器拉出。

（2）清洗喷油器外部。

（3）分解喷油器的上部，旋松调压螺钉紧固螺帽，取出调压螺钉、调压弹簧和顶杆，将喷油器倒夹在台钳上，旋下针阀体紧固螺帽，取下针阀体和针阀。

（4）针阀偶件成对浸泡在清洁的柴油里。如果针阀和针阀体难以分开，可用钳子垫上橡胶片夹住针阀尾端拉出。

（5）装配步骤与拆卸步骤相反，按"后拆先装"的原则进行装配。

2．喷油泵的拆装

1）喷油泵的拆卸

（1）先堵住低压油路进出油口和高压油管接头：防止污物进入油路，用柴油、煤油、汽油或中性金属清洗剂清洗泵体外部。旋下调速器底部的放油螺钉，放尽机油。

(2)将油泵固定在专用拆装架或自制的 T 形架上，拆下输油泵总成、检视窗盖板、油尺等总成附件及泵体底部螺塞。

(3)转动凸轮轴，使 1 缸滚轮体处于上止点，将滚轮体托板(或销钉)插入调整螺钉与锁紧螺母之间(或挺柱体锁孔中)，使滚轮体和凸轮轴脱离。

(4)拆下调速器后盖固定螺钉，将调速器后壳后移到倾斜适当角度，拨开连接杆上的锁夹或卡销，使供油齿杆和连接杆脱离。用尖嘴钳取下启动弹簧、取下调速器后壳总成。

(5)用专用扳手固定住供油提前角自动调节器，在喷油泵另一端用专用套筒拆下调速飞块支座固定螺母，用拉器拉下飞块支座总成，用专用套筒拆下提前器固定螺母，用拉器拉下提前器。

(6)拆凸轮轴部件。拆卸前应先检查凸轮轴的轴向间隙(0.05～0.10 mm)。将测得值与标准比较，即可在装配时知道应增垫片的厚度。若不需要更换凸轮轴轴承，先测间隙也可减少装配时的反复调整。拆下前轴承盖，收好调整垫片，拆下凸轮轴支撑轴瓦。用木锤从调速器一端敲击凸轮轴，将轴和轴承一起从泵体前端取下。若需要更换轴承，可用拉器拉下轴承。

(7)将泵体检视窗一侧向上放平。从油底塞孔中装入滚轮挺柱顶持器，顶起滚轮部件，拔出挺柱托板(或销钉)，取出滚轮体总成，按上述方法，依次取出各缸滚轮体总成。如果需对滚轮体解体，则应先测量记下其高度，取出柱塞弹簧、弹簧上下座、油量控制套筒，旋出齿杆限位螺钉，取出供油齿杆，旋出出油阀压紧座，用专用工具取出油阀偶件及减容器、出油阀弹簧、柱塞偶件，按顺序放在专用架上。

2)喷油泵的装配

(1)装配时应在清洁干净后的零件表面涂上清洁的机油。

(2)装供油齿杆。将供油齿杆上的定位槽对准泵体侧面上的齿杆限位螺钉孔，装复限位螺钉，检查供油齿杆的运动阻力，当泵体倾斜 45°时，供油齿杆应能靠自重滑动。

(3)装柱塞套筒。柱塞套筒从泵体上方装入座孔中，其定位槽应恰好卡在定位销上，保证柱塞套完全到位。注意套筒及座孔必须彻底清理，防止杂物卡在接触面间，造成柱塞套筒偏斜和接触面不密封。

(4)将出油阀偶件、密封垫圈、出油阀弹簧、减容器体和出油阀压紧座依次装入泵体。必须注意出油阀座与柱塞套上端面之间的清洁，并保证密封垫圈完好。用 35 N·m 的扭矩拧紧出油阀压紧座，过紧会引起泵体开裂、柱塞咬死及齿杆阻滞、柱塞套变形，加剧柱塞副磨损。装配后应检查喷油泵的密封性。

(5)装复供油齿圈和油量控制套筒。油量控制套筒通过齿圈凸耳上的夹紧螺钉和齿圈固定成一体，两者不能相对转动。一般零件上有装配记号，没有记号时应使齿圈的固定凸耳处在油量控制套筒两孔之间居中位置。确定供油齿杆中间位置。将供油齿杆上的记号(刻线或冲点)与泵体端面对齐。或与齿圈上的记号对齐，如果齿杆上无记号，则应使供油齿杆前端面伸出泵体前端面达到说明书规定的距离。装上齿圈和油量控制套筒。左右拉动供油齿杆到极限位置时，齿圈上凸耳的摆动角度应大致相等，并检查供油齿杆的总行程。

(6)装入柱塞弹簧上座及柱塞弹簧，将柱塞装入对应的柱塞套，再装上下弹簧座。注意柱塞下端十字凸缘上有记号的一侧应朝向检视窗。下弹簧有正反之分，不能装反。

(7)装复滚轮挺柱体，调整滚轮挺柱体调整螺钉，达到说明书规定高度或拆下时记下的高度。将滚轮体装入座孔，导向销必须嵌入座孔的导向槽内。用力推压滚轮体或用滚轮顶持器和滚轮挺柱托板，支起滚轮挺柱。逐缸装复各滚轮体。每装复一个都要拉动供油齿杆，检查供油齿杆的阻力。

(8)装复凸轮轴和中间支撑轴瓦，装上调速器壳和前轴承盖。注意凸轮轴的安装方向，无安装标记时也可根据输出泵驱动凸轮位置确定安装方向。凸轮轴的中间支承应与凸轮轴一起装入泵体，否则凸轮轴装复后就无法装上中间支承。

喷油泵凸轮轴装到泵体内应有确定的轴向位置和适当的轴向间隙。凸轮轴装复后，应转动灵活，轴向间隙在 0.05 ~ 0.10 mm 之间；装复供油提前角自动调节器，转动凸轮轴，取下各滚轮体托板。拉动供油齿杆，阻力应小于 15 N，否则应查明原因，予以排除。

(9)装复输出泵、调速器总成等附件。

项目实施二　喷油器、喷油泵及调速器的检查与调整

(一)项目实施目的及要求

(1)掌握喷油器、喷油泵、调速器的检调内容、方法及步骤。
(2)学会检调设备的正确使用。

(二)项目实施设备及工量具

(1)设备。喷油泵实验台 2 台，Ⅱ号泵及调速器总成若干。
(2)工量具。若干套工具，专用拆装台。

(三)项目实施内容

喷油器、喷油泵、调速器的检校。

(四)项目实施步骤

Ⅰ.喷油器的检查与调试

(1)将喷油器安装在测试器上，压动手柄排净系统内的空气。
(2)快速压动手柄几次，清除喷油器内的积炭。
(3)慢慢压动手柄同时观察压力表读数。
(4)记录当喷油器喷射时压力表的读数。
(5)对比此值是否符合标准值。若油压低，则拧入喷油器油压调节螺钉；反之，则退出油压调节螺钉。
(6)调节完后，将锁止螺母锁紧后重试。
(7)调整后，再将压力保持在低于喷油压力 1 ~ 2 MPa 的状态下，保持 10 s，喷油嘴处不应有油滴流出。
(8)观察喷油的油束，油束应细小均匀，不偏斜；各孔各自形成一个雾化良好的燃油雾束；喷射时可听到断续、清脆的声音。
(9)观察喷油后，压力表指示压力下降是否超过 10% ~ 15%，若压力下降过多，则喷雾

质量差。

Ⅱ．喷油泵的检查

1. 喷油泵主要零件的检查

（1）检查柱塞偶件配合工作表面，如有发暗或磨损痕迹，则应更换。

（2）将柱塞偶件置于柴油中清洗。

（3）将柱塞拉出 1/3，看能否借其自身重力缓慢滑下；若急剧滑下则表明偶件磨损严重，需要更换。

（4）检查出油阀偶件配合工作表面的磨损情况及部位，若磨损严重，应更换。

（5）用手指堵住油阀大端孔口，反复拉动出油阀，若封堵的手指上无吸力或吸力微弱，则可判断出油阀配合表面严重磨损，应更换。

2. A 型喷油泵的调试

（1）拆去供油齿条的盖帽，安装齿条位移测量仪，并在齿条上的记号与泵体平齐位置将百分表对零。

（2）将喷油泵低压腔压力调整到 160 kPa。

（3）将供油齿条调整到规定范围内。

（4）操作实验台，测量各缸供油的不均匀度。

（5）若不在规定值，则用适当工具向左、右转动控制套筒来调节喷油量的大小。

3. 调速器的检查与调整

（1）把负荷控制杆靠住怠速限位螺钉，使喷油泵转速为 600 r/min。

（2）旋动怠速限位螺钉，使齿条行程量指示数为 6.5 mm。

（3）降低喷油泵转速到 250 r/min。

（4）把怠速弹簧总成重新拧入张紧杆下端孔中，缓缓旋入，直到齿条行程量指示数为 9.1 m 为止，用专用扳手拧紧锁紧螺母。

（5）使喷油泵停止转动，验证齿条行程量指示数大于 10.6 mm 如果不对，须重新调整。

（6）缓慢地提高喷油泵转速至 500 r/min，齿条行程量指示数应在 5.6±0.5 mm 范围内。如果不对，也须重新调整。

（7）完成调整后，将怠速限位螺钉用锁紧螺母背紧。

（8）将负荷固定杆固定在全负荷位置，将喷油泵转速提高到 1475～1485 r/min。

（9）调整调速杆限位螺钉，使控制齿条处于 10.2 mm。

（10）继续提高喷油泵转速到 1570 r/min，使控制齿条位置处于 8.7 mm 以下。

项目小结

1. 柴油机与汽油机最大的区别主要是：混合气形成方式和点火方式不同，柴油机的 CO 和 HC 排放低，NO_x 较多，大负荷易产生炭烟。

2. 柴油机燃油供给系统的基本组成是由燃油供给装置、空气供给装置、混合气形成装置和废气排出装置四部分组成。

3. 柴油机混合气的燃烧过程可分为四个阶段，即备燃期、速燃期、缓燃期和补燃期。

4. 柴油机的燃烧室常见的有直喷式、预燃室式、涡流室式三种。其中直喷式燃烧室又称为统一式燃烧室，预燃室式和涡流室式燃烧室又称为分隔式燃烧室。

5. 柴油机低压供油装置由柴油箱、输油泵、柴油滤清器和低压油管等组成，作用是给高压油路提供较低压力的柴油。

6. 柴油机高压供油装置由喷油泵、喷油器和高压油管等组成。作用是对柴油产生高压并根据发动机的不同工况，将高压的柴油定时、定量地喷入到燃烧室。

7. 柴油机具备高扭矩、高寿命、低油耗、低排放等特点，柴油机成为解决汽车及工程机械能源问题最现实和最可靠的手段。因此柴油机的使用范围越来越广，数量越来越多。近年来，随着计算机技术、传感器技术及信息技术的迅速发展，使电子产品的可靠性、成本、体积等各方面都能满足柴油机进行电子控制的要求，并且电子控制燃油喷射很容易实现。

8. 电喷柴油喷射系统由传感器、ECU（计算机）和执行机构三部分组成。其任务是对喷油系统进行电子控制，实现对喷油量以及喷油正时随运行工况的实时控制。柴油机电控技术发展经历了三个阶段：位置控制式、时间控制式、时间－压力控制式（压力控制）。

9. 近几年来，电控高压共轨喷油系统在车用柴油机上得到了迅速地推广。在共轨喷油系统中，喷油压力的建立与喷油量互不相关，喷油压力不取决于柴油机的转速和喷油量。

10. 共轨喷油系统的控制部分和传感器部分主要包括 ECU、曲轴转速传感器、凸轮轴相位传感器、加速踏板传感器、增压压力传感器、空气质量流量计、共轨压力传感器及冷却水温度传感器。

11. 汽车柴油机电控高压共轨喷油系统是由低压供油部分和高压供油部分组成。

思考与练习

1. 柴油机混合气的燃烧过程分为哪四个阶段？各阶段的特点如何？
2. 简述柴油机燃油供给系统的工作过程。
3. 输油泵的检修项目有哪些？输油泵装复后，要进行哪些性能试验？
4. 简述柱塞式喷油泵的工作原理。
5. 调速器的作用是什么？简述 RSV 调速器的工作原理。
6. 柴油机电子控制燃油喷射系统有哪些优点？
7. 柴油机电控高压共轨燃油喷油系统的喷油特性如何？

项目九 发动机的拆装与调试

学习目标

1. 了解发动机拆装一般原则。
2. 掌握发动机的磨合工艺。
3. 学会发动机的装配及竣工验收。

案例引入

一辆一汽丰田威驰轿车进厂维修，客户反映该车发动机动力不足，经维修业务接待员初步确诊，故障原因可能是发动机使用时间长，各个部分性能下降，需要对发动机进行大修。

项目描述

本项目主要介绍发动机的拆装工艺流程、拆装中的注意事项；掌握发动机磨合规范操作及发动机竣工验收的具体内容；学会拆装保养丰田 5A－FE 发动机。

项目内容

任务一　发动机的拆装

一、发动机的拆卸

拆卸的目的是检查和修理发动机的零部件，便于对零件进行维护、修理或更换，使配合关系失常的零件经过调整达到规定技术标准。发动机的拆卸应遵循以下原则：

1. 熟悉发动机的结构与工作原理

现代汽车发动机的种类、型号繁多，结构不同，拆卸顺序和使用的工具也有区别，如果不了解发动机的种类、型号，结构特点，随意敲打、拆卸将会影响零件的变形或损坏。所以，熟悉发动机的结构与工作原理是保证正确拆卸的前提。

2. 按需要进行拆卸

零部件经过拆卸，往往容易发生变形和损坏，特别是紧配合件更是如此。不必要的拆卸不仅会降低发动机的使用寿命，而且会增加维修成本，延长维修工期，因此，应避免盲目大拆大卸。如果可以通过不拆卸检查就能判断零件的技术状况是否符合要求，就尽量不拆卸，以免损坏零件。

3. 掌握正确的拆卸方法

(1)为了提高拆卸工效，减少零部件的损伤和变形，需要使用相应的专业工具和设备，严禁任何敲击或撬打。拆卸螺栓联接件时，要选择适当的工具，依螺栓紧固的力矩大小优先选择套筒扳手、梅花扳手和开口扳手，一般不要使用活动扳手和手钳，以免损坏螺母和螺栓的六角边棱，给下次维修带来不必要的麻烦。

(2)由表及里按顺序逐级拆卸。一般先拆附件，然后按总成→部件→组合件→零件的顺序进行拆卸。

4. 拆卸时要为重新装配做好准备

(1)拆卸时要特别注意检查或做好装配标记。有些相互配合的零件是分组选配的或经过了自然磨损(如气缸与活塞等)，有些组合件是装合后一起加工的(如主轴承盖等)，为了保证一些配合件或组合件的装配关系，在拆卸时应对原有的记号加以校对和辨认，没有记号或标记不清的应重新做好标记。

(2)零件要分类按顺序摆放。为了便于清洗、检查和装配，零件应分类或按总成、组合件顺序摆放，不可互换的零件应成对摆放，容易丢失的零件应专门放在相应的容器里。

5. 螺纹连接件的拆卸

拆卸螺纹连接件时，要选择适当的扳手，当拆卸有困难时，应分析难拆的原因，切忌蛮干，不允许任意加长扳手以增大拆卸力矩，否则会造成连接件的损坏或拧断螺栓。双头螺栓的拆卸要用专用的拆卸工具，在无专业工具时，也可以在双头螺栓的一端拧上一对螺母，相互锁紧，然后用扳手把它连同螺栓一起旋下。

二、装配前的准备

1. 场所准备要求

装配应在专用车间或清洁场地进行。装配过程中应防尘和保持较为稳定的室内温度。要做到工件不落地，工量具不落地和油渍不落地，并保持工作台、工件盘和工量具的清洁。

2. 待装零、部件准备要求

(1)准备装合的零、部件及总成都要经过检验及试验，必须保证质量合格。

(2)易损零件、紧固锁止件应全部换新，如气缸垫及其他衬垫、开口销、自锁螺母、弹簧垫圈等，如图 9 - 1 所示。

(3)严格保持零件、润滑油道清洁。

(4)不许互换的零件(如气门等)，应做好装配标记，以防错装。全部零件清洁、清点后应分类摆放整齐，如图 9 - 2 所示。

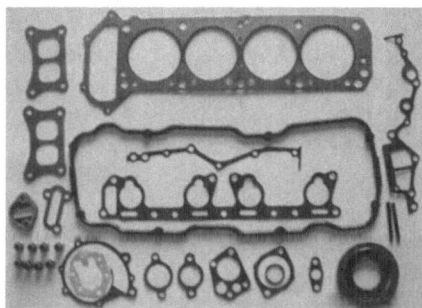

图 9 - 1　发动机修理包

(5)装配时，应在零件的配合表面(过盈配合、过渡配合、动配合表面)和摩擦表面(如凸轮、齿轮、摇臂头部、螺纹等)上涂抹发动机用机油，做好预润滑，如图 9 - 3 所示。

3. 装配中的注意事项

(1)装配中所用的工量具应齐全、合格，尽量使用专用器具装配。

(2)装配过程中不得直接用手锤击打零件，必要时应垫上铜棒等。

（3）确保各密封部位的密封，防止漏水、漏油、漏气、漏电，重要密封部位应涂密封胶。安装橡胶自紧油封时，应在唇口和外圆涂抹机油后，再用压具压入油封承孔中。

（4）各部紧固螺栓、螺母应按规定紧固力矩、拧紧顺序和方法拧紧。对于主轴承盖螺栓、连杆螺栓、气缸盖螺栓、飞轮固定螺栓等发动机上的重要的螺栓（或螺母），必须使用扭力扳手，按规定顺序，分次、均匀地将螺栓拧到规定力矩。

（5）严格按照装配工艺进行装配，各部位的配合性质均应符合技术要求。

图9-2　发动机待装件分类摆放　　　　图9-3　发动机待装件的预润滑

三、发动机的装配工艺流程

发动机装配工艺流程随车型不同有所变化，但基本的装配工艺流程类似。以上置式凸轮轴配气机构的发动机为例，装配顺序如下。

1.曲轴飞轮组的安装

安装时，曲轴主轴盖、主轴承（大瓦）、止推垫片按标记并注意方向和对应位置，气缸体的轴承座油孔应与轴瓦油孔对齐，有调整垫片按调试的位置安放调整垫片，调整垫片不允许有皱褶、破裂等损伤。轴瓦与曲轴主轴颈、曲轴油封、止推垫片等的滑动接触面，应用机油进行适当的润滑。紧固轴承盖螺栓时应采用多次、均匀、对称的方法紧固到规定力矩。一般分四次紧固，第一次大约紧固到规定力矩的30%，第二次大约紧固到规定力矩的60%，第三次大约紧固到规定力矩的90%，第四次紧固到规定力矩。在第二次拧紧时，每拧紧一道轴承，转动几圈曲轴，以便了解轴承盖紧固情况。及时发现异常现象，全部拧紧后用手扳动飞轮或曲柄，应能转动、阻力均匀、无阻滞现象，使曲轴旋转的灵活性和轴向间隙达到规定的要求。

飞轮的安装根据结构的不同有需先安装曲轴飞轮组的，但现代汽车一般是先装配曲轴轴承，后装配曲轴油封，再装配飞轮和曲轴正时齿轮。装配油封时可在油封与支承座结合面上涂上汽车专用密封胶，以防油封漏油，而在与曲轴的密封部位涂上润滑油。

2.活塞连杆组的安装

活塞、连杆、连杆轴承盖应按标记配对，检查安装方向并与气缸对号入座是否准确无误，然后进行装配。

活塞连杆组的检查与安装步骤如下：

（1）将气缸体侧置，用纱布擦拭干净气缸筒。

（2）将每缸对应的活塞连杆组件先不装活塞环，而从气缸的上部装入气缸中，并把连杆大头的轴承、连杆盖按规定拧紧力矩紧固安装在曲轴连杆轴颈上。

检查：活塞销与活塞销支承座端面与气缸之间的间隙，其值应符合维修手册规定的技术要求。一般约为1‰，如果不均匀，多为气缸中心线偏移或连杆弯曲所致，应予校正。

摇转曲轴，使活塞分别处于气缸上、下止点和中间三个位置，用塞尺分别测量活塞头部在气缸前后两个方向与气缸壁的间隙，其间隙应符合技术要求。

(3)当活塞在气缸中的位置准确无误后，再将各气缸对应活塞环分别套装在对应的活塞上。拆装活塞环必须使用专用工具。

(4)装入气缸前，要把各道活塞环开口方向按规定摆放正确，在气缸、活塞外表面、活塞销孔、环槽和环涂以机油。拿起活塞连杆总成，对准缸号、前后记号和方位后，用专用工具将活塞环夹紧在活塞上，再将连杆穿入气缸内，用锤子木柄轻轻敲击活塞顶部，将活塞轻轻敲入气缸中，同时注意连杆大头与曲轴连杆轴颈是否对正，将对应的连杆轴承盖涂上机油，按正确的方位装好，并按规定力矩拧紧连杆螺栓和螺母，有锁紧装置的应按要求锁紧。

(5)将各缸活塞连杆组装入气缸并与曲轴连杆轴颈的连接装配完成后，用锤子沿曲轴轴向轻轻敲打连杆盖，连杆大头应能有轻微移动。转动曲轴时，松紧应适度。各缸活塞在上止点时，活塞顶至气缸体上平面的距离应均匀一致

3.气缸盖的安装

(1)将气缸垫放在气缸体的上平面上，位置、标记对准。

(2)将已组装好的气缸盖总成平稳、轻轻地对准位置放下，应避免放不准而反复移动缸盖，使气缸垫的位置移动。

(3)插入缸盖螺栓，按规定力矩和顺序分次均匀拧紧。

4.正时机构的安装

上置式正时配气机构根据气门间隙的调整方式(液压挺杆自动调节、垫片调节、螺钉调节)的不同，其安装和检验的工艺要求也各有不同，但满足正时及配气的基本要求是一致的。其安装的主要步骤及工艺要求如下：

(1)在气缸盖装好后，检查清洁正时配气机构安装的所有零部件。

(2)将第一缸活塞置于上止点。上置式正时配气机构的曲轴正时齿轮的正时标记与正时齿轮罩上固定的正时齿轮标记对准，第一缸活塞即处于上止点位置。第一缸活塞是否处于压缩上止点位置，则要根据观察凸轮轴的位置来判断。

(3)将凸轮轴与正时齿轮装好，凸轮轴油封发动机大修应更换新件。

(4)将凸轮轴的正时齿轮的正时标记与缸盖或正时齿轮罩上的正时标记对准，并通过凸轮轴的形状进一步确认第一缸处于压缩上止点。

(5)检查凸轮轴轴承盖的方位，在凸轮轴轴承滑动接触面上涂上润滑油，装上凸轮轴总成，紧固凸轮轴轴承盖螺栓时应采用多次、均匀、对称的方法紧固到规定力矩；同时检测凸轮轴的轴向间隙应符合规定标准。

(6)调整垫片式正时配气机构应检查进排气门间隙，并使之达到规定标准间隙范围。

(7)装上正时皮带或正时链条及导链板，调整正时皮带张紧轮或正时链条导链板张紧器张紧到规定的程度。

(8)检查所装配的正时配气机构的安装标记是否对准，若时皮带或正时链条张紧后标记有误，应重新调整。气门间隙螺钉调节正时配气机构，在正时配气传动机构装配完毕后，应调整进排气门间隙到规定范围。

(9)装上气门室盖和正时齿轮盖。发动机大修气门室盖密封垫应更换新件,并采用多次、均匀、对称的方法紧固到规定力矩。

5. 机油泵和油底壳的安装

安装机油泵时,应注意传动齿轮与凸轮轴上的驱动齿轮的啮合要准确,传动轴和油泵轴要保持良好的同心度。另外,凸轮轴上的油泵齿轮除驱动机油泵外,多数型号的发动机还要用它驱动分电器。安装机油泵时,存在分电器轴与凸轮轴和机油泵的联动关系。曲轴箱附件安装完毕后可安装油底壳,油底壳密封件应更换新件,并按规定力矩对称拧紧。

6. 安装其他附件

(1)安装进、排气歧管。

(2)安装气缸盖出水管、节温器和水温感应塞、水泵。

(3)安装燃油喷射装置。

(4)安装加机油管、标尺、机油滤清器、机油感应塞。

(5)将风扇、曲轴箱通风管道、空调压缩机、交流发电机、起动机、动力转向油泵等依次安装到发动机机体上。

任务二　发动机的磨合

一、发动机磨合的意义

总成修理的发动机使用的零件有新有旧,零件的技术状况相差较大,修理工艺装备和企业生产技术水平又存在很大的差异,有些总成修理发动机在磨合中就出现拉缸、烧瓦等严重故障。因此,总成修理的发动机进行科学的磨合就更为必要。

1. 形成适应工作条件的配合性质

(1)扩大配合表面的实际接触面积。新零件和经过修理的零件,由于表面微观粗糙和各种误差,装配后配合副的实际接触面积仅为设计面积的 0.001 ~ 0.01,配合表面上单位实际接触面积的载荷就会超过设计值的百倍乃至千倍。微观接触面在高应力、高摩擦热作用下就容易产生塑性变形和粘着磨损,引起咬粘等破坏性故障。因此,使新零件在特定的磨合规范下运动,粗糙表面的微观凸点镶嵌并产生微观机械切削现象,使实际接触面积不断扩大,在短期内形成适应正常工作条件的配合表面。

(2)形成适应工作条件的表面粗糙度。零件虽然经过精加工,但从微观角度来看,零件表面存在微量缺陷。磨合后,零件表面粗糙度降低,形成适应工作条件的表面粗糙度。

(3)改善配合性质。由于磨合磨损形成了适应工作条件的实际接触面积和表面粗糙度以及配合间隙,不但显著提高了零件综合抗磨损性能,也减少了其摩擦阻力与摩擦热,故障率降低,提高了大修发动机的可靠性与耐久性。

2. 改善配合副的润滑效能

磨合使配合间隙增大到适应正常工作条件的配合间隙,改善了润滑油的泵送性能,增大了配合副润滑油流量,不但改善了配合副的润滑效能,也有利于保持正常的工作温度和配合表面的清洁。

3. 提高发动机的可靠性与耐久性

金属在低于或近于疲劳极限下，磨合一定的时间，"实现次负荷锻炼"，可以明显提高金属零件的抗磨损能力和抗疲劳破坏能力，从而提高机械的可靠性与耐久性。

发动机全部磨合过程由微观几何形状磨合期、宏观几何形状磨合期、适应最大载荷表面准备期三个时期组成。微观几何形状磨合期内（第一时期），微观粗糙表面因微观机械加工作用逐渐展平，表面金属被强化，显微硬度成倍地提高，产生剧烈的磨损，增大配合间隙，形成适应摩擦状态下的工作表面质量。宏观几何形状磨合期内（第二时期），零件表面形位误差部分得以消除，磨损量逐渐减小，机械损失减弱。适应最大载荷表面准备期内（第三时期），零件磨损率和发动机动力性、经济性逐渐稳定，故障率降低，可靠性提高。后两个磨合时期发动机装限速片，在限速限载条件下的运行过程中完成，称为"汽车走合"。第一时期磨合于出厂前在台架上完成，称之为"发动机磨合"。

二、磨合规范

发动机大修后的磨合包括冷磨合和热磨合两个阶段。

发动机的冷磨合，是依靠外力带动发动机在一定时间内做不同转速的运转过程。通过冷磨合可使零件表面的微小不平得到改善，表面金属被强化，逐渐形成一个适合实际摩擦条件的工作表面，有利于延长零件的使用寿命。

冷磨合是气缸与活塞环、曲轴与轴承等关键配合表面的磨合，因此冷磨合时，发动机一般仅装合曲轴、凸轮轴和活塞连杆组。

1. 磨合用润滑油的选用

冷磨合用的润滑油应采用低黏度润滑油，如2号锭子油，或在原机油中加入一定量的柴油。

2. 发动机冷磨合规范

1）冷磨合规范

（1）冷磨合转速。起始转速400~500 r/min，终止转速1200~1400 r/min。起始转速过低，尤其是发动机自润滑磨合，曲轴溅油能力不足，机油泵输油压力过低，不能满足配合副很大摩擦阻力和摩擦热对润滑、冷却、清洁能力的需求，势必引起配合副破坏性耗损。

由于高摩擦阻力和高摩擦热的限制，起始转速亦不能过高。发动机磨合的关键是气缸、活塞环、活塞和曲轴与轴承等配合副的磨合，配合面上的载荷主要由连杆活塞组的质量和离心力形成的。据资料介绍，在范围1200~1400 r/min内单位面积上的载荷最大，超过或低于此转速，载荷反而减小，影响磨合效率，如图9-4所示。

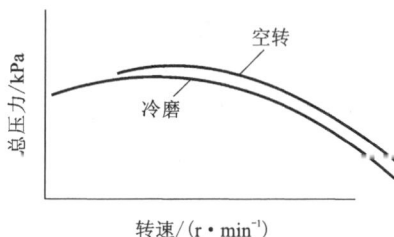

图9-4　连杆轴颈上的总压力与转速的关系图

磨合转速采取四级调速。无级调速磨合效率低，在每级转速下，随着表面质量的改善，磨损率逐渐下降至平衡状态。为了提高磨合效率，故采用有级调速，如图9-5所示。

（2）冷磨合载荷。单靠活塞连杆组所产生的载荷显然不够，磨合效率低。实践证明，装好气缸盖，堵死火花塞螺孔，借助气缸的压缩压力来增加冷磨载荷是极为有益的。

(3)冷磨合的润滑。现行的润滑方式有自润滑、油浴式润滑和机外润滑。实践证明,机外润滑方式效果最佳,对提高磨合效率极为有利。所谓机外润滑是指由专门的泵送系统,将专门配制的黏度较低,硫化极性添加剂含量高的专用发动机润滑油,以较大的流量送入发动机进行润滑的润滑方式。不但使摩擦表面松软,加速磨合过程,而且润滑、散热以及清洁能力很强,还可以提高磨合过程的可靠性。

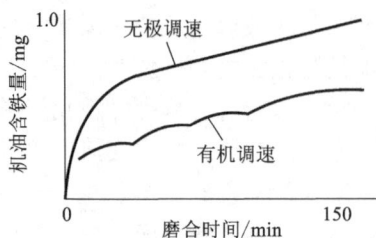

图 9 - 5   冷磨损特性

(4)磨合时间。各级转速的冷磨合时间约 15 min,共 60 min。

2)发动机冷磨合时的检查

(1)冷磨合时要注意机油压力表指示情况,如发生异常,应立即停机检查,排除故障后再磨合。

(2)观察各机件工作是否正常,如摩擦表面附件过热或有异响等异常情况时,应立即停机,查明原因并予以排除。

3)发动机冷磨合后的拆检

冷磨后,将发动机分解,检查活塞、活塞环与气缸壁的接触情况,检查曲轴、凸轮轴与其轴承的磨合情况。排除发现的故障,然后将发动机的全部零件清洗干净,按要求装复发动机,准备进行热磨合。

3.发动机的热磨合

热磨合是指发动机利用自身产生的动力进行磨合。热磨合分为无负荷热磨合和有负荷热磨合两个阶段。

1)发动机的无负荷热磨合

发动机无负荷热磨合的目的在于进一步使摩擦副磨合,对发动机油路和电路作必要的调整,检查和排除发动机故障。

(1)无负荷热磨合规范。无负荷热磨合规范是按规定程序启动发动机,以 600 ~ 1000 r/min 的转速运转 1h。

(2)热磨合中的检查:

①检查机油压力,应符合各机型要求。

②检查发动机的水温、机油温度是否正常。

③检查并校正点火提前角。

④检查发动机有无异响。如有异响,应立即停机检查并予以排除。

⑤检查发动机有无漏油、漏水、漏气和漏电现象。

⑥检查电流表读数是否正常。

⑦用断缸法检查各缸工作是否良好,测听发动机内部是否有异响(对一些具有电控装置的发动机,不要轻易断开点火高压线)。

⑧测量气缸压力是否正常

2)发动机的有负荷热磨合

发动机经过无负荷热磨合之后,还须进行有负荷热磨合。有负荷热磨合必须在有加载设备的专用试验台上进行。有负荷热磨合分为一般磨合和完全磨合两种。对于大修的发动机，进行一般磨合就可以了。

（1）有负荷一般磨合规范。

有负荷一般磨合规范：磨合起始转速一般为 800～1000 r/min，终止转速为额定转速的 60%（一般载货汽车发动机）或 50%（轻型汽车发动机），其级间转速差为 200～400r/min；起始负荷约为额定功率的 10%～20%，终止负荷为额定功率的 80%，其级间负荷的额定功率差为 3.68 kW，每级磨合时间 30～45 min，总磨合时间不少于 3 h。

（2）有负荷热磨合时的检查。

①检查水温、机油压力和机油温度应符合规定。

②发动机在各种工况下运转平稳，应无异响。否则，应停机排除。

③校准点火正时。

3）发动机热磨合后的拆检

为保证发动机的修理质量，热磨合后应拆检主要机件。一般拆检项目如下：

（1）活塞。接触面是否正常，有无拉毛、起槽等现象。

（2）气缸。应无拉痕及起槽等现象。

（3）活塞环。接触面应不小于 90%，开口间隙不大于原间隙的 125%。

（4）主轴承和连杆轴承接触面应比磨合前有所增加，但无起槽和烧结现象。

（5）气缸衬垫无漏水、漏气现象。

任务三 发动机竣工验收

大修后的发动机经装合调整和试验后，要进行验收。技术部门根据 GB/T 15764.2—1995《汽车修理质量检查评定标准——发动机大修》、GB/T 3799.1—2005《商务汽车发动机大修竣工出厂技术条件第二部分：汽油发动机》、GH/T 3799.2—2005《商用汽车发动机大修竣工出厂技术条件第二部分：柴油发动机》进行发动机性能测试，判定其是否符合出厂要求，签发合格证，给予质量保证。

发动机竣工验收的具体内容如下：

（1）检查并加足冷却液、机油、燃油。

（2）用检视方法检验发动机装备状况，要求装备齐全，有效，各零部件及附件应符合规定的技求条件。

（3）启动发动机，检查其起动性能。

①冷车启动。要求在环境温度 ≥ －5℃时顺利起动，允许连续起动 ≤3 次，每次起动 ≤5 s。

②热车启动，要求在发动机正常工作温度下 5 s 内能起动。

（4）检查发动机运转工况：启动发动机运转至正常工作温度。

①检查怠速工况。用转速表进行运转试验或发动机综合仪测量，要求发动机怠速运转稳定，转速符合原设计规定，转速波动 ≤50r/min。

②检查转速变化工况。用转速表检查发动机改变转速时应过渡圆滑，突然加速或减速时，不得有爆燃声、断火、回火、放炮等现象。

（5）检查发动机运转时有无异响。用检视或发动机异响分析仪检查，要求发动机在正常工况下运转时不得有异常响声。

(6)检视发动机机油压力、冷却液温度、机油温度。在发动机正常运转工况下,应符合原厂设计规定。

(7)检查气缸压力。

①检查压力值。用转速表测速,气缸压力表测量各缸压力,气缸压力应符合原设计规定。

②检查各缸压力差。用转速表、气缸压力表或发动机分析仪测量。汽油机要求每缸压力与各缸平均压力差不大于各缸平均压力的8%,柴油机不大于10%。

(8)检查发动机进气歧管真空度。用转速表、真空表检查,要求汽车发动机怠速时,进气歧管真空度应在57~70 kPa。

(9)检查发动机功率和转矩。将发动机运转到正常工作温度、用测功仪或发动机综合测试仪进行测量,要求发动机最大功率、最大转矩不小于原设计规定值的90%。

(10)检查发动机燃料消耗。用油耗计、测功仪按有关规定测量,要求发动机最低燃料消耗不大于原设计要求。

(11)检查发动机排放。发动机排放应符合原厂规定要求。

(12)检查润滑油质量。用检视或润滑油质量分析仪检查,要求发动机润滑油规格、数量、质量应符合原设计规定。

(13)检视发动机"四漏"情况。用检视方法检查,要求发动机应无漏水、漏油、漏气、漏电现象,润滑油、冷却液密封接合面处不允许形成油渍。

(14)检查柴油发动机停机装置。用检视方法检查,要求柴油发动机停机装置应灵活有效。

(15)检查加装限速装置。用检视方法检查,要求发动机应按规定加装限速片或对限速装置作相应调整,并加铅封。

(16)检视发动机涂漆。要求发动机外表按规定涂漆,漆层均匀,不得有漏涂现象。

(17)填写发动机修理竣工检验表。

项目实施

丰田5A – FE 发动机的整体拆装

(一)项目实施目的及要求

在发动机拆装过程中,通过对实物的观察、分析、讨论、综合检验、装配、排故、考核,使学生进一步熟悉和巩固发动机模块中所学的构造、诊断和维修等知识,并形成整体概念,熟悉发动机拆装步骤及主要零件的检验方法。通过对发动机的拆装后,启动发动机,使学生有一定的成就感,进一步提高学生学习专业课的积极性。

(二)项目实施设备及工量具

(1)丰田5A – FE 发动机若干台。
(2)丰田5A – FE 发动机控制台若干套。

（3）电源 1 台。

（4）常用与专用工具若干套。

（5）汽车专用诊断仪 2 台。

（6）发动机内窥镜 1 套。

（7）各式量具 25 套。

（三）项目实施内容

发动机解体（以丰田 5A－FE 发动机为例）。解体前认真观察发动机外部各总成、主要零部件的名称、安装位置、连接关系，它们位于哪个机构、哪个系统。

（四）项目实施步骤

1. 5A－FE 发动机的拆卸

（1）拆下油底壳的放油螺丝，将发动机内的机油放出。

（2）拆下各分缸高压线，拆下固定分电器的两颗螺栓，取下分电器总成。

（3）拆下气门室盖上两条发动机曲轴箱通风管。

（4）将发电机皮带防护罩拆下。

（5）将水泵皮带轮的紧固螺栓松开，拆下发电机，取下发电机皮带。

（6）拆下水泵的皮带轮。

（7）拆下排气管下方与气缸盖相连的螺母。

（8）拆下发动机的机油尺及松开水泵进水口。

（9）拆下气门室盖上的螺钉与垫片，取下气门室盖。

（10）拆下正时皮带上罩（3 号皮带罩）。

（11）将排气凸轮轴前方的正时齿轮螺母松开（但暂时不要拆下）。

（12）转动曲轴对一缸上止点记号，检查原有的安装的情况。

注意：曲轴皮带轮的记号与正时皮带罩的上止点记号，凸轮轴正时齿轮与排气凸轮轴承盖上的记号。

（13）拆下正时皮带下罩（1 号皮带罩）的防尘橡胶片。

（14）松开张紧轮的紧固螺栓，暂时将张紧轮推向前方固定，松开正时皮带。

（15）拆下进气凸轮轴的第一道轴承盖，转动凸轮轴。

（16）用一颗 $6 \times 20 \times 1$ 的螺栓将进气凸轮上的副斜齿轮与主斜齿轮相连。

（17）拆下进气与排气凸轮轴的各个轴承盖。

注意：拆卸轴承盖时应注意保持整个凸轮轴的平衡，故同时松开每个轴承盖上的螺栓；拆卸双头螺栓使用 10# 套筒＋棘轮扳手，拆卸单头螺栓则使用 10# 丁字杆。

（18）依次取下各个气门挺杆。

注意：每一个挺杆都不能够搞乱，各气门挺杆顶端有不同厚度调整气门脚间隙垫片。

（19）将气缸盖的螺钉按一定的次序松开，并取下。

（20）将气缸盖取下，同时取下气缸垫。

（21）通过翻转架将发动机翻转 $180°$。

（22）将油底壳拆下，并拆下机油集滤器。

(23)将曲轴前端固定曲轴皮轮上的大螺母拆下，取下皮带轮。

(24)拆下正时皮带下罩(1 号皮带罩)，取下张紧轮及正时皮带。

注意：正时皮带不要碰到油污。

(25)拆下曲轴前端盖与机油泵。

(26)拆下飞轮、曲轴后端盖及后盖板。

(27)拆下连杆大头的连杆轴承盖，逐缸将连杆与活塞取下。

注意：拆下活塞时应观察活塞或连杆上有无记号，若无则应做记号。

(28)拆下曲轴主轴承盖及轴瓦取下曲轴(注意不要搞乱各道上、下轴瓦)。

(29)解体完毕。

2. 5A - FE 发动机的安装

(1)将发动机的缸体内外清洗干净，并清通各油道。

(2)将发动机的各种零件及安装发动机的工具及工作场地清洗干净。

(3)安装各道曲轴的主轴径轴承，将干净清洁的机油涂在各道轴承工作面上。

注意：每一道轴承、轴承盖都不能搞乱(上、下片轴承也不能错乱)。

(4)将曲轴安放入缸体中，并在各道主轴径上再涂一些清洁的机油。

(5)安装各道曲轴的主轴径轴承盖，并安装曲轴的径向止推片。

注意：止推片有方向，而且轴承盖上有向前的记号。

(6)将各道轴承盖按一定的顺序与上紧的力矩依次上紧。

注意：轴承盖有向前的方向，上紧时由中间一道上起；第一次 20 N·m；第二次 40 N·m；第三次 60 N·m。建议：每上紧一次就转动曲轴一圈对其油隙进行检查，如发现问题则可尽早解决，如图 9 - 6 所示。

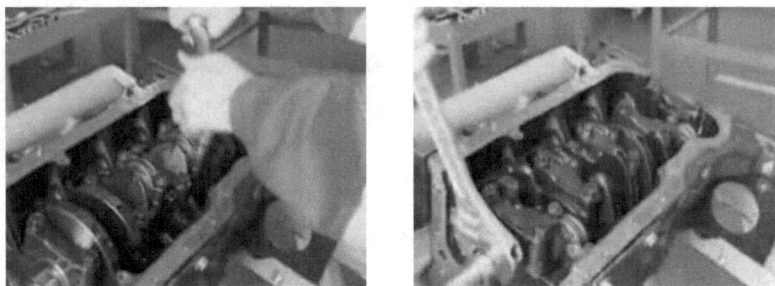

图 9 - 6　安装曲轴

(7)当上到最后一次时应当每上紧一道就转动曲轴一圈。

(8)检查前、后端盖的油封情况(必要时对其更换)。

(9)安装曲轴的前端盖、后端盖与后盖板；上紧时应当注意上紧的力矩，如图 9 - 7 所示。

注意：飞轮后端盖板的螺栓上紧力矩为 5.6 N·m。

(10)安装飞轮到曲轴的后端，按一定的力矩与顺序上紧，如图 9 - 8 所示。

(11)用干净清洁的机油涂在将要安装的气缸壁与该缸相应的活塞及曲轴的连杆轴承。

(12)检查、调整各道活塞环的开口方向，如图 9 - 9 所示。

注意：第一道活塞环开口应朝向侧压力小一面，第二道与第一道开口对置；油环开口也要相互错开。

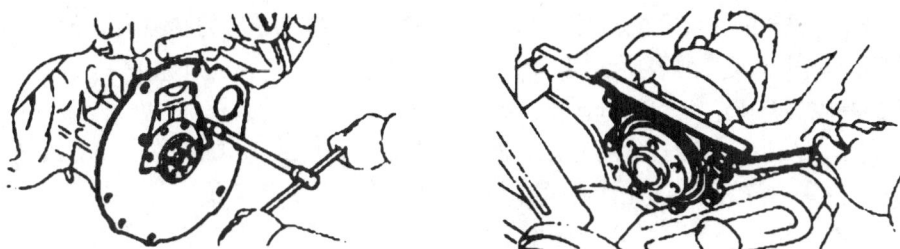

图 9 - 7　曲轴前后端的安装

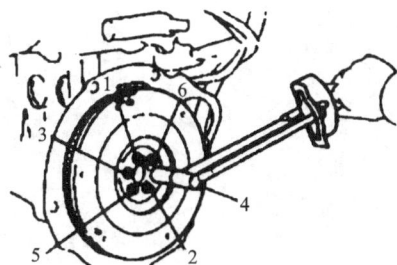

图 9 - 8　飞轮的安装

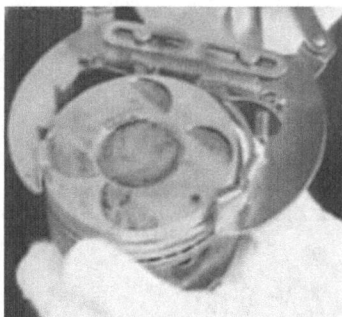

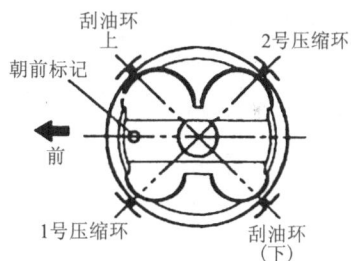

图 9 - 9　活塞环的安装

如果安装新的活塞环则须对每一道活塞环的间隙进行检查，方法如下（如图 9 - 10 所示）：

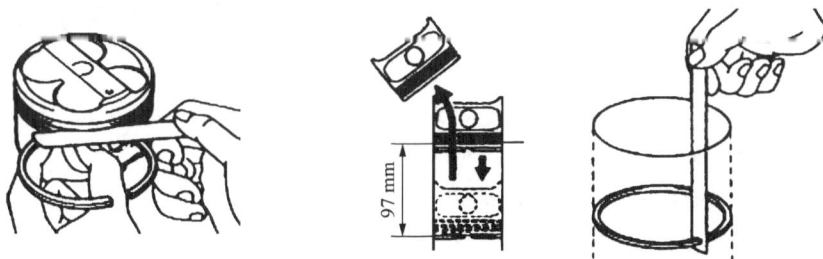

图 9 - 10　活塞环间隙的检查

侧隙测量：第一道环的间隙为 0.04 ~ 0.08 mm；第二道环的间隙为 0.03 ~ 0.07 mm。

开口端隙测量：第一道环的端隙为 0.25 ~ 0.45 mm；第二道环的端隙为 0.35 ~ 0.45 mm。

如果间隙超过最大值则更换活塞。

油环的端隙为 0.15 ~ 0.50 mm。

（13）转动曲轴到一、四缸的下止点，将活塞安装到相应的气缸中，如图 9 – 11 所示。

注意 1：如果要安装二、三缸的活塞则应将曲轴转动到二、三缸下止点位置。

注意 2：在将活塞装入气缸之前应用短软管套在连杆螺栓上保护曲轴不受损伤。

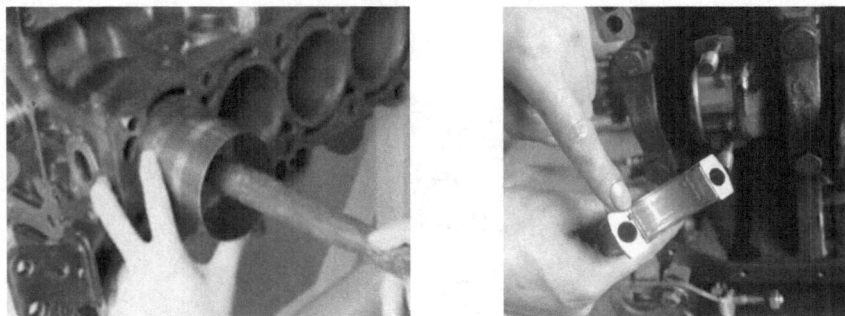

图 9 – 11　活塞的安装

（14）将该缸的连杆轴承盖与连杆相连，并按一定的力矩将之分次上紧。

注意：各道轴承盖之间不能搞乱，且每一道轴承盖也有朝向的方向（凸点朝前），如图 9 – 12 所示。

上紧的力矩为第一次 29 N·m，第二次转过 90°。

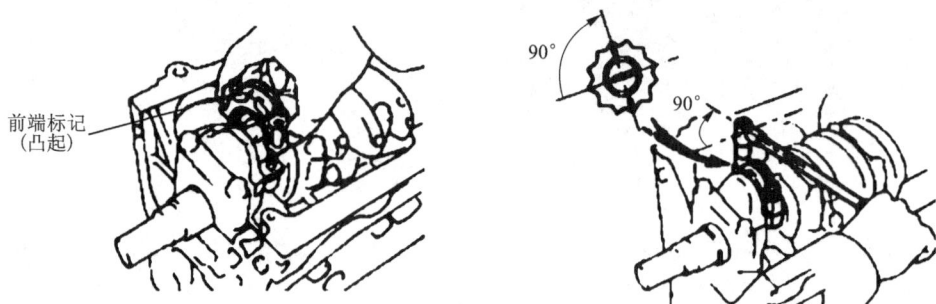

图 9 – 12　连杆轴承盖的安装

（15）依次安装各活塞到相应的气缸中。

（16）安装机油集滤器、并按一定的力矩上紧。

注意：上紧的力矩为 9.3 N·m。

（17）安装油底壳按一定的力矩与顺序上紧油底壳螺栓，紧固放油螺栓（44 N·m）。

注意：由中间向两边对角依次上紧，上紧的力矩为 4.9 N·m。

（18）通过发动机翻转架将发动机翻转 180°，之后安装气缸垫。

注意：安装气缸垫之前对气缸盖的下平面与气缸体的上平面进行清理；安装气缸垫时气缸垫有朝上记号一面应朝上放置，如图 9 - 13 所示。

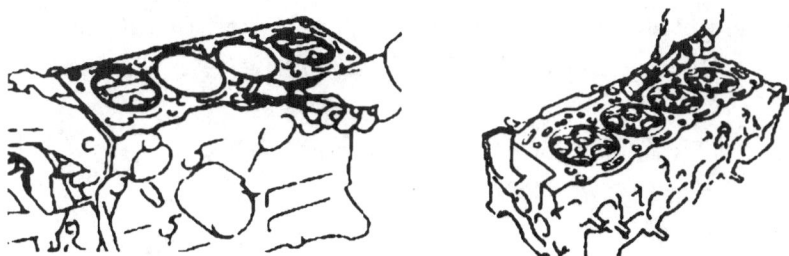

图 9 - 13 缸体、缸盖的清理

(19)转动曲轴将一、四缸转到上止点的位置，安装已经安装完毕的气缸盖总成。

注意：调整检查每个火花塞的间隙为 1.00 mm(必要时更换火花塞)；在将气缸盖安装到气缸体时不要损伤气缸垫的工作表面。

(20)将各气缸盖螺栓放入相应的螺栓孔中。

注意：进气管一侧的螺栓长度为 90 mm，排气管一侧的螺栓长度为 108 mm；检查气缸盖螺栓标准外径 8.5 mm，最小外径 8.3 mm，若外径小于最小值应更换螺栓，如图 9 - 14 所示。

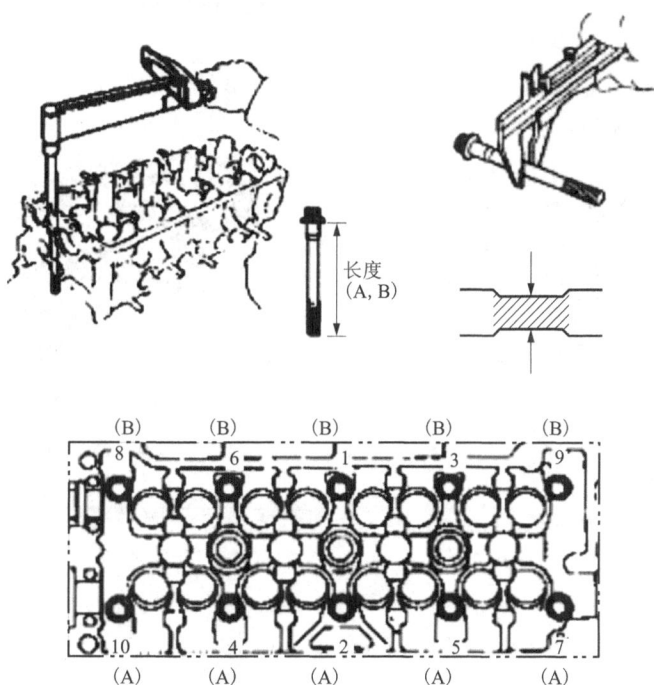

图 9 - 14 缸盖的安装

(21)将缸盖螺栓由中间向两边分三次上紧。

注意：上紧的力矩分别为第一次 20 N·m；第二次转动 90°；第三次再转动 90°。

(22)在各个气门挺杆表面涂上干净清洁的机油后将之依次放入相应的气门挺杆座中。

注意：在每一个挺杆的外表面涂上干净清洁的润滑油；为保证每个气门脚的间隙，故一定不能搞乱其相应的位置。

(23)在进、排气凸轮轴轴承座上涂上干净清洁的机油，并将两条凸轮轴放入相应的轴承座内。

注意：将进、排气凸轮轴放入时应当将其安装的记号对正。

(24)将两条凸轮轴的轴承盖依次放入相应的轴承座内。

注意：每个轴承盖上有相应的记号与安装方向，进气凸轮轴的第一道暂时不装。

(25)依次将各道轴承盖上紧。

注意：轴承盖的螺栓上紧力矩为 13 N·m。为保证整条凸轮轴的平衡，分两次均匀将各道轴承盖上紧，如图 9 - 15 所示。

图 9 - 15 凸轮轴轴承盖的安装

(26)将进气凸轮轴斜齿轮上的维修螺栓取下。

(27)安装进气凸轮轴的第一道轴承盖(上紧力矩为 13 N·m)。

(28)转动凸轮轴使排气凸轮轴的正时齿轮上的孔与第一道排气凸轮轴轴承盖上的记号对正，如图 9 - 16 所示。

(29)转动曲轴使曲轴前端正时齿轮上的记号与气缸体上的记号对正，如图 9 - 17 所示。

图 9 - 16 凸轮正时记号

图 9 - 17 曲轴正时记号

(30)安装正时皮带张紧轮与弹簧，这时先将张紧轮尽量向左边做暂时固定。

注意：安装张紧轮之前应对张紧轮转动做检查，且张紧轮上不能有油污；张紧轮的弹簧自由长度检查：自由长度 36.9 mm，如果不符则更换弹簧，如图 9 - 18 所示。

(31)安装曲轴前端正时齿轮及正时皮带，紧固张紧轮固定螺栓。

注意：正时皮带有安装方向，安装后调整挠度，张紧轮固定螺栓的上紧力矩为 20 N·m，如图 9 - 19 所示。

安装完毕转动曲轴两圈之后再重新检查各处正时记号是否对齐，如图 9 - 20 所示。

(32)安装正时皮带的导片。

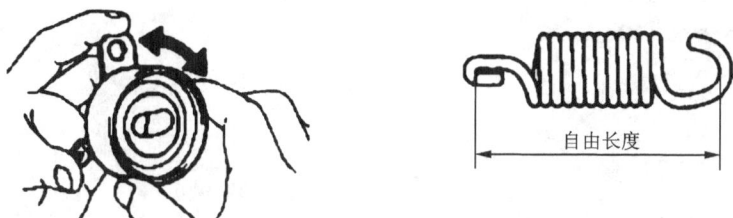

图 9 - 18　张紧轮的检查

自由长度

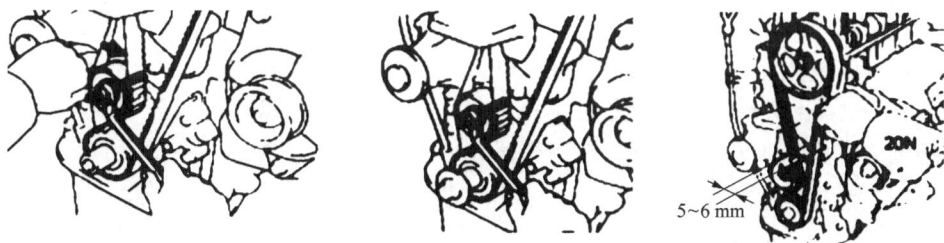

图 9 - 19　正时皮带的安装

5~6 mm

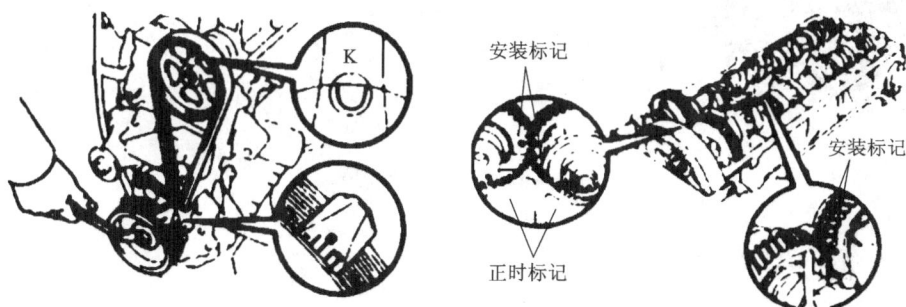

安装标记

安装标记

正时标记

图 9 - 20　正时记号的检查

（33）安装正时皮带下罩（1 号正时皮带罩），安装曲轴前端皮带轮。

（34）安装正时皮带中罩（2 号正时皮带罩）、上罩（3 号正时皮带罩）。

注意：各个皮带罩的螺栓上紧力矩为 7.4 N·m。

（35）安装气门室盖总成，连接两条曲轴箱通风管。

注意：气门室盖上的螺母上紧力矩为：8 N·m。

（36）安装分电器总成，安装分缸高压线。

注意：分电器总成插入排气凸轮轴端有大、小两份。

（37）连接气缸盖与水泵的进水管，安装并固定机油尺。

注意：进水管的螺母上紧力矩为 15 N·m，而机油尺固定螺栓的上紧力矩为 9.3 N·m；如图 9 - 21 所示。

（38）连接排气管支撑与气缸体的连接螺栓。

（39）安装水泵皮带轮（此时先不必将之上紧）。

图 9 - 21　水泵及进水管的安装

（40）安装发电机，调整皮带的松紧度之后进行固定，再上紧水泵的皮带轮。

注意：发电机的调整螺栓上紧力矩为 18 N·m，水泵皮带轮螺栓的上紧力矩为 9.3 N·m；皮带的挠度为：以 20 N·m 的力按下皮带中段时可按下 5～6 mm，如图 9 - 22 所示。

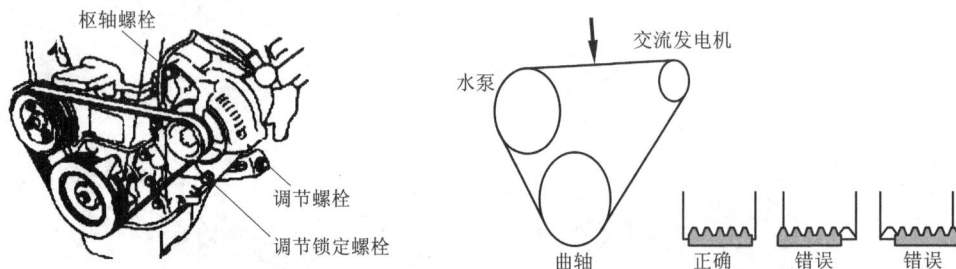

图 9 - 22　发电机的安装

（41）安装发动机的防护罩。

（42）加注机油，检查调整油面高度。

［注意］机油的加注量为：更换机油滤清器：3.0 L，不更换机油滤清器：2.8 L，注入干燥的油底壳：3.5 L，油面的高度应在机油尺上下刻度线之间。

附件：

丰田 5A - FE 发动机使用说明与部分参数

1. 丰田 5A - FE 发动机的技术规格

型号：5A - FE 形式。直列四缸，水冷，双顶置凸轮轴，16 气门机构，齿带及齿轮驱动，屋脊形燃烧室。电控系统形式电控燃油喷射系统 EFI，开环控制及闭环控制两种。

流量控制：速度密度方式（D - J）；电子点火系统 ESA；带爆震传感器怠速控制系统 ISC。

气缸数：4；缸径×行程（mm×mm）：78.7×69.0。

作功顺序：1 - 3 - 4 - 2；压缩比：9.3；怠数转速（r/min）：700±50。

点火正时：怠速时上止点前 10±2°（TE1 与 E1 端子接通时）。

气门间隙进气（mm）：0.02±0.05（冷态）；排气（mm）：0.03±0.05。

额定功率[kW/(r·min⁻¹)](NET)63/6000；最大扭矩[(N·m)/(r·min⁻¹)](NET)110/(5200 ± 200)。

全负荷最低燃油消耗率[g/(kW·h)]≤280。

燃油牌号(RON)：90 号以上汽油。闭环控制发动机必须使用无铅汽油。

润滑方式：压力与飞溅复合式。

机油规格：SAE 10W - 30 API；质量等级：SG 级以上。

机油容量(L)：3.5(干式充满)；冷却方式：强制循环水冷。

发动机质量(kg)：111 ± 2(不带起动机，有机油，无水，带线速，带离合器)。

外形尺寸(长×宽×高)(mm×mm×mm)：670×589×644。

怠速排放 CO(%)≤2.5 HC(ppm*)≤600。

2. 丰田5A - FE 发动机主要检查项目与调整参数

(1)发电机水泵皮带松紧度：98N 压力下新皮带挠度为 7 ~ 9 mm，使用过的皮带挠度为 11.5 ~ 13.5 mm。

(2)气门间隙(mm)：进气 0.02 ± 0.05(冷态下)，排气 0.03 ± 0.05。

(3)火花塞间隙(mm)：0.7 ~ 1.0。

(4)怠速转速(r/min)：700 ± 50。

(5)点火正时：怠速(转速 700 ± 50 r/min)时，上止点前 10 ± 2°(T 与 E1 端子接通时)。

(6)怠速污染物排放：CO≤2.5%，HC≤600ppm。

(7)机油容量：3.5 L(干式充满)；3.1 L(湿式充满)；机油量应在标尺的 F 与 L 刻线之间；正时皮带松紧度：20N 压力下挠度 5 ~ 6 mm。

3. 丰田5A - FE 发动机的使用与保养

1)使用注意事项

(1)使用时应按本说明书所介绍的保养方法及各项规定进行调整，保养。

(2)对于开环控制汽油机调节怠速混合气时一定要用一氧化碳测试仪。没有一氧化碳测试仪，千万不要调节怠速混合气。

(3)为了提高三元催化器的转化效果，降低排气中 CO、HC、NO_x 浓度，闭球控制汽油机装用了氧传感器，以保证空燃比接近理论空燃比。闭环控制汽油机无须调整怠速排放。

(4)不要打开电控单元(ECU)的盖或外壳，如果触摸集成电路(IC)的脚管，则 IC 可能因静电而损坏。

(5)没有取得合格证书及没有经过专门培训的人员不能进行 ECU 的维修。

(6)检查软管和导线接头，确保连接牢固正确。

(7)对开口销、垫片、O 形圈和油封等，不能重复使用。

(8)应按规定使用 90 号以上无铅汽油。

(9)在运转过程中，发现不正常现象要及时停车检查。

2)润滑系统的保养

该机使用机油规格为 SAE 10W - 30；API 等级为 SG 级以上。

(1)检查发动机机油是否变质，进水，褪色或变稀。如果能看出质量变差，则应更换

---

* ppm 为非规范单位符号，一般可改为"×10⁻⁶"，或"μL/L、mg/m³"等。

机油。

(2)检查机油油面。汽油机停机 5 min 后，机油液面应在机油尺的 L 和 F 之间。如果偏低，应检查有无泄漏并添加机油到 F 标记处，并注意不要加到 F 标记以上。

(3)换用新机油。机油经过一定时间的使用后应当全部放出，更换新机油。更换时，应在汽油机处于热状态下从机油盘内放出机油。如果在机油盘内有大量的杂质，用轻质锭子油冲洗，绝对禁止用汽油或煤油冲洗。在从加油口注入机油时，应把加油口擦净，以防混入杂质。加入机油后，须等 5 min 方能检查机油油面的高度。加注完毕，应把盖子盖好。

3)冷却系统的保养

汽油机在运转时，冷却系统内必须有足够的冷却水以保证汽油机的正常工作，因此每次出车时必须检查并及时补充清洁的软水。禁止使用含碱较大或矿物质较高未经处理的硬水。

散热器盖或散热器加水孔四周不应有过多的铁锈或水垢沉积，冷却液使用优质品牌乙二醇基冷却液，维修手册的说明进行混合(推荐含量在 50% 以上，但不超过 70%)。禁止使用乙醇冷却液。

4. 丰田 5A - FE 发动机的检查

1)检查正时皮带

注意：不要弯曲、扭转或外翻正时皮带，不要让正时皮带接触机油，水或蒸汽，在拆装凸转轴正时皮带轮的安装螺栓时，不要利用正时皮带的张力。

检查皮带安装是否正确，如果皮带齿有开裂右损坏，应检查凸轮轴是否卡住了；如果皮带表面有明显的裂纹或损坏，应检查皮带张紧轮有无锁死；如仅在一侧有磨损或损坏，应检查皮带导向轮和每个皮带轮的定位；如果皮带齿有明显磨损，则应检查正时皮带罩有无损坏，安装是否正确，皮带轮齿上有无异物，必要时更换皮带，正常情况下每 15 万 km 更换皮带。

2)气门间隙的检查

提示：在发动机冷态时和调节气门间隙。

(1)转动曲轴皮带轮，将皮带轮上的凹槽与一号正时皮带罩上的正时标记 O 对准。检查凸轮轴正时皮带轮的 K 标记是否与轴承盖上的正时标记 O 对准，如果未对准，则将曲轴旋转一周(360°)。

(2)用侧隙规测量 1、2 缸进气凸轮及 1、3 缸排气凸轮与气门挺杆之间的间隙，应满足以下要求：气门间隙进气 0.15 ~ 0.25 mm，排气 0.25 ~ 0.35 mm。

(3)将曲轴皮带轮旋转一周，使皮带轮上的凹槽与 1 号正时皮带罩上的正时标记 O 对准，检查 3、4 缸进气门及 2、4 缸进气门，测量气门间隙。正常情况下，每 2 万 km(或 24 个月)检查调整气门间隙。

3)V 形皮带的检查

每行驶 2 万 km(或 24 个月)检查一次，方法如下：

(1)目视检查 V 形皮带槽有无过度磨损，编绳散开，轮条表面有无剥落等。如发现问题应更换皮带，但皮带上有楞一侧有裂纹是允许的。

(2)用 98 N(10 kgf)力在如图所示处向皮带加压，检查皮带的挠度，新皮带应为 7 ~ 9 mm，旧皮带为 11.5 ~ 13.5 mm。如果不符合上述规定，应调节皮带的张紧度。

说明：新皮带是指在运转的发动机上使用不到 5 min 的皮带；旧皮带是指在运转的发动

机上使用不少于 5 min 的皮带。

（3）V 形皮带的安装。安装皮带时应保证皮带和皮带的轮槽配合好，安装完毕后，用手检查确认轮槽底部的皮带未从槽上滑脱，然后启动发动机运转 5 min 重新检查皮带的张力。

4）发动机机油的更换

正常情况下每 5000 km（或 6 个月）更换发动机机油，在使用条件恶劣时，每 2500 km（或 3 个月）更换。

5）机油滤清器的更换

用专用维修工具拆下机油滤清器，工具号为：SST 09228 - 06501。正常情况下每 10000 km（或 12 个月）更换，在使用条件恶劣时 5000 km（或 6 个月）更换。

（1）检查和清理机油滤清器的安装表面。

（2）检查新的机油滤清器的零件号是否和原来的相同。

（3）在新的机油滤清器的垫片上涂抹干净的发动机机油。

（4）轻轻地将机油滤清器拧入，等垫片触及底座时加以拧紧。

（5）用专用维修工具再拧紧 3/4 圈。

6）火花塞的更换

正常情况下每 10000 km（或 12 个月）检查，每 20000 km（或 24 个月）更换。

（1）目视检查火花塞有无电极磨损，螺纹损坏。如不正常，应更换火花塞。推荐的火花塞型号为 DENSO K16R - U。

（2）小心弯曲电极外侧以达到规定的电极间隙 0.8 mm。

（3）用火花塞扳手安装火花塞，拧紧力矩为 18N.m（1.8 kgf·m）。

7）燃油过滤器的更换

正常情况下每 40000 km（或 24 个月）更换。

8）PCV 系统的检查更换

正常情况下每 20000 km（或 12 个月）更换。

（1）从缸盖一侧往 PCV 阀中吹空气，检查气路是否畅通。

（2）从进气室一侧往 PCV 阀中吹空气，检查气路是否畅通。若工作情况不符合上述规定要求，则应更换 PCV 阀。

注意：不要通过 PCV 阀吸入空气，PCV 阀中的石油类物质是有害的。

9）发动机全部软管及其接合部检查

正常情况下每 40000 km（或 24 个月）检查，每 80000 km（或 48 个月）更换，以后每 20000 km（或 12 个月检查）。

5. 保养周期和保养内容

为延长汽油机的使用寿命，在使用过程中应按以下程序进行保养工作。

1）每日保养

（1）检查汽油、冷却水及机油液面，必要时添加。

（2）消除蓄电池上的灰垢及溅出的电解液，保证通气孔的通顺。当电解液不足时，应及时加注蒸馏水。

（3）检查有无渗漏油、水等现象。

（4）启动汽油机后，听其运转是否正常，并检查仪表的工作情况。

2)每行驶 1000 km 后的保养

(1)完成每日保养的内容。

(2)必要的检查和调整。

(3)检查蓄电池的电解液密度或电压。

(4)检查 ECU、发电机、火花塞等电器附件的接头有无松动现象。

(5)检查汽油机各处的紧固状况。

3)每行驶 5000 km 后的保养

(1)完成每行驶 1000 km 后的保养内容。

(2)检查蓄电池有无裂纹及漏电现象。

(3)检查发电机的工作情况是否正常。

(4)更换机油。

4)季节性保养

(1)冬季在冷却液中加入防冻液。

(2)根据季节变换蓄电池电解液的浓度。

6. 丰田 5A – FE 发动机长期保存及重新使用的注意事项

1)丰田 5A – FE 发动机的长期保存

(1)将散热器、气缸体及水泵中的冷却水放净。

(2)拆除蓄电池。

(3)汽油机的技术状况应完好,表面应光洁。

(4)拧下各缸火花塞,向缸内注入 30 g 脱水机油,并转动曲轴 15 ~ 20 转,然后再装上火花塞。

(5)向各润滑点加注脱水润滑油。

(6)放净汽油箱内的汽油并清洗油箱。

(7)用防护材料(如帆布、防水布或油纸等)包盖汽油机,需要作封闭的管口应作封口处理。

(8)放置汽油机的室内要通风、干燥、清洁,严禁与具有腐蚀性的物品一起存放。

(9)每 6 个月至少怠速运转 20 min。

2)丰田 5A – FE 发动机长期保存后重新使用的注意事项

(1)加注冷却水,检查水管接头的紧固情况。

(2)加注机油至规格高度。

(3)加注汽油并检查供油系统各管路和接头情况,排出管路中的空气。

(4)加注蓄电池的电解液至规定高度。

(5)接上蓄电池,并在接头上涂凡士林。

(6)检查各电路/管路的紧固情况。

(7)启动汽油机。

项目小结

1. 发动机拆卸的目的是为了检查和修理发动机的零部件，便于对零件进行维护、修理或更换，使配合关系失常的零件经过调整达到规定技术标准。发动机的拆卸应遵循一定的原则。

2. 发动机装配应在专用车间或清洁场地进行，要做到工件不落地、工量具不落地和油渍不落地，并保持工作台、工件盘和工量具的清洁。待装零、部件必须保证质量合格。

3. 装配过程中所用的工量具应齐全、合格，尽量使用专用器具装配；不得直接用手锤击打零件，必要时应垫上铜棒等；确保各密封部位的密封，防止漏水、漏油、漏气、漏电，重要密封部位应涂密封胶；各部紧固螺栓、螺母应按规定紧固力矩、拧紧顺序和方法拧紧；严格按照装配工艺进行装配，各部位的配合性质均应符合技术要求。

4. 发动机大修后必须进行磨合，这样有利于延长发动机的使用寿命。磨合包括冷磨合和热磨合两个阶段。冷磨合是依靠外力带动发动机在一定时间内做不同转速的运转过程，冷磨合时要注意机油压力表指示情况和观察各机件工作是否正常，如发生异常，应立即停机检查，排除故障后再磨合。热磨合是指发动机利用自身产生的动力进行磨合。热磨合分为无负荷热磨合和有负荷热磨合两个阶段。

5. 大修后的发动机经装合调整和试验后要进行验收。技术部门根据 GB/T 15764.2—1995《汽车修理质量检查评定标准——发动机大修》、GB/T 3799.1—2005《商务汽车发动机大修竣工出厂技术条件第二部分：汽油发动机》、GH/T 3799.2—2005《商用汽车发动机大修竣工出厂技术条件第二部分：柴油发动机》进行发动机性能测试，判定其是否符合出厂要求，签发合格证，给予质量保证。

思考与练习

1. 发动机的拆卸应遵循哪些原则？
2. 简述活塞连杆组的检查与安装步骤。
3. 发动机大修后的磨合分为几个阶段？
4. 发动机竣工验收的具体内容有哪些？

参考文献

[1] 陈家瑞. 汽车构造[M]. 北京：人民交通出版社，2002
[2] 杨维和. 汽车构造[M]. 北京：人民交通出版社，2003
[3] 李伟光. 汽车发动机构造与维修[M]. 北京：机械工业出版社，2006
[4] 张西振. 汽车发动机构造与维修[M]. 北京：机械工业出版社，2005
[5] 李东江. 现代汽车电子控制技术[M]. 北京：科学技术文献出版社，1999
[6] 赵英勋. 汽车检测与诊断技术[M]. 北京：机械工业出版社，2003
[7] 杨益明. 汽车发动机构造与维修[M]. 西安：西安电子科技大学出版社，2007

图书在版编目（CIP）数据

汽车发动机机械系统检修／邹龙军，彭文武主编.
—长沙：中南大学出版社，2011.7（2022.9 重印）
ISBN 978 – 7 – 5487 – 0259 – 7

Ⅰ．①汽… Ⅱ．①邹… ②彭… Ⅲ．①汽车－发动机－
机械系统－车辆修理 Ⅳ．①U472.43

中国版本图书馆 CIP 数据核字（2011）第 082811 号

汽车发动机机械系统检修

邹龙军　彭文武　主编

□责任编辑	邓立荣	
□责任印制	唐　曦	
□出版发行	中南大学出版社	
	社址：长沙市麓山南路	邮编：410083
	发行科电话：0731 – 88876770	传真：0731 – 88710482
□印　　装	长沙创峰印务有限公司	

□开　　本	787 mm × 1092 mm 1/16	□印张 22.5	□字数 574 千字	□插页 2
□版　　次	2011 年 7 月第 1 版	□印次 2022 年 9 月第 4 次印刷
□书　　号	ISBN 978 – 7 – 5487 – 0259 – 7	
□定　　价	48.00 元	